中國與世界之多元歷史探論

中國與世界之多元歷史探論

陳明銶、鮑紹霖、麥勁生、區志堅　合編

CITY UNIVERSITY OF
HONG KONG PRESS
香港城市大學出版社

編　　輯	陳小歡
實習編輯	陳泳淇（香港城市大學中文及歷史學系四年級）
封面設計	高寶儀　　*Lp* Création 城大創意製作

國際統一書號：978-962-937-334-4

出版

　　香港城市大學出版社
　　香港九龍達之路
　　香港城市大學
　　網址：www.cityu.edu.hk/upress
　　電郵：upress@cityu.edu.hk

Perspectives on History: China and the World

(in traditional Chinese characters)

ISBN: 978-962-937-334-4

Published by

　　City University of Hong Kong Press
　　Tat Chee Avenue
　　Kowloon, Hong Kong
　　Website: www.cityu.edu.hk/upress
　　E-mail: upress@cityu.edu.hk

Printed in Hong Kong

目錄

第四部　中外文化互動與社會變遷

餘論及觀察

序言

跨國視野下的中外文化交流研究

麥勁生

香港浸會大學歷史系

　　文化交流從古到今都是歷史家關心的課題，進入全球化時代，文化之間的相遇、共融和對抗，更吸引人文和社會學者、政治領袖以至普羅大眾的眼光。[1] 事實上，交流和共融不但豐富了各大文化的內涵，亦為人類歷史發展的一大動力。然而，文化之間的排斥和衝突也可以造成災難性的後果。也因此，開創完整的文化交流理論既有學術、也有實用價值。

　　回看中、外史家的文化交流研究，可看到風物志式的記載在頗長一段時間是主流。古代的希臘、羅馬史家的著作，中國從《漢書・西域傳》開始的邊疆記述，都顯示這種風貌。走向近代，歷史家的視野隨着人口流動和商業與航運的發展愈變得寬廣。應運而生的世界史論述，當中包含了各地史家對相遇文化的認識。歐洲 17 世紀出現了「環球史」（universal history）的概念，陳義甚高，但宗教味道濃厚。[2] 進步觀念（idea of progress）成為啟蒙時代的哲士

---

1. 亨廷頓（Samuel Huntington）的「文明衝突論」醞釀於 1992 年的後冷戰時期，到 1996 年發展成為 *The Clash of Civilizations and the Remaking of World Order* (New York: Simon & Schuster, 1996) 一書。該書初時只受學界注意，但到「911」事件後，卻洛陽紙貴，令大眾聚焦文化相遇的種種影響。「文化」、「文明」、「文化交流」等概念也引起了更多的研究。

2. 法國歷史家博須埃（Jacques-Bénigne Bossuet, 1627–1704）在 *Discourses of Universal History* (1681) 用上了「環球史」的字眼。雖然他的終點仍在天主教世界各國，但他建立宏觀跨地域論述的野心已經可見。

（philosophes）的共同信仰，[3] 他們把所知的不同民族經歷共冶一爐，以鋪陳人類歷史的進程。在中國，相若時代的知識分子對邊疆以至外國文化歷史的探索，頗有實用目的。乾嘉的經世史學，上溯晚明遺老的文史研究，同時亦部分配合清朝盛世的管治需要，例如以邊疆史學的目的，就是要深入了解邊疆民族生活和制度，以利施政。[4] 鴉片戰爭後，中、西方力量消長，林則徐的《四洲志》和魏源的《海國圖志》是近代中國的重要世界歷史地理著作，當中有認識世界、謀中國富強自保的意圖。

中、西雙方在 19 世紀以來逐步形成截然不同的世界觀，並體現在他們的論述中。西歐和後起的美國，挾其工業化的威力，建立起跨地域的大帝國，在它們的頂峰時代，操控亞、非、拉美大小民族。逐步形成的西方中心論，視西方文化為人類社群的核心和進步力量，其他民族不但難以趕上，而且得靠西方國家帶動，方能有所發展。19 世紀初普魯士哲學家黑格爾（Hegel）的直線史觀，將東方世界視為人類孩童時期，日爾曼視為成熟的高峰。[5] 其說雖為人詬病，卻又影響好幾代西方學者。二次大戰之後，世界史成為專門學問，麥耐爾（William McNeil）的《西方的冒升》（*The Rise of the West*），[6] 以「西方主導的時代」（The Era of Western Dominance）來總括人類近世發展，意態清晰。就是西方的漢學家，同樣沒有擺脫這種觀念。費正清（John King Fairbank）的「挑戰與回應」（challenge and response）理論，喻意中國近代變遷，頗賴西方文明的挑戰和導引。[7] 其弟子柯文（Paul Cohen）於 1984 年寫成的《發現中國的歷史：關

3. Bruce Mazlish, "The Idea of Progress," *Daedalus* 92, No. 3 (Summer, 1963): 449.

4. 彭明輝：《晚晴的經世史學》（台北：麥田出版，2002），頁 196–200。

5. 黑格爾的 *Vorlesungen über die Philosophie der Geschichte*（1822–1831 年發表。1837 年由 Eduard Gans 輯成），最早的英文版本由 J. Sibree 在 1902 年譯成，但內容頗令人詬病，尤其將第四部分 "Die germanische Welt" 譯成 "The German World"，更讓讀者誤以為黑格爾為大德國主義張目。之後的譯本如 T. M. Knox and A. V. Miller, *Introduction to the Lectures on the History of Philosophy* (Oxford: Clarendon Press, 1985) 作了很多針對性的修改。

6. William Hardy McNeil, *The Rise of the West: The History of the Human Community* (Chicago: Chicago University Press, 1963).

7. David Martin Jones, *The Image of China in Western Social and Political Thought* (Houndmills, Basingstoke: Palgrave, 2001), 135.

於中國近代史的美國史著》，詳論了影響美國的中國史研究幾個範式，[8] 包括「挑戰與回應」、「傳統與現代性」和「帝國主義」，顯示美國學者未有擺脫西方主導其他地區發展的論調。該書到了 2010 年再版發行，說明這些範式在今天仍然有相當的影響力。

　　20 世紀中國的相關研究受另一些意識形態影響。從晚清到抗戰初期，無論先進或是保守的知識分子，都難以迴避中國與西方文化孰優孰劣的問題。文化交流的討論也一直圍繞中西文化的「比較」和「互相借鑒」、中國文化更新時面對的「取捨」和「揚棄」、中國「傳統」和西方代表的「現代性」的相遇和匯通等問題。[9] 抗戰前冒起的馬克思史學，旨在以唯物史觀重新詮釋中國歷史，外國歷史並非重點，文化交流等議題和階級鬥爭的綱領更有點格格不入。[10] 到中華人民共和國成立，中國的世界史研究長時期受人才和材料缺乏所限，也受蘇聯史學模式影響，側重世界革命的議題。[11] 之後數十年，中國史和世界史，無論在教學與研究，均割裂成互不相關的兩大塊。[12] 中國史固然聚焦中國傳統社會性質、資本主義萌芽、帝國主義對中國的影響等幾個問題，世界史則成為了一切非中國歷史的拼砌。[13]

8. Paul Cohen, *Discovering History in China: American Historical Writing on the Recent Chinese Past* (New York: Columbia University Press, 1984).

9. 周啟榮、葉紅玉和韓子琦編的 *Beyond the May Fourth Paradigm: In Search of Chinese Modernity* (Lanham, Md.: Lexington Books, 2008)，正希望顯示五四的內涵比一直以來的討論複雜得多。

10. Arif Dirlik, *Revolution and History Origins of Marxist Historiography in China, 1919–1937* (Berkeley: University of California Press, 1978).

11. 陳啟能：《建國以來的世界史研究概述》（北京：社會科學文獻，1991），引言部分。

12. Q. Edward Wang, "Encountering the World: China and its Others in Historical Narrative, 1949–1989," *Journal of World History* 14, No. 3 (September, 2003) , 331.

13. 在 1972 年文化大革命高潮中孕育的《簡明世界史》可算是後來同類作品的楷模。由馬克堯、朱龍華和張芝聯等主編的《簡明世界史》成書於 1972 年，在 1974 年經修訂，最後於 1978 年由北京人民出版社刊行。其結構和主要論點可以見於其後的一連串作品，包括李純武和壽紀瑜主編的《簡明世界通史》（北京：北京人民出版社，1981），遼寧大學、華東師範大學和南京大學等 12 所高等學府合編的《世界史》（北京：北京人民出版社，1983），甚至吳于廑和齊世榮的《世界史》（北京：高等教育出版社，1992）和崔連仲的六大冊《世界通史》（北京：人民出版社，1997）。利用馬克思的概念，《簡明世界史》追溯階級鬥爭、生產力和生產關係的矛盾等問題如何成形於早年的人類社群，並進而探究奴隸制在埃及、近東、南亞和希臘的興衰，封建制度在高麗、日本、印度、中東、西歐和撒哈拉以南等地的發展，資本主義的發展和它從西方向不同地區的擴張等。其論述結構明顯以生產力和生產關係的矛盾為歷史發展的動力，以階級鬥爭為歷史進行的主要運動，並且預示人類將經歷各社會階段而進入共產主義世界。但書中將地理大發現之前的各國，看成獨立不相關的地域。

上世紀 80 年代而來，新的歷史條件讓世界文化交流的研究得以在較寬鬆的環境中進行。首先，二戰後的環球發展格局顯示一度被視作人類發展高峰的西方文化不但問題重重，更說不上是普世的楷模。19 世紀古典社會學理論指出的現代社會問題，由理性化、都市化和資本主義生產模式造成的異化（alienation）、失範（anomie）和剝削（exploitation）等，在西方社會持續惡化。60 年代成長的一群，有些投向建立於青年馬克思理論（Young Marx）的新馬克思主義，有些在西方以外的文明尋找靈感和生命方向。另一方面，以西方經驗為本的現代化模式，不但無助去殖化後的亞、非和拉美國家發展，反而陷他們於貧窮、欠債和高通脹的「低度發展」（underdevelopment）狀況。[14] 兩者都令大家反思西方文化的優點與缺陷，非西方的價值和西方與非西方文化的相互影響。另一方面，1980 年代東亞四小龍的經濟發展，顯示一直被視為不利資本主義萌芽的儒家社會，同樣能發展出現代經濟。在《中國的宗教》（*Religion of China: Confucianism and Taoism*）暗喻儒家思想沒有現代經濟所需的精神品質的韋伯（Max Weber）受到批評，[15] 同時不同文化的價值和發展軌跡也獲得重檢。半世紀以來，鼓吹西方經驗為本的現代化模式的艾森思塔特（Shmuel Eisenstadt），也在 21 世紀之初出版的《多元現代化》一書，[16] 較溫和地將西方近 200 年的成就，看成其他地區轉化的部分資源。該書收錄的文章共同指出源自西方的科技和管理方式、理性主義和議會制度，觸碰到拉丁美洲的「官僚權威主義」、南亞的殖民主義遺產、東亞的儒家文化、亞拉伯世界的伊斯蘭文化和非洲的傳統文化後，產生出本質和表象均不盡相同的各式現代文明，正如大家常談的「東亞模式」，就是西方的自由貿易和工業發展與東亞家長式管治和傳統觀念磨合的結果。從今天東亞世界所見，當中大大小小不同的現

---

14. 批評現代化理論（modernization theories）和討論西方輸出資本主義和落後地區的低度發展的關係的作品甚多，總體性的討論見 John T. Passé-Smith and Mitchell Seligson ed., *Development and Underdevelopment: The Political Economy of Inequality* (Boulder, Col.: Lynne Rienner Publishers, 1993); Sing C. Chew and Robert A. Denemark ed., *The Underdevelopment of Development: Essays in Honor of Andre Gunder Frank* (New York: Sage, 1996)。

15. 總合性的討論見於高承恕：《理性化與資本主義 —— 韋伯與韋伯之外》（台北：聯經出版公司，1988）。

16. Shmuel Eisenstadt, *Multiple Modernities* (New Brunswick, N.J.: Transaction Publishers, 2002).

代社會，有些較抗拒西方文明，有些則完全地融入全球的資本主義
體系。可見文明並不齊一，相遇也會互相滲透，互相影響。90 年
代以來，中國從社會主義走回市場經濟，經濟迅即騰飛，意義更為
重大。冷戰過後，資本主義和社會主義的意識形態對立大為降溫，
研究現代文明的內地史家，也將目光投射到工業文明發展的基礎形
態，在各地區展示不同的特色。在 1990 年代起被廣泛利用的「多極
世界」一詞，講的不單是後冷戰時代，新生區域勢力取代美蘇「兩
極」的新世界格局，也包括地區經濟和文化融合，以及各區之間的
互動。[17]

　　上面講到的是有利研究文化互動的條件，但更佳的研究進路
仍然需要探索。畢竟歷史家比較重視建基在穩實證據上的專題研
究。宏觀的所謂大論述（grand narrative）固然有啟發性，但歷史家
對世界史和全球史的反省，正正顯示過於抽象，過於廣泛的論述，
無助我們完整地認識各地文化交流的實況。[18] 作為一個中國歷史工
作者，我還是傾向以中國為主體，去了解中國文化在不同層次上，
和各大文化交流和互動的歷程。前輩歷史學者提出了一些發人深省
的看法，有部分亦已經體現在近年的研究中。著名的民國史專家
柯偉林（William Kirby）以中國和外國交流為主題，強調今天的文
化研究，首先要打破傳統國際史，以國家為中心，以外交為主調的
框架。反而，各種專題，例如政治活動、商業運作、司法和監獄制
度等的研究，更能描述外力和中國的相遇和交融。其次，中國在大
小國際社群的參與和影響，從國際組織到非政府組織，也是值得留

---

17. 見拙作 Ricardo K. S. Mak, "The Idea of Modernity in World History Studies in Contemporary China," *Contemporary Asian Modernities: Transnationality, Interculturality and Hybridity*, Yiu Wai Chu and Eva Kit Wah (Bern: Peter Lang, 2006), 87–106.
18. Wolf Schäfer, "Global History: Historiographical Feasibility and Environmental Reality," in *Conceptualizing Global History*, ed. Bruce Mazlish and Ralph Buultjens (Boulder: Westview Press, 1993), 94; Geoffrey Barraclough, *Main Trends in History* (New York: Holmes and Meier, 1978), 156; Ernst Breisach, *Historiography: Ancient, Medieval and Modern* (Chicago: Chicago University Press, 1984), 400; Fernand Braudel, *A History of Civilizations*, translated by Richard Mayne (Harmondsworth: Penguin, 1993), XL; Peter N. Stearns, "Introduction: Comparative World History," in *World History in Documents: A Comparative Reader*, ed. Peter N. Stearns (New York: New York University Press, 1998), 5–10. 以上都有批評幅度過廣的世界史或者全球史的缺憾。

意的課題。[19] 身居柏林自由大學副校長的德國漢學家余凱恩（Klaus Mühlhahn）和應他的看法，同時強調大家可以更重視文化互動過程中的中介（agency），接觸區域（contact zone）和影響（impact）。[20] 事實上，研究文化仲介如來華傳教士，中國出洋的留學生，往返中國和世界各地的商人等的作品早已汗牛充棟，成果纍纍。近年備受注目的區域，海港和都市研究也大大增進了大家對這些文化交匯點的認識。在司法、軍事、物質文明和日常生活中各種文化的相互滲透，也是非常普及的課題。

上述兩位學者的看法讓我聯想到德國社會學界過去十多年十分流行的跨國主義理論（transnationalism）在文化互動研究上的可行性。所謂跨國主義理論萌芽於 20 世紀初，在 80 年代之後有回歸之勢，影響尤其見於移民、跨國經濟活動、文化變遷等相關研究。在跨國主義的眼光之下，人、事與物流動、返歸和迴旋於一個跨國空間（transnational space）之中，並且在過程之中，產生性、質和量變，生生不息。所謂「跨國空間」是居於不同地方的人，靠着文化或社會聯繫，透過各種恆常的交流，所建立起的無形空間。更直接說，「跨國空間」體現在一個複雜的關係網。其張弛決定於成員的增減，他們之間聯繫的強弱及持續性。今天交通和通訊系統非常進步，人們作遠距離的溝通交流十分容易。但即使在遠古年代，商人、旅遊者和移民的活動，仍能穿越自然和政治疆界，建立起讓貨物、訊息或符號流轉的跨國社會空間（transnational social space）。[21]

比較而言，跨國主義理論更重視流轉和變化。就以移民為例，跨國主義不但關心人口流動的模式、移民群體的遭遇和經歷，更重視他們與原居地親朋之間的聯繫，彼此之間的物質和情感上的支援，和連帶造成的各種變化。中國海外移民的一種共性，是將累積

---

19. William C. Kirby, "China in Transnational Perspective: Introductory Remarks," *Global Conjectures: China in Transnational Perspective*, ed. William Kirby, Mechthild Leutner and Klaus Mühlhahn (Münster: LIT Verlag, 2006), 4–5.

20. Klaus Mühlhahn, "Cross-Cultural Interactions and the Culture of Modern China: Preliminary Reflections," *Berliner China-Hefte*, 23 (2002): 9.

21. Thomas Faist, *The Volume and Dynamics of International Migration and Transnational Social Spaces* (Oxford: Clarendon Press, 2000), 196.

起來的實質和文化資本通過匯款、投資和知識轉移等方式流轉返回故土。[22] 這些回流的物質和精神資源，「在地化」後又會通過其他管道，以不同形式流向其他地域。精神和物質的不斷流轉，不但帶來各種變異和不能預計的結果，而且不斷擴大跨國社會空間。我和甘穎軒博士年前做過詮釋性的分析，看 1850 年代到大戰期間，廣東省香山人如何成為中國和澳洲兩地之間資金、物資和知識流轉的中介。他們在 1850 年代隨其他中國人到澳洲淘金，將新的勞動力注入澳洲。後來部分人轉為營商，將累積起來的資金和商業經驗帶回中國，開創香港和上海等地的百貨、保險和銀行業。在民國到抗戰期間，他們甚至支持國內政治活動。大戰之後，國共內戰旋即展開，一度回鄉的香山商人又再回到澳洲發展。香山、香港、上海和一些澳洲海港，建成了一個跨國社會空間，勞動力、資金、知識和政治意識形態在當中流轉變化。[23] 這個可以是跨國主義理論用於中外文化交流的一種嘗試。

　　在一個跨國空間中，各種族群或文化群體會尋求共同利益並且形成各自的共同身份，進而建立不同的「政治群體」（political community）。如安東尼‧史密斯（Anthony D. Smith）所說，國民身份的產生是建基於共同信仰的祖先神話、共有的歷史記憶（例如戰爭和災難）和與祖國地域的聯繫，而這些都可以統稱為「歷史的敍述」（historical narrative）。[24] 這些敍述為不同群體提供豐富的歷史和文化傳統，幫助他們想像與各地同胞的聯繫和建立國民身份認同。不過，人永遠同時面對不同的「歷史的敍述」。[25] 政治鬥爭和衝突來自利益，也源於不同「歷史的敍述」的對抗，因為人們要從眾多的歷史敍述中作出選擇，而他們的選擇也最終決定他們的政治取向與身份認同。選擇時，他們創造自己的政治群體，同時塑造他們排斥的

22. Ibid., 199, 201.

23. Ricardo K. S. Mak and Michael wing-hin Kam, "The Transnational Chinese Business Network in the Early Twentieth Century and its Economic and Cultural Impact: A Case Study of the Zhongshan Business Community," *International Journal of Critical Cultural Studies,* 10, No. 4 (2013): 51–72.

24. Anthony Smith, *National Identity* (Reno, Nevada: University of Nevada Press, 1991), 21.

25. Annette Marie Cafieda, *Imagining Just Discourse in Policy Making: Transnational Space, Identity and the Other*, Ph.D. Dissertation, University of San Francisco (May, 2008), 25.

「他者」（others）。就如晚清時代的華僑，到底是參與保皇活動，還是投身革命事業，或者置身事外，都關乎他們選擇哪一個論述。

跨國主義並未放棄以民族國家及其龐大的政經體系為研究單位，但所觀察的對象不只局限於國家，還包括不同的非國家群體，例如移民、非政府組織、跨國公司、利益集團和各種形式的跨越自然和政治疆域的互動。人口遷移、資本流動、跨國公司和跨文化的政治活動等，皆為跨國研究的課題。跨國歷史（transnational history）能夠讓歷史學家深入探索國家或大小社群之間不同形式的和持續的交換、融合和合作。跨國歷史可用於探討一個特定國家與外部世界的歷史關係，以至非政府組織與海外社群之間不斷轉變的互動關係，無疑開闢了新的歷史研究方向。

任何的學科都沒有一套終極的研究方法，我們求其博大，求其精深。我在上面提到跨國主義理論的可行性，也只希望引發思考。本書收集的各篇文章，主題和方法不一，但都從不同途徑探討中外交流的歷史，都有可觀之處。我有幸參與編輯，獲益良多，也希望讀者從中有所得着。

麥勁生

2017 年 2 月 19 日　　九龍塘

前言

從「中國之世界城市」軟實力角度
看香港特區

陳明銶

美國史丹福大學東亞研究中心

承蒙「中國與世界」學術研討會的主辦方,以及本書的編輯們誠摯邀約,現略草數言,以作前言。

本書共有論文 20 篇,我只是其中一篇(第三章)的作者,文集的編輯們將承擔撰寫〈前言〉的責任指派於我,可能是源於某些客觀因素,似乎是與我同時具有較多元的角色有關。事實上,這文集的作者,大部分均來自大中華地區(中國大陸、台灣、香港),而來自亞洲區的則有日本學者。我可算是來自海外 / 非亞洲區西方國家的與會者 / 論文作者之代表,而或因此身份更能配合論文集的主題——中國與世界。

我在香港樹仁大學舉行的會議首天(2011 年 11 月 17 日),於下午的第 17 組中澳葡互動研討小組發表論文〈中國與葡萄牙全球化交往之「澳門因素」五百年回顧〉("The Macao Factor in Sino-Luso-Global Interface: A Half-Millennium Retrospective from Portugal's Age of Discovery to China's Rise")。然後,在接着的「全球化對中國的挑戰及機遇」圓桌論壇,獲論壇主席鮑紹霖教授臨時徵召,我從聽眾的身份變為特邀專題主講嘉賓,故於同一日成為「雙料演出」的參與者。在香港浸會大學舉行的會議次天(2011 年 11 月 18 日),下午的「技術交流與文明變遷」研討項目(The Great Web of Relationships: Technology

Transfers in Modern East Asia），由我擔任該項目論文的評論員。在這會議的兩天議程，我一人扮演三種類型的角色身份。

此外，我與本文集之出版成書也有關係，因我和香港城市大學出版社多年交往，一直合作愉快，適逢會議的次日議程，在城市大學鄰近的浸會大學舉行之便，故特別邀約當時城大出版社的鄺子器社長及編務總監（即現副社長）陳家揚先生一同出席會議的午餐，並介紹予會議主持人，也是本文集的主編者，即兩所大學的歷史系系主任鮑紹霖教授及麥勁生教授。因為我曾充任中介的角色，所以撰寫〈前言〉的責任落於我身上，反映我在此文集的幾重角色。

2017 年 5 月，於北京舉辦的「一帶一路」國際峰會，可以說是象徵性的奠定中國全面向世界進軍的初步成果。「一帶一路」策略的源起，是 2013 年秋中國國家主席習近平訪問印尼及中亞細亞國家哈薩克時所大力倡議，配合其復興中華民族的「中國夢」含意，中國在世界舞台擔當非常重要、甚至領導的角色。中國希望借此計劃與各參與國家，可以透過和平友好合作方式，共同促進地區穩定及長遠發展。這計劃有很大的跨國、跨文化、跨地域的大同願景。

若從客觀歷史的尋根追源，「一帶一路」計劃並非習氏 2012 ／ 2013 年掌政後憑空而出的策略性大突破，可以說已經有兩方面的具體跨國式合作機構作基礎。如果討論「一帶」的陸上「絲綢之路」，當然可以追溯到漢唐盛世時，經西域和中亞細亞至歐洲的交往，而中國與俄羅斯兩國，攜手創立「上海五國會晤」機制（即中國、俄羅斯、哈薩克、吉爾吉斯及塔吉克），並後來共同在 2013 年 6 月 15 日，成立一個新的國際機構，即「上海合作組織」（Shanghai Cooperation Organization），正可以平衡自 2001 年秋，遭受 911 恐怖襲擊以後，美國加強針對中亞細亞的重點戰略關注。

上海合作組織（以下簡稱「上合組織」）的創始成員國家包括中國、俄羅斯、哈薩克、吉爾吉斯、塔吉克及烏茲別克。這後者四國，都是前蘇聯於 1991 年解體後新獨立的中亞細亞國家，正是漢唐時絲綢之路在西行途經的國家，故承接絲路的歷史發展。（巴基斯坦

和印度在 2017 年 6 月加入上合組織，另外有：蒙古國、伊朗、阿富汗和白俄羅斯四觀察員國）。上合組織各國起初關注戰略與安全的聯繫合作，後來擴大至政治、經貿、科技、文化、教育、能源、交通、環保及其他領域均有密切協調，形成一個中、俄及中亞細亞的跨境網絡和跨國之合作系統。上合組織每年舉行一次成員國的國家元首正式會晤，定期舉行政府首腦會晤，輪流在各成員國舉行。習近平於 2017 年 6 月，作為他出任國家主席後，第三次到哈薩克的國事訪問，並出席上合組織的第 17 次峰會。哈薩克正是習氏 2013 年第一次到訪時，提出「一帶一路」的發源地。

至於「一路」的「21 世紀海上絲綢之路」，其近代的源起為 1999 年 12 月澳門回歸中國。由於中葡兩國，在澳門回歸的過渡期，雙方充分合作，中葡友好使北京利用澳門的葡萄牙歷史經驗和文化遺產，所以後殖民地時期的澳門可以搖身一變，擔當中國與葡語國的交往平台新角色及橋樑作用。成為促進中國和葡萄牙及其他七個葡語系國家（Lusophone bloc）發展友好合作關係的重要基地城市。「中國－葡語國家經貿合作論壇」（簡稱為中葡論壇、澳門論壇）在 2003 年 10 月 12 日，正式在澳門成立，當中成員包括三洋四洲（亞洲、美洲、歐洲、非洲）的 8 個葡語國家（安哥拉、巴西、佛得角、東帝汶、幾內亞比紹、莫桑比克、葡萄牙、聖多美和普林西比），共同擁有領土超過 120 萬平方里、人口超過 2.6 億，以及豐富的自然資源。中葡論壇峰會每三年於澳門舉辦一次，至今已舉辦 5 次，如 2016 年 10 月中國總理李克強曾往澳門特區主持中葡論壇的峰會。

中國與葡語國家的經貿合作，在中國與發展中國家的投資商貿關係中佔相當高的比例，尤其是中國與南美洲的最大國家巴西的經貿往來，中國是巴西對外的最重要夥伴。而中國與安哥拉的經貿來往是佔中國在整個非洲中的八成以上，構成一個 ABC（即 Angola 安哥拉、Brazil 巴西及 China 中國）的重點三邊關係。可以說「一帶一路」正式倡議前十年，已經有一個雛形跨國聯繫合作的共同組織。而且代表陸上之絲路的上海合作組織總部設在中國的上海，而中葡論壇的常設秘書處設在澳門特區，所以這兩個跨國體系，絕對是以中國作為核心主軸的國際擴散式的全球網絡系統。

從客觀的時序來看香港政界、學界、商界討論中國的和平崛起，和中國在國際舞台日漸昌隆的影響力覆蓋，都是最近幾年的事，而「一帶一路」更加是最近兩至三年的新話題。鮑教授和麥教授學識精湛，對中外文化交流、中國外交及列國對華政策等課題的研究與教學，甚具心得，兩位教授所代表的樹仁和浸會兩所大學歷史系，能夠洞悉先機、先拔頭籌，在 2011 年，已經具有獨特的學術視野、廣闊胸襟及長遠的眼光，在當年秋天舉辦「中國與世界」國際學術研討會，絕對是一個超越時代、有突破性的歷史學界創舉盛事。

這學術研討會旨在研究中國自先秦至當代，中國與世界各地社會、經濟、政治及文化交流，尤以中外文化交流、中國歷代外交政策及列國對華政策為重點討論的課題，是次研討會讓與會者分享有關中外政治、社會、經濟及文化交流及互動的研究成果。若以地沿政治角度分析，甚至會議場地分別在香港島的樹仁大學及九龍半島的浸會大學舉行，而兩所大學校園分別位於維多利亞港的兩岸，設計相當巧妙、平衡和對等。

如今本書出版面世，可以和大家分享在會議中提出的論文，的確是一樁美事。因為會議至今已經五年多，有部分在會議裏發表的精彩論文已經在另外的期刊或書籍出版了，所以文集內的 20 篇文章不能完全反映會議整體的研究課題範圍及學術研討的要點精華。

如以香港歷史教育的基本角度來看，香港發展歷程中的最重要因素，自始至今，亦在可見的將來仍然維持的，正是「中國因素」（China factor）。1841 年英國利用鴉片戰爭打敗清朝割佔香港，目的不是只有疏落漁村的小島，而是藉香港作為跳板，來進軍發展龐大的中國市場。而過去百多年英治時代，香港的居民從來是華人最多，佔總人口 95% 以上的香港人以中文為母語。在社會、文化、經濟等領域，香港／香港人都與中國大陸有非常密切的必需聯繫。

鴉片戰爭之後，1842 年的中英《南京條約》，開展近代中國對外關係最陰暗悲慘「不平等條約」的一個世紀。《南京條約》其中一項重要條款，正是把香港割讓給英國成為它的殖民地。這條約亦演

變成嗣後 70 年間清廷無能戰敗、割土求和、喪權辱國的應付列強侵略的外交模式。換而言之，香港的近代歷史，不獨是 1841 年至 1997 年英國殖民地統治期的本地歷史，更是英帝國主義侵華歷史的具體表徵，也是現代中國國際關係歷史中非常重要的一面。

正因英治香港這不光彩的歷史起源，甚至可以說是有嚴重認受性危機的英治殖民地身份，香港這殖民地角色難以合理化。尤其是二次大戰以後，西方殖民地帝國主義開始沒落，在亞洲及非洲甚多西方殖民地脫離帝國主義者統治而自立，所以 1950 年代以來至 1997 年為止，港英殖民地當局只能夠在對外旅遊及經貿投資等層面的宣傳，均刻意系統化地迴避香港的國家歸屬問題，以及香港人本身的國民／公民身份認同及國籍的取向（national identity, citizenship）。

一直以來，港英當局跨過香港在國家定位的問題，反而強調香港為所謂自由港、高度發展的國際城市。英殖官方刻劃的對外宣傳，是以香港作為世界商貿金融航運中心城市，同時加強讚譽香港在東亞及東南亞的功能性價值——自由貿易港、全球交通航運樞紐、國際經貿的重要集散地及輕工業的製造業中心工廠區等貢獻。然後在 1980 年代中國的改革開放時，英殖政權甚至強調香港是世界各國踏入中國的最佳通道和橋樑。

但如果細心分析英殖時代的具體政策措施及運作模式，香港是不是達到真正的國際化和寬廣多元的環球化／世界性呢？還是狹窄的英國色彩或英聯邦化呢？例如當時在高等教育方面，只承認英國及某些英聯邦大學所頒發的學位為「合法學位」，成為公務員招聘、晉升及有關官方資助機構（如學校）與專業資格（如醫療、法律、工程、建築等）等有關方面的唯一標準。非英國大學的學位不被英殖政府承認，只能出任「文憑教師」而非「學位教師」，兩者待遇大有落差。這到底是否真實的環球性、國際化的社會，還是英化呢？這值得現今年輕尋根者或要向他們父母輩、祖父母輩加以了解。

甚至我們這個會議主辦方本身的歷史也可以反映，現時的樹仁大學，即當日的樹仁學院，當年是很有勇氣維持本科四年制不變的私立院校，抗拒港英殖民地當局的政治壓力、行政干擾、不受官方

威逼利誘，而維持本科四年的學制。由於樹仁學院拒絕使用英式的本科三年學制，不願重演中文大學、浸會大學和嶺南大學在英殖政權的教育改革，被逼迫改變四年學制的悲劇，因此樹仁學院在 1997 年前，備受英殖官方壓力和排斥。若從大學本科學制看，港英殖民地政府的教育法規，實際上是英國系統和風格，但絕對不是真正的國際主流。事實上，這英式的大學本科三年學制，與國際高等教育主流的體系，形成非常尖銳的分歧；這主流本科四年學制是台灣海峽兩岸和美國之標準型格模式，美國正是除中國大陸以外，香港最重要的經濟和技術轉讓夥伴。

在英治時期，香港本地歷史的課程從來不是一門重要學科。英殖官方故意漠視，甚至以行政手段和法律規限來壓制香港華人的中華文化和民族意識，長期歧視中文，特別迴避或淡化「中國因素」對香港歷史發展的極端核心重要性，與香港在中國近代歷史演化經緯的突出角色。我一直主張改革香港的歷史教育，在中國近代史和香港地方史的課程設計方面，香港本地的中小學歷史課程中，要重新討論和評估中國近代史中的香港史的比重，以及加強香港要素在中國近代史主流的功能影響。從歷史學術教研而言，香港近代歷史起碼在五方面與中國近代史極重要的課題，有直接密切的關連：

一、香港和中國內地，尤其廣東省和東南沿海地區，在地緣、經濟、文化、人口流動與社會網絡均有緊密的關係，所以香港歷史是整個華南區域研究不可分割的一部分。近代中國不少重大的變革和中外衝突，如第一、第二次鴉片戰爭、晚清改革派、革命黨領導人物的主要活動及思想源起、國共兩黨的第一次統一戰線，和 1925 年至 1926 年的省港大罷工，都以廣州和香港作為歷史舞台，是發揮外來勢力對中國影響的重要渠道。

二、近代中國對外關係歷史上的不平等條約制度，始自割讓香港的 1842 年《南京條約》，九龍半島的割讓又是第二次鴉片戰爭 1860 年《北京條約》的產品。1997 年主權回歸的歷史伏線，就是在 1898 年中英簽訂 99 年期的新界租約，這正是英國利用其國際政治優勢，對 1895 年中日甲午戰爭《馬關條約》的反響（隨着俄、法、德

三國藉迫日還遼的行動，乘機在中國劃分勢力範圍，是英國以其作為在華最具實力的外來強國身份，趁火打劫，也要求分一杯羹的索償品）。事實上，西方列強對近代中國的侵略，其壓迫程度之嚴重、滲透範圍之深遠和霸權維持時期之長久，以英帝國主義為最甚。香港作為英國在遠東，尤其在中國海疆的政治、軍事、經濟、交通的重鎮，自然成為中英衝突的前線和爭議的焦點。遠自 1856 年「亞羅船事件」演變成第二次鴉片戰爭，1920 年代的兩次大罷工，至 1948 年九龍城寨風波導致廣州沙面英領事館被焚燒等歷史里程碑，可見香港歷史在很大程度上，是近代中國對外關係歷史的一個縮影；而香港華人過往一百多年的反英殖和愛國群眾動員，則是近代中國民族主義和反帝國主義鬥爭的重要章節。自 1937 年夏至 1941 年冬香港淪陷前，中國對日本抗戰初期，國內各種團體和人物利用香港為中立地區之方便，進行愛國活動，而 1942 年至 1945 年間以新界及珠三角地區為地盤的東江縱隊的抗日事跡，更是香港華人愛國歷史的光輝片段。

　　三、近代香港的發展，由英治初期人口逾萬的海島漁村小社區，至現今七百多萬人口的國際大都會、亞太經貿金融運輸通訊樞紐，是極其重大的發展轉化成果。雖云這近代香港的成功故事，是在英殖政權的典章制度和重商政策下所形成的，但一直以來，香港基本上是一個華人社會，很大程度上依靠中國內地和海外華人的資源、人力、市場，故絕對是一個華人城市和華人經濟體系成功發展的歷史經驗，在近代中國社會和經濟的現代化改革開放的歷史研究，香港的特殊典範當然應佔一極重要的地位。從另一層面來看，香港可被視為一個出色的「經濟特區」，可與近代上海和其他租界商埠在中國現代化進程作比較研究，相互輝映。

　　四、香港自 1841 年英殖管治至 1997 年回歸中國之 156 年間，大量投入資源發展市政建設，各項填海移山闢地工程、公共房屋、新市鎮、集體運輸網絡等重大基礎設施的策劃、興建、營運，均是令香港被視為全中國最現代化大城市的「硬體」（hardware）基礎。但香港長期在外國殖民地管治下的中外交流的文化意識，亦使香港市民與中國內地城市居民在心態、世界觀及價值的取向有所不同。

這種「軟體」（software）上的差距，也造成香港都市文化的某些特色，甚至有國際學者把香港視為西方列強在中國所設立規模最大、時間最長久（直至 1997 年，比西方各國在華租界均於 1941／1945 年終止，多了半個世紀）的「超級租界」。因此香港的特殊城市發展歷程和市民心態行為模式，都是研究近現代中國城市歷史、中國區域發展和中國現代化硬體和軟體建設的一個極為重要、值得作比較對照研究的「非大陸模式」、「非純本土化／華化」發展歷程的指標性研究對象。過往曾有學者作「雙城」式研究，如香港與廣州，或香港與上海的都市化歷史比較，今後這方面的學術研究可大力推進。

五、香港自 1841 年，因海疆地理環境的便捷，英帝國自由港的比較開放機制，和作為當時世界最強大的英國遠洋商船網絡在遠東重要港口的優勢，很快變成中國海外移民的重要出國／出洋港口。正因香港鄰接廣東，所以粵籍華人移民海外，不少是經香港的設施服務。對出洋至北美、澳洲的華工和到英屬東南亞、加勒比海和非洲的苦力華工和華商，香港幾乎是必經的出國口岸和後援中心。而香港亦漸成中國主要「僑鄉」（如珠江西岸的台山、中山、新會、開平、恩平諸縣）與聚居海外華人連繫的樞紐重鎮。滙豐銀行的中文全名反映香港作為海外華人滙款回鄉的主要渠道，所以香港在近代中國海外移民中扮演了重要的角色。在二次東西冷戰年代，因中國共產黨政府與海外交往受限制，英治香港承擔中國大陸與海外華人聯絡的特別渠道，甚至 1957 年開始的每年春秋兩回舉辦之廣州國際交易會，也是借助海外華人與外商較易往來香港的有利條件。1980 年代以來，大量香港人到海外升學與移民，更造成海外「華埠」（China towns）變成「香港埠」（Hong Kong towns）的新現象。加拿大的溫哥華（Vancouver）常被笑稱為「香哥華」（Hongcouver），是因為近年多港人移居，佔當地人口三成，可知港人過往的海外發展已是華人移民史和世界移民歷史的重要課題。

綜觀自晚清的洋務運動至 1979 年以來，中國內地的開放改革，香港的人才、技術、資金、制度、設施、法規、關係網、長期國際交往和企業經營管理經驗等，均在內地的現代化歷程上發揮正面反饋作用；而外國資本主義／帝國主義在華的經濟活動，也常藉香

港的人、事、物和渠道來進行。例如直至第二次大戰,在香港成立的滙豐銀行就是在華最具規模的外資金融機構,對當時中國的銀行業、外滙、貨幣政策均有舉足輕重的影響,可見在中國近代史上存在着極其深遠影響的「香港因素」(Hong Kong factor)。反面言之,較全面、深入、平衡的香港歷史,也應該有更完整和穩固的事實基礎來反映內在條件和外在歷史大環境。在這方面,「中國因素」就是最不容漠視或迴避的基本考慮,所以較完善的香港歷史教研,必須積極納入「中國因素」為其歷史背景和分析基礎。正如 1841 年至 1997 年英治時期的香港歷史一樣,是中國近代史上不應被忽視的環節。例如香港在 1997 年夏主權治權回歸,在中國大陸政府有效管治範圍之內,這種中國國家領土統一,對民族意識和國家主權定位的重要含義。換而言之,香港史的研究亦應成為中國近代史的重要成分。

現引用知名香港與國際社會聯繫的事例:孫中山素與香港有很深的淵源,在香港接受中學和醫學教育,後來他從事反清以至國民革命,與香港有密切關係。而孫通曉英語,周遊列國,其世界觀和與國際交流的能力是受到香港教育的影響,受香港在國際戰略地位作用的客觀條件和機會影響。孫中山的成就對 20 世紀中國有絕大的影響,甚至影響 21 世紀中國的香港特區歷史身份。

香港在回歸中國主權後,終於可以擺脫英殖時期的英式作風,大學改回本科四年制。2017 年是香港回歸中國的 20 周年,因此,正是適當時機,重新根據客觀歷史事實檢討香港特區作為華人社會及中國一部分的角色和定位。鴉片戰爭後割讓香港被視為近代中國的開端。而 1997 年以後一國兩制的 50 年過渡期,到 2047 年,最終是否達到中國大陸和香港特區的全面融合 (full scale merger-convergence) 還是未知之數。

30 年後,即 2047 年,屆時的基本法、一國兩制等憲制、行政架構等,可能要面臨改變。故現在香港年青人對中國應該有一定的了解,要深入、客觀、全面地掌握中國歷史文化和現時發展的「中國知識」(China knowledge)。香港必須要以較平衡和廣闊的全球角度來觀察,能夠本着尊重事實、公正、謹慎的基礎,來推動中國近代史

和香港本地歷史，整合優化新課程的教學及研究，對香港作為中國特別行政區的公民教育、主權回歸後香港華人的民族認同感和本土文化的培育，皆有重大的實質意義和長遠的正面作用。

以後中國的香港，可能要在數方面的軟實力（soft power）或在文化思想的軟件上，加強關注和努力，以主動向前推進香港在中國的定位，包括香港與近鄰亞洲地區的交流和香港的世界角色。由於21世紀會可能是亞洲太平洋世紀（Asia-Pacific century），而香港一直以來被喻為太平洋沿岸西端的國際重鎮、金融中心。現今香港政府在宣傳香港時，強調自身是中國及亞洲的國際城市；當然，這是有賴現在學術界、教育界、學生們的共同努力。我們對此相當感激樹仁大學和浸會大學的歷史系承擔這個重要的開拓性、突破性任務，希望以後同類型的「中國與世界」學術會議可以多舉行，範圍更廣，內容更豐富，更多來自世界各地的參與者。在這層面來說，此文集只是我們的「開胃前菜」。

近年，「一帶一路」給予香港和海外華人機遇和挑戰，加上最近中國政府倡導「粵港澳大灣區」跨境合作發展的願景，也是香港一個重要的發展機會。因此，香港應同時三軌（中國、亞洲及世界）並進，在已有認識的歷史、文化、人物與事例中，多了解中國、亞洲及世界，特別是香港華南近鄰也是近親的珠三角。這「粵港澳大灣區」策略概念，為粵港澳城市群未來的發展帶來新機遇，使香港能夠從區域經濟合作提升，通過與「一帶一路」同步發展的平台、渠道，上升到全方位對外開放的國家級全球化戰略。這兩大發展願景的藍圖，也賦予香港新使命。提供香港人在內地與世界各地，更多探索發揮才能的潛在機會和實現具體發展的空間，促進香港同時變成更大中華化和全球化。

近年，全球化（globalization）討論相當熾熱，香港在回應利用全球化機遇同時，應注意其存有挑戰和隱憂，亦同時借鑒中國和外國前例，避免出現過度發展危機（over-development crisis）。今後中國的可持續發展，香港能夠有突出的功能角色貢獻，積極作出正面反

饋，自然而且必然要繼續作為中國與世界的聯繫者。而一般香港的學生均有中英雙語的能力，他們與世界交流時較為方便。

誠盼香港學界師生必須克服香港先天性根本缺陷和現實局限困難，傾心盡力，踴躍教導與學習中港歷史的整合課程，而本着與時俱進和持之以恆的精神，進一步深化、擴大跨越中港歷史課程兼容並包的整合，透過中港歷史整合課程的內涵資訊，可消解部分民眾在政治心理和情感上，對國情／區情教育仍有了解不足的謬誤認知。中港歷史課程當要更盡其能，一環扣一環，有效傳承和弘揚中華文明，以深厚的中國知識底蘊為依託，為香港青少年對身份認同之追尋及價值觀重構的社會軟實力，全面打造建設正能量的基礎。而特區與大中華關係的發展息息相關，可以產生重要的連鎖啟蒙效益，滋養和培育有國家觀念、香港情懷、世界視野的新一代，自然使其影響更廣泛、宏大、深遠，取得積極成果。

香港人在特區內部，要珍惜、維護、捍衛、加強、促進和拓展香港的核心價值 —— 自由、民主、法治、人權、正義、公平、廉潔、開放、寬容與多元等，這些都是至關重要的軟實力基石，使香港成為具高世界標準和普遍認受性的民間社會，以及高效運作及有特別貢獻的國際樞紐城市。而其普世價值觀是關鍵的軟件資產和不可忽視的因素，確保香港與文明世界／先進發達國家的無縫暢順聯繫，構成香港強大的整體軟實力和全球吸引力，這些往往是中國大陸城市所缺乏的。香港人必須盡全力積極防範香港之軟實力受到威脅和侵蝕。中國 21 世紀的全球戰略為香港特區的軟實力的向外投射提供助力，而後者亦會轉向貢獻前者，可望催生以「中國 —— 亞洲 —— 全球」聯繫為主軸、具有深刻全球戰略意義和重要功能，處於「第三波全球化」前列的世界城市 —— 香港。

香港人在超出特區邊界範圍以外，既要全面掌握「中國知識」，更進一步，也要有遠大的中國與世界交互性望向意識，多進行對東方與西方整體性國情之橫向比較、歷史經驗與現代問題之縱向研究，客觀、全面的認識中國和西方國情。希望藉此學習觀摩，最終

可達到理解和認識世界，即「立足香港，連合祖國，放眼世界」。香港人能主動探索，可擁抱未來。

　　所以若期盼香港在大中華的大家庭中擔任一個成功的、有貢獻的、走在時代前端的世界城市和國際金融、商貿、通訊和運輸中心，必然要認定確保香港不會變成中國的另一個普通城市，應積極思考框架外的出路。所有香港人都要竭盡全力超越狹隘、自我約束的過度強烈「本地主義」綜合導向，以及阻止排外情緒，更絕對不能夠抱有故步自封的孤島心態。

　　盼望香港人應該和必須要同時向三線——大中華、亞洲和世界——進軍，加強對中國、近鄰亞洲和全世界的了解。思考香港之前途，要清晰了解和支持香港在 21 世紀的新定位，即作為非常成功和高效能的「中國之世界城市」（China's world city）。香港人作為「香港中國人」，正正就要加深國家觀念和對中國的了解，亦須把香港放在更廣闊的全球文化、政治、經濟脈絡之中，必須盡全力防止香港之對外聯繫互動和國際性功能表現的減弱。

　　若本書能夠加強香港和大中華人士對於這幾方面的更大關注，引起各界對書中關鍵課題的迴響，便是作出了正面貢獻，值得仔細閱讀參考。

陳明銶
2017 年 6 月 21 日 夏至
於美國史丹福大學東亞研究中心

（本文稿承蒙樹仁大學歷史系林浩琛君協助筆錄口述及整理，謹此申謝。）

第一部

中國知識分子的世界觀的轉變

第一章

「普天之下，莫非王土」
中國古代君主的世界觀
以隋煬帝為例

羅永生
香港樹仁大學歷史學系

一、引言

　　隋煬帝楊廣在位約 14 年，有兩項較為特殊的舉措，值得我們關注。一是頻繁的巡幸天下，計凡四巡漠北、一出河西、三下江都。二是着意於對外交往發展，曾先後討吐谷渾，威懾突厥，三征高麗，經營林邑，結好赤土，招撫流求，通使倭國，會盟西域。此外，百濟、新羅、室韋、靺鞨、真臘、婆利、迦羅舍、石國、曹國、史國、何國等國皆遣使來朝。而把這兩項舉措聯繫起來，或許能從之而窺見煬帝欲實踐其「宣揚風化」、[1]「混一戎夏」、[2]「四夷率服」[3] 的世界觀，而這種理念又跟《詩經》、《春秋左傳》、《孟子》等傳統儒家經典所載「普天之下，莫非王土」[4] 的說法有所關連。

---

1. 〔唐〕魏徵：〈煬帝紀上〉，《隋書》卷三（北京：中華書局，1973），頁 62。

2. 〈裴矩傳〉，《隋書》卷六十七，頁 1580。

3. 〈蘇夔傳〉，《隋書》卷四十一，頁 1191。

4. 按：《詩經・小雅・北山》作：「溥天之下，莫非王土」，而《春秋左傳・昭公七年》及《孟子・萬章上》則作「普天之下，莫非王土」。

二、宣揚風化

《隋書》卷四〈煬帝下〉云:「東西遊幸,靡有定居」。[5] 考煬帝在位期間,共進行了八次大規模的巡幸。作為大隋帝國的最高統治者,煬帝並不沉湎於宮闈生活,反而是年年巡幸,不顧路途艱辛,深入塞外荒涼不毛之地,又不避遠征塞外的風險,親臨國防前線。其原因除了鞏固國防,維護大一統帝國版圖的軍事意義外,[6] 更重要的是煬帝信相巡幸是有「作為中央政權強有力的標誌……不僅是傳統社會以禮教萬民的治國要道,而且是封建皇帝標榜內聖外王理想政治」的教化致治意義。[7] 若循這思路去探究,或許有助於我們進一步理解煬帝的世界觀思想。

大業元年(605 年),正月戊申,煬帝發八使省巡風俗,下詔曰:

> 以四海之遠,兆民之眾,未獲親臨,問其疾苦。每慮幽仄莫舉,冤屈不申,一物失所,乃傷和氣,萬方有罪,責在朕躬,所以寤寐增歎,而夕惕載懷者也。今既布政惟始,宜存寬大。可分遣使人,巡省方俗,宣揚風化,薦拔淹滯,申達幽枉。孝悌力田,給以優復。鰥寡孤獨不能自存者,量加振濟。義夫節婦,旌表門閭。高年之老,加其版授,並依別條,賜以粟帛。篤疾之徒,給侍丁者,雖有侍養之名,曾無賙贍之實,明加檢校,使得存養。若有名行顯著,操履修潔,及學業才能,一藝可取,咸宜訪採,將身入朝。所在州縣,以禮發遣。其有蠹政害人,不便於時者,使還之日,具錄奏聞。[8]

---

5. 《隋書》,卷四〈煬帝紀下〉,頁 95。

6. 就煬帝巡幸的軍事意義,可分別參看:何平立:〈隋煬帝巡狩政治軍事戰略析論〉,《軍事歷史研究》第 1 期(2004),頁 92-98。閆廷亮:〈隋煬帝西巡河西述論〉,《青海民族學院學報(社會科學版)》第 34 卷第 4 期(2008 年 9 月),頁 58-63。李嶺:〈隋煬帝巡幸灰騰梁的原因與規模〉,《集寧師專學報》第 32 卷第 2 期(2010 年 6 月),頁 57-60。

7. 何平立:〈中國古代帝王巡狩與封建政治文化〉,《社會科學》第 3 期(2006),頁 155。

8. 〈煬帝紀上〉,《隋書》卷三,頁 62-63。

　　煬帝雖未有「親臨問疾」，可是詔書中明確指出「巡省」目的是「宣揚風化，薦拔淹滯，申達幽枉。」而這種思想正是先秦以來，儒者所尋求的王道仁政的理想境地。[9] 一直以來，儒家提倡「為政不以禮，政不行矣」、[10]「禮者，君之大柄也」，[11] 帝王治國之道在於「明德慎罰」、[12]「任德教而不任刑」。[13] 故云儒者「所以助人君明教化者也」。[14] 而煬帝信奉儒家思想，[15] 認為「化人成俗，王道斯貴」，[16] 嘗言「君民建國，教學為先，移風易俗，必自茲始」，[17] 又「博訪儒術」，[18] 更親自「徵諸郡儒官集于東都，令國子祕書學士與之論難」。[19] 大業元年，禮部侍郎許善心奏薦儒者徐文遠為國子博士，包愷、陸德明、褚徽、魯世達之輩並加品秩，授為學官。[20] 這批學者在儒學經典的成就為當世所頌，且看《舊唐書》的相關記載：

> 　　時人稱文遠之左氏、褚徽之禮、魯達之詩、陸德明之易，皆為一時之最。文遠所講釋，多立新義，先儒異論，皆定其是非，然後詰駁諸家，又出己意，博而且辨，聽者忘倦。[21]

---

9. 有關孔子的仁政觀，可參張金鑒：《中國政治思想史》（台北：三民書局，1989），頁 402–403。而孟子的政治思想觀，可參同書，頁 459–468。

10. 荀子，〔唐〕楊倞註：〈大略〉，《荀子》卷十九，頁 6，收入〔清〕紀昀等纂：《欽定四庫全書》〈子部・儒家類〉。

11. 〔明〕胡廣等撰：《禮記大全》卷九〈禮運〉，頁 23。收入〔清〕紀昀等纂：《欽定四庫全書》〈經部・禮類〉。

12. 〔漢〕孔安國傳，〔唐〕孔穎達正義、黃懷信整理：〈康誥〉，《尚書正義》卷十三（上海：上海古籍出版社，2007），頁 532。

13. 〈董仲舒傳〉，《漢書》卷六十五（北京：中華書局，1973），頁 2502。

14. 〈經籍志・三〉，《隋書》卷三十四，頁 999。

15. 有關隋煬帝對儒學態度的研究，可參商愛玲、張鴻：〈隋煬帝「以民為本」、「天下為公」思想再析〉，《天府新論》第 6 期（2009），頁 130–133。胡戟：《隋煬帝新傳》（上海：上海人民出版社，1995），頁 30–35。A. F. Wright, "The Dynasty at Its Height," *The Sui Dynasty* (New York: Alfred A. Knopf. Inc., 1978) Chapter 8, 172–181. 惟學者周鼎卻持反對看法，見〈隋煬帝的暴政是其對儒家思想的徹底背叛〉，《江漢論壇》，6 期（1995）。

16. 〈煬帝紀下〉，《隋書》卷四，頁 83。

17. 〈煬帝紀上〉，《隋書》卷三，頁 64。

18. 同上，頁 69。

19. 〈孔穎達傳〉，《舊唐書》卷七十三（北京：中華書局，1973），頁 2601。

20. 參〈許善心傳〉，《隋書》卷五十八，頁 1427。

21. 〈徐文遠傳〉，《舊唐書》卷一八九上，頁 4943。

在煬帝的倡導下，演講儒家經典的活動空前盛行。儒學思想已成為煬帝治國理念的重要依據。[22] 故煬帝發使巡省風俗，正是他欲標榜政通人和，倡導勤政親民，體恤蒼生黎元，敦行禮樂教化的開始。同年三月，煬帝南巡淮海，即身體力行實踐其帝王巡幸乃王道仁政的理念。大業三年（607 年）四月庚辰，煬帝又派官員巡省河北一帶，並下詔重申「觀風問俗」的重要，所謂：

> 古者帝王觀風問俗，皆所以憂勤兆庶，安集遐荒。自蕃夷內附，未遑親撫，山東經亂，須加存恤。今欲安輯河北，巡省趙、魏。所司依式。[23]

正是言猶在耳，不過數日之後，煬帝又於四月甲午再次下詔談及「宣揚風化」有益治道的看法，其云：

> 孝悌有聞，人倫之本，德行敦厚，立身之基。或節義可稱，或操履清潔，所以激貪厲俗，有益風化。強毅正直，執憲不撓，學業優敏，文才美秀，並為廊廟之用，實乃瑚璉之資。才堪將略，則拔之以禦侮，膂力驍壯，則任之以爪牙。爰及一藝可取，亦宜採錄，眾善畢舉，與時無棄。以此求治，庶幾非遠。[24]

可見煬帝深信巡幸天下，是致治的要道。故當他發現南朝諸帝罕有巡狩之時，便問給事郎蔡徵：

> （煬帝問）「自古天子有巡狩之禮，而江東諸帝多傅脂粉，坐深宮，不與百姓相見，此何理也？」（徵）對曰：「此其所以不能長世也。」[25]

22. 就煬帝推崇儒家思想的論述，可參袁剛：《隋煬帝傳》（北京：人民出版社，2001），頁 351–358。

23. 〈煬帝紀上〉，《隋書》卷三，頁 67。

24. 同上，頁 68。

25. 〔宋〕司馬光：《資治通鑑》（北京：中華書局，1986），卷一百八十一〈大業五年〉，頁 5644。

煬帝把巡幸視為達致長治久安的重要途徑，這正是他樂此不疲，年年巡幸，足跡遍及漠北、河西、江都、遼左等地的重要原因之一。

三、混一戎夏

隋煬帝在對待周邊民族的關係上，除非必要的軍事征討外，仍一直堅持以「德化」為先，希望達致其「混一戎夏」的理想。[26] 大業三年春，煬帝從大興出發，經雁門、馬邑，六月到達榆林郡。期間突厥啟民可汗先後派其兒子拓特勤和侄毗黎伽特勤入朝謹見，而自己則召集突厥所部和韋室、奚、霫等部酋長齊集突厥牙帳恭候聖駕。同時，還組織突厥部民修築了一條自榆林達於突厥牙帳再到涿郡的「御道」，以奉迎煬帝車駕的到來。[27] 煬帝抵榆林後，蓋搭臨時可容納過千人的行宮，大宴啟民可汗及其部眾三千人，賜物二十萬段，並奏「百戲」，以示撫慰。[28] 啟民可汗為表臣服之心，上表請求：

> 臣今非是舊日邊地突厥可汗，臣即是至尊臣民，至尊憐臣時，乞依大國服飾法用，一同華夏。臣今率部落，敢以上聞伏願天慈不違所請。[29]

雖然，啟民可汗的請求，最終因煬帝出於國防考慮而不獲批准，[30] 但我們仍然可以從突厥可汗主動提出「服飾法用，一同華夏」的請求這一點來看，多少反映出煬帝所推行的「德化」政策或許已

---

26. 參劉德初、韓隆福：〈論隋煬帝的民族政策及影響〉，《湖南文理學院學報（社會科學版）》，第 3 期（2006），頁 108–111。又韓隆福：《隋煬帝評傳》（武漢：武漢大學出版社，1992），頁 151–153，所述略同。

27. 見〈煬帝紀上〉，《隋書》卷三〈煬帝紀上〉，頁 68。

28. 參〈北狄・突厥傳〉，《隋書》卷八十四，頁 1874–1875。

29. 同上，頁 1874。

30. 參張文生：〈突厥啟民可汗、隋煬帝與內蒙古〉，《內蒙古師大學報（哲學社會科學版）》，2000 年 10 月，頁 79–84。

經發揮作用。為進一步實現「混一戎夏」的理想，煬帝還分別以「和親政策」、「廣開互市」等策略來消除華夷隔閡。

在「和親政策」方面，煬帝繼續沿用文帝時的和親政策，以宗室女配與外族酋長，以維繫華夷關係與促進民族混同。分別於大業八年（612 年）十一月，「以宗女華容公主嫁於高昌王」，[31] 和十年（614 年）正月「以宗女為信義公主，嫁於突厥曷娑那可汗」。[32] 從民族學的角度而言，異族婚姻是原始民族融合的重要內容。對中原王朝而言，和親政策往往被視作是解決民族緊張關係的一項重要措施，最終甚至成為民族融合的重要組成部分。[33] 隋代「和親政策」是西漢以來中原王朝同周邊民族「和親政策」的發展。[34] 如果說西漢的王昭君出塞嫁匈奴單于為妻，使和親在民族關係方面走上正軌，唐朝文成公主下嫁吐蕃松贊干布，把和親政策推向高峰，這樣隋代的「和親政策」既是對漢代至魏晉南北朝民族大融合「和親」政策的總結，又是唐代「和親」政策的前奏，具有繼往開來的意義。[35] 可見即使國家開始走下坡的時候，煬帝仍認為「和親」能發揮重要的政治作用。

在廣開互市方面，煬帝即位後，為解決邊疆與中原內地間不斷增長的貿易需求，尤其是河西地區異常活躍的民間貿易情況。[36] 於大業三年，派遣吏部侍郎裴矩「往張掖，監諸商胡互市。啖之以利，勸令入朝」。[37] 主持隋朝與西域諸國商業貿易事宜。所謂「西域諸蕃，多至張掖，與中國交市」。[38] 當時的張掖，是西域諸國與中原內地進行貿易的一個重要城市，每天俱有無數胡商到此貿易。裴矩到任後，傾力結交各地客商，採取「啖之以利，勸令入朝」的方針，

---

31. 〈煬帝紀下〉，《隋書》卷四，頁 83。
32. 見〈煬帝紀上〉，《隋書》卷三，頁 86。
33. 詳參崔明德、馬曉麗：《隋唐民族關係史》（北京：人民出版社，2010）。
34. 詳參崔明德：《中國古代和親史》（北京：人民出版社，2005）。
35. 詳參崔明德：《漢唐和親史稿》（青島：海洋大學出版社，1992）。
36. 參李明偉：《絲綢之路與西北經濟社會研究》（蘭州：甘肅人民出版社，1992）。
37. 〈食貨志〉，《隋書》卷二十四，頁 687。
38. 〈裴矩傳〉，《隋書》卷六十七，頁 1578。

以優惠政策鼓勵西域胡商與朝廷直接貿易交往。結果雖然是「西域諸蕃，往來相繼，所經州郡，疲於送迎，縻費以萬萬計」。[39] 朝廷付出了相當的經濟代價，但在政治穩定與民族融和上卻取得了一定的成就。據《隋書》卷六十七〈裴矩傳〉所載：

> 竟破吐谷渾，拓地數千里，並遣兵戍之。每歲委輸巨億萬計，諸蕃懾懼，朝貢相續。……其冬，帝至東都，矩以蠻夷朝貢者多，諷帝令都下大戲。徵四方奇技異藝，陳於端門街，衣錦綺、珥金翠者，以十數萬。又勒百官及民士女列坐棚閣而縱觀焉。皆被服鮮麗，終月乃罷。又令三市店肆皆設帷帳，盛列酒食，遣掌蕃率蠻夷與民貿易，所至之處，悉令邀延就坐，醉飽而散。蠻夷嗟歎，謂中國為神仙。[40]

裴矩開拓河西互市貿易的政治效果，明顯地加強了蠻夷對中原王朝的傾慕，促進了華夷的交往與融和。

事實上，煬帝並非僅關注於河西地區廣開互市，隋朝在與北方和東北諸族的互市貿易亦相當活躍，並於鴻臚寺典蕃署內，特置「使者」以專掌四方蕃夷互市之事。據《隋書》卷二十八〈百官志下〉所載：

> 鴻臚寺改典客署為典蕃署。初煬帝置四方館於建國門外，以待四方使者，後罷之，有事則置，名隸鴻臚寺，量事繁簡，臨時損益。東方曰東夷使者，南方曰南蠻使者，西方曰西戎使者，北方曰北狄使者，各一人，掌其方國及互市事。[41]

雖然隋朝與河西以外地區貿易的記載，《隋書》只保留了數條關於文帝開皇年間的資料，如：開皇八年（588 年）突厥可汗酋長

---

39. 〈食貨志〉，《隋書》卷二十四，頁 687。

40. 〈裴矩傳〉，《隋書》卷六十七，頁 1580–1581。又《資治通鑑》卷一百八十一〈煬帝大業六年正月〉條，所載略同，其云：「諸蕃請入豐都市交易，帝許之。……胡客或過酒店，悉令邀延就坐，醉飽而散，不取其直，紿之曰：『中國豐饒，酒食例不取直。』胡客皆驚歎。」（頁 5649）

41. 〈百官志下〉，《隋書》卷二十八，頁 798。

「相率遣使貢馬萬匹，羊二萬口，駝、牛各五百頭。尋遣使請緣邊置市，中國貿易」，文帝詔許之。[42] 幽州總管陰壽設「交市」與突厥酋長進行珠寶貿易，數額竟達 800 萬之鉅。[43] 管州總管韋藝，「大治產業，與北夷貿易，家資鉅萬，頗為清論所譏」。[44] 可惜的是有關煬帝時與河西以外地區貿易的記載相對缺乏，但我們有理由相信，基於煬帝採取更開放的邊疆互市政策，則全國的華夷互市貿易的發展，大底只會較之文帝開皇時期更為繁榮，則華夷的交往與融和，亦只會更為活躍和深刻。

四、四夷率服

煬帝即位後不久，透過延續文帝時對突厥的分化瓦解政策，終於解除來自漠北突厥的威脅。[45] 加上天下經歷了「開皇之治」的發展，國力大增。煬帝認為大隋王朝已具備經略天下、四夷率服所需的種種條件。先是大業三年，負責隋朝與河西、西域等國互市貿易的裴矩，了解到煬帝「方勤遠略」的意圖，乃以其職位之便，撰《西域圖經》三卷，呈獻煬帝。雖然《西域圖經》一書早已散佚，但《隋書》卷六十七〈裴矩傳〉卻保存了原書序文，讓後人能粗略了解其大體內容歸旨，該書主要是介紹西域 44 國的山川河流、民俗風土，交通要道，以致裴矩本人對經略西域的具體建議等。[46] 據《隋書》所述，煬帝讀了《西域圖經》後，大表讚許，除賞賜有加外，更「每日引矩至御坐，親問西方之事。矩盛言胡中多諸寶物，吐谷渾易可并吞。帝由是甘心，將通西域，四夷經略」。[47] 有關煬帝如何以軍事

---

42. 〈突厥傳〉，《隋書》卷八十四，頁 1871。

43. 〈獨孤皇后傳〉，《隋書》卷三十六，頁 1108。

44. 〈韋藝傳〉，《隋書》卷四十七，頁 1269。

45. 可分參劉健明：第六章〈開皇年間對突厥的政策〉、第七章〈仁壽大業年間對突厥政策〉，《隋代政治與對外政策》（台北：文津出版社，1999），頁 197–257。吳玉貴：第三章〈文帝時期隋朝與突厥的關係〉，《突厥汗國與隋唐關係史研究》（北京：中國社會科學出版社，1998），頁 81–113。

46. 詳參〈裴矩傳〉，《隋書》卷六十七，頁 1578–1590。

47. 同前，頁 1590。

力量征服吐谷渾，及如何控制中原與西域的交通咽喉等歷史經過，前輩學者已有詳細的論述，今不重複。[48] 現集中論述煬帝以款宴、朝貢、遣使貢物等方式，達致四夷率服的歷史。

《隋書》記載了煬帝曾經兩次大型款宴四方蠻夷的活動，並視之為大隋帝國率服四夷之莫大盛事。第一次發生在大業五年（609年），煬帝平定吐谷渾後，「高昌王麴伯雅來朝，伊吾吐屯設等獻西域數千里之地。……上御觀風行殿，盛陳文物，奏九部樂，設魚龍曼延，宴高昌王、吐屯設於殿上，以寵異之。其蠻夷陪列者三十餘國。」[49] 第二次在大業十一年（615年），煬帝三征高麗之後，「突厥、新羅、靺鞨、畢大辭、訶咄、傳越、烏那曷、波臘、吐火羅、俱慮建、忽論、靺鞨、訶多、沛汗、龜茲、疏勒、于闐、安國、曹國、何國、穆國、畢、衣密、失範延、伽折、契丹等國並遣使朝貢。……大會蠻夷，設魚龍曼延之樂，頒賜各有差」。[50]

參與這兩次大型款宴的國家多達三四十個。其中第一次款宴，煬帝更派大臣閻毗「持節迎勞」，[51] 以威嚴典雅的中華禮儀作盛情的接待。煬帝於觀風行殿內，大陳中原文物，讓與會的外國君長、使臣大開眼界。接著又大奏九部樂，設魚龍曼延，排場浩瀚壯觀，熱鬧非凡。宴後，煬帝又分別賞賜各國使臣，使之受寵若驚，感恩戴德不盡。而第二次款宴時，雖已經是煬帝統治臨近崩潰的大業末年，但其排場陳設，仍相當講究，堪比大業盛世無異。這樣煬帝便能不用武力，或是少用武力，以大陳中華文化來威服四夷，通過精彩的歌舞百戲展示中原文化的無窮魅力，營造出富庶無比、萬方同樂的氣氛，使來自荒漠的夷狄驚嘆不已。豔羨之餘，自然不自覺地傾向大隋帝國，這樣煬帝可以不用大舉用兵，便達致四夷率服的境地。

---

48. 關於煬帝征服吐谷渾、經營西域等成就，學界數種關於隋煬帝研究的專著俱有所論述，可分別參：韓隆福：《隋煬帝評傳》、郭志坤：《隋煬帝大傳》（蘇州：蘇州大學出版社，1995）、胡戟：《隋煬帝新傳》及袁剛：《隋煬帝傳》等有關章節。

49. 〈煬帝紀上〉，《隋書》卷三，頁 73。

50. 〈煬帝紀下〉，《隋書》卷四，頁 88。

51. 〈閻毗傳〉，《隋書》卷六十八，頁 1595。

至於大業年間，個別周邊國家朝貢的情況，《隋書》中有下列紀錄：

1. 三年（即大業三年，下同）……（百濟王余）璋，遣使者文燕文進朝貢……十年，復遣使朝貢；[52]

2. 七年（二月）……百濟遣使朝貢；[53]

3. （新羅）大業以來，歲遣朝貢；[54]

4. 三年，（倭國）其王多利思比孤遣使朝貢；[55]

5. 南蠻雜類，與華人錯居，曰蜒，曰獽，曰俚，曰獠……。大業中，南荒朝貢者十餘國；[56]

6. 林邑……（大業年間）遣使謝罪，於是朝貢不絕；[57]

7. （婆利）大業十二年遣使朝貢；[58]

8. （石國）大業五年遣使朝貢；[59]

9. （于闐）大業中，頻遣使朝貢；[60]

10. （吐火羅國）大業中，遣使朝貢；[61]

11. 大業四年，（附國）其王遣使素福等八人入朝。明年，又遣其弟子宜林率嘉良夷六十人朝貢。[62]

而與朝貢性質相近，曾「遣使貢方物」的國家，《隋書》的紀錄則有：

1. 十二年，……真臘國遣使貢方物；[63]

2. 四年三月，百濟、倭、赤土、迦羅舍國並遣使貢方物；[64]

52. 〈東夷‧百濟〉，《隋書》卷八十一，頁1819。
53. 〈煬帝紀上〉，《隋書》卷三，頁75。
54. 〈東夷‧新羅〉，《隋書》卷八十一，頁1821。
55. 〈東夷‧倭國〉，《隋書》卷八十一，頁1827。
56. 〈南蠻〉，《隋書》卷八十二，頁1831。
57. 〈南蠻‧林邑〉，《隋書》卷八十二，頁1833。
58. 〈南蠻‧婆利〉，《隋書》卷八十二，頁1838。
59. 〈西域‧石國〉，《隋書》卷八十三，頁1850。
60. 〈西域‧于闐〉，《隋書》卷八十三，頁1852。
61. 〈西域‧吐火羅〉，《隋書》卷八十三，頁1853。
62. 〈西域‧附國〉，《隋書》卷八十三，頁1859。
63. 〈煬帝紀下〉，《隋書》卷四，頁90。
64. 〈煬帝紀上〉，《隋書》卷三，頁70。

3.　六年春正月，……倭國遣使貢方物，……六月……室韋、
　　赤土並遣使貢方物；[65]

4.　十年七月，……曹國遣使貢方物；[66]

5.　大業中，（康國）始遣使貢方物；[67]

6.　大業中，（焉耆）遣使貢方物；[68]

7.　大業中，（龜茲）遣使貢方物；[69]

8.　大業中，（疏勒）遣使貢方物；[70]

9.　大業中，（鏺汗）遣使貢方物；[71]

10.　大業中，（挹怛）遣使貢方物；[72]

11.　大業中，（史國）遣使貢方物；[73]

12.　大業中，（何國）遣使貢方物；[74]

13.　大業中，（烏那曷）遣使貢方物；[75]

14.　大業中，（穆國）遣使貢方物；[76]

15.　大業中，（漕國）遣使貢方物；[77]

16.　大業三年，（鐵勒）遣使貢方物；[78]

17.　大業時，（奚）歲遣使貢方物。[79]

65. 〈煬帝紀上〉，《隋書》卷三，頁74。
66. 〈煬帝紀下〉，《隋書》卷四，頁87。
67. 〈西域・康國〉，《隋書》卷八十三，頁1849。
68. 〈西域・焉耆〉，《隋書》卷八十三，頁1851。
69. 〈西域・龜茲〉，《隋書》卷八十三，頁1852。
70. 〈西域・疏勒〉，《隋書》卷八十三，頁1852。
71. 〈西域・鏺汗〉，《隋書》卷八十三，頁1853。
72. 〈西域・挹怛〉，《隋書》卷八十三，頁1854。
73. 〈西域・史國〉，《隋書》卷八十三，頁1855。
74. 〈西域・何國〉，《隋書》卷八十三，頁1855。
75. 〈西域・烏那曷〉，《隋書》卷八十三，頁1856。
76. 〈西域・穆國〉，《隋書》卷八十三，頁1856。
77. 〈西域・漕國〉，《隋書》卷八十三，頁1857。
78. 〈北狄・鐵勒〉，《隋書》卷八十四，頁1880。
79. 〈北狄・奚〉，《隋書》卷八十四，頁1881。

有謂隨着煬帝在西域設置了西海、河源、鄯善、且末等郡，[80] 控制了整個西域之後，再加上政策運用適宜，逼使稱雄漠北多時的突厥兩代可汗，即啟民可汗與處羅可汗俱來朝歸降，煬帝獲得「聖人可汗」的尊稱，[81] 成為號令四夷之主。於是來自東亞和東北亞的百濟、新羅、室韋、契丹、倭國等國；來自南亞的真臘、赤土、婆利、迦羅舍等十餘國；來自西域、中亞的于闐、疏勒、龜茲、焉耆、高昌、伊吾、石國、曹國、吐火羅國、附國、康國、鏺汗、挹怛、史國、何國、烏那曷、穆國、漕國等數十國；自來北亞的突厥、鐵勒、奚等國，分別以朝貢或遣使貢方物的形式入朝稱臣，成為中原隋楊王朝的臣屬。煬帝在位短短數年間，便實現了其「四夷率服」的世界觀，故而能出壯語曰：「今四海既清，與一家無異。」[82]

五、結語

《隋書》卷八十一〈東夷傳・史臣曰〉稱煬帝為「志包宇宙」，[83] 同書卷八十二〈南蠻傳・史臣曰〉繼稱之為「威振殊俗，過於秦、漢遠矣。」[84] 據此足見唐代史官視煬帝為有志於經略天下，並已取得超越秦漢以來諸帝的成就。昔日文帝賜璽書高麗國君高湯之時，且有壯語云：「普天之下，皆為朕臣。」[85] 以煬帝之性格，其欲超越父親的心態，實不言而喻。故煬帝以「普天之下，莫非王土」為其「世界觀」，亦自然在情理之內，而唐代史官的評論也確實有所依據。

---

80. 參吳玉貴：〈煬帝時代隋朝對西域的經營〉，《突厥汗國與隋唐關係史研究》第四章，頁 114–146。

81. 〈北狄・突厥〉，《隋書》卷八十四，頁 1873、1879。

82. 〈北狄・西突厥〉，《隋書》卷八十四，頁 1879。

83. 〈東夷〉，《隋書》卷八十一，頁 1828。

84. 〈南蠻〉，《隋書》卷八十四，頁 1838。

85. 〈東夷・高麗〉，《隋書》卷八十一，頁 1815。

第二章

唐代「天可汗」璽書行用
的部族與地域

劉後濱

中國人民大學歷史學院

一、「天子八寶」與唐人的天下觀

《唐六典》卷八門下省符寶郎之職條：

> 八寶：一曰神寶，所以承百王，鎮萬國；二曰受命寶，所以修封禪，禮神祇；三曰皇帝行寶，答疏於王公則用之；四曰皇帝之寶，勞來勳賢則用之；五曰皇帝信寶，徵召臣下則用之；六曰天子行寶，答四夷書則用之；七曰天子之寶，慰撫蠻夷則用之；八曰天子信寶，發蕃國兵則用之。[1]

中國與四夷、九州與蕃國，這個模式的天下觀，是西周以來確立下來的。至少到漢代，皇帝與天子在名義上已經明確區分為內外之主。《唐六典》引《漢儀》云：

> 以皇帝行璽為凡雜，以皇帝之璽賜諸侯王書，以皇帝信璽發兵；其徵大臣以天子行璽，外國事以天子之璽，鬼神事以天子信璽。皆以武都紫泥封，青布囊白素裹，兩端縫，尺一版，

---

1. 廣池千九郎訓點：《大唐六典》（東京：橫山印刷株式會社，1973），頁 189–190。

中約署。有事及發外國兵用天子信璽，封拜外國及徵召用天子
行璽，賜匈奴單于、外國王書用天子之璽。諸下竹使符徵召大
事行州、郡、國者，用皇帝信璽；諸下銅獸符發郡、國兵，用
皇帝之璽；封拜王公以下遣使就授，皆用皇帝行璽。[2]

　　唐代基本沒有什麼變化，只是從天子六璽發展到天子八寶。歷
代都依據這個模式構建朝貢體系，以皇帝的名義處理中國事務，以
天子的名義處理四夷事務，並且落實到皇帝行用文書的印璽上。

　　唐代天子八寶中，凡是稱皇帝的，都是對內行用的文書；而
稱天子的，都是對外蕃行用的文書。皇帝是中國之主，天子是天下
之主。以天子名義發佈的文書，其對象在用語上又有所謂四夷、蠻
夷、蕃國的區分。唐代帝王的天下觀，是以中國為中心，而擴展至
四夷的。所謂蠻夷、四夷，是與「中國」相對的概念，在夷夏之分
的框架下，有東夷、南蠻、西戎、北狄，強調的是中心與周邊的關
係。而蕃國，基本對應的是「九州」，《周禮·秋官·大行人》謂：
「九州之外，謂之蕃國。」九州就是中國，在這個意義上，蕃國等同
於四夷，強調的都是中國的周邊。字面上看，這個周邊是沒有邊界
的，四夷可以遠到任何可以接觸到的地方。但是，在唐人的現實觀
念中，天下是被限定在一個特定範圍內的，即如元和元年七月杜佑
的上疏所說，「蓋聖王之理天下也，唯務綏靜蒸人，西至流沙，東漸
于海，在南與北，亦存聲教。不以遠物為珍，匪求遐方入貢。」[3] 據
此，唐人所說的天下，是一個以「存聲教」為標準的政治地理範疇。
儘管也有東西南北四至，但這個四至所包括的範圍，實際上地理界
限並不是很明確。所謂天下，是一個四至界限不明確的、以擁戴君
主為標準的有限統治領域。[4]

---

2. 同上，頁190。

3. 〈外臣部·備御第六〉，《冊府元龜》卷九九三（北京：中華書局影印本，1960），頁11666。

4. 參見渡邊信一郎，徐沖譯：《中國古代的王權與天下秩序》（北京：中華書局，2008），頁
   20–21。

二、從「諸蕃」與「化外人」看唐代實際控制 的部族與地域

「天子八寶」中的天子行寶、天子之寶、天子信寶，其所適用的範圍是四夷和蕃國，是一個沒有邊界的地域和部族範圍。其所體現的，是唐人理念中廣義的天下觀。但是，在唐代的政治實踐中，對天子所掌控的部族與地域，是有切實的範圍的，儘管這個範圍的邊界會不斷發生變化。

「諸蕃」與「化外人」是唐代對待周邊部族的兩個重要概念。諸蕃與化外人的區分，反映了唐朝對周邊部族與政權實際控制的界限。

「諸蕃」指的是唐朝皇帝能夠調遣的周邊部族及其建立的政權，諸蕃與唐朝之間有着明確的藩屬關係。尚書禮部的主客郎中、員外郎，「掌二王后及諸蕃朝聘之事」;[5] 與諸蕃交往的具體事務則是由鴻臚寺負責的，鴻臚卿和少卿之職為，「凡四方夷狄君長朝見者，辨其等位，以賓待之。凡二王之後及夷狄君長之子襲官爵者，皆辨其嫡庶，詳其可否，以上尚書。若諸蕃大酋渠有封建禮命，則受冊而往其國」。[6] 而與諸蕃交易之事，則由緣邊諸州的互市監進行管理。[7] 唐朝設立在邊疆地區的都護府，其都護、副都護之職，就是「掌撫慰諸蕃，輯寧外寇，覘候奸誘，征討攜離」。[8] 諸蕃是不同於外寇的，因其向唐朝納貢稱臣，所以需要撫慰，而外寇是要加以輯寧的。

諸蕃酋長要參加包括皇帝封禪泰山、皇帝校獵及其他重大禮儀活動，派兵參加唐朝對外戰爭，以及平定內亂等重大政治和軍事活動。如麟德二年十月丁卯，帝發東都，赴東岳，從駕文武兵士及儀仗法物，相繼數百里，列營置幕，彌亘郊原。突厥、于闐、波斯、天竺國、罽賓、烏萇、昆侖、倭國、及新羅、百濟、高麗等諸蕃

---

5. 廣池千九郎訓點：《大唐六典》卷四，「主客郎中員外郎之職」條，頁108。

6. 同上，卷十八，「鴻臚寺」條，頁361。

7. 同上，卷二十二，「諸互市監」條，頁415。

8. 同上，卷三十，「都護、副都護之職」條，頁533。

酋長，各率其屬扈從。穹廬氈帳及牛羊駝馬，填候道路。[9] 開元十三年風扇泰山時，裴光庭也建議諸蕃君長赴會。《舊唐書·裴光庭傳》載：

> （開元）十三年，將有事于岱岳，中書令張說以大駕東巡，京師空虛，恐夷狄乘間竊發，議欲加兵守邊，以備不虞，召光庭謀兵事。光庭曰：「封禪者，所以告成功也。夫成功者，恩德無不及，百姓無不安，萬國無不懷。今將告成而懼夷狄，何以昭德也？大興力役，用備不虞，且非安人也。方謀會同而阻戎心，又非懷遠也。有此三者，則名實乖矣。且諸蕃之國，突厥為大，贄幣往來，願修恩好有年矣。今茲遣一使徵其大臣赴會，必欣然應命。突厥受詔，則諸蕃君長必相率而來。雖偃旗息鼓，高枕有餘矣。」[10]

《舊唐書·音樂志》載：

> 玄宗在位多年，善音樂，若讌設酺會，即御勤政樓。先一日，金吾引駕仗北衙四軍甲士，未明陳仗，衛尉張設，光祿造食。候明，百僚朝，侍中進中嚴外辦，中官素扇，天子開簾受朝。禮畢，又素扇垂簾，百僚常參供奉官、貴戚、二王後、諸蕃酋長，謝食就坐。[11]

又如《舊唐書·薛元超傳》載：「時高宗幸溫泉校獵，諸蕃酋長亦持弓矢而從。元超以為既非族類，深可為虞，上疏切諫，帝納焉。」[12]《舊唐書·突厥傳》載：「玄宗發都，至嘉會頓，引頡利發及諸蕃酋長入仗，仍與之弓箭。時有兔起於御馬之前，上引弓傍射，一發獲之。頡利發便下馬捧兔蹈舞曰：『聖人神武超絕，若天上則不知，人間無也。』」[13]

9. 〈帝王部·封禪第二〉，《冊府元龜》卷三十六，頁 393。
10. 〈裴行儉傳附子光庭傳〉，《舊唐書》卷八十四（北京：中華書局 1975），頁 2806。
11. 〈音樂志〉，《舊唐書》卷二八，頁 1051。
12. 〈薛收傳附子元超傳〉，《舊唐書》卷七十三，頁 2590。
13. 〈突厥傳〉上，《舊唐書》卷一九四，頁 5176。

　　唐代的賓禮，其儀有六：一曰蕃國王來朝，二曰戎蕃王見，三曰蕃王奉見，四曰受蕃使表及幣，五曰燕蕃國王，六曰燕蕃國使。唐代的嘉禮，其儀有五十，其中第四十七曰遣使慰勞諸蕃。每年元日大朝會的時候，其程序包括：皇太子獻壽，次上公獻壽，次中書令奏諸州表，黃門侍郎奏祥瑞，戶部尚書奏諸州貢獻，禮部尚書奏諸蕃貢獻，太史令奏雲物，侍中奏禮畢。然後，中書令又與供奉官獻壽。[14]

　　諸蕃之人有的還接受唐朝授任的文武官職。開元十六年五月敕：「諸蕃應授內外文武官，及留宿衛長上者，共為一甲。其放還蕃者，別為一甲。仍具形狀年幾同為一奏。」[15]接受唐朝授官的諸蕃之人，有留宿衛長上者，有放還蕃者，他們不僅在名義上、而且在實際上也接受唐朝的統制。

　　唐朝的「諸蕃」具體包括哪些部族？唐太宗昭陵司馬北門內所雕刻的十四國蕃王像，是貞觀時期諸蕃的具體所指。《唐會要》載：

> 　　上欲闡揚先帝徽烈，乃令匠人琢石，寫諸蕃君長貞觀中擒伏歸化者形狀，而刻其官名。突厥頡利可汗、右衛大將軍阿史那咄苾、突厥頡利可汗右衛大將軍阿史那什鉢苾、突厥乙彌泥孰候利苾可汗右武衛大將軍阿史那李思摩、突厥都布可汗右衛大將軍阿史那社爾、薛延陀真珠毗伽可汗、吐番贊普、新羅樂浪郡王金貞德、吐谷渾河源郡王烏地也拔勒豆可汗、慕容諸曷鉢、龜茲王訶黎布失畢、于闐王伏闍信焉耆王龍突騎支、高昌王左武衛將軍麴智盛、林邑王范頭黎、帝那伏帝國王阿羅那順等十四人，列於陵司馬北門內、九嵕山之陰，以旌武功。乃又刻石為常所乘破敵馬六匹於闕下也。[16]

　　從這個表述中可以看出，四夷部族只有「擒伏」或「歸化」後才能稱之為「諸蕃」。貞觀時期的諸蕃，包括突厥各個部族、薛延

陀、吐蕃、新羅、吐谷渾、龜茲、于闐、焉耆、高昌、林邑（今越南中部）、帝那伏帝（今印度比爾北邦北部蒂魯特）等。這些部族被擒伏或歸化的過程，大都見於史籍的記載，此不贅述。如帝那伏帝國王阿羅那順，是在貞觀二十一年王玄策出使印度受阻後，被吐蕃贊普松贊干布出兵擒伏，並隨王玄策一起歸朝的，貞觀二十二年五月獻俘闕下。[17] 而沒有歸化的部族與地域，則只能視為不可掌控的「化外」。如貞觀時期朝鮮半島的高麗和百濟，就是還沒有「歸化」的不列於諸蕃之內的外邦政權。到武周時期，唐朝掌控的諸蕃範圍有所擴大。聖曆三年三月六日敕：「東至高麗國，南至真臘國，西至波斯、吐蕃，及堅昆都督府，北至契丹、突厥、靺鞨，並為人番，以外為絕域。其使應給料各依式。」[18]

「化外人」和「諸蕃」一樣，都屬四夷。但是，諸蕃的君長是要接受唐朝皇帝冊命的，與唐朝保持藩貢關係；而化外人的君長則是自立的，他們並不「存聲教」。唐朝法令規定中，有化外人與化內人的區分。《唐律疏議》卷一六〈擅興律〉「征討告賊消息」條：

> 其非征討，而作間諜；若化外人來為間諜；或傳書信與化內人，並受及知情容止者：並絞。

在解釋「若化外人來為間諜」中的「化外人」概念時，疏議曰：「化外人來為間諜者，謂聲教之外，四夷之人，私入國內，往來覘候者。」[19]《唐律疏議》卷八〈衛禁律〉「越度緣邊關塞」條規定，「共化外人私相交易」根據交易額的不同要處以徒刑或流刑。具體解釋見疏議曰：「若共化外、蕃人私相交易，謂市買博易，或取蕃人之物及將物與蕃人。」此條唐律同時禁止化內人「將禁兵器私與化外人」及與化外人「共為婚姻」，「其化外人越度入境，與化內交易，

---

17. 參見馮承鈞：〈王玄策事輯〉，《清華學報》第 1 期（1932），收錄於《西域南海史地考證論著匯輯》（北京：中華書局，1957）。

18. 〈雜錄〉，《唐會要》卷一〇〇，頁 1798。

19. 長孫無忌等，劉俊文點校：〈擅興律〉「征討告賊消息」條，《唐律疏議》卷一六（北京：中華書局，1983），頁 307。

得罪並與化內人越度、交易同，仍奏聽敕」。[20]《唐律疏議》對「化外人」比較確定的解釋是，「化外人，謂蕃夷之國，別立君長者，各有風俗，制法不同。」疏議在解釋化外人異類相犯時，舉的例子是「若高麗之與百濟相犯之類」。[21] 說明在編定《唐律疏議》的永徽年間，高麗和百濟還都是化外人，隨着唐朝與朝鮮半島三個政權關係的變化，到武周聖歷年間，高麗和百濟也屬歸化的諸蕃了。總之，化外人是別立君長而不存聲教的，是四夷之中除了接受冊命的諸蕃之外的部族和政權。化外人所在地域是沒有邊界的。

化外人的概念亦見於唐令。明抄本天聖《關市令》規定：「若私共化外交易，為人糾獲，其物悉賞糾人。」[22] 這應該也是唐令的原文。[23]《關市令》的規定與《唐律》禁止「共化外人私相交易」的規定之間，是互為補充的關係。唐律規定的是根據交易額而處以刑罰，唐令則規定了私相交易被人糾獲後，繳獲物質的處理辦法。

唐朝官府進行互市的對象是否包括諸蕃和化外人，還有待進一步研究。但是，在禁止私人物質交易方面，則化外人和諸蕃是一致的。前引《唐律》「越度緣邊關塞」條規定的「若共化外、蕃人私相交易，謂市買博易，或取蕃人之物及將物與蕃人」，就是化外人與蕃人並列。

由於疆域及周邊部族與政權格局的不同，化外人的概念在唐宋之間發生了變化。如宋太祖開寶六年，「禁銅錢不得入蕃界及越江海至化外。」[24] 又，宋仁宗康定元年八月戊子，「改贈劉平為朔方節度使，石元孫為定難節度使，前贈忠武、忠正皆非化外鎮。凡初除節

20. 長孫無忌等，劉俊文點校：〈衛禁律〉「越度緣邊關塞」條，《唐律疏議》卷八，頁 177。

21. 長孫無忌等，劉俊文點校：〈名例律〉「化外人相犯」條，《唐律疏議》卷六，頁 133。

22. 天一閣博物館、中國社會科學院歷史研究所天聖令整理課題組：《天一閣藏明鈔本天聖令校證》（北京：中華書局，2006），頁 306。

23. 孟彥弘認為，「化外人」是宋代用語，唐人幾乎不用，唐人使用的是「諸蕃」。見《天一閣藏明鈔本天聖令校證》，頁 533。劉馨珺已經指出唐律中多次使用「化外人」一詞，見〈評《天一閣藏明鈔本天聖令校證附唐令復原研究》之五《關市令》〉，榮新江、劉後濱主編：《唐研究》第十四卷（北京：北京大學出版社，2008）。

24. 李燾：《續資治通鑑長編》卷十四（北京：中華書局，1995），頁 298。

度使，必先歷化外故也。」[25] 到了北宋時期，治所在靈州（今寧夏吳忠市）的朔方鎮和治所在夏州（今內蒙古烏審旗南與陝西靖邊交界處）的定難軍都成了化外，因為已經被西夏佔領了。而在唐朝，這兩個地方都是京北地區的門戶重鎮。

三、西域與北荒：唐朝以「皇帝天可汗」名義
　　冊立的可汗所在部族和地域分佈

按照唐代天子八寶行用對象的規定來看，所謂四夷、蠻夷、蕃國，都是在用天子名義行用文書的範圍之內的。而在唐代的法令中，卻要區分諸蕃與化外人。這說明唐代帝王的天下觀念與實際行用的法令之間存在着差距。在觀念上是希望能夠統治四夷和蕃國的，天下是無限擴張的領域。唐代帝王治國的最高理想，就是要聲教和德化達於四海。如玄宗開元十二年關於封禪泰山的討論中，大臣們主張封禪的理由之一是玄宗「英威邁於百王，至德加於四海」，「四海和平，百蠻率職，莫不含道德之甘實，咀仁義之馨香」；玄宗不同意封禪，理由則是「德未加於百姓，化未覃於四海」。[26] 在理念上皇帝的德化和聲教要達於四海，而在實際政治生活中，聲教所及的地域範圍則是有限的，還存在着別立君長的化外人。前人在討論唐代天下觀的時候，往往容易將觀念上的天下與實際上聲教所及的天下混為一談。關於中國古代「天下」概念的爭論，因此而聚訟不止。[27]

通過梳理「諸蕃」與「化外人」的區分，就能進一步明瞭「天下」一詞作為唐代政治文化術語在不同語境下的意義。唐人的天下觀中，不僅只有中國與夷狄，不是簡單的中國與夷狄的二元劃分，夷狄之中還有諸蕃與化外人的區分。所以，天下在地域和人群身份

---

25. 李燾：《續資治通鑒長編》卷一百二十八，頁 3032。

26. 〈郊議〉，《唐會要》卷八，頁 105–108。

27. 參見渡邊信一郎，徐沖譯：《中國古代的王權與天下秩序》序說第二節「圍繞『天下』的學說史」，頁 9–16。

的意義上，至少應該包括三個部分：一是指「唐王朝的皇帝通過
州（郡）縣制實現專制支配的、確定的實際支配領域」。[28]唐人在討
論國內問題時所用天下概念，基本是在這個意義上立論的。其例甚
多，不必備舉。二是指包括中國和接受唐朝皇帝德教的、「聲教之所
及」的諸蕃在內的地域。如貞觀四年討論突厥安置問題時涼州都督
李大亮提出：「中國百姓，天下根本。四夷之人，猶於枝葉。擾其
根本，以厚枝葉，而求久安，未之有也。」[29]貞觀二十年唐太宗接
受鐵勒、回紇、俟利發等諸姓詣闕朝見，帝謂之曰：「我今為天下
主，無問中國及四夷，皆養活之。不安者我必令安，不樂者我必令
樂。」[30]在這個意義上的天下，並非具有無限擴張的可能性，也不僅
僅是意識形態或德治的支配，[31]上文關於「諸蕃」的論證中已經提
到，實際上也是接受冊封的政治控制。三是指構想出來的一個無限
擴張的、沒有邊界的世界。這個意義上的天下，常常與四夷、四海
等概念混用。天子八寶行用對象中的所謂四夷、蠻夷、蕃國，所指
基本與此相類。

　　區分了這三個層次的「天下」概念之後，唐朝皇帝稱「天可汗」
的政治意義就比較好理解了。儘管理論上說天子的支配達於四海九
州之外，以天子名義行用的印璽，行用的對象包括了一個構想中無
限擴張的世界，但是，如何在沒有邊界的夷狄之中區別對待「諸蕃」
和「化外人」，如何在歸化了的「諸蕃」與「中國」之間區別統治，
既非「天子」又非「皇帝」的「天可汗」之稱，正好解決了這個問題，
其所針對的，正是西北地區的「諸蕃」。

　　自唐太宗貞觀四年開始，唐朝皇帝接受了一些西北地區部族政
權所上「天可汗」的稱號。接受這個稱號的具體時間，史籍記載略
有分歧，當以《新唐書‧太宗本紀》所記為準，即四月戊戌日（初
三）太宗登順天門見頡利，西北諸蕃酋長見此盛況，遂上此一尊

---

28. 渡邊信一郎，徐沖譯：《中國古代的王權與天下秩序》，頁27。

29. 吳兢：〈安邊〉，《貞觀政要》卷九（上海：上海古籍出版社，1978），頁275–276。

30. 〈帝王部‧來遠〉，《冊府元龜》卷一七〇，頁2051。

31. 這個觀點見於渡邊信一郎，徐沖譯：《中國古代的王權與天下秩序》，頁70–71。

號。[32]《舊唐書・太宗紀》載：「貞觀四年夏四月丁酉，御順天門，軍吏執頡利以獻捷。自是西北諸蕃咸請上尊號為『天可汗』，於是降璽書冊命其君長，則兼稱之。」[33]《唐會要》則記載為：「貞觀四年三月，諸蕃君長詣闕，請太宗為天可汗。乃下制，令後璽書賜西域北荒之君長，皆稱皇帝天可汗。諸蕃渠帥有死亡者，必下詔冊立其後嗣焉。統制四夷，自此始也。」[34]其他史料所記文字略同。其中請上尊號為「天可汗」的是西北諸蕃，以「皇帝天可汗」名義行用璽書的對象也是西域北荒的諸蕃酋帥，並不包括化外之地。《唐會要》中所說的「統制四夷」，其實只是西域和北荒的諸蕃，並不完全等同於天子八寶中後三寶所針對的概念上的四夷。

「天可汗」概念的意義不同於天子，天子包含皇帝，而天可汗卻是與皇帝並稱的。天可汗針對的只是西域和北荒，而不是天子所針對的四夷。而且是皇帝與天可汗並稱，二者是平行的概念。西域、北荒之君長稱唐朝皇帝為天可汗，是其對唐朝帝國的認同，把自己的統治區域納入到唐帝國的範疇之中。他們接受唐朝皇帝的冊封。

唐朝皇帝以皇帝天可汗名義所冊立的可汗，包括各種大小可汗，其所在部族，貞觀時期主要有突厥、吐谷渾、鐵勒（薛延陀）等，詳見《冊府元龜》卷九百六十四〈外臣部・封冊第二〉。開元天寶時期又擴展到突厥施、吐火羅（《冊府元龜》卷九百九十九〈外臣部・請求〉）、以及曹國等粟特人的政權（《冊府元龜》卷九百七十七〈外臣部・降附〉）。

以「皇帝天可汗」名義行用的璽書，主要用於冊立西域與北荒的君長。隨着唐朝在西北地區控制範圍的變化，其行用的部族與區域不斷發生着變化，大體與西北「諸蕃」的概念相一致。以「皇帝天可汗」名義行用的璽書，是建立在「天子八寶」所規定的世界秩序模式基礎上而發展起來的新的文書。璽書上所用皇帝印璽，是

32. 參見朱振宏：《唐代「天可汗・皇帝」釋義》，《漢學研究》第 21 卷第 1 期（2003）。
33. 〈太宗本紀〉，《舊唐書》卷三，頁 39–40。
34. 〈雜錄〉，《唐會要》卷一〇〇，頁 1796。

「天子八寶」中的一個，還是另外有專門的印璽。這個問題有待進一步研究。

四、餘論：冊立可汗對唐代國家認同的意義

　　用「皇帝天可汗」的名義，冊立西北地區各部族的可汗，有時還伴隨着賜姓等進一步的措施，這些都是構建唐代國家認同的一個重要舉措。唐代因此成為一個亞洲的帝國，承擔着維持亞洲地區國際秩序的責任。長安和洛陽也因此成為世界的中心。民族融合在此基礎上得到進一步的鞏固和發展。「唐人」作為區別於「漢人」的唐代新民族，因此得以形成。唐太宗曾經說：「自古皆貴中華，賤夷狄，朕獨愛之如一，故其種落皆依朕如父母。」[35] 在此觀念指導下，形成了「胡越一家」的局面，唐代的民族區隔非常淡漠。在唐代人物列傳中，原本在魏晉以來區分為不同部族的人物，一般不再作部族的區分。而中原以外在「皇帝天可汗」名義掌控範圍內的唐帝國其他部分，也有大量的民眾融入到「唐人」之中。

　　作為亞洲帝國的唐朝，其文化和種族都超越了「中國」或「中原」的範疇。接受唐朝皇帝以「皇帝天可汗」名義冊封的「諸蕃」，是唐帝國的有機組成部分。西域、北荒接受冊立的各部族，都可以稱為唐人，進入到內地的「諸蕃」人或者「胡人」，甚至直接根據居住地稱為「長安人」、[36]「洛陽人」等。這就使得突破中華與夷狄區隔的新的種族概念在形成。而所謂「六胡州」和其他諸蕃居住的地域，在「皇帝天可汗」的世界秩序中，既是胡州或蕃國，也是唐帝國的一部分。

---

35. 《資治通鑑》卷一九八「貞觀二十一年五月庚辰」條（北京：中華書局，1956），頁 6247。

36. 如其先出自昭武九姓之安國的安金藏，在列傳中被稱為「京兆長安人」，見《舊唐書》卷一百七〈忠義傳〉上，頁 4885。安金藏為安菩之子，洛陽出土的《唐故六胡州大首領安君墓志》稱：「君諱菩，字薩，其先安國大首領。」參見張廣達：〈唐代六胡州等地的昭武九姓〉，《北京大學學報（哲社版）》第 2 期（1986）；沈睿文：〈重讀安菩墓〉，《故宮博物院院刊》第 4 期（2009）。

第三章

中國與葡萄牙全球化交往之 「澳門因素」五百年回顧

陳明銶

美國史丹福大學東亞研究中心

　　澳門雖然面積和人口規模均小，但憑藉優越的臨海地理位置與內外環境多種獨特的有利條件，在西方大航海時代的走向東方亞洲和明代以來中國與全球連接的進程，澳門扮演着極為重要的長期角色，並且是一個創造近代世界歷史的平台。

　　一個舉足輕重、影響遍及世界的葡萄牙式東西方交往及全球化接觸，始於葡萄牙航海探險家達伽馬（Vasco da Gama）1498 年到達印度，終於 1999 年澳門交還中國管治，結束歐洲國家在亞洲先後長達五個世紀的殖民地管治。2013 年正是由歐華利（Jorge Alvares）帶領下，葡萄牙人在 1513 年首次來到中國的 500 周年，他到來中國亦埋下葡治澳門的歷史基礎。澳門因特殊的歷史條件在中西文化交融過程中扮演重要角色，中葡之間以澳門作為平台的長期兼且多元化接觸，參與的還有其他國家和民眾，衍生出超越中葡雙邊關係的多層次國際交往。澳門除了是外來商人通往中國市場的門戶和「海上絲綢之路」（Maritime Silk Road）的主要貿易站外，亦是在東西社會文化交流、宗教融合和科技轉移「軟實力」（soft power）上舉足輕重的輸送聯繫帶，澳門與國際的互動早在西方傳教士來澳時建立，傳教士在中國外交關係上起了很大作用。這種歷史淵源為現今以澳門特區作為主要基地，覆蓋遍及全球四大洲的中國與葡語國家之間多元交流和廣泛聯繫奠定根基。

可惜，以澳門為平台之中葡全球化交往的重要性長期遭受忽視，本章旨在勾畫澳門在中國與葡國及環球聯繫的歷史性角色重點，簡略介紹澳門這個受葡萄牙影響的特殊國際城市的一些重要特徵和發展模式，並藉此展望當代中國在深化與國際交往時，澳門所擔當日益重要、直接關切全球戰略的獨特角色。本章將引用葡治澳門在政治、軍事、經濟、社會和文化的歷史經驗及優勢，講述這「澳門因素」（Macao factor）在多層次及多元化世界體系的積極發揮，特別着意澳門在葡國及中國在 16 至 20 世紀，橫跨 500 年的環球性接觸與世界各地互動過程中的轉捩點與橋樑作用。本章會先從葡國與亞洲聯繫的視野下，觀察葡國在歐洲與亞洲的地緣政治關鍵因素，針對這些掣肘局限葡人在亞洲發展機會的阻力要素進行分析。本章然後追溯葡國與中國透過澳門的歷史性環球交流。最後，本章聚焦在現時仍在發展的中國與葡語系國家互動關係當中的特殊澳門因素，而這正是源自澳門長期享受的多元文化傳統，及其可以配合中國在世界舞台上崛起的角色、功能和作用。

一、中葡全球化之澳門歷史

從歷史的學術研究而言，本章希望為有關澳門研究的歷史論述加添另一種新的觀察角度，以配合中國過去對外交往的豐富經驗，這同時也可擴大一般廣為人知的世界歷史論述內容，探索更廣闊的求知空間，而填補其通常所欠缺關注澳門多元角色的缺口。如果從一個環球貿易及文化科技轉移的角度來觀察 16 世紀至 19 世紀中葉的澳門歷史，自然可以更明確、清晰地正視澳門以其獨特的橋樑功能及平台作用，對中葡經濟交流及文化交融作出非常重要的貢獻，而更把亞洲、非洲、歐洲及美洲連貫引至形成一個「三洋四洲」淵源深厚的全球化體系。這個結合地緣（歐洲南臨大西洋的伊伯利亞半島）、宗教（天主教）和商人貿易三方面動力條件的早期第一波全球化，亦是可謂「葡式／伊伯利亞式—南大西洋—天主教—商貿主義之全球化」（Luso/Ibero–South Atlantic–Catholic–Mercantilism Globalization），尤其當中「澳門故事」這頁更是世界歷史引人入勝

的一章，在學術上值得高度關注及深入探討。同時藉此「中葡全球化之澳門」的重要考量因素，也可以修正一直以來太過分強調由大英帝國及新興美國勢力滲透、干預、控制所形成的「第二波全球化」，對全世界、尤其對亞洲的影響，而這第二波全球化，實際上亦是「英美—北大西洋—基督教—工業化資本主義之全球化」（Anglo-American-North Atlantic–Protestant–Industrialized Capitalism globalization）模式的霸權現象。

要認真了解近代中國的變革與轉化，則絕對不能忽視第一波全球化的作用，即是早期西方與亞洲的交往，尤其是中—葡／伊比利亞通過澳門平台的互動，而其中的重點就是跨國貿易的網絡及環球性的綜合交流。澳門的重要歷史角色正是在中葡，尤其是自明朝中葉以來，儒道佛宗教文化影響下的中國文化，與葡國支持的天主教西方文化的接觸，而這確實是構成一種中國與外面世界在軟實力層面的多元化交往。近年澳門特區更扮演着一個新的重要角色，就是作為中國邁向環球聯繫，尤其是對分佈在亞洲、歐洲、非洲及南美洲的八個葡語系國家交流合作的先鋒橋樑及平台。這種構建中國與「葡語國家集團」（The Lusophone Bloc，即安哥拉、巴西、佛得角、幾內亞比紹、莫三比克、東帝汶、葡萄牙、聖多美和普林西比）聯繫絕對不能替代的作用，其經濟性與戰略性的影響，正好對澳門近年因美國博彩業資金大規模湧入的賭場資本，而形成「世界最大賭城」的片面形象，有所補足和平衡。

美國哈佛大學學者費正清（John Fairbank）所主張的「中國回應西方衝擊」（China's Response to the West）分析觀念，以 1839 年至 1842年中英鴉片戰爭為西方來到中國發揮威力的起點，而 1842 年後，因着外力入侵衝擊，才促使中國進行「現代化」。一直以來，這外來的西方因素，通常被認為是 19 世紀中葉後中國種種急劇轉變的主要推動力來源。但這種分析實在不全面，絕對需要重新檢視和修正，應當確認對於中國本身內部推動轉變的動力元素，以及自宋朝以來，中國在陸地上對外交往的連串挫敗與退縮（例如與金和元等非漢族北方強權的戰敗求和）不能被忽略的史實。在另一方面，宋朝以來，中國在東南沿岸曾經有極為密切繁盛的海外交往，與東南亞

洲、中東阿拉伯及非洲地區貿易往來，這都是為明朝空前盛大的海洋事業（如 1405 至 1433 年世稱「鄭和七下西洋」的經驗）奠下堅實的歷史基礎，而這也正是後來成為中葡借着澳門長期交往的先例。

雖然中英鴉片戰爭帶來不平等條約及中國被迫在領土上開放對外通商的「條約商港」（Treaty Ports）制度，但作為學術上嚴謹的溯源求實，絕對不能否認和掩蓋先前的三世紀—— 16 世紀中葉至 19 世紀中葉，一段已有歷史記錄的事實，即以澳門作為主要管道及平台以促進中葡交往及環球聯繫。接着的九十多年，歐洲列強在中國施行的西方帝國主義霸權（1841 至 1931 年），被一個更強侵略性的東方帝國主義——日本（1931 至 1945 年）全面攻擊。有論者甚至認為歐洲或者西方在 1895 至 1905 年（即中日甲午戰爭至日俄戰爭）那十年間在操控遠東的實力已開始減弱，尤其是面對新興的美國太平洋帝國主義（1898 年美國打敗西班牙而佔取菲律賓及 1902 年出現的英日同盟），可見歐西在亞洲逐漸沒落。如果衡量英國在中國佔上風的 90 年，來對比歷時三世紀的中葡交往，則會導致更為全面、系統化的中西軟實力互動的重新評價。似乎這中西交往可自然地劃分為兩個歷史發展時期：一個是較為早期、在工業化以前、天主教南歐國家重商主義的伊比利亞式的西方影響；另一個是較為後期，即 19 世紀中期以來基督教國家奉行工業化資本主義的英美新霸權。

所以，作為一個極需重新檢視和商榷的現今中西交往及環球關係歷史的研究，當中要加入一個極有啟發性、不能被忽略的重要詮釋因素——澳門。事實上，從學術知識角度而言，聚焦於澳門在全球性聯繫的作用，就是挑戰一般對中國近代歷史理解的基本立場，例如鴉片戰爭作為劃分近代中國的政治和時期的中央重要性，和聚焦在英國帝國主義在中西關係上作為最重要的仲介角色。美國學者曼哲路（D. E. Mungello）指出，中國與西方在 16 至 18 世紀期間有影響巨大的「偉大接觸」（great encounter），而這是和平的、平等的，同時也是互惠的交往；這與 19 至 20 世紀中國國勢衰敗，中西之間不愉快、不平等的交往形成強烈的對比。縱觀澳門在中西文化相容並濟的歷史，剛好反映出這重大的中西交往經驗，21 世紀的西方人和機構如要了解及接觸中國與亞洲，這確實有相當重要的意義。事實

上，追溯歷史淵源和過往的行為模式，可有助理解現時在發展中的中國對外接觸環球化，尤其是利用澳門的平台及橋樑作用來投射中華軟實力於海外。由此觀之，這個澳門因素是極其重要的，而且值得成為世界歷史當中的章節。

二、葡萄牙之亞洲擴張

　　昔日的海上霸主葡萄牙，曾是世界強國，葡萄牙帝國為歷史上第一個全球性殖民帝國，亦是歐洲最早建立和最長久（1415 至 1999年）的殖民帝國。澳門曾經是這一度龐大的葡萄牙海外帝國當中最細小、同時也是位於最東端及最北端的據點。澳門也是歷時最久的葡國海外管治區，即自 1557 至 1999 年，為期約四個半世紀。同時，作為里斯本最後撤離的海外管治區，澳門給予葡萄牙人友好、有秩序和有體面的撤離。

　　葡萄牙在澳門的黃昏日落，與葡人在亞洲其他地方的最後經歷（1961 年 12 月 12 日被印度軍收復的果亞〔Goa〕、達曼〔Ad Damān〕和第烏〔Diu〕葡屬殖民地，及 1975 年因當地內戰及印尼軍方的入侵而撤離的東帝汶），形成極為強烈的對比。當然，葡人在澳門的溫馨道別，與 1975 年他們在非洲倉促地撤走，完全是兩回事。1974 年 4月 25 日，里斯本發生「康乃馨革命」（Carnation Revolution），推翻獨裁保守的葡國政府，並由此掀起「去殖民地化」的政策，終結了葡萄牙的殖民地帝國。而葡國在其管治的非洲地區經歷長期（1961 至1974 年）鎮壓殖民地獨立運動的武裝鬥爭，造成極慘重的人員傷亡及財政軍事負擔，最後只好撤離，這與葡治澳門在 1999 年 12 月 20日正式交還中國絕對不能同日而語。由此觀之，澳門經歷三分之一世紀（1967 年初至 1999 年底）的逐漸過渡，從葡萄牙的末期管治轉化為澳門華人在中國「一國兩制」下的高度自治，構成一個漫長、和平及秩序井然的道別，為葡人在其南中國管轄區的撤離，同時也是把葡人自 15 世紀以來在三洋、四洲及五世紀的世界開發，寫下美好的最後篇章。

　　葡萄牙位處歐洲大陸西南的伊比利亞半島之西端，西面和南面瀕臨大西洋，東面和北面與唯一鄰國西班牙接壤，海岸線長八百多公里。葡萄牙人礙於地理環境，只可能向大西洋進發。葡萄牙航海家因此創下了不朽的航海歷史，葡萄牙終於成為歐洲首個打通往印度航線的國家。15 世紀，葡人發展出能作遠洋航行的三桅帆船，當時歐洲與亞洲的貿易，陸路經傳統「絲綢之路」；海路則先經埃及的亞歷山大港，穿過沙漠到紅海，再以「海上絲綢之路」到亞洲。葡人如能找到一條繞過非洲的航道直達亞洲，就可避過陸路因途經多個國家而繳付的重重關稅，獨享輸入亞洲貨品的高增值利潤。

　　在 1415 年，葡兵佔領摩洛哥北瀕地中海的重要戰略港口城市——休達（Ceuta，位於緊握地中海與大西洋出入咽喉的直布羅陀海峽之北非地中海南岸，隔地中海與歐洲相望。葡萄牙於 1668 年將其割讓給西班牙）。自此之後，葡萄牙帝國開始發跡，海外擴張成為葡萄牙的主要政策，幾百年持續不斷地向外活動。葡萄牙航海家在1418 年駛進位於大西洋中央的馬德拉島（Madeira），更在 1427 年發現亞速群島（Azores），葡人開始對兩地推行移民政策，兩地至今為葡萄牙領土。葡人的海洋探險自 1419 年沿着大西洋不斷南進，葡萄牙的船隊相繼於 1434 年越過非洲西海岸，延入大西洋的海角，1445年到達非洲大陸最西點佛得角（Cape Verde），並於沿岸建立貿易站和保護商貿的要塞。這些地理上的大發現為葡萄牙帝國的崛起提供有利條件，尤其是來自西非的黃金提高了葡萄牙的經濟。從商業的角度出發，遠洋航行是有利可圖的，因此葡萄牙人也開始大力在美洲擴張，如在 1500 年登陸巴西。

　　1488 年，葡萄牙航海家迪亞斯（Bartolomeu Dias）終能繞過非洲大陸的南端，向東進入印度洋，因自信已找到通往亞洲的航道，而命名此地為「好望角」（Cape of Good Hope）。其後，葡萄牙航海家為打開西歐東往印度的航路而到達東非的印度洋海岸，更一直在印度洋上進行探險，在 1490 年已經到達非洲東北海岸。1505 年，葡萄牙人用武力驅逐在東非南部一帶的阿拉伯人，建立了第一個東非殖民控制據點。

　　1497 年 7 月，達加瑪率四艘葡萄牙船和 180 人，由里斯本出發，繞過好望角，經非洲莫三比克等地的東岸橫越印度洋，於 1498 年 5 月 20 日到達印度南部的商業中心卡利卡特（Calicut），然後，在東非印度洋海岸由伊斯蘭人統治的莫三比克，再航行返回葡國，正式建立由西歐至亞洲的東行海上航道。1502 年，達加瑪率領 20 艘葡船再度出發東來，在印度建立果亞幾處殖民地；1506 年更到達錫蘭。此外葡人的勢力也伸展至阿拉伯海一帶。1509 年，葡萄牙在印度海岸的「第烏戰役」（Battle of Diu）擊敗埃及和卡利卡特及土耳其的多國聯合艦隊，成為印度洋的霸主，從此阿拉伯人在印度洋的海權一路衰落。戰役標誌着基督教和伊斯蘭教的對抗從地中海地區發展到印度洋地區。由於喪失印度洋控制權，穆斯林世界的經濟受到嚴重影響而逐漸衰弱，也直接導致當時最大的阿拉伯國家埃及馬木留克（Mamluk）王朝滅亡。

　　葡萄牙人繼續從印度洋東航進入太平洋。在 1511 年，葡人攻佔東南亞香料貿易中心馬六甲（Malacca）。此後，葡人的船艦在這新發展的印度洋及太平洋航道上不停穿梭，輸出歐洲的貨品，運回東方的昂貴香料。開闢了第一條由歐洲通往印度的航線，葡人獲得了東南亞的香料群島等地的支配權，這為他們帶來龐大的貿易利益。自 1502 年開始，葡萄牙人獨佔亞洲的香料貿易達一世紀，直至約 1602 年，開始遭受荷蘭人的挑戰，葡萄牙人在亞洲逐漸被取代，開始衰落。這條由歐洲通往亞洲的新航道，同時也是歐洲殖民者對東方國家進行殖民掠奪的開端。在以後幾個世紀中，由於西方列強接踵而來，印度洋沿岸各國及西太平洋各國相繼淪為殖民地和半殖民地。

　　大致來說，16 世紀初期及中期可算是葡國在亞洲擴張的黃金時段。葡國的海外商貿人員和傳教士遇到亞洲當地人的反抗不算嚴重，但這「葡萄牙的亞洲」（Portuguese Asia）——葡國在亞洲的海外擴張——所受到最嚴重的阻力，反而是來自歐洲內部政治的干擾和海外競爭，尤其是面對西班牙和荷蘭兩國的壓力。葡萄牙和西班牙在 1494 年簽訂《托爾德西里亞斯條約》（Treaty of Tordesillas），旨在瓜分新世界，維持兩國勢力均衡，成為其時「國際秩序」的一部分。該條約規定兩國將共同壟斷歐洲以外的世界，特別列明將位於佛德

角群島以西 300 里格（大約 1,770 公里或 1,100 英里），大約位於西經
46°37' 的南北經線，作為兩國的勢力分界線，以東為葡萄牙的勢力
範圍，而以西即為西班牙擁有。西班牙是當時的最大帝國，在西半
球美洲具有極巨大的影響力；而葡萄牙仍版圖廣袤，在巴西和非洲
有大片土地，在全球有眾多島嶼。

其後，在 1580 至 1640 年的 60 年期間，因為葡萄牙王位繼承人
出缺，由其王室遠親、鄰國的西班牙國王同時兼任葡萄牙國王，即
所謂「伊伯利亞兩國共主」（Iberian Union, joint crown, dual monarchy）
時代。當時的西班牙王室是哈斯堡（Hapsburg），亦即統治奧國王朝
的分支。極度信奉天主教且保守的哈斯堡王室以高壓手段統治信奉
基督教的荷蘭，因此荷蘭人視西班牙為敵人。16 世紀末年，荷蘭的
海洋事業興起，其中一個競爭對象和攻擊目標便是西班牙的海外屬
土。1580 至 1640 年間，葡萄牙本土及其海外屬土殖民地亦變成西班
牙管轄的地區，同時聯合西葡兩國的艦隊。兼併成就了西班牙殖民
帝國的霸主地位，自然也成為荷蘭人攻擊的目標，葡荷兩國曾發生
多次小型海戰。1640 年葡萄牙成功脫離西班牙獨立，葡萄牙的海外
殖民地也歸回葡萄牙統治。

1588 年，荷蘭組成獨立共和國。荷蘭人曾經在 1601 至 1607 年
多次侵犯澳門，試圖搶奪葡人的控制權，但未能得逞，心有不甘。
結果，荷蘭在 1622 年 6 月出動規模較大、有八艘戰艦的海軍艦隊，
企圖侵佔澳門，但協助堅守澳門城牆的耶穌會教士以精準的一炮擊
中荷蘭的主力艦，結果全船火藥爆炸，荷軍無功而退，駛向台灣。
荷蘭人遂在 1622 年進佔澎湖，更在 1624 年進入南台灣一帶，建城
佔據 38 年。巧合的是，最早發現台灣的西方人正是葡萄牙的航海人
員。16 世紀葡萄牙人因為要到中國、日本從事商貿和順道傳教，所
以航行於澳門北太平洋之間，經過台灣海峽的西邊，他們在 1517 年
發現一個青蔥翠綠的台灣島，命名為美麗之島（Ilha Formosa）。此
後，西方世界以 "Formosa"（福爾摩沙）稱呼台灣，而 "Formosa" 至
今仍是不少西方人士對台灣島的稱謂。

　　自從 1602 年荷蘭東印度公司（Dutch East India Company）成立，荷蘭在亞洲的實力日益膨脹，直接威脅到葡人在亞洲的發展，甚至最終在 1641 年荷蘭人奪取葡萄牙自 1511 年開始管轄的馬六甲，當然也控制具有重要地緣戰略價值、連貫印度洋和太平洋的馬六甲海峽（而近代新加坡在國際商貿及交通運輸所佔的戰略地位，正是因為馬六甲海峽）。荷蘭人亦成功在葡人手上搶走了東南亞的香料群島的掌控權。1648 年，西班牙在對荷蘭戰爭的勝出，扭轉了局勢，但其後荷蘭卻搶奪剛脫離西班牙獨立的葡萄牙之葡屬錫蘭、葡屬好望角和侵吞葡屬東印度群島一帶的據地，更壟斷日本長崎的海外貿易（1542 年，葡萄牙人初到日本），並將本來佔中日貿易主導地位的葡人勢力邊緣化。自此，葡萄牙在遠東的勢力慢慢衰落，管轄的地區減少至只有澳門和東帝汶兩地。18 世紀後，葡萄牙便集中其在巴西及非洲的殖民地統治發展。

　　為抗衡來自西班牙不斷施加的壓力和威脅，葡萄牙在過去六百多年（自 1386 年的《温莎條約》〔Treaty of Windsor〕至今）與英國結盟，但葡萄牙因為維持這葡英聯盟而被迫付出巨大代價，也無法擺脫此掣肘，外交政策格局空間被大幅壓縮。1661 年，葡萄牙給予英國孟買和丹吉爾（Tangier）兩地作為兩國王室聯姻的嫁妝。而日漸興起的英國，逐步蠶食葡萄牙在印度的地盤。其後 100 年，英國乘印度莫卧兒（Mughal）帝國的崩潰而逐漸控制整個印度及其南亞貿易，自此大英帝國如日中天。相比之下，葡萄牙風光不再，其地緣政治影響力減弱，在南亞區內的地位下降，但仍然掌握印度西部的果亞、達曼、第烏等殖民地。

三、葡治澳門的環球聯繫

　　在歐華利帶領下，葡萄牙在亞洲有另一重要發展 —— 葡萄牙人在 1513 年首次來到中國，埋下葡治澳門的歷史基礎。1521 年，葡人皮雷斯（Tomé Pires）終能抵達北京，但與明朝廷的貿易談判卻不歡

而散。其後在 1557 年，葡萄牙人成功租借澳門，作為長久的貿易基地，而天主教傳教士亦通過澳門成功進入中國內地傳教。

澳門是近代中國歷史上最早、也是最後的外國租界或殖民地。雖然位處華南海疆邊陲，地微人少，澳門歷來卻是中國跨越文化洲際交流的橋樑。中葡之間由明朝開始，歷經近代中國革命風雲、兩次世界大戰、東西方冷戰，以至中國今日在全球崛起，澳門一直是中葡文化交流和經貿互動的核心重點。由於澳門佔有戰略性的地緣政治優勢、方便的環球聯繫、廣泛兼且多元化的對外文化與經濟的實質經驗，再加上與中國大陸極方便直接的溝通，但不受中國法律所管轄，故此澳門可以有效地交流及促進中國現代化的外來刺激因素和通道。

葡萄牙管治澳門之初，剛成海上霸主，澳門自然成為亞洲海上貿易中心。在 16 至 17 世紀，大量葡萄牙人來澳定居經商。此後，澳門便由小漁村逐漸發展為中國的對外通商主要口岸，也是西方各國在東方進行貿易的中轉港口，當時澳門百業興旺，經濟一度十分繁榮。由於具有獨特的地理政治優勢 —— 作為一個位於中國最南端珠江口，但又不是由明朝管轄，而是由葡人管治的自由港 —— 澳門 —— 成為了廣州的親密經濟貿易夥伴。廣州在明清時代，直到 1842 年簽訂不平等條約、開放商埠為止，是中國唯一對外海上通商的口岸。由 16 世紀中葉至 19 世紀中葉，珠江河岸的廣州與珠江口的澳門兩個城市互相分工的格局，構成中華帝國晚期的海洋貿易中心。葡萄牙人靠着澳門，逐漸建立四條主要的海上貿易航線：（1）廣州—澳門—（印度）果亞—里斯本；（2）廣州—澳門—馬尼拉—（墨西哥）阿卡普爾科／（秘魯）利馬；（3）廣州—澳門—（日本）長崎；（4）廣州—澳門—（印尼）望加錫—帝汶。從這個角度看，澳門因與廣州有緊密的互補，實際上為中國對亞洲，甚至全球的海外貿易扮演着一個重要而獨特的角色。粵、澳瀕臨南海，是「海上絲瓷之路」的要衝和必經之路。在不同的歷史時期，在「環球聯繫」方面發揮重要的作用。參與澳門—廣州國際貿易脈絡的還有其他國家和民眾，例如西班牙、荷蘭、英國、印度、日本、美國、菲律賓

和其他南亞及東南亞國家，衍生出超越中葡雙邊關係的多層次交
往，構成為三洋四洲式的全球化體系。

葡治澳門曾與西班牙殖民地——菲律賓的馬尼拉市有着密切的
實質聯繫，亦成為廣州—澳門—馬尼拉—墨西哥的海外白銀大規模
流入中國的主要輸送帶，着實影響明代中國的金融和經濟貿易發
展。而這種大規模的白銀從拉美流入中國，來換取中國出口的重要
商品如絲綢、茶葉、瓷器和其他中華珍品，亦將東亞及東南亞貿易
活動和經濟體系戰略性地接合。同時值得注意的是，那種長途跨國
行政體系串聯的重要影響。當時在澳門的葡國官員是歸屬於葡國在
印度屬土果亞總督的領導，而在菲律賓的西班牙殖民地官員是屬於
西班牙在駐墨西哥的總督所管轄；這些葡西兩國的海外屬地總督實
要聽命於其王朝在里斯本和馬德里的中央政府指揮。所以這也變成
亞洲、拉美與歐洲行政制度上的串聯，而葡國王朝亦同時在非洲東
西兩岸有五處海外屬土，亦可以視為跨越三洋四洲的第一期全球化
的網絡系統。這三洋四洲的環球性網絡，對於華人海外移居和勞動
力出口有關鍵性作用。

清朝在 1839 年至 1842 年的鴉片戰爭敗於英國，香港被割讓為
英國殖民地。1842 年後，中國通商口岸急速增加，有一種新的經
濟發展：澳門的貿易口岸角色漸被其他地方取代，而英國佔據的香
港，由昔日的漁村小港，迅速發展成為國際自由商港與亞洲海上貿
易中心。在 1860 年代，香港由於水深港闊，加上英國強大的通航與
商務網絡，在中外貿易凌駕葡治澳門。雖然葡人亦利用中國在鴉片
戰爭後國勢衰敗，開始逐步擴大在澳門的佔領，反客為主，侵犯中
國主權，1849 年葡人用武力佔據氹仔、路環兩個離島，又於 1887 年
和清廷簽《中葡和好通商條約》，取得「永居管理」澳門的特權。但
事實上，自 19 世紀中葉以來，因為香港的興起，澳門的中西貿易商
港地位一落千丈，而當時葡萄牙本身的國力衰退，面臨很多挑戰，
無法維持十六七世紀所謂航海帝國的光彩和實力。

長久以來，葡治澳門一直是華人移居海外的出發口岸，也是海
外華人社會的人流和物資補給站。實際上，澳門這個葡語城市能直

接與亞洲（馬六甲、果亞、東帝汶）、非洲（安哥拉、畿內亞—比紹、莫三比克、聖多美普林西比、維德角）及南美洲（巴西）的其他葡語區聯繫，有助提升大規模移民到該等地區及與該地貿易。這種伸延與葡語地區的聯繫，同時也增強和葡萄牙毗鄰的西班牙及其殖民地——拉丁美洲和菲律賓——的連結，形成一個更大的葡語／西班牙語／伊伯利地區（Luso-Hispano-Ibero Zone），由澳門開展出華人海外移居與海外華人社區發展。除葡語區的巴西外，源於澳門的苦力貿易也延伸到同是西班牙美洲殖民地的古巴與秘魯。這種苦力貿易逐漸發展成為一門大生意，並引起更多錯綜複雜的、超出中葡聯繫的問題。

晚清的華工到海外謀生，尤其是到非洲及拉美地區如古巴和秘魯，他們大都是從澳門出發。在 1870 年代的高峰期，澳門曾一度有多達八百餘間的「苦力棧」（coolie lodges）在運作，為在澳門等候乘海輪出洋的華人勞工提供暫時的食宿安置之處。雖然 19 世紀中葉以來香港急速發展，並慢慢取得優勢，但是澳門仍能在有利可圖的華人移居海外這方面，保持一定的優勢，許多華人勞工在澳門乘坐懸掛英國、法國、西班牙、荷蘭、秘魯或美國國旗的輪船出發到外洋。例如，在 1856 年至 1858 年這三年間，至少有 19,910 名華工由澳門出發到其他地方當苦力。在這門苦力貿易行業高峰期的 1872 年，澳門處理了 21,854 名華工出境。而在 1859 至 1873 年期間，每年約有 20,000 名華工經由澳門出發到外國。從 1847 年至 1875 年，大量中國苦力到世界各地工作，總數至少有 250,000 名，更可能高達 500,000 人。其中，到古巴的 150,000 人當中，有 99,149 名經由澳門出發。而這些海外華工是構成海外華僑的主流，對中國近代的發展作出貢獻和犧牲，所以孫中山曾多次讚譽「華僑為革命之母」。

其實除了在國際貿易作為外商進入中國市場的門戶及海上絲路的樞紐外，自 16 世紀中葉開始，直至 19 世紀中葉鴉片戰爭之前的300 年，澳門一直是中西方軟實力交流的管道交叉點，還擔當文化及宗教融合的橋樑和平台。中國既通過澳門從外國人的眼睛裏重新認識自己，也通過澳門了解外部世界，澳門更是外國人了解中國的主要視窗。從 16 世紀中至 1999 年回歸為止，因為當時澳門作為葡屬

地，所以享有獨特的政治地位，與中國其他地區不同。因為中國法律不能管轄澳門，所以給予澳門更大自由、更強的包容性、更多管道，方便接觸和宣揚外地文化。

通過澳門通往世界的門徑而輸入的西方文化軟件——宗教、學術知識和科學技術，其中一些是源自葡萄牙／伊伯利亞半島，又或另一些是來自天主教耶穌會（Society of Jesus，Jesuits，1534 年成立，最主要的任務是教育與傳教）所積極提倡的教義思想。澳門開埠以來，作為近代西方天主教在中國興築教堂及設立教區的第一個地方，天主教傳教士為澳門帶來西方文明，在這裏興建教堂（如著名地標大三巴牌坊）和創辦學院，他們同時學習中國文化，令中西文化在此長期交匯。澳門更是耶穌會士將基督教傳入日本的基地。澳門教會與其他地區教會的聯繫交流亦頗為頻繁。來澳門出任天主教澳門教區（中國和日本）首任主教的耶穌會教士賈尼路（Melchior Carneiro），將葡萄牙慈善組織仁慈堂（Santa Casa da Misericórdia）也一併帶來，在 1569 年創辦澳門仁慈堂，至今仍運作。

中西文化交流史中其中兩位最重要的人物、同被稱為「西方漢學之父」的天主教耶穌會意大利傳教士——利瑪竇（Matteo Ricci〔1552–1610〕1580–1583 年在澳門）及羅明堅（Michele Ruggieri〔1543–1607〕1578–1588 年在澳門）與澳門都有聯繫。16 世紀末，二人把文藝復興後期西方文明的先進知識和技術帶到中國，亦把不少中國經典的譯文帶到歐洲，其精湛的語言及深厚學養為東西方築構起相互了解的橋樑，促進「西學東漸」及「東學西漸」雙向匯融。作為耶穌會獲准在中國內地傳教的第一人，羅明堅提倡來華的西教士要學習中國語言文字。1583 年，羅明堅與利瑪竇進入中國內地，在廣東肇慶建立中國內地第一個傳教駐地。他更用三年編寫《天主聖教實錄》，又在澳門成立名為「經言學校」的傳道所，以中文向居於澳門的人宣講天主教教義，為中國第一個用漢語傳教的機構；同時，也是當時中國第一所外國人學習漢語的學校。二人出版第一份中文世界地圖及編寫第一部漢語—外語字典《葡華辭典》，以幫助入華傳教士學習漢語。羅為首位把西方油畫由澳門傳入中國內地之傳教士，而利則開闢西洋美術從澳門傳入中國的有效途徑。

由於獨特的地位，葡治澳門比中國大陸有更廣闊、具包容的公共空間，去接納和宣揚從西方流入的其他文化及先進科技，成為近代中國領風氣之先的搖籃，同時也使地區間或是跨地域的文化在此匯聚接觸，其互動更具意義。擔當世界文化交流橋樑角色的澳門，對中國早期的現代化建設也有很重要的作用。所謂「西學東漸」，澳門是一個種族、文化長期多元開放的地方，它也提供其他俗世的外來觀念，尤其是成為各種西方進步思想流傳入中國內地土的管道和中轉站，與傳播現代化、包括歐洲大陸政治社會理念（如各種社會主義）的平台環境。晚清時期，澳門的報章雜誌亦經常報道及刊載歐洲和美洲很多的民族解放運動，以及推翻帝制共和革命的外國新聞，直接影響了晚清在華南、尤其是珠三角地區的維新改良派人物（如康有為、梁啟超）和反清革命黨人（如孫中山），吸納國際政治趨勢和建設新中國的思想。

於 19 世紀末與 20 世紀初，這些「軟件」的介紹宣揚過程中，澳門這個受惠於葡萄牙管治而擁有寬鬆政治環境的地方，發揮中心城市的輻射作用，能為進步的中國知識分子提供思想上的刺激。巧合地，改良派的康有為和梁啟超及革命派的孫中山的家鄉，均是毗鄰澳門西珠江三角洲的縣。這種巧合剛好證明一些重要因素——具戰略性的政治地理區域、廣泛的外國經濟、社會與文化的聯繫接合、靠近中國內地並有良好的人際關係脈絡、受外國政府的司法管轄——的結合，讓澳門成為中國近代革命運動發展的獨特歷史舞台。實際上，澳門受葡萄牙管治，形成了獨有的社會文化，對孫中山的革命活動帶來很多實質的影響。葡治澳門，及由此而延伸到的世界上其他葡西語區／殖民地，對孫中山的革命事業貢獻良多，當中包括思想、人才、前例經驗、資金和機會，由澳門內部，以及通過澳門而到亞洲、歐洲、非洲及美洲等的葡語區，對近代中國革命運動起了重要但常受忽視的作用。

華人通過澳門認識外部世界，澳門更是外國人看中國的重要視窗。16 世紀以來，帶着對古老中國文明的憧憬，西方傳教士前來澳門，踏上尋找中國的旅程，成為東西方兩種不同文明交流的推動者和參與者。在傳教士的積極介紹下，中國文明進一步通過澳門為歐

洲人認識，所謂「東學西漸」，弘揚中華文化藝術。當時法國國王路易十四、路易十五都酷愛中國藝術、文物與風俗，他們經常舉行中國式舞會。法國宮廷大臣十分羨慕當時中國王朝的穩固，他們也想學習中國，希望把法國建設成像中國一樣穩定繁榮的君主制國家。除政治制度外，「中國式」(Chinoiserie) 的園林、建築紛紛在英、法、德、荷等國被建造出來，成為歐洲各大王宮建築的組成部分。澳門自 16 世紀始，以其獨特的歷史地位和地緣政治條件，成為中國瓷器的重要集散地和出口港。透過葡萄牙的商船，中國外銷產品被賣到歐洲各國，掀起搜集和仿製中國工藝品的狂熱，喝茶也成為歐洲貴族的時尚。這陣「中國風尚」在歐洲持續兩世紀之久，在 18 世紀中葉達到頂峰，直到 19 世紀才消退。其時的清朝中國已由盛轉衰，逐漸成為第二波全球化西方資本主義新霸權的侵略目標，而曾一度崇尚中國文化的西方，自 19 世紀以後轉為被近代中國學習的模範。

世界文化是多元的，文化是軟實力，已為共識。葡萄牙在澳門的四百多年管治，亦留下超乎中葡兩國文化與歷史的影響。例如葡萄牙王室支持的天主教耶穌會教士，就是利用澳門作為其東方語言文化學習基地，從而到日本宣揚天主教。在某段時間，天主教教士在日本吸納的信徒逾十萬人，比當時澳門的人口更多。另一例子是葡萄牙人以澳門作為核心和跳板，發展與暹羅（泰國）延續 500 年的友好外交關係。澳門成為葡萄牙向亞洲世界投射軟實力的基地。

澳門文化植根於源遠流長的中華嶺南文化的深厚沃土，經歷 400 年中西文化碰撞、交融，形成現在的中西合璧、一體多元、相容並濟、共同發展的格局。澳門多年東西匯聚交融的歷史與事實，讓不同的宗教、語言和民族能和睦相處，是世界的典範。葡萄牙亦在澳門留下醇厚悠久、具本土特色、充滿魅力和風采的文化，如令眾多遊客賞心悅目的當地名勝古蹟。2005 年 7 月，由 30 座建築物和前地所組成的「澳門歷史城區」(Historic Centre of Macao)，正式被聯合國教科文組織（UNESCO）列入「世界文化遺產名錄」(World Heritage Sites)。這些南歐建築與中式宅院比肩而立，西式的教堂和中式的廟宇隔街相望，正是充分體現中歐亞交織並存的文化精華和歷史印

記，見證中西合璧共融的澳門世遺名城獨特史蹟和城市人文風情，而葡式文化也在濠江的建築及美食上都留下或深或淺的痕跡。

飲食文化，是體現當地人生活形態的最地道指標，而澳門由於與葡人、尤其土生葡人關係密切，故有許多的葡餐食店；也由於華洋雜處，生生不息，中葡飲食文化的相互交融，所以發展出一種世上獨一無二、中葡人士均喜愛、遊客歡迎、蜚聲中外的澳門本地菜式葡澳餐。自 16 世紀中葉，葡萄牙人東來經商，並移居澳門，他們從非洲、印度、馬來亞帶來的辣椒、咖喱、香料、蝦醬，在澳門配上新鮮的蔬果、肉類、海鮮、家禽，再由廚師用特有的葡式和東方的古老方式烹調，成為具有特色的澳式葡菜美食。總之，澳門的豐富飲食文化反映着澳門長久中西交融的獨特民俗風情，體現出澳門人的多元包容精神及價值觀念。

葡萄牙在海外的發展，尤其長期在亞洲所孕育出的一種特色，就是所謂「土生葡人」（Macanese）或海外葡人社群。由葡國向外發展到亞洲的國民，多是男性軍人、水手、商人、工匠等，他們在海外定居，極少攜同家眷，多會娶當地亞洲婦女為妻。他們的下一代基本上是葡亞或歐亞混血兒，既有葡國父系血統，亦有亞洲婦女的血統，故絕對是葡亞交流製造的新海外混血人種。經歷數代，他們形成一個有自己獨特文化、語言、飲食風格的小社群。而且土生葡人們世代居此，絕對不是短期過渡性的外來人或匆匆過客，而是 100% 土生土長的歐亞混血兒，長期視澳門為家，整個人生可能都在澳門度過，有些甚至一輩子也未曾到過葡國。

在澳門的具體實例中，這些土生葡人，即是葡裔澳人，多是中葡混血兒、多元文化的代表，他們幾百年來一直與華人及在澳門定居的其他族裔和諧共處，葡人和華人之間存在着千絲萬縷的聯繫，他們影響當地的衣食住行風貌，對澳門的發展作出貢獻。土生葡人掌握中葡雙語能力，很大部分出任當地專業人士和公務員，有效地擔當不懂中文、來自葡國的高層官員與不懂葡語的當地華人兩者之間的橋樑仲介人和聯繫者。他們亦是獨特的葡澳文化、美食、風尚的發揚者和傳承人。土生葡人族群可算是澳門近五世紀的中葡澳多

元社會文化的活生生象徵。他們是澳門歷史和文化中不可或缺的一部分,是澳門特有的文化遺產,是中西文化交流的結果、延續與昇華。在堅持落實「一國兩制」、「澳人治澳」、高度自治的方針下,中國中央政府希望土生葡人族群繼續保持在澳門的作用,為澳門及中國國家長期發展多作努力及發揮。隨着中國不斷蓬勃發展和澳門進一步穩定繁榮,兩地合作不懈,為增進提高中葡兩國的交流和互動發展走向更好的新階段,共同獻力推動。

四、澳門特區與中葡語國合作

澳門是中國面向世界的一扇重要視窗,在中國國家發展戰略中具有非常重要的作用和地位。中葡兩國間四百多年來基本上較為友好,無嚴重敵對矛盾的長期共處,這讓澳門有穩定的發展,並使澳門成為當年中國對西方交流的最重要海上管道。自從 1979 年 2 月 8 日葡萄牙與中華人民共和國建交後,雙方關係向友好的方向發展,亦為 1986 年至 1987 年中葡兩國對澳門回歸的《中葡聯合聲明》外交談判順利,以及 1987 年至 1999 年澳門回歸的過渡期,製造一種互諒互讓的良好氣氛,促進具體事務的合作。這些正面的因素,亦造就了 1999 年回歸以後的澳門特別行政區,在中國的戰略和經濟重要性不斷上升的格局,可以扮演中國對外交往合作的新角色,其中一個角色是成為中國與葡語國家經濟與貿易合作論壇的常設秘書處和人才培訓中心。

中國—葡語國家經貿合作論壇部長級會議,自 2003 年以來先後在澳門舉辦三次。同時,也於澳門設立「中葡論壇」的常設秘書處。2010 年 11 月,中葡論壇第三屆部長級會議於澳門舉行,中國總理溫家寶及七個葡語國家的高層領導(包括四個葡語國家總統/總理和三個葡語國家部長/副部長)親臨澳門出席,溫家寶總理於會上宣佈,從 2010 年至 2013 年,中國政府將採取六項措施,對深化中國與葡語國家關係具有重要意義,相關措施包括:發起設立規模為 10 億美元的中葡合作發展基金、提供優惠貸款、人員培訓合作等。參與

論壇的八國葡語國家，包括拉丁美洲最大國巴西，以及中國在非洲的最大貿易夥伴安哥拉。這些葡語國家分佈在全球四大洲，共有領土超過 120 萬平方公里，人口 2.6 億，擁有豐富而有待開發的自然資源，在中國與發展中國家的商貿、投資關係中佔相當高的比例。基於歷史的淵源，澳門與葡語國家有着廣泛的經貿聯繫。這種後殖民地時代的發展，仍然可以充分利用殖民地時期的歷史基礎意義和文化遺產的例子着實少見。中葡的友誼和澳門在中葡交往的歷史上長久扮演各國與中國交往的橋樑角色，給澳門帶來新的動力和支持，讓澳門成為人才培訓、技能轉移平台和推動者。由於中葡友好，所以 2005 年澳門特區政府可以在北京的大力支持下，主辦了第一屆葡語國家運動會（Lusofonia Games）。這與 1997 年回歸以後的香港特區絕對不能再參加英聯邦運動會的限制，形成強烈對比。此外，澳門的高等教育院校在北京的鼓勵下，積極參與葡語國家大學聯會（Associação das Universidades de Língua Portuguesa, AULP，會員來自全球一百五十多家大學）的各種活動。但回歸後的香港大專院校，不能再參與英聯邦大學協會（Association of Commonwealth Universities）的活動。葡萄牙語大學聯會的第 24 屆年會於 2014 年 6 月在澳門舉行。這是年會第五度在澳門舉行，之前四次分別於 1998、2003、2006 年和 2011 年舉行。這正因為北京當局信任與支持葡萄牙，但不信任與懷疑英國，因而處處防避。所以香港回歸後不能積極參與英聯邦集團的活動，而澳門特區反而成為中國增加向葡語國家合作的橋樑和平台，原因是葡萄牙對中國的利益從來不構成威脅。而當年的葡治澳門，亦不被視為反華基地。因此回歸後澳門與葡萄牙的聯繫，成為今日中國與葡語國家合作的重要基礎。

當前世界發生巨大的變化，新興的中國異軍突起，成為推動世界經濟的重要引擎。發達國家的經濟增長乏力，更加重視中國；至於一些發展中國家，則感謝中國的支持和幫助。中國的發展、外交的成功使澳門受益，為澳門的發展營造良好的外部環境；同時澳門對於中國整個國家的發展和外交，也發揮着很大、很多獨特的作用。中國與葡語國家的合作，提升了澳門在中國與世界交往中的重要橋樑角色，而葡萄牙亦被中國視為一位重要的合作夥伴。正如官方《中國日報》英文版（China Daily）在 2010 年 6 月 28 日的文章指

出，葡萄牙作為伊比利亞半島的樞紐（Iberian Gateway to Europe），是中國邁向世界的橋樑。這可引伸，葡萄牙以中國為其邁向亞洲的橋樑，而探源溯流，由於歷史原因，澳門與葡語國家交往密切，經貿聯繫合作有優勢，澳門絕對是中國與葡語系國家溝通聯繫的一個重要門戶，更是葡語國家企業進入中國內地發展的橋頭堡。

中國國家「十二五」規劃綱要，明確提出支持澳門加快建設中國與葡語國家的商貿合作服務平台，澳門將致力推動中國與葡語系國家在更高層次、更大範圍、更廣闊的領域合作，深化交流，促進共贏發展。中葡論壇成立以來，中國與葡語國家的經貿往來有顯著發展，澳門與葡語國的關係日漸緊密。現時全球葡語地區的人口有兩億多，這些南美、非洲國家都是資源大國。近年來，中國與葡語國家的貿易合作發展迅速。2010 年雙邊貿易總額達 914 億美元，比 2009 年增長 46.4%。2012 年，中國與葡語國家的貿易總額達 1,285 億美元，其中，中國向葡語國家出口商品額達 410.52 億美元，進口商品額達 874.45 億美元。在雙邊貿易跨越式發展的同時，雙方直接投資，尤其在 2012 年歐債危機時，葡萄牙政府出售其持有葡國電力集團（Energias de Portugal, EDP）及葡國國家電網（Redes Energéticas Nacionais, REN）的國有股份給中國的三峽集團與中國國家電網，曾引起較大的國際關注。

2013 年是中葡論壇十周年，6 月 26 日，由中國國家開發銀行和澳門工商業發展基金共同發起的「中國與葡語國家合作發展基金」正式成立，總規模為 10 億元。由中國政府倡議的「中葡基金」的成立與運作，是中國政府落實中葡論壇第三屆部長級會議精神的實質步驟，進一步促進中國與葡語國家的合作交流，為雙方的經貿合作開拓更廣闊的發展空間。其中包括進一步推進雙方的直接投資，具很大發展空間，未來可帶來實際的經濟效益。

「立足經貿，輻射全域」，澳門在中國與世界的關係上長期起着獨特的橋樑作用，有條件在過去的歷史基礎上進一步加強工作，澳門特區全力支持、參與和促進內地全方位區域合作、和中國內地與葡語系國家多領域事業的交流。立足於整體發展的大局，澳門特區

政府實施「遠交近融」的對外交往政策，充分發揮澳門與葡語系國家、拉丁語系國家、歐盟等密切聯繫的優勢，努力提供優質商貿仲介服務。澳門作為中葡語國家經貿平台，利用其使用的中葡雙語，以及澳門法律體系與葡語國家有相類似之葡系法律的優勢，從文化、語言、資訊、服務等方面發揮作用，為葡語國家企業進入中國內地提供更大的便利。

澳門可以成為葡語國家產品或服務進入中國內地市場的試點，以更好地準備啟發市場銷售、產品設計等業務，或通過策略聯盟形式，與大珠三角企業共同開拓內地市場。澳門有多家大型金融機構、綜合企業在多個葡語國家擁有網絡，而有葡語國家企業已經在澳門設廠，通過中國內地與澳門的更緊密經貿安排（Closer Economic Partnership Arrangement, CEPA）優惠，以零關稅優惠把產品銷往內地市場。澳門國際貿易投資展覽會（Macao International Trade and Investment Fair, MIF）等大型經貿盛事，匯聚內地和葡語國家客商來澳共謀發展機遇，MIF 更設有葡語國家系列展館，協助葡語國家企業（尤其中小企業）透過澳門與內地、澳門開展貿易投資合作。中國大陸市場龐大，加上台灣、東南亞等地區和葡語系國家的市場，商機無限，推進合作有很大的空間。

澳門基本法至今仍然規定葡語是澳門的官方語言。澳門在使用葡語及中葡翻譯的歷史悠久，澳門具優厚條件發展成為中國甚至亞洲最優秀的葡語課程教學和研究平台。加上不少葡語國家人才在澳門接受培訓，這批對澳門既熟悉又獲認受的人才返回本國後，長遠有助推進澳門及內地的企業對葡語國家的經貿合作與文化交流。2011 年，中國與葡語系國家經貿合作論壇澳門培訓中心自正式成立，開辦了超過 20 個研修班，超過 300 來自 7 個葡語國家的人參與。例如澳門已舉辦 14 次「中葡國際醫學論壇」，第 15 次已於 2013 年 9 月召開。多個葡語系國家包括葡萄牙、巴西、東帝汶和佛得角的專家也會來澳出席論壇，澳門希望通過此平台將醫學教育項目介紹給葡語系國家，藉以互相學習或借鏡。

　　現時中國在世界上可謂扮演舉足輕重的角色，在整個中華民族的立場看，若能藉澳門的語言、人才及與葡語國家的關係，聯繫結合兩岸的企業，以澳門為平台，打入葡語國家的市場，便有利於在這些葡語系世界資源大國爭取一席之位。作為中國與葡語國家聯繫的橋樑及經貿文化的合作服務平台，澳門在推動中國走向市場化和融入世界經濟體系的過程中，可以再次發揮重要的軟實力作用。展望日後澳門在現有基礎上，繼續完善功能，調整結構，在政策及實際行政措施方面創造條件，不斷爭取發展區域協作及錯位發展優勢互補，加強與大中華各界更多交流，集思廣益，增闢兩岸四地合作空間，共同推動中國與葡語國家持續發展合作，提升交流合作的素質、數量、規模、層面、領域及形式。肩負着獨特歷史使命的澳門，確實能為促進現今第三波多元多極的全球化（third wave pluralistic and multipolar globalization）作出貢獻。

中文參考文獻

《澳門日報》

《澳門研究》

《澳門歷史研究》

《文化雜誌》

丁旭光：《孫中山與近代廣東社會》。廣州：廣東人民出版社，1999。

王允昌：《孫中山與澳門》。台北，御書房，2011。

任貴祥：《孫中山與華僑》。哈爾濱：黑龍江人民出版社，1998。

何偉傑：〈澳門與中國國民革命研究：1905 年至 1926 年〉。香港中文大學歷史學系博士學位論文，2009。

李長森：《近代澳門外報史稿》。廣州：廣東人民出版社，2010。

尚明軒：《孫中山傳》。北京：文化藝術出版社，2008。

林天蔚編：《嶺南文化新探究文集》。香港：現代教育研究社，1996。

邱捷:《孫中山領導的革命運動與清末民初的廣東》。廣州:廣東人民出版社,
　　1996。

段雲章:《孫中山》。南京:江蘇古籍出版,1984。

張玉法:《清季的革命團體》。北京:北京大學出版社,2011。

張希哲、陳三井編:《華僑與孫中山先生領導的國民革命學術研討會論文集》。台
　　北:國史館,1997。

張磊、盛永華、霍啟昌:《澳門:孫中山的外向門戶和社會舞台》。澳門:澳門大
　　學,1996。

盛永華、趙文房、張磊:《孫中山與澳門》。北京:文物出版社,1991。

章開沅、林增平編:《辛亥革命史》。上海:東方出版中心,2010。

陳明銶:〈20世紀初年廣東在近代中國轉化之歷史角色〉,陳明銶、饒英蛟編:
　　《嶺南近代史論:廣東與粵港關係1900–1938》。香港:商務印書館,2010。

陳明銶、饒美蛟編:《嶺南近代史論:廣東與粵港關係,1900–1938》。香港:商
　　務印書館,2010。

程美寶:《地域文化與國家認同》。北京:三聯書店,2006。

馮自由:《中華民國開國前革命史》。桂林:廣西師範大學出版社,2011。

黃彥:《孫中山研究和史料編纂》。廣州:廣東人民出版社,1996。

黃鴻釗:《澳門史》。香港:商務印書館,1987。

黃鴻釗編:《中葡澳門交涉史料》。澳門:澳門基金會,1998。

萬明:《中葡早期關係史》。北京:社會科學文獻出版社,2001。

廣州政協文史資料研究委員會編:《廣州文史資料》。廣州:廣東人民出版社。

廣東省地方史志編纂委員會編:《廣東省志 —— 粵港澳關係志》。廣州:廣東人
　　民出版社,2004。

廣東省政協文史資料研究委員會編:《近代廣東名人錄》上、下冊。廣州:廣東
　　人民出版社,1986、1989。

廣東省政協文史資料研究委員會編:《廣東文史資料》。廣州:廣東人民出版社。

廣東省檔案館編:《廣東澳門檔案史料選編》。北京:中國檔案出版社,1999。

蔣永敬:《孫中山與中國革命》。台北:國史館,2000。

鄧開頌、陸曉敏編:《粵港澳近代關係史》。廣州:廣東人民出版社,1996。

鄧開頌:《澳門歷史,1840–1949》。珠海:珠海出版社,1999。

龔伯洪編:《廣府華僑華人史》。廣州:廣東高等教育出版社,2003。

英文參考文獻

Anderson, James M. *The History of Portugal.* Westport: Greenwood, 2000.

Barreto, Luís Filipe ed. *Europe-China: Intercultural Encounters (16th–18th Centuries).* Lisbon: Macau Scientific and Culture Centre, 2012.

Barreto, Luís Filipe. ed. *Proceedings of the Seminar Paths of Macau and of Portuguese-Chinese Relations (1974–1999).* Lisbon: Macau Scientific and Culture Centre, 2010.

Baxter, Alan, Espadinha, Maria and Seabra, Leonor Diaz, eds. *Conference Proceedings of Macao-Philippines Historical Relations.* Macao: University of Macao & Portuguese Centre for the Study of Southeast Asia, 2005.

Birmingham, David. *A Concise History of Portugal*, 2nd edition. Cambridge: Cambridge University Press, 2003.

Boxer, Charles Ralph. *Fidalgos in the Far East 1550–1770*, 2nd revised edition. Hong Kong: Oxford University Press, 1968.

Boxer, Charles Ralph. *The Portuguese Seaborne Empire*, 1415–1825. London: Hutchinson, 1969.

Braga, José Maria. *The Western Pioneers and Their Discovery of Macao.* Macao: Imprensa Nacional, 1949.

Braga, José Pedro. *The Portuguese in Hongkong and China.* Macao: Macao Foundation, 1998.

Chan, Ming K. & Lo, Sonny "The Macao SAR's First Five Years: A Preliminary Historical Review." *Oriente Occidente* 14 (September–December, 2004).

Chan, Ming K. & Lo, Sonny. *Historical Dictionary of the Hong Kong SAR & the Macao SAR.* London & Lanham: Scarecrow Press, 2006.

Chan, Ming K. "Different Roads to Home: The Retrocession of Hong Kong and Macau to Chinese Sovereignty." *Journal of Contemporary China* 12, no. 36 (December 2003).

Chan, Ming K. "Three Oceans, Four Continents & Five Centuries of the Luso-Asian Interface: A TransPacific Perspective on Historical Portuguese Globalization Beyond 1513–2013." In *Portugal Midway to Europe and the World.* Lisbon: 2013.

Chan, Ming K. "US-China Links With a Twist: American Relations with Hong Kong and Macao in Historical and Contemporary Perspectives." In *Macao and Sino-US Relations*, edited by Yufan Hao & Jingwei Wang. Lanham: Lexington, 2011.

Chan, Ming K. *The Luso-Macau Connections in Sun Yatsen's Modern Chinese Revolution.* Macao: International Institute of Macao, 2011.

Chan, Ming. "Macao Then and Now: Historical Contour and Contemporary Assessment." In *Macao, Breakthrough Change in China's Special Administrative Region*, edited by Ming Chan & Jack Leong. Toronto: University of Toronto Press, 2017.

Chan, Ming. "Reflections on Five Centuries of Sino-European Interface: Contrasting the Soft Power Dynamics in Macau and Hong Kong." In *Macau-in-Coimbra: Highlights from the EACS 2014 Conference*, edited by Ming Chan, Jorge Rangel, et al. Macao: IIM, 2015.

Chan, Ming. "Sino-Luso Soft Power Dynamics in Macau's Transformation Since 1553." *Crossings II: Brazil, Portugal and Greater China*, Conference Volume. Leiden: Brill, 2017.

Cheng, Christina Miu Bing. *Macau: A Cultural Janus*. Hong Kong: Hong Kong University Press, 1999.

Clayton, Cathryn H. "The Hapless Imperialists? Portuguese Rule in 1960s Macau." In *Twentieth Century Colonialism and China*, edited by Bryna Goodman and David S. G. Goodman. London: Routledge, 2012.

Clayton, Cathryn H. *Sovereignty at the Edge: Macau and the Question of Chineseness*. Cambridge. Mass: Harvard University Press, 2009.

Coates, Austin. *A Macao Narrative*. Hong Kong: Hong Kong University Press, 2009.

Coates, Austin. *Macao and the British, 1637–1842: Prelude to Hong Kong*. Hong Kong: Hong Kong University Press, 2009.

Coelho, R. Beltrao ed. *Journal of the 5th Centenary*. Macau: Livros do Oriente, 1998.

Cremer, R. D. ed. *Macau, City of Commerce and Culture*. Hong Kong: UEA Press, 1987.

Dutra, Francis A. and Dos Santos, João Camilo D, eds. *Proceedings of the International Colloquium on the Portuguese and the Pacific*. Santa Barbara: University of California, 1995.

Ernst van Veen. *Decay or Defeat? An Inquiry into the Portuguese Decline in Asia, 1580–1645*. Leiden: Research School of Asian, African, and Amerindian Studies (CNWS), Leiden University, 2000.

Fei, Chenkang. *Macao 400 Years*. Shangahi: Shanghai Academy of Social Sciences, 1995.

Guillen-Nuñez, Cesar. *Macau*. Hong Kong: Oxford University Press, 1984.

Gunn, Geoffrey C. ed. *Wartime Macau: Under the Japanese Shadow*. Hong Kong: Hong Kong University Press, 2016.

Gunn, Geoffrey C. *Encountering Macau: A Portuguese City-State on the Periphery of China, 1557–1999*. Boulder: Westview Press, 1996.

Hatton, Barry. *The Portuguese: A Modern History*. Oxford: Signal Books, 2011.

Institute of Southeast Asian Studies, *Portuguese and Luso-Asian Legacies in Southeast Asia, 1511–2011.* V.1. Singapore: Institute of Southeast Asian Studies, 2011.

McGivering, Jill. *Macao Remembers.* Hong Kong: Oxford University Press, 1999.

Mendes, Carmen A. *Portugal, China and the Macau Negotiations 1986–1999.* Hong Kong: Hong Kong University Press, 2013.

Mungello, D. E. *The Great Encounter of China and the West, 1500–1800*, 4th edition. Lanham: Rowman & Littlefield Publishers, 2012.

Newitt, Malyn. *Portugal in European and World History.* London: Reaktion Books, 2009.

Page, Martin. *The First Global Village: How Portugal Changed the World.* Lisbon: Casa daLetras, 2002.

Pan, Lynn ed. *The Encyclopedia of the Chinese Overseas.* Richmond, Surry: Curzon Press, 1999.

Pons, Philippe. *Macao.* London: Reaktion. 2002.

Porter, Jonathan. *Macau: The Imaginary City.* Boulder: Westview, 2000.

Richard J. Garrett, *The Defences of Macau: Forts, Ships and Weapons Over 450 Years.* Hong Kong: Hong Kong University Press, 2010.

Sanjay Subrahmanyam, *The Portuguese Empire in Asia, 1500–1700: A Political and Economic History.* London: Longman, 1993.

Saraiva, J. H., Robertson, Ian and Taylor, L. C. *Portugal: A Companion History.* Manchaster: Carcanet, 1997.

Sebastián Royo, ed. *Portugal in the Twenty-First Century: Politics, Society, and Economics.* Lanham: Lexington Books, 2012.

Shihan de Silva Jayasuriya, *The Portuguese in the East: A Cultural History of a Maritime Trading Empire.* London: I. B. Tauris, 2008.

Silva, Antonio M. Jorge. *Macanese: The Portuguese in China.* Macao: IIM, 2015.

Sonny S. H. Lo, *Political Change in Macao.* London: Routledge, 2008.

Sonny S. H. Lo, *Political Development in Macau.* Hong Kong: The Chinese University Press, 1995.

Souza, George B. *The Survival of Empire: Portuguese Trade and Society in China and the South China Sea, 1630–1754.* Cambridge: Cambridge University Press. 1986.

Stuart Braga, *Making Impressions: A Portuguese Family in Macau and Hong Kong, 1700–1945.* Macao: IIM, 2015.

Warren I. Cohen. *East Asia at the Center: Four Thousand Years of Engagement with the World.* New York: Columbia University Press, 2000.

Willis, Clive ed. *China and Macau.* Aldershot: Ashgate, 2002.

Yee, Herbert S. *Macau in Transition.* London: Palgrave, 2001.

第四章

來自北極熊的窺探
17世俄羅斯遣使的「北京經驗」[*]

歐陽哲生
北京大學歷史系

　　17 世紀俄羅斯人越過烏拉爾山向東擴張，侵吞包括西伯利亞在內的大片土地，建立起一個橫跨歐亞大陸的帝國。從這時起，中國北部邊境出現了一個新興的強悍異族，它逐漸取代了蒙古，成為中國北疆新的邊患。俄國人在向東方進行殖民擴張的同時，又向北京派出了一批又一批使團，努力與明、清兩朝建立外交、商貿關係。

　　北京是 17 世紀俄羅斯與中國接觸的關鍵地點。她不僅是俄羅斯使團出使的目的地，而且是他們地理探索的主要考察對象。俄羅斯使團回國後留下的報告、日誌和回憶錄等文獻材料，對其履行外交使命、與華商貿往來、考察地理環境等方面的情形作了詳細報道，為我們了解俄羅斯使團的來京過程提供了較為完整的歷史材料。本章即以這些材料為基礎，探討 17 世紀俄羅斯使團在京活動及使團成員對北京的觀察紀錄，以展現俄羅斯使團的「北京經驗」。

---

[*] 本章為 2011 年度教育部人文社會科學研究一般項目（11YJA770040）和 2012 年度國家社會科學基金一般項目（12BZS070）的階段性成果。

一、俄羅斯使團的使命

在中俄交往史上，伊萬·佩特林使團被認為是俄國第一個官方赴華考察團，其級別較低，為西伯利亞地方政府派遣。「使團的目的並非是與中國建立外交關係，也沒有這樣的權力。它的任務是弄清通往中國的道路，獲得有關這個國家本身以及其經濟和政治狀況的信息。從佩特林的『報告』來看，這個任務得以順利完成。」[1] 俄羅斯學者米亞斯尼科夫（Vladimir, S. Miasnikov）在歸納伊萬·佩特林使團的文獻材料時指出：

> 有關佩特林使團的檔案資料可以分成兩類：第一類是考察的總結性文件，這些文件直接報道考察的路線和結果。第二類就是公文處理以及往來書信，它們提供了俄羅斯人首次中國之行的間接資料。
>
> 第一類檔案資料中保存至今的原本文件只有三份：佩特林的〈關於中國、喇嘛國和其他國土、遊牧地區與兀魯思，以及大鄂畢河和其他河流、道路等情況報告〉；佩特林在索爾多格休息站回答問題的紀錄，這在歷史文獻中常被稱為〈佩特林口呈〉；以及佩特林和馬多夫請求獎勵他們中國之行的呈帖。這些文件使我們得以相當完整地了解到有關俄羅斯新土地開發者此次旅程的情況。[2]

米亞斯尼科夫所述第一類檔案材料收入他與杰米多娃（Natalia, F. Demidova）合編的《在華俄國外交使者（1618–1658）》一書，[3] 其中佩特林的〈關於中國、喇嘛國和其他國土、遊牧地區與兀魯思，以及大鄂畢河和其他河流、道路等情況報告〉有兩個版本。蘇聯科

---

1. 〔俄〕娜·費·傑米多娃、弗·斯·米亞斯尼科夫：《在華俄國外交使者（1618–1658）》（北京：社會科學文獻出版社，2010），頁5。
2. 同上，頁32。
3. 同上，頁47–75。

學院遠東研究所編輯的《十七世紀俄中關係》一書第 24–29 號文件，亦收入了佩特林使團這部分材料。[4]

費·伊·巴伊科夫使團一般被認為是俄羅斯派往中國的第一個正式使團。據 1675 年 2 月 23 日西伯利亞衙門致外務衙門的公函稱：「費奧多爾·巴伊科夫不是由西伯利亞衙門派往中國，他回到莫斯科也沒有向西伯利亞衙門報到，他是由財務衙門派去中國的。」[5] 俄國學者認為，巴伊科夫使團「有兩個主要任務：一是與中國建立睦鄰關係，二是理順貿易聯繫」。[6] 也有學者認為，該使團「主要是為了貿易，因此派的不是使臣，而是信使，他的外交使命只是向中國皇帝遞交沙皇『親善』國書。信使選擇了托波爾斯克大貴族之子費多爾·伊薩科維奇·貝科夫，因為他是個精通商業的人，並且能夠經得住到中國去的遙遠而艱苦的路程。使節團的組織和派遣工作是由大國庫衙門辦理的，它給貝科夫撥了五萬盧布作為購買貨物之用，這在當時是很大的一筆款項」。[7]

在 17 世紀來華俄國使團中，尼·加·斯帕法里使團是級別較高、且負有多重使命的一個使團。據 1675 年 2 月 28 日俄國外務部門下達給斯帕法里的訓令，該使團所負使命為：（1）與中國大臣商定，大君主的國書應怎樣書寫和用什麼文字書寫，才便於博格德汗了解；至於中國致俄國的信函，則希望用拉丁文或土耳其文書寫。（2）關於書寫兩國皇帝稱號的問題，擬按下述辦法解決：把大君主的稱號抄寫一份給中國大臣，同時讓中國大臣把博格德汗的稱號抄

4. 蘇聯科學院遠東研究所等編，黑龍江大學俄語系翻譯組譯：《十七世紀俄中關係》第一卷第一冊（北京：商務印書館，1975），頁 96–126。其中第 24 號文件〈1618 年 9 月 1 日和 4 日之間。──中國神宗皇帝致沙皇米哈伊爾·費奧多羅維奇的國書〉、第 25 號文件〈1619 年 5 月 16 日以前。──蒙古阿勒壇皇帝就派遣使者以及托斯克軍役人員伊·彼特林及其同伴從中國歸來等事致米哈伊爾·費奧多羅維奇皇帝的國書〉為《在華俄國外交使者（1618–1658）》所未收。

5. 蘇聯科學院遠東研究所等編：〈第 178 號文件〉，《十七世紀俄中關係》第一卷第二冊，頁 495。

6. 收入〔俄〕娜·費·傑米多娃、弗·斯·米亞斯尼科夫：《在華俄國外交使者（1618–1658）》，頁 6。另參見〔俄〕特魯謝奇，徐向輝、譚萍譯：《十九世紀前的俄中外交及貿易關係》（長沙：岳麓書社，2010），頁 17。

7. 〔蘇〕普·季·雅科夫列娃，貝璋衡譯：《1689 年第一個俄中條約》（北京：商務印書館，1973），頁 93。

送一份給德國。但是，如果斯帕法里發現博格德汗盜用鄰國其他大君主的稱號，應予以拒絕。(3) 要仔細審查中國致大君主信函中所寫的大君主稱號，不允許和大君主國書所寫的有絲毫不同。(4) 如果在中國有俄國俘虜，則請求無償釋放，或者付給一定的贖金，但每名俘虜不得超過 30 盧布。(5) 要求派遣真正的中國人擔任使節，攜帶友好親善書及寶石、銀錠、絲絨、花緞、各種草藥等禮品前往俄國。(6) 要同中國方面商定，允許去俄國的中國使節每次可以自北京運往莫斯科 1,000 至 3,000 萬更多普特的白銀、寶石和各色絲綢，俄國方面將用大君主國庫中為中國使節所喜愛的各種貨物來交換。(7) 要探明自中國經由鄂畢河、亞內舍爾河、色楞河或齊額河前往俄國的水路。(8) 聘請中國建造石橋的工匠去俄國作短期服務。(9) 極力勸說中國商人攜帶貨物到俄國去，答應他們一定會得到俄國大君主的恩典。(10) 自北京返回俄國邊界時，應派遣兩名軍役貴族和一名書吏去探明由邊界到阿斯特拉罕的道路，以便以後自莫斯科能經阿斯特拉罕前往中國經商。(11) 力求在北京的耶穌會教士將中國早期給俄國的四封中文公函譯成拉丁文，因為莫斯科過去及現在都沒有中文翻譯，以致俄國大君主對中國朝廷當時的要求至今仍無所悉。(12) 請求允許兩國商人自由往來於雙方國境。(13) 盡力探明一條可通往俄國的較近路線，特別是水路（經由大海或江河）。如果能找到的話，他——斯帕法里最好能得到允許走此路線返回。(14) 要說服中國大臣以友好親善的態度接受上述各點，因為俄國大君主一貫希望同他們的博格德汗永遠友愛相處。[8] 在這份交代多重任務的清單中，其中與中國建立通商關係和探明前往中國的最近路線，是斯帕法里使團肩負的兩大主要任務。遺憾的是，過去我們對斯帕法里使團和此前其他俄羅斯使團的研究，多專注於外交層面，忽略了其他方面的探討，這實為一大缺陷。

實際上，17 世紀俄羅斯使團所負使命有一個拓展過程，從最初的探尋通往中國的路線和沿途進行地理考察，到尋求與中國建立商

---

8. 參見〔俄〕尼古拉·班蒂什—卡緬斯基編著，中國人民大學俄語教研室譯：《俄中兩國外交文獻彙編 1619–1792》（北京：商務印書館，1982），頁 41–42。又見蘇聯科學院遠東研究所等編：《十七世紀俄中關係》第一卷第二冊〈第 182 號文件〉，頁 503–518。

貿關係，再到試圖與中國建立比較全面的外交關係，以解決兩國之間所存在的各種爭端，兩國逐漸從遠交走到近鄰。俄羅斯使團除斯帕法里作為公使派赴北京外，其他赴京的使團多為急使或信使，一般由俄廷秘書或商人擔任，其任務不過是傳遞兩國君主的信件，在外交場合上，他們並不能代表俄國君主。[9] 可見，17 世紀來華的俄羅斯使節，其層級相對較低，反映了當時俄羅斯與中國的外交接觸實際仍處在一個較低的層面。因此，俄羅斯使團在外交層面以外所做的其他方面工作，如地理考察、商貿往來，反而更值得我們重視和研究。

二、俄羅斯使團的地理收穫

　　探明進入中國的路線是俄羅斯使團所肩負的使命，也是使團必須首先弄清的問題。英國學者艾茲赫德（Samuel, A. M. Adshead）論及 1655 至 1833 年西方與中國的交往之路時，稱有兩大變化：「一是由於歐洲的東印度公司和英國茶葉市場，好望角航線變成了主要的交通線，取代了文藝復興時期的大西洋航線」，廣州取代澳門成為東西交流的中心。「二是由於莫斯科公國和俄羅斯的茶葉市場，一條新的交往路線 —— 遠北陸線開始形成，並很快坐上了東西交往的第二把交椅」，「西伯利亞 —— 中國交通航線的開闢，可被視為歐洲部分回應 17 世紀總危機的飛躍，這條路線先是通往北京，1727 年以後通往俄 —— 蒙邊界的恰克圖」。[10] 也就是說，遠北陸路的開闢，是俄羅斯人在 17 世紀打通東西方交通的重大突破。俄國學者特魯謝維奇（Kh. Trusevich）在《十九世紀前的俄中外交及貿易關係》一書中專闢第三章〈通往中國之路 —— 路況及運費〉討論，[11] 顯示論者對這一問題之重視。

---

9. 參見王開璽：《清代外交禮儀的交涉與論爭》（北京：人民出版社，2009），頁 100。

10. 參見英國學者 S. A. M. 艾茲赫德，姜智芹譯：《世界歷史中的中國》（上海：上海人民出版社，2009），頁 297、311。

11. 參見〔俄〕特魯謝維奇，徐東輝、譚萍譯：《十九世紀前的俄中外交及貿易關係》（長沙：岳麓書社，2010），頁 59-73。

俄羅斯學者常常將俄國向東方探險和擴張的原因，上溯到 16 世紀英國或歐洲其他國家對俄羅斯提出過境到中國去的要求，他們指稱，「從 16 世紀下半葉起，莫斯科開始從外國資料獲取有關中國的消息。這是由於商人，最初是不列顛商人，然後是歐洲其他國家的商人都在努力尋找一條通往東方富裕國家的道路。俄國統治者認真關注中國始於英國人的描述，他們從 16 世紀後半葉起，積極尋找從東北方向（經過北方的海洋或從陸路經過俄羅斯和中亞）通往富足的東方，特別是通往中國的道路，以避開東南方向的道路」。[12]《十七世紀俄中關係》第一卷的〈第 2、3、4 號文件〉，即是輯錄 17 世紀初英國使臣向俄羅斯外務衙門提出讓英國商人過境前往中國、印度的相關文件。[13] 這種說法能否成立，值得進一步考證和推敲。的確，從 16 世紀起，西歐各國的商人、傳教士都有探尋從陸路通往中國的打算，這一設想顯然引起了俄羅斯人對東方的注意力，西歐各國的計劃自始即遇到了俄羅斯人的警覺和抗拒。[14] 法國學者加斯當·加恩認為：「是俄羅斯國家、商人和海盜的政治、商業和冒險的野心，才使如此值得注意的廣闊地區及時地歸屬於俄國名下。」[15] 事實上，不管是英國商人也好，還是歐洲其他國家的傳教士也罷，他們尋求通過過境俄羅斯前往中國的計劃都沒有成功，俄國成為西歐由陸路通往中國不可逾越的一道屏障。

在佩特林使團出使中國前，俄國人對中國的情況了解甚少。如《十七世紀俄中關係》收入的〈第 19 號文件〉提到：「現在我國大君主的人也已經到達這個中國。在這個中國，皇帝名叫大明。中國城是在海灣之濱，騎上快馬繞城一周要走十天，這還不包括它的屬縣

---

12. 〔俄〕亞·弗·盧金：《俄國熊看中國龍 —— 17–20 世紀中國在俄羅斯的形象》(重慶：重慶出版社，2007)，頁 5。

13. 參見蘇聯科學院遠東研究所等編，黑龍江大學俄語系翻譯組譯：《十七世紀俄中關係》(北京：商務印書館，1975)，頁 49–53。

14. 參見蘇聯科學院遠東研究所等編，黑龍江大學俄語系翻譯組譯：〈第 18 號文件〉，《十七世紀俄中關係》，頁 85–86。〈1617 年 6 月 28 日。——商人伊·阿·尤金等人就是否讓英國商人尋找前往印度和中國的道路一事在貴族杜馬的答問詞摘要〉提到：「他們聽說，英國人老早就在尋找通往中國的道路，但不會找到，今後他們如再找不到，過一陣子就一定會放棄。大貴族們議決：對英國使臣仍按君主先前的諭示，並發貴族決議加以勸阻。」

15. 〔美〕喬治·亞歷山大·倫森編，楊詩浩譯：《俄國向東方的擴張》(北京：商務印書館，1978)，頁 13。

和轄地。」[16]〈第 22 號文件〉提到：「阿勒壇皇帝的使臣現在還在朕大君主處，他們談到中國時說：從他們那裏騎快馬走旱路到中國要一個月，沿途缺水，盡是沙地，路程異常艱苦。從朕的西伯利亞邊界城市托木斯克出發，經過很多遊牧汗國到阿勒壇皇帝他們那裏，大約要走 18 個禮拜旱路，而且路程異常艱苦，途中缺水。中國四周用磚牆圍起來，繞城一周大約要走 10 天，城牆之外沒有任何屬縣。中國在河邊，不在海邊，這條河叫什麼河，他們不知道。中國貨物不多，而黃金和其他貴重裝飾品，在中國都不出產，也不盛行。由此可以知道，這個國家不大。」[17] 可見，俄羅斯當時有關中國的知識來源尚為傳說、二手的性質。因此，佩特林使團的中國之行可謂破冰之旅，以後源源不斷派往中國的使節繼續提供有關中國的信息。對此俄羅斯學者承認：「開闢了從歐洲通往東亞，直抵太平洋沿岸這一道路的首批俄國新土地開發者和使節，為地理科學作出了巨大的貢獻。他們中最值得推崇的，當屬伊萬・佩特林、費奧爾多・巴伊科夫和尼古拉・斯帕法利，以及其他許多在當時地理發現中起到極其重要作用的俄國旅行家。正是他們首次提供了有關中國以及從歐洲經由西伯利亞去往中國之途的確切消息。」[18] 在《十七世紀俄中關係》等文獻中保存了大量這方面的材料。

俄羅斯學者認為，「伊萬・佩特林所收集到的信息是對 17 世紀地理學的巨大貢獻。這是歐洲人在世界上首次找到那時還不為人所知的經西伯利亞和蒙古草原到達中國的陸路路線。當時很多人都把中國想像為一個神話般的國度。他們不僅僅是找到了、而且還在其後留下了對經過蒙古這一漫長而艱難的路線的詳盡描述，以及他們在所到諸國所見所聞的口述。」[19] 佩特林的出使報告對其旅行路線的描寫，為這一結論提供了直接證明。

16. 蘇聯科學院遠東研究所等編：〈第 19 號文件〉，《十七世紀俄中關係》第一卷第一冊，頁 87。

17. 同上，頁 94。

18. 〔俄〕娜・費・傑米多娃、弗・斯・米亞斯尼科夫：《在華俄國外交使者（1618–1658）》，頁 2。

19. 同上，頁 5。

巴伊科夫使團對後來的影響更大，這不僅因其層級更高，還因為他在地理上的收穫更大。巴伊科夫使團回程時，改換了路線，其旅途非常艱難，他的報告對此作了披露：

> 巴伊科夫離開中國京城汗八里城回國時，選擇了另外一條路線，未按出國時所行經的介乎蒙古和布哈拉之間的道路行走。他們在相去一日路程的地方通過布哈拉的城市哈密和吐魯番，然後便向右轉去了。
>
> 他由中國京城啟程後走了半年，方回到阿勃萊屬下那些布哈拉農民的地方，旅途極為艱苦；大雪彌漫，氣候嚴寒，飼草缺乏，駱駝、馬等牲畜凍死和餓死的不少。[20]

俄羅斯學者認為，巴伊科夫此行對於研究通往中國的陸路路線和收集關於中國及其周邊國家的信息仍然具有重要意義。巴伊科夫帶回的信息對以後的出使和研究中亞、東亞都十分有益。[21]《十七世紀俄中關係》所收錄的〈第 176 號文件〉，即 1674 年外務衙門編寫的「關於前往清帝國的路線」，正是巴伊科夫使團前往中國的路線。[22] 它成為斯帕法里使團成行所依的重要文獻材料。

斯帕法里使團在地理發現上取得的進展更大。英國學者約翰·巴德利（John, F. Baddeley）在討論斯帕法里使團留下的文獻材料時，特別強調其在地理探索上所做的重大貢獻。使團回國後留下的文獻材料主要有：（1）由托博爾斯克至中國邊境的旅途日誌，或簡稱〈西伯利亞紀行〉；[23]（2）〈出使報告〉，介紹由中國邊境至北京的旅

---

20. 〔俄〕娜·費·傑米多娃、弗·斯·米亞斯尼科夫：《在華俄國外交使者（1618–1658）》，頁 162。

21. 同上，頁 7。

22. 參見蘇聯科學院遠東研究所等編：〈第 176 號文件〉，《十七世紀俄中關係》第一卷第二冊，頁 488–489。

23. 參見〔英〕約·弗·巴德利，吳持哲、吳有剛譯：《俄國·蒙古·中國》下卷第二冊（北京：商務印書館，1981），頁 1320–1391，收入〈斯帕法里出使中國，1675–1677 年〉的「一、從托博爾斯克至中國邊境」。

程及在北京期間的情況；[24] (3)《中國介紹》（或譯《被稱為「亞洲」的天下，包括中國各城市和省份》），附衞匡國《韃靼戰記》的俄譯文及地圖一幅。[25] 它們是該使團「發現中國」的主要材料。

　　《中國介紹》最有價值的部分是詳敘通往中國的海路、陸路。第四章〈前往中國有哪些海上航線，如何乘船去中國〉介紹了兩條通往中國的海路：「第一條航線乃是葡萄牙人發現的，他們早在一百五十多年前，就發現了東印度群島，佔領了一些沿海地區，接着便從印度經海上來到中國沿海的廣東省和廣州城。」「從荷蘭或葡萄牙經由這一航線去中國，需時一年，如遇順風，時間還可短些。但由於海上有狂風惡浪和其他危險，許多人都在途中喪生。然而海上航線可直通中國的許多口岸城市和港灣要塞，中國人由這些地方啟航去印度通商，印度人也經海上來中國。」巴德利特別提到，「這條航線也通到北京，你首先在海上航行，接着溯一條大河行馳四天，即可抵達京城」。第二條航路為俄羅斯人發現，由阿穆爾河入海口乘船，繞過大海岬朝鮮，來到中國的遼東半島，「由遼東再到中國最大的港口天津」，「從天津到北京，僅有 200 俄里水路。中華帝國各地的人，都是這樣（經海上和河流）去京城的。」「經這條海路，不僅可以去中國，也可以去日本那個大島。」[26] 這裏值得注意的是，與西歐其他國家殖民者探尋海路主要以到達中國東南沿海岸城市不同，俄羅斯人的海路卻是以北京為目的地。而從北邊向南航行到天津這條新航線，則成為俄羅斯人可能利用的一條專線。雖然我們現在尚未發現 17 世紀俄羅斯人利用這條海路航行到北京的紀錄，但顯然俄國人已掌握了這方面的地理知識。

24. 參見蘇聯科學院遠東研究所等編，黑龍江大學俄語系翻譯組譯：〈第 183 號文件〉《十七世紀俄中關係》第一卷第三冊，收入〈出使報告〉，頁 518–691。〔英〕約・弗・巴德利，吳持哲、吳有剛譯：《俄國・蒙古・中國》下卷第二冊，頁 1392–1593，收入〈斯帕法里出使中國（續）〉的「二、從中國邊境至嫩江」、「三、從嫩江到北京」、「四、在北京期間」、「五、回國的旅程」諸節。

25. 參見〔英〕約・弗・巴德利，吳持哲、吳有剛譯：《俄國・蒙古・中國》下卷第二冊，頁 1264。該冊頁 1291–1303 輯錄了《中國介紹》最有價值的第四、五章。據巴德利考證，從第六章開始直到全書末尾，「都是逐字逐句譯自衞匡國的著作，雖偶爾作些零星補充，更多的是值得重視的刪節」。（頁 1267）

26. 參見〔英〕約・弗・巴德利，吳持哲、吳有剛譯：《俄國・蒙古・中國》下卷第二冊，頁 1291–1293。

　　巴德利提到當時英國和荷蘭也有從北方打通海路的打算。「英國人和荷蘭人曾不止一次地試圖從阿爾漢格爾斯克啟航，取道北海洋，經過鄂畢河、葉尼塞河和其他河流的入海口去中國，通過這條航線去中國和印度貿易，當然是近便多了。但是他們始終無法通過，因為夏季海上到處飄浮着冰山，而冬季，又封凍很厚。」[27] 顯然，英國人和荷蘭人的這個企圖歸於失敗。

　　在第五章〈前往中國有哪幾條陸路，西伯利亞等地區的人是如何去中國的，其中以哪一條路最為理想和安全〉中，巴德利介紹了「耶穌會士從波斯和印度去中國的路，我們俄國人從北方由西伯利亞去中國的路」，實際上是全面綜述了此前歐洲人前往中國的陸路情況。它包括：第一條陸路「是由印度去中國，當年耶穌會士為印度名王莫臥兒了解有關中國的情況，走的就是這條路」。第二條陸路「是由波斯去中國」。第三條陸路「是巴伊科夫所走過的那條路，這條路布哈拉人、喀爾木人以及我們的俄國人都走過多次，即從托博爾斯克乘平底船溯額爾齊斯河到鹽湖，由鹽湖改行旱路，通過喀爾木克和蒙古地區到優美的中國城市庫庫屯。庫庫屯地處塞外草原，是防禦喀爾木克人的前哨，由該城再走兩個禮拜便到北京」。第四條陸路「是新近發現的，它由色楞格斯克堡出發，通過鄂齊疊賽因汗和呼圖克圖喇嘛統治的蒙古地區，在草原上，趕着載貨的牲畜要走八個禮拜，不久前，商人和哥薩克就走過這條路」。「由托博爾斯克和色楞格斯克來的兩條路，在長城外會合成一條大道直通北京。」第五條陸路即是斯帕法里此行所走的路，「由涅爾琴斯克經過呼爾地區、嫩江，然後到北京。」它是從俄國或俄國邊境出發去北京最近便的一條路。「因為從涅爾琴斯克至嫩江一段，騎我們自己的馬三周即可抵達，到了嫩江就有定居的中國人（滿洲人）和達呼爾人，地方長官會為你提供車輛和伙食，將你送到北京」。第六條陸路「是由阿穆爾河畔的阿爾巴津通往嫩江，帶着駄畜上路，到嫩江的第一批村屯只須走十天，這是最新發現的由俄國領土去中國的最近便、最安全的路。在俄國領土與中國領土之間的那些地區，沒有（獨立的）

---

27. 參見〔英〕約・弗・巴德利，吳持哲、吳有剛譯：《俄國・蒙古・中國》下卷第二冊，頁1294。

土著部落，除俄國人和中國人外，再無其他人往來其間」。「從通嫩江的關口到濱海的長城東端之間，共有八個關口，這些關口只供中國各族臣民貿易使用，不准外國人通過。」第七條陸路「是最近剛發現的，它通過蒙古車臣汗（的領袖）並經過達賚諾爾。據侍郎說，再沒有比這條路線更近的了，因為從涅爾琴斯克至達賚諾爾只是一周路程，而達賚諾爾附近居住着從事農耕的中國臣民，他們乘牛車去北京只用三周時間」。[28] 斯帕法里所述這七條通往中國的陸路，其中後面五條陸路都為俄羅斯人開闢，它的目標都是指向或可通往北京。換句話說，北京是俄國人最為關注的目的地。經過近半個多世紀的探索，到 17 世紀 70 年代，對於俄羅斯人來說，可以說已是「條條大路通北京」了。

　　斯帕法里的「地理發現」為巴德利所道破：「這兩章乃是對地理知識的一項貢獻，它在文章寫成的那個時代具有重大的價值，可是直到如今，斯帕法里的崇拜者中竟無一人提到它。」[29] 俄羅斯因為與中國接壤，在地理環境上較其他歐洲國家享有「地利」之便。斯帕法里寫道：「無論從俄國、西伯利亞或任何其他地區去中國，除了上述幾條路線以外，沒有也不可能再有其他的路了，因為中國的領土起自東方的邊緣，又伸向南方，再無別的地區比西伯利亞更靠近中國了，對它的京城而言，尤為如此，因由阿爾巴津騎馬去北京，僅需三個禮拜。」[30] 俄國人充分認識到自己所佔的這種「地利」之便，故不允許其他歐洲國家染指，這是它拒絕西歐其他國家過境俄羅斯或西伯利亞前往中國的真正緣由。

　　有關斯帕法里帶回的地圖，他本人在《中國介紹》第二章末尾有所交代：「我們由長城來到這裏，親自進行觀察和了解，（除了）俄國人外，再無別人能如同我們現在這樣，經過（陸）路和長城關口前來中國，為了使人們更好地理解，我們不僅已將北京和長城附近居住着什麼民族等情況寫成一本書，同時也將其繪成一幅地圖——

28. 同上，頁 1295–1300。

29. 同上，頁 1267 頁。

30. 同上，頁 1299 頁。

北京以北地區居住着什麼民族？有哪些河流和地方？都已一一真實可靠地記載下來，並反映在地圖上，這是一個創舉，因為整個歐洲真正知道只有一幅中華帝國地圖，耶穌會士也不例外。可是直到今日，包括耶穌會士在內的，無人知道由中國到蒙古以及西伯利亞之間的情況，因為當我們在北京期間與教士們談起這些事情時，他們都表示驚奇。」[31] 據巴德利推測，這幅「地圖也是從衞匡國處借來或偷來的」，不過斯帕法里「對耶穌會士地圖所缺部分作了補充，也就是添加了他在沿途所搜集到的關於長城以北的情況：居住着什麼民族，有哪些河流和地方，等等。若從斯帕法里就托博爾斯克至長城一段旅程逐日記下的詳細日誌判斷，他是能夠繪出這幅地圖的；他的日誌內容十分豐富和精確，無論當時或在以後很長時期中，就這段旅途的全程或其中一段所寫的任何其他作品，都是無法與之相比的。還有一個直接的證據，即當時他所攜帶的行裝包括有專供繪圖用的儀器」。[32] 顯然，這是一幅較為精確、也頗富價值的地圖。

斯帕法里使團雖然沒有完成沙皇交給他與中國政府建立貿易、外交關係的使命，但使團「為國際學術界帶來了早期在歐洲一度不為人知的、陸路經蒙古和滿洲可去中國的知識」，使團帶回的信息和材料彙聚於他們從托博爾斯克到北京沿途所寫的日誌、〈出使報告〉及《中國介紹》。《中國介紹》一書在 17、18 世紀的俄羅斯有四十多種抄本，反映了當時俄人對中國的強烈興趣。「斯帕法里中國之行在國外的影響之廣遠勝於俄羅斯」，1692 年法國巴黎出版了菲利普・阿夫里爾的《尋找穿越歐亞人的新路線行記》一書，該書絕大部分內容引自斯帕法里的《被稱為「亞洲」的天下，包括中國各城市和省份》一書。[33] 從此，斯帕法里揚名西方，成為西歐出版商競相追逐的對象。

---

31. 轉引自〔英〕約・弗・巴德利，吳持哲、吳有剛譯：《俄國・蒙古・中國》下卷第二冊，頁 1267。

32. 〔英〕約・弗・巴德利，吳持哲、吳有剛譯：《俄國・蒙古・中國》下卷第二冊，頁 1275。

33. 〔俄〕P. E. 斯卡奇科夫，B. C. 米亞斯尼科夫編，柳若梅譯：《俄羅斯漢學史》（北京：社會科學文獻出版社，2011），頁 25。

俄羅斯漢學家高度評價 17 世紀俄羅斯使團的地理學成就：「伊萬・佩特林、費多爾・拜科夫（作者按：即巴伊科夫）、尼古拉・斯帕法里及其為國際學術界帶了早期在歐洲一度不為人知的、陸路經蒙古和滿洲可去中國的知識，但是卻沒有完成交給他們的直接任務。俄羅斯中國之行的報告（記錄、出使報告、旅行日記、地圖）被譯成其他文字後很快就傳到了歐洲，豐富了世界地理學的知識。」[34]這些在地理學及其他方面的斬獲，為俄羅斯漢學奠定了重要基礎。

三、北京城的觀察與紀錄

俄羅斯使團中國之行的目的地是北京，其「北京經驗」的重要組成部分即是在北京現場的觀察、體驗，這方面他們留下了大量紀實性的報道文字，富有重要文獻價值。

1618 年 9 月 1 日，伊萬・佩特林使團到達北京，在京只停留了四天。齊赫文斯基稱：「彼特林是一位觀察力銳敏的人物，他在北京居留期間，善於搜集有關中國居民日常生活習俗的引人入勝的資料。」[35] 利用在京短暫的寶貴時間，佩特林對北京城作了力所能及的觀察和記錄，它可能是俄羅斯人留下有關北京城的最早文字紀錄。

首先映入佩特林眼簾的是北京的城樓、城牆。「這座城市非常大，石頭砌成，潔白如雪，呈四方形，繞城一周需四日。城市四角矗立着一些高大的城樓，潔白如雪；城牆中央矗立着一些高大的城樓，城樓的顏色也是潔白如雪。城樓帶有花檐，刷着藍黃兩種顏色。」[36] 使團對北京的地理位置及與周圍的商品運輸作了調查，他們對中國與周圍各國的貿易往來甚感興趣：「據說從中國城到大海七天行程。大船開不到距海七天路程的大中國城下，貨物都是用小

---

34. 同上，頁 27。

35. 〔蘇〕齊赫文斯基主編：《中國近代史》上冊（北京：三聯書店，1974），頁 71。

36. 〔俄〕娜・費・傑米多娃、弗・斯・米亞斯尼科夫：《在華俄國外交使者（1618–1658）》，頁 56。

船和平底帆船運到中國城。大明皇帝將這些貨物分配給中國的各個城市。而從中國的各個城市貨物又轉運到境外，到蒙古、阿勒坦汗國、黑喀爾木克等地，以及其他很多國家和各兀魯思，運到布哈拉附近沙爾城的鐵王那裏。」[37] 使團看到了金碧輝煌、巍峨雄偉的紫禁城：「在大中國城的白色外城之內還有一座磁城，那裏是皇帝居住的地方。」「大明皇帝住的磁城以各種奇珍異寶裝飾起來，皇室矗立於磁城中央，宮殿的上方是金頂。」[38] 使團對北京城的民風民俗存有自己的觀察視角和看法：「中國人無論男女都很清潔，穿本民族式樣的衣服：衣袖很寬，如我國女人夏天穿的肥袖襯衣；裏面穿的長內衣也像俄國樣式。中國人不擅戰，他們的手工藝和商業十分發達。但他們打仗卻十分膽小，據說不久前蒙古人用奇襲奪取了他們兩座城市。」[39]

在〈1619 年 9 月 23 日至 11 月 10 日之間喀山衙門對托木斯克哥薩克伊萬・佩特林及其旅伴中國之行的問詢答辭〉中，亦有一段對北京城的描繪，其中皇城、商品和城市建築是他們的主要關注對象：

> 克雷姆城極其宏偉壯觀，位置接近東印度海，呈四方形。據說，繞城一周需要十天。城門也像前面幾座城市一樣，裝飾華美，上面用金子畫着草，鋪着大理石，在一個大屋頂下。城裏街道兩旁都是房屋，沒有菜園。城裏人口非常之多。有各種商品：寶石、黃金、銀子、金色的絲絨、綢緞、錦緞等都極為豐富，除了呢子，呢子較少，而香料、海外飲料和各種蔬菜極多，還有很多啤酒和葡萄酒。城市中央有磁石建造的宮殿，阿爾布爾皇帝就住在這裏。該城宏偉壯觀，有很多炮，皇帝的宮殿也是用那磁石和石板所建。這裏的亭台樓閣極多，都刷成金銀色。[40]

37. 〔俄〕娜・費・傑米多娃、弗・斯・米亞斯尼科夫：《在華俄國外交使者（1618–1658）》，頁 56–58。
38. 同上，頁 58–59。
39. 同上，頁 56–59。
40. 同上，頁 74–75。

　　這些描述北京城的第一手資料在俄文文獻中堪稱首次，顯然具有「發現」的意義。

　　佩特林使團報告幾乎使用了一半的篇幅描寫他們在北京的所見所聞，這足以表現他們對這次經歷的重視和炫耀。但使團在北京畢竟停留短暫，匆匆一過，走馬觀花，所得印象自然是一鱗半爪、零星片斷罷了。

　　巴伊科夫使團於 1656 年 3 月 3 日到達北京。這時正是清朝初年，戰事密佈，北京城森嚴壁壘的城防氣氛給使團留下了深刻印象。「當他們進入汗八里城的第一道城門時，見到在城門右側架着三尊小銅炮，都只有一俄尺半長；通過城門後，又在城樓裏邊見到左、右兩側各有兩尊同樣的炮。他們騎馬進入汗八里城後，走了三俄里左右，來到供費奧多爾·伊薩科維奇·巴伊科夫下榻的大院。他們所經過的街道兩旁，店鋪林立。」巴伊科夫下榻的院舍是兩座磚砌的廳堂，上面鋪有瓦片，廳堂頂上有天花板，凳子上鋪着草席，[41] 內部陳設極為簡單。使團在北京停留了半年，到 9 月 4 日才離開。使團條陳「版本二」交代了使團由於呈遞禮品時出現的「禮儀之爭」，因而未能覲見皇帝和未經許可遊覽北京城的具體情形。

　　使團在京的行動受到嚴格限制，所以未能如願對北京城進行足夠的遊覽或觀察。「至於汗八里城是大是小，不得而知，因為俄國人不准離開他們的大院，他們像坐牢一樣被關在裏面，禁止他們自由進出的原因就是因為大使拒絕到朝廷拜見那些大臣，不願向他們交出沙皇的書信，當時那些大臣們正忙於同中國達斡爾地區交戰。」[42] 由於使團在京的行動受到限制，加上語言不通，其有關北京城的許多描寫，大多是根據二手材料所獲得的信息而編撰的，使團報告對此並不隱諱，文中隨處可見的「據漢人和蒙古人講」即可説明這一點。「據漢人和蒙古人講，汗八里城縱橫各為 40 俄里。大使的隨行人員中沒有人懂漢語，但是奉阿勃萊派遣與俄國大使一同前往中國

---

41. 同上，頁 151–152。

42. 同上，頁 155。

京城的使者，布哈拉人伊爾克蒙會説蒙古語，托博爾斯克民團的哥薩克騎兵彼得魯什卡‧馬利寧是用韃靼語與他交談的。」[43]下面我們逐項清點使團報告有關北京的記述，略可窺斑見豹。

關於北京城的建築、皇城，「中國京城的房屋都是磚砌的，構造簡單，用各色琉璃瓦鋪頂。除了皇宮外，其他房舍都很低矮。皇帝住的院子很大，宮殿建築得高大雄偉，刷成各種顏色，共有五個磚砌的大門，但總是關着。大門口日夜站着衛兵，大門外有五座漢白玉橋，橋的欄杆也是漢白玉的，幾座橋都造得非常出色，橋石用鐵栓相連。」「皇宮的附近有小湖，湖岸都用白色和灰色的天燃石砌成。無論在房屋上，衣袍上或在船隻上，到處都畫着龍。」關於北京城的街道、宮殿，「主要的街道都鋪着花崗石。街上挖有水井，街道兩旁都挖很深的水溝，通到湖或小河裏。下雨時，大街小巷的雨水都從水溝裏排走了，所以街上沒有泥濘。從住宅區到街上也都有排水管道。在中國京城，宮殿和住宅的前前後後都有花園。那裏的澡堂是用磚石砌成的。」「在中國京城的皇宮近有一座圓圓的小山，山上有一片園林，據中國人説，園林中有野獸，如馬鹿、黃羊（可能指獐子或羚羊），但是沒有其他動物，小山圍有磚牆。汗八里城內還有幾個小湖，湖裏有一種小鯉魚，魚鱗呈白色、紫色、綠色，但也有一些是紅白色的。」關於北京城的民風、民俗，其中有紀錄漢族婦女纏足的文字，「中國京城的男女居民都很健壯乾淨。但漢族婦女的腳非常小，小得和孩子的一樣。據説，是故意把腳纏成那個樣子的。她們穿的棉襖都很短，開襟，不過袖子卻寬大，像我們的夏衫。她們的頭髮梳成日耳曼人的樣式。男子身穿帶血的長袍，扣子縫在腑下，不論男女，衣服的顏色都很素淨，只有王爺和朝臣才穿華麗的衣服，他們在冬季戴一種小帽，很像便帽，只是在帽頂上有一簇紅絲縷。」「中國京城裏的人們吃飯毫無禁忌，吃各種各樣的動物，青蛙、烏龜和狗肉都吃，在商鋪裏就有煮熟的狗肉賣。」「蒙古婦女很清潔，不纏足。她們穿卡爾梅克式的拖到地面的長袍，把腳也遮住了。她們把頭髮梳成辮子盤在頭上，不帶頭巾或帽子，但有

43.〔俄〕娜‧費‧傑米多娃、弗‧斯‧米亞斯尼科夫：《在華俄國外交使者（1618–1658）》，頁155。

些婦女則用黑頭巾包着。不論男女，穿的衣服都是黑顏色的。」[44] 這些對清初北京的描述，向俄羅斯傳達了中國朝代更換後的最新信息。

> 在京城，使團見到了來自不同種族、不同信仰的人，特別是來自歐洲的傳教士和荷蘭使節，這可以説是他們的一個意外收穫：

> 在中國京城，有來自許多國家的涅姆齊人、法國人、立窩尼亞人、西班牙人和意大利人等等。這些人已在這裏居住多年，但仍信奉自己的宗教。

> 布斯林（穆斯林）們也有自己的宗教，但他們的語言已經很少有人記得，他們説：「我們的祖先是隨帕木兒阿克薩來到中國京城的，但如今我們沒有史書可以稽考，只是根據文字聯想的。」

> 去年即 164（1656 年）年 7 月 7 日，有 20 名荷蘭人來到汗八里。據説這些人是乘船來的，至於他們將船開到離汗八里多麼近的地方，無人告訴我們。

> 中國禁止這些荷蘭人外出，也不准他們接觸俄國人。有些俄國人雖見過他們，但不懂荷蘭語，荷蘭人也不懂俄語。[45]

《荷使初訪中國記》在文中亦提到他們遇見俄國使者的情形，可以與《費・伊・巴伊科夫條陳文本對比》相互印證。[46]

米洛瓦諾夫使團在北京呆了五個禮拜零三天（1670 年 7 至 8 月）。來京第一周，使團被安置在賓館，「派了衛兵守衛大門，並在身邊監視他們」，然後安排去衙門見清朝大臣，提交他們所攜帶的訓令，交待來意。兩個禮拜後，才安排使團去觀見順治皇帝。米洛瓦諾夫使團系由涅爾琴斯克（尼布楚）軍政長官達・達・阿爾申斯克派遣，加上米洛瓦諾夫本人為軍役人員出身，故其對北京的城防設施觀察有着職業軍人的特殊敏感性。在談到前往觀見康熙途中所經

---

44. 同上，頁 155–158。

45. 同上，頁 136。

46. 約翰・尼霍夫，〔荷〕包樂史、〔中〕莊國土譯：《〈荷使初訪中國記〉研究》（廈門：廈門大學出版社，1989），頁 85。

的三道門禁和城牆，米洛瓦諾夫所作的詳盡紀錄，表現了他的職業興趣：

> 他們在中國京城騎馬走了大約半俄里，到達石築的城牆。
>
> 石牆全部是紅色的，城牆上有城樓，城樓下有兩個城門洞。在城牆和大門附近，大臣和中國軍人下了馬，也叫他們下了馬。他們跟着大臣步行進城，大約走了100俄丈，便到了另外一道城牆。過了城牆和有一條城壕，壕深約一俄丈，壕前沒有堡壘。這道城牆上有城樓，城樓下有五個城門洞。城壕上面，有五座石橋正對大門。城裏有一條大道，他們就順着這條大道走去。路面鋪的是磚，大約走了50俄丈到了另一道石牆。
>
> 當我們騎馬或步行由賓館到第三道城牆時，中國京城大街上空無一人。
>
> 第三道城牆的城樓和城門，與第二道城牆的一樣，城樓的厚度約30俄丈。由這道城牆到第四道石牆，約40俄丈。在這兩道城牆裏有大道，他們走的街道也像前述一樣鋪着磚。[47]

米洛瓦諾夫遊覽北京城時，悉心觀摩清軍的軍事裝備。「他們在中國京城的城門處看見了六尊大炮，每尊長約一俄尺半，炮管厚四俄寸多。他們沒有見到更大的炮。這裏沒有小火槍，他們的兵器是弓箭。」[48] 使團對中國城防工事和軍事裝備的濃厚興趣，在他們對沿途所經城隘的紀錄中表現得淋漓盡致。

米洛瓦諾夫使團在北京的另一個收穫是遇見了在京的傳教士和他們建造的教堂：

> 有三個希臘人曾經到賓館來找伊格納什卡等人，向他們打聽東正教的情況，觀看了他們身上的十字架，希臘人對此感到非常高興，對伊格納什等人說，他們大約是17年前由海路漂流到中國的，博格德皇帝叫他們住下來，並沒有剝奪他們對東正

---

47. 蘇聯科學院遠東研究所等編：〈第141號文件〉《十七世紀俄中關係》第一卷第二冊，頁423。

48. 同上，頁425。

教〔宗教〕的信仰。……這些希臘人正在建造一座石頭的小教堂，小教堂裏有聖像。

伊格納什等人聽説之後，走出賓館，找到了在中國京城的這座石築的小教堂。這個教堂頂上做了兩個銅鑄的圓頂，每個圓頂有兩圍粗細，小教堂的神龕裏有披着衣飾的救世主聖像，有最聖潔的聖母聖像，有約翰先知和尼古拉顯聖者的聖像，還有許多其他聖像。[49]

這裏提到的三個希臘人極有可能是當時在京的安文思、利類思和南懷仁三人，而小教堂則是他們所築的東堂，這可能是俄國人對北京教堂的最早紀錄，也可以説是外人較早紀錄東堂的珍貴文獻。

斯帕法里在京停留約三個半月時間（1676 年 5 月 15 日至 9 月 1 日）。據載，使團來京的旅程「從腦溫到長城共走了 24 天，從長城到北京城走了五天。從長城到北京城的里程，合 133 俄里」。[50] 斯帕法里描繪了他們初入北京城所見到的情景：

我們進入中國都城北京，正好是中午，我們從北門進城。第一道城牆是土築的，城樓是石鼓的，但不高。城周挖有壕溝。過了土築城牆，阿思哈尼昂邦的僚屬扎爾固齊來迎接我們，把我們帶到路邊席棚裏，請使者和阿思哈尼昂邦就坐喝茶。阿思哈尼昂邦的兒子也送茶來請大家喝，停歇片刻又繼續前進。我們來到另一道大城牆，距第一道土城牆約四分之一俄里。這道城牆很高，而且很堅固，比克里姆林宮高，牆基是青灰色天然石塊砌成，上部裏外都用磚砌，中間以土填實。因此在城牆上可以騎馬、乘車。城樓同城牆一樣寬。來到石築城牆以後，要通過兩道大城門。進入第一道城門，便是高大而堅固的城樓。城樓裏有可以容納一千多人的場地。從第一道城門到第二道城門大約有 40 俄丈遠，城門包着鐵皮。城門邊放着兩門小鐵炮。城門上面建有戰鬥用的樓宇，城牆周圍是盈滿活水的

---

49. 同上，頁 426 頁。此段文字亦見於（英）約・弗・巴德利，吳持哲、吳有剛譯：《俄國・蒙古・中國》下卷第一冊，頁 1253–1254。

50. 參見蘇聯科學院遠東研究所等編：〈第 183 號文件〉《十七世紀俄中關係》第一卷第三冊，頁 557 頁。

護城河。每道城門都有 20 名攜帶弓箭，刀劍的衛兵。從上述城門沿着兩邊有店鋪的大街乘行了大約一俄里，來到城中央紫禁城附近，城牆差不多和莫斯科帝都的宮牆一樣高。紫禁城裏住着中國博格汗。看來這座皇城以前粉刷過各種顏色。皇城附近有許多商店和商場。街中心有石橋。從大城牆的城門口到我們的下榻處，要走三俄里多。[51]

在這段描述中，我們看到作者除了着意描述城牆和城樓建築外，還處處帶着比較的眼光，將北京與莫斯科、紫禁城與克里姆林宮對比，這是此前俄羅斯北京遊記未見的筆調。作者交代：「關於北京城的規模和外觀，關於博格德汗的紫禁城將在描述中國的專著中詳述。」這裏所謂「專書」是指《中國介紹》，所以斯帕法里的出使報告並沒有在這方面再多着墨。

斯帕法里遊覽了北京內、外兩城（即滿、漢城），他注意到兩城居民成分的區別：「北京城外有一郊區，實際上是由許多宅院和大型建築構成，宛如另一城市；這裏居住着大量的漢人，因博格達汗幾乎全部將他們從城內趕了出來。赫伊爾巴什人、布哈拉人、喀爾木克人及其他外來人，同樣被指定在城外的宅院居住。唯獨我們（俄國人）和葡萄牙、荷蘭等國的人准許住在城裏，但城外各行各業的生意都很興隆，凡城內有的，城外都有。滿洲人之所以將所有漢人即泥堪人逐出京城，是有鑒於目前正在與他們交戰，生怕他們在城裏謀反。」[52] 滿漢民族矛盾開始進入俄人的視野。

在北京，斯帕法里遇到了一場龍捲風，他記下了當時所見到的這一幕：「6 月 1 日，龍捲風大作，猶如大火一樣發出轟轟巨響；大風所過之處，許多商店被摧毀，較小的物品都捲入空中，形成一個通天的大風柱，它掠過大使寓所附近的城牆，然後向遠處移動，直

---

51. 參見蘇聯科學院遠東研究所等編：〈第 183 號文件〉《十七世紀俄中關係》第一卷第三冊，頁 557 頁。

52. 〔英〕約‧弗‧巴德利，吳持哲、吳有剛譯：《俄國‧蒙古‧中國》下卷第二冊，頁 1513。

至從視野中消失。」[53] 在訪期間，斯帕法里特別注意到北京沒有發生火災，這與北京的石砌建築有關。

　　伊台斯使團從 1693 年 11 月 2 日到達通州，到 1694 年 2 月 19 日離開北京，在京停留 109 天，全程所見所聞都有詳細的訪問筆記。如在通州，使團目睹了「該城人口眾多，商業興盛」的場景，看到了停留在河上的龐大的中國帆船和瓷市上世界上最好的瓷器。從長城到北京，每走一刻鐘，使團就會遇到一座烽火台，沿途道路「寬闊筆直，維護良好」。使團進京時受到朝廷官員和士兵的熱烈歡迎，被安置在俄羅斯館。[54] 中國方面每天供給使團人員各色食物和飲料，使團受到了康熙的接見和設宴款待，並觀賞了中國戲劇表演節目。伊台斯對在覲見康熙時所見宮殿、皇帝寶座作了細緻的描繪，它可能是外人近距離觀察清廷留下的較早文字紀錄：

> 　　宮殿是一座長方形的建築物，長等於寬的兩倍，用焙燒的磚建成，屋頂鋪着黃琉璃瓦，並有獅、龍及其他禽獸飾物。宮殿高約八俄丈。上台階經殿檐下進入大殿，殿檐下有窗戶，每扇窗上有許多小窗孔，不鑲玻璃，糊着紙。
>
> 　　大殿兩邊各有一門，門上方有昆羅帽式的描金木雕飾物。殿裏沒有拱頂，牆一直砌到屋頂。屋頂有金漆彩繪天花板。殿內有 12 根圓柱，柱上也有描金圖案。大殿長約 30 俄丈，寬約 10 俄丈。地上按韃靼習慣鋪着織花卉鳥獸圖案的地毯。
>
> 　　寶座朝東，正對大殿入口，靠近後牆，看來長寬均為三俄丈。寶座前面兩邊各有六級台階。台階上飾有植物圖案，欄杆上有金屬鑄成的描金葉形飾物。寶座的左右兩方有欄杆，也是用金屬鑄成，鍍了金。有人説，欄杆是純金鑄成，也有人説是銀子上鍍了金。

---

53. 同上，頁 1487。

54. 有關俄羅斯館的情形，參見〔荷〕伊茲勃蘭特·伊台斯、〔德〕亞當·勃蘭德：《俄國使團使華筆記（1692–1695）》（北京：商務印書館，1980），頁 197–198。

博克達汗的寶座在御壇中央，形似祭壇，覆着黑色貂皮椅披，有兩扇門，離地一肘高。博克達汗盤腿坐在上面。[55]

與以往來京的俄羅斯使團的不同之處，伊台斯使團在觀見康熙以後，清廷為使團安排了一系列參觀遊覽活動。在清廷大臣的陪同下，伊台斯「遊覽了出售呢絨綢緞、金銀珠寶和貴重工藝品的幾個大市場」，參觀了藥房、服裝商店、魚市、野味市，飽覽了新春節日各種慶祝活動。清廷官員還領着使團參觀了動物園，內中的象房「有十四頭象，其中有一頭白象」，大象為使團成員表演了節目。「據官員們説，這些象是從暹羅運來，暹羅王每年都向中國博克達汗進貢幾頭象。」[56] 在使華筆記裏，伊台斯還提到獻給康熙的白色雙角怪獸——一種頗似「麋鹿」的動物。耶穌會教士向他介紹，三年前東海一個島獻上四隻動物，其樣子和大小與普通馬差不多，頭上長着一對長角。康熙命耶穌會教士帶使團到京郊的宮廷動物園去看這些動物，但由於動物園離城很遠，而使團返程的日期又已臨近，因此未去參觀這些動物。[57] 京城繁華、太平的氣象令使團賞心悦目、大開眼界。

伊台斯使團在京的另一個特別之處是與在京的耶穌會士有着較多的互動。在觀見康熙時，伊台斯就見到了陪侍在康熙身邊的三位耶穌會士：張誠、安多和另一位不知名者，並與他們進行交談。在離京的前幾天，使團應耶穌會士之邀參觀了南堂，讓使團成員意想不到的，是在北京這座東方帝都居然矗立着這樣一座造型優美的意大利風格的教堂建築：

> 教堂圍着一道高高的石牆，裝有兩扇意大利式石門。
>
> 進入大門，在院內左側一間專用的小屋中擺着很大的天球儀和地球儀，它們的高度至少有一俄丈。有一條路從這間小屋

---

55. 〔荷〕伊茲勃蘭特・伊台斯、〔德〕亞當・勃蘭德：《俄國使團使華筆記（1692–1695）》，頁212–213。

56. 同上，頁226–227。

57. 同上，頁228。

直通到教堂，教堂是一座非常漂亮的意大利式建築，有一架徐
日升神甫製作的很大的風琴。

　　舉行天主教儀式的教堂裏有許多聖像和美麗的祭壇。教
堂很大，可容納兩三千人。屋頂有一座報時的鐘和使鐘開動的
機器。

　　我仔細地參觀了教堂之後，耶穌會教士們領我到他們的陳
列館去，館裏搜集了歐洲的各種珍品。[58]

　　使團發現當時的北京，「有八名耶穌會教士，其中兩名西班牙
人、三名葡萄牙人、兩名法國人、一名羅馬人」。京城各大宗教派別
林立、關係複雜，俄羅斯東正教也在京城建有教堂。「中國人，主要
是宮廷中的人，很尊敬這些修道士及其他宗教界人士，但和尚們卻
對他們側目而視。必須承認，羅馬天主教會為傳教盡了很大努力。
俄羅斯人也在北京建了教堂，給許多要人施行了東正教洗禮。」[59] 這
些北京城的「西方」元素存在，給使團在語言、信息溝通上帶來不
少便利。

　　在伊台斯的筆記裏，保有一段對北京的綜述，可視為使團北京
之行所獲印象的總結：

　　　　該城因同名的省而得名。直隸省東邊隔一個海灣同日本和
　　朝鮮相鄰，東北與遼東省相接，北面是大韃靼牆，部分是老韃
　　靼地區，西面和山西省毗鄰，西南靠着黃河，南邊和西南靠着
　　黃河。全省分為八個州或者叫府：北京、保定、河間、京師、
　　順德、廣平、大名和永平。

　　　　北京是中國歷代皇帝的名都，異常美麗，位於北緯 39°59'
　　在直隸省最北邊，離著名的長城不遠。城南有兩道又厚又高的
　　城牆防護（外城也圍在城牆內），城牆只有一般的防衛設施，城
　　門兩邊有相當堅固的堡壘。到外城去要從橋上過一條小河，小
　　河順着城牆往北流，起着護城河的作用；然後要過城南門，不

58. 同上，頁225。
59. 同上，頁278–279。

到半小時即可到達城邊，那裏可見到非常高的圍牆和碉堡。如果從另一邊繞城而行，則會碰上一個安有幾門大炮的圓塔樓，然後可通過原來的城門直接入城。在城牆上的碉堡和哨樓中，夜間有哨兵嚴加守衞，彷彿敵人已兵臨城下，城郊已戰火彌漫一般。白天守衞城門的是在宮廷中説話有分量的內務府的人，但是他們與其説是保衞城市，不如説是向進出城門的人勒索稅款。

市民的房子漂亮而軒敞，達官貴人們的私邸裝飾華麗，牌樓富麗堂皇，到處高聳着美麗的寺廟和塔。一般説來這座美麗城市的街道並不好，因為用鵝卵石和和磚鋪設的街道極少。其原因決非缺乏石頭，而是由於某種意義重大的其他情況。這些沒有路面的街道很有損市容。無論晴天或雨天，特別是當北風呼嘯的日子，給行人帶來許多不愉快和不方便。在炎夏酷暑和久旱不雨（由於雨水稀少，這在北京是常有的）的時候，含大量硝和其他輕物質的土壤往往變成微塵，即使微風輕拂也能把塵刮得滿城飛揚。濃雲似的塵土迷住眼睛，鑽進人的嘴、鼻和衣服，落滿房屋的各個角落，弄得哪裏都很髒。⋯⋯

中國婦女身材矮小，貴婦人都是小腳，她們以此為驕傲。所以她們從小就纏腳，穿上硬幫鞋，使腳不能正常發育，變得嬌小、瘦弱。中國婦女不能走較遠的路，因為纏足損害了幼小的腳掌，使它不能成長，人變成了殘廢。⋯⋯

在街上、十字路口、城門口和小橋旁停着備好的馬和驢，花不多錢就可以騎着牠們在城裏逛一整天。牲口的主人在前面跑着引路。在所有街道上可以看到許多看熱鬧的人。這裏有人在繩索上跳舞，那裏一群人圍着説書人。⋯⋯

流通的銀子是不大的銅塊。買東西時要付多少，就用鐵鉗或剪刀剪下多少。因此中國人總是帶着小剪刀和戥子，放在膝旁，還帶着約半肘尺長的細秤杆，秤杆上掛着放在小木盒裏的秤錘。

在北京經常會碰見這樣一些人，他們使勁捶胸或是用額頭碰地上的石頭，有時撞得血一滴一滴地往下流。

　　所有的街道上都有小飯館，門前掛着食譜，寫明可以吃到
什麼，飯館清潔，招待周到。[60]

　　這段描述細緻入微、精確到位，若如一幅絕妙的北京風情畫，
將北京城的地理位置、周邊環境、街道建築、軍事防禦、風土人情
盡攬其中。北京城經過清朝近半個世紀的經營，與清初殘破的面目
相比，的確大有改善，俄羅斯人的觀感從側面反映了這一情形。

　　離京前夕，清廷舉行宴會為使團餞行，許多顯貴的宮廷大臣和
官員前來送行。[61]伊台斯談起自己訪華的觀感時說：「談到中國，由
於我到過皇都北京，應該說這是一個上天賜富的極美好的國家。我
認為都城是全中國氣候最好、最宜人的地方。人們健壯英武，食物
如穀物、水果、青菜、豆角、塊根，生活必需的一切東西，這裏應
有盡有，只是不產茶、絲綢和瓷器。冬季很冷，冰上可以走人。夏
季不太炎熱，而別的省份整日酷熱。」[62]北京給使團留下了極為美好
的印象。

　　閱覽 17 世紀俄羅斯使團有關北京的城市紀錄，可見他們對北京
的都城風貌、街道建築、風土人情、歷史地理都有了一個由表及裏
的觀察和了解，在此基礎上形成了他們的「北京印象」。不像其他西
方外交使團是從南向北縱貫而過大半個中國，對中國許多城市有機
會旅行經過，因而他們對中國南北城市的觀察才可能有所比較，俄
羅斯使團只涉足北京這座皇都，北京以南的城市在 17 世紀對他們來
說尚是一片空白。俄羅斯使團除了對北京以北沿途的地理、風景留
意紀錄外，北京也許就是他們心營目注投射的焦點了。由於當時俄
羅斯與中國在邊境上的軍事摩擦、衝突不斷，故俄羅斯使團對北京
的軍事設施顯然也多了一個心眼，他們有關北京的城防報道比較詳
細。俄羅斯使團在北京現場所獲得的觀察材料，可以說是其中國之
行的重大收穫。

60. 〔荷〕伊茲勃蘭特・伊台斯、〔德〕亞當・勃蘭德：《俄國使團使華筆記（1692–1695）》，頁
　　235–237。

61. 同上，頁 228 頁。

62. 同上，頁 276。

四、從商貿考察到「京師互市」

在 17 世紀中期之前，俄國與中國的貿易往來須經中亞商人這一中介完成。中亞商人通過西伯利亞的城市托波爾斯克、塔拉、蘇爾古特、托木斯克等，兜售中國貨物，主要有絲綢、棉織品和藥品。17 世紀中期以後，這一局面得以改觀，它與巴依闊夫、米洛瓦諾夫使團的訪京密切相關。齊赫文斯基對此有所析論：

> 巴依闊夫的出使是俄中貿易發展的重要里程碑。他所開闢的道路（經過亞美什湖）立即引起了俄國商人的注意。1668 年阿勃林的北京之行特別成功，他帶去的貨物值 189 萬 7 千盧布，結果沙皇國庫獲得 300% 以上的利潤。
>
> 依格納提・米洛瓦諾夫於 1676 年和後來斯帕發里於 1676 年所開闢的經過尼布楚的路線，很快就成了俄中兩國開展貿易外交的主要途徑。自從開闢了通往中國的新途徑與中國商界建立起雖不經常但是直接的聯繫之後，俄國商人就排擠了中亞的中介商人，在俄中貿易中穩居優勢。[63]

俄羅斯使團不僅開闢了通往中國的道路，而且建立了與中國的商貿聯繫，他們的貿易活動最初主要是在北京展開。[64]

俄羅斯使團來京的目的之一就是與中方進行貿易往來，建立貿易關係，故在其訪京期間，他們頗為留意考察北京的物產、商業情形。佩特林記述了在北京市場所見的商品交易情形：「有各種商品：寶石、黃金、銀子、金色的絲絨、綢緞、錦緞等都極為豐富，除了呢子、呢子較少，而香料、海外飲料和各種蔬菜極多，還有很多啤

---

63. 〔蘇〕齊赫文斯基主編：《中國近代史》上冊（北京：三聯書店，1974），頁 81。

64. 俄羅斯學者在這方面的研究成果有：（俄）特魯謝奇，徐向輝、譚萍譯：《十九世紀前的俄中外交及貿易關係》（長沙：岳麓書社，2010）。（蘇）米・斯拉德科夫斯基，宿豐林譯：《俄國各民族與中國貿易經濟關係史（1917 年以前）》（北京：社會科學文獻出版社，2008）。中國學者在這方面的研究成果有：孟憲章主編：《中蘇貿易史資料》（北京：中國對外經濟貿易出版社，1991）。孟憲章主編：《中蘇經濟貿易史》（哈爾濱：黑龍江人民出版社，1992），頁 1–64。英文方面的研究成果有：Raymond Henry Fisher, *The Russian Fur Trade (1550–1700)* (Berkley and Los Angekes: University of California Press, 1943).

酒和葡萄酒。」[65] 俄羅斯使團初來北京，利用他們隨團攜帶物品與中方進行小量的貿易。不過，中方對與俄羅斯進行貿易的態度頗為冷淡。如在佩特林使團的出使報告 2 號版本裏有一段話，頗能反映當時明朝對外貿易往來的抗拒態度：「我們的皇帝不準備派使臣去見你們的沙皇，因為你們的沙皇有各種寶物，我們的皇帝也有。我們皇帝有一塊寶石日夜放光，像太陽一樣，他們叫『薩拉』，俄國稱之為『寶石』，還有另一塊額爾德尼石，將它們投入水中，水就會從它周圍退走。」[66] 佩特林使團在進京和返回的沿途，對所經各地的商貿、物產都有詳細的紀錄，顯示出他們對商貿的強烈興趣。

　　巴伊科夫使團目的之一也是為了貿易。「政府交給巴伊科夫一些錢和一些毛皮，用來購買中國的商品，並且命令他查明，錦緞、塔夫綢、天鵝絨是中國人自己生產的，還是從其他國家運進來的？哪些外國人經常出入中國？他們攜帶什麼商品？到中國怎麼走？從俄國應該運哪些商品？會有多大的利潤？考察一下汗八里（北京）商行裏的商品，分別買少許帶回來。政府給巴伊科夫訓令的這些內容向我們表明，此前俄國對中國一無所知，而且與中國也沒有貿易往來。」[67] 帶着這一目的，巴伊科夫使團對北京的商品和物產亦十分留意，在報告中有多處這方面的文字紀錄：「在中國京城汗八里，有大量天鵝絨、綢緞、波紋綢、寶石、珍珠和白銀。」「在中國京城，紫貂、狐狸、海狸和豹子（的毛皮）十分充足。」[68]「這裏瓜果蔬菜非常多：蘋果、梨、櫻桃、李子、香瓜、西瓜、葡萄、黃瓜以及希臘堅果和俄國堅果、蜂蜜、蜂蠟和糖也很充足，此外還有一些叫不出名稱的東西。」「在中國京城，有很多種香料：胡椒、丁香、肉桂、麝香果、生薑、懸鈎子根、茴香等，還有很多茶葉。」「他們種的糧食作物有小麥、大麥、稻子、糜黍、燕麥和豌豆，一年收兩

---

65. 〔俄〕娜・費・傑米多娃、弗・斯・米亞斯尼科夫：《在華俄國外交使者（1618–1658）》，頁74–75。

66. 同上，頁 70–71。

67. 〔俄〕特魯謝奇，徐向輝、譚萍譯：《十九世紀前的俄中外交及貿易關係》（長沙：岳麓書社，2010），頁 17。

68. 〔俄〕娜・費・傑米多娃、弗・斯・米亞斯尼科夫：《在華俄國外交使者（1618–1658）》，頁155–156。

荏。但是未見有黑麥。經常有雷電交加的大雨。」[69]「人們購買零星物品都用銅幣，他們稱為錢，相當於我們所說的普耳。一錢銀子折合大銅錢 140 枚，或小銅錢 280 枚。」[70] 只是由於使團在北京的活動受到限制，他們外出從事商貿的計劃未能如願以償，使團只能在下榻的賓館做一些小買賣。「從各商號送到使館大院來的貨物，價格比在俄國要貴得多。他們將駱駝和馬出售後換回白銀，但白銀中摻有鉛和銅，銀的含量尚不到一半。中國人還送來銀器供他們選購，可是所有銀器中也都摻了銅。珍珠的價格也十分昂貴，相當於俄國珍珠的兩倍。至於寶石，沒有一塊是有價值的。俄國貨物除了銀鼠和北極狐之外，都沒有銷路。這裏有大量毛皮，如紫貂、狐狸、海狸、豹皮等，但不可能購買。」[71] 從俄國財務衙門提供的清單看，「由費奧多爾·巴伊科夫和他謝伊特庫爾帶去的大君主送給中國皇帝的禮品價值 120 盧布，除了還沒有估價的器皿外，中國皇帝送給大君主的禮品比大君主送給他的禮品多出 386 盧布 27 阿爾騰 1 兼卡半；而買來的各種貴重飾品——寶石、花緞、白銀、北極懸鈎子、珍珠、茶葉等共值 262 盧布 9 阿爾騰 1 兼卡。」[72] 據統計，巴伊科夫使團來前領取了 50,000 盧布支付路費、購買御禮和商品，他們賣掉了自己的商品，購買了 30,000 盧布的中國商品。[73] 在商貿往來方面，巴伊科夫使團邁出了一大步，國內有的學者甚至認為它是「俄國與中國內地直接貿易的開始」。[74]

中國學者強調，「巴伊科夫使團開闢了俄商直赴北京貿易的商路後，北京成了俄國與中國的內地貿易的主要市場。」從此以後的 30 年間，來京從事貿易的俄國商人大致分為三類：第一類是正式的

69. 〔俄〕娜·費·傑米多娃、弗·斯·米亞斯尼科夫：《在華俄國外交使者（1618–1658）》，頁 157。
70. 同上，頁 159。
71. 同上，頁 133。
72. 蘇聯科學院遠東研究所等編：〈第 114 號文件〉，《十七世紀俄中關係》第一卷第二冊，頁 369。
73. 〔俄〕特魯謝奇，徐向輝、譚萍譯：《十九世紀前的俄中外交及貿易關係》，頁 18。
74. 參見葉柏川：《俄國來華使團研究（1618–1807）》（北京：社會科學文獻出版社，2010），頁 212。

外交商團，第二類是官派商隊，第三類是私人商隊。但這三類人很難截然分開，實際上，使團往往是集外交與貿易使命於一身。[75] 俄國學者似乎更強調佩爾菲利耶夫使團在俄中貿易關係中的開創作用：「雖然前兩次行動中俄兩國人都在北京有過貿易行為，而且中國皇帝也回贈了禮物，但中國皇帝的諭旨，或者答覆的國書，我們只是從佩爾菲利耶夫使團開始才收到。長期的貿易關係應該是從 17 世紀 50 年代末以後才開始。在此之前我們只是探明了通往中國的路，詳細了解中國及其商品和需求等等」。[76] 據 1657 年 9 月 5 日財務衙門給佩爾菲利耶夫使團下達的訓令：「為購買貨物，在莫斯科由財務衙門撥給他們 493 盧布，並且命令在西伯利亞托博爾斯克由皇帝再撥給他們 257 盧布。」這些費用用於：「在中國應認真地去做生意，用俄國的貨物去交換價格不貴的紅寶石、天藍寶石、綠寶石、珍珠；要使皇庫獲得高額盈利。在什麼地方買了什麼東西、賣了什麼東西，買價和賣價，價值卡爾梅克錢和中國錢多少，都要確切地記到賬冊上，並把卡爾梅克錢和中國錢或俄國錢，也確切地記到賬冊上，把中國的錢折成俄國錢時，要能使人知道如何折算。伊凡和謝伊特庫在卡爾梅克和中國都應親自仔細鑒別並購買可獲得巨額盈利的寶石和圓的、光潔的大粒珍珠等貨物。」[77] 對該使團交代之細，要求之嚴，可見一斑。訓令還提出願出酬在中國招募能製作精美器皿的巧匠和識別金、銀、銅、錫、鉛等礦石的人材到俄羅斯去。這份訓令反映了當時俄羅斯的宮廷要求和商業興趣所在。阿勃林從莫斯科運到西伯利亞托博爾斯克，再運往中國的貨物清單提到的物品有紅呢子、紅珊瑚珠、斜拉呢、鏡子、水獺皮、猞猁皮、兔子皮等。[78] 從 1666 年 3 月 14 日財務部門編制的佩爾菲利耶夫和阿勃林使團運回的貨物清單細目可知，這次使華在商貿上有一定賺獲：

---

75. 參見孟憲章主編：《中蘇經濟貿易史》（哈爾濱：黑龍江人民出版社，1992），頁 21–22。有關俄羅斯私人商隊的情形，不在本章討論之列，在 17 世紀下半期，俄羅斯私人商隊在俄中貿易中所佔的比重和分量較大。

76. 〔俄〕特魯謝奇，徐向輝、譚萍譯：《十九世紀前的俄中外交及貿易關係》，頁 19。

77. 蘇聯科學院遠東研究所等編：〈第 87 號文件〉，《十七世紀俄中關係》第一卷第二冊，頁 321。

78. 同上，〈第 112 號文件〉，頁 365–366。

中國皇帝贈給大君主並由伊凡帶回來的禮物有：各色花緞
25 塊、銀子 1 普特 12 俄磅 45 佐洛特尼克、虎皮 3 張、雪豹皮 3
張、絲絨 3 塊、海豹皮 3 張、茶葉 10 普特；在中國汗八里城將
這些禮品中的 9 塊次等花緞售出，得銀子 7 俄磅 22 佐特尼克，
將 10 普特茶葉售出，得銀子 3 俄磅 59 佐洛特尼克；全部的銀
子，包括出售花緞和茶葉所得，共有 1 普特 23 俄磅 30 佐洛特尼
克；在汗八里城和在途中，用 1 普特 11 磅 88 佐洛特尼克半的銀
子購買了 352 顆紅寶石和藍寶石；因此剩下的銀子還有 11 磅 27
個半佐洛特尼克。在易貨時賺得銀子 1 磅 58 個半佐洛特尼克 23
阿爾騰 2 兼卡。[79]

應該說這次出使在商貿上的結果是令人滿意的。

1668 年阿勃林被再次遣使中國。行前，俄方交代：「在通行文
牒上寫明諸位大君主的貨物、謝伊特庫爾和俄國人的私人貨物。按
照大君主的諭旨，已命謝伊特庫爾一行在中國出售諸位大君主的貨
物，並換回對諸位大君主的莫斯科國需要的當地貨物，命他們竭力
替諸位大君主牟利，切實探明各種情況。」[80] 顯然，這是一次商貿
考察與貿易往來兼任的出使。為了保證出使成功，俄方向使團頒發
「適當的賞俸，使他們在旅途中不感匱乏」，同時還派遣了軍役人員
隨行，以保證使團的安全。阿勃林使團所帶貨物價值 4,545 盧布，
1672 年使團回到莫斯科，從中國帶回了白銀、寶石等貨物，價值總
額超過 18,700 盧布。賺取的利潤達 14,212 盧布，俄方對此次出使非
常滿意，稱「這是俄國在對華貿易中最初的和相當大的成就」。[81]

1670 年赴京的米洛瓦諾夫使團主要是為解決根特木爾叛逃事
件，本身並不帶從事商貿的使命，但在京期間，使團也留意考察商
貿，其中提到了當時銀子與盧布的兌換價：「商場中，金銀按兩或
錠出售，每兩每錠重約折合一個盧布，也有小塊的，也有做成各種

---

79. 蘇聯科學院遠東研究所等編：〈第 114 號文件〉，《十七世紀俄中關係》第一卷第二冊，頁
370。

80. 同上，〈第 126 號文件〉，頁 392。

81. 西從：《18 世紀的恰克圖》，1947 年俄文版，頁 10。轉引自孟憲章主編：《中蘇貿易史資
料》，頁 25。

器皿售的。至於這些金銀價錢多少，他們不能準確了解，因為他們沒有錢購買。」俄羅斯貂皮在中國的出售價是在其本國的三倍。「在中國人那裏，每張貂皮能賣三兩銀子。一兩銀子約合一個盧布。這種貂皮在西伯利亞各城市，每張一個盧布便可以買到。」俄羅斯人感興趣的中國商品為棉布、綢緞、絲絨等紡織品。而中國感興趣的俄羅斯商品為貂皮、黑幼貂、貂、銀鼠皮、灰鼠皮和白狐皮等。中國對外貿易有一定的管制，「中國人對他們講，金、銀、銅、錫、鉛、火藥、花緞、絲絨、素緞、棉布等都是他們中國自己出產的，可以在中國購買金銀和各種中國貨物，並且可以運出去。因為中國人對他們說，購買和運出貨物都是自由的，但不許購買並運出弓、矢、刀戟、鎧甲和頭盔」。[82] 一般日用品和奢侈品均可帶出境外，但軍事武器排除在貿易交換之外，這說明中國對與俄羅斯的貿易往來仍有一些章法和規則可循。

斯帕法里使團在京除履行外交使命、與清廷交涉和覲見康熙以外，還從事貿易活動，但清廷不准使團交易與武器有關的物品。使團在京的商貿活動受到一定限制，加上常常遇到小偷的困擾，最後幾天只好以低價摔貨來換取其所需的物品，對此斯帕法里頗有抱怨之氣：

> 我們在北京期間，汗頒佈了一道嚴格的禁令，絕對不准將諸如鍋、劍、弓箭、囊袋、刀以及馬鐙等銅或鐵的製品賣給俄國人。哥薩克們偷偷地購買這些物品，但一經查獲，就退還貨款，將貨物沒收。中國商人須具結保證遵守這項禁令；至於私賣火藥，就要處以死刑；因為他們也有火藥，只是質量很差。上述這些貨物同樣也不得賣給喀爾木克人和布哈拉人。在京期間，我們丟失了大量財物，全是中國人偷的，其中很多人被當場逮住，捆打一通。從沒有見過像中國人這樣的賊了，要是你不留意，他們就會將你衣服上的鈕扣割走，他們中間騙子

---

82. 蘇聯科學院遠東研究所等編：〈第 141 號文件〉，《十七世紀俄中關係》第一卷第二冊，頁 425–426。

也很多，還偷去了不少上等帽子。甚至大官的奴僕也進行大量偷竊。[83]

從 8 月下旬到 9 月 1 日的最後幾天中，許多顯赫人士曾來拜訪大使；朝臣的奴僕以及商人們也都趕來想買剩餘的貨物：國庫的貂皮和象牙，以及大使本人的貨物。他們按以前價格的三分之一給價，對每件貨物都吹毛求疵，滿以為可以隨心所欲地按照他們自己所定的價把東西買走。但大使見到這種情景後，拒絕出售，說：「如果你們願意維持原價，那很歡迎；否則，我不僅拒絕出售，也不打算拿貨給你們看了；因為我們毫無理由如此便宜地處理它們。」儘管如此，當時能賣出去的價格都很低，而剩下的貨就根本賣不出去了，因為他們專門對貨物進行挑剔。[84]

儘管如此，在貿易上這仍是一次富有收穫的出使。斯帕法里的出使報告載明此次使團在京的各種交換所得的具體情形為：「尼古拉立字從大君主皇庫領取 1,111 張銀鼠皮，每張 3 阿爾騰，共價 100 盧布，補充到大君主贈送中國汗的價值 800 盧布的禮品中，從禮品中取出價值 100 盧布的貂皮，加在價值 1,500 盧布的貨物裏。即，前後所購貨物，共為 1,600 盧布，而贈給中國皇帝的禮品照舊是 800 盧布。」[85] 使團行將離京時，中方「帶來了 60 輛車及 134 匹馬，供每人 1 匹」，[86] 使團車隊規模頗為引人注目。由於在京所購物品太多，以至這些車、馬也不夠使用，隨團的商人又臨時租用牲畜。「當車輛和馬匹送來後，我們用一部分車裝載沙皇的財物，剩下的車便分配給哥薩克；但 60 輛車無論如何也不夠用，所以哥薩克將不少物品馱在北京購買的駱駝上，而商人等等以高價租用牲畜。他們將一切裝載完畢就啟程了。」[87] 使團龐大的車隊浩浩蕩蕩地開出了北京城。

---

83. 〔英〕約‧弗‧巴德利，吳持哲、吳有剛譯：《俄國‧蒙古‧中國》下卷第二冊，頁 1552。

84. 同上，頁 1579–1580。

85. 蘇聯科學院遠東研究所等編：〈第 183 號文件〉，《十七世紀俄中關係》第一卷第三冊，頁 522。

86. 〔英〕約‧弗‧巴德利，吳持哲、吳有剛譯：《俄國‧蒙古‧中國》下卷第二冊，頁 1579。

87. 同上，頁 1580。

　　伊台斯使團及其隨行商隊在規模上遠遠超過此前各個使團。其所攜帶貨物，屬俄羅斯國庫的約 4,400 盧布，屬私人的約 14,000 盧布。使團離京時，運回了價值 37,941 盧布的各種中國貨，其中屬國庫的為 12,000 盧布。此外，隨同商隊來京的尼布楚軍役人員還帶回價值 3,209 盧布的中國絲綢和棉布。伊台斯本人因此行也大發橫財，從行前的債台高築，返回莫斯科後一躍成為腰纏萬貫、一擲千金的闊老。[88]「除去交納的關銳不計，北京商隊一般獲利可高達 48% 之多。這種高額預期利潤由伊台斯使團首次進行的北京直接貿易所證實，它促使俄國政府壟斷了同中國的貿易。」[89]沙皇政府正是從此行看到俄中貿易可以撈取巨額利潤，決定籌組國家商隊，以代替此前活躍在俄中貿易領域的私人商隊，將俄中貿易提升到更具規模的國家級層次。

　　總的來看，17 世紀俄羅斯與中國的貿易尚處在初期階段。俄羅斯使團在俄中貿易中擔當了關鍵角色，他們打探商貿信息，拓展貿易渠道。當時俄羅斯在中國出售的商品主要有毛皮和皮革製品，而中國輸往俄羅斯的商品則為絲綢、茶葉、寶石等，俄、中雙方各取所需，俄羅斯方面的購貨很大程度上是滿足宮廷的需求。《尼布楚條約》簽訂後，中俄正式建立了通商關係，中俄貿易空前活躍，俄羅斯私人商隊接踵而至京師，出現了「京師互市」的興旺局面。[90]

五、結語

　　17 世紀，俄羅斯在向東方擴張和殖民開拓方面取得了突破性的進展，這與當時明末清初中國面臨嚴重的內亂、內戰的局面有關，這個局面客觀上給俄羅斯以可乘之機，「明王朝的削弱導致許多民族（滿人、蒙古人、畏兀兒人等）對中國的臣屬關係解體。與此同時，

---

88. 參見孟憲章主編：《中蘇經濟貿易史》（哈爾濱：黑龍江人民出版社，1992），頁 41–42。

89. Mark Mancall, *Russia and China: Their Diplomatic Relations to 1728* (Cambridge, Mass: Harvard University Press, 1971), 187–188.

90. 有關俄羅斯私人商隊在京從事貿易情形，參見孟憲章主編：《中蘇經濟貿易史》，頁 38–49。

當地許多民族又面臨滿洲征服者新奴役的威脅。滿人在大敗中國軍隊於滿洲地區之後，迅速向南方、西南方和東方擴展其領地。焦慮不安的蒙古、布里亞特等小民族的統治者們，耳聞俄國的軍事成就和強大實力，希望求得俄國的庇護，以免遭尚武的滿人侵害。托木斯克軍政長官轄區開始經常有蒙古人、吉爾吉斯人等遊牧民族的使者前來，並一再表示願意效勞。」[91] 前蘇聯學者將其向東方的擴張和殖民開拓，解釋為當時中國北方和西北方少數民族的自願歸附，這當然不是事實，但由於明朝自顧不暇，清朝無力北顧，從而削弱甚至失去了對長城以北廣大漠北地區的控制，這客觀上給俄羅斯以有利機會，這是明末清初不諱的窘境。

17 世紀俄羅斯赴華使團對俄方來說具有頗為重要的意義。首先，在 17 世紀中俄關係史或交往過程中，俄羅斯始終處於主動方面，中國處於被動，這既反映了俄羅斯探求與中國發展外交、貿易關係的要求，也表現了俄羅斯向東方殖民拓展、向中國滲透的利益需求。

其次，俄國使團提供的各種材料說明，「俄國在 17 世紀已經掌握了中國完整而且基本可信的形象。」[92] 例如，伊台斯使團根據自己的觀察，對中國軍事做出評估：「他們的大炮很好，射擊技術也很高明，但手持的武器不好，因為只有弓箭。鞍具很好，但他們騎馬時，在鞍下放一個枕頭和一條小褥子，因此坐得高而不穩。總之，他們的一切行動、作戰和裝備都是雜亂無章的。甚至長期進行的戰爭也是無領導的，輕率地向敵人猛撲，因而常被擊潰。」[93] 對中國在科技方面的成就，他們也形成了自己的意見：「被許多作家捧上天的中國人的偉大智慧、藝術和科學，都遠不能與歐洲的相比。當然，也有一些中國人，由於勤奮，向耶穌會教士學會了數學、天文

---

91. 〔蘇〕米·斯拉德科夫斯基，宿豐林譯：《俄國各民族與中國貿易經濟關係史（1917 年以前）》，第頁 63。

92. 〔俄〕亞·弗·盧金，劉卓星、趙永穆、孫凌齊、劉燕明譯：《俄國熊看中國龍——17–20世紀中國在俄羅斯的形象》（重慶：重慶出版社，2007），頁 14。

93. 〔荷〕伊茲勃蘭特·伊台斯、〔德〕亞當·勃蘭德著：《俄國使團使華筆記（1692–1695）》，頁 277–278。

學及其他科學，老師給予他們很高的榮譽。」[94] 俄國使團來華的目的地或最終目標是北京，因此北京是他們悉心研究的主要城市，對北京的嚮往和描繪成為喚起俄國人慾望和野心的源泉。

復次，俄國使團探明了走進中國的陸上及海上路線，這是他們的一項實際收穫。俄國使團赴華的一項重要使命，是獲得走進中國陸路及水路第一手材料，經過多次旅行，使團探明了多條通往北京的陸路，並對瀕臨中國東北的海洋地理有了了解，從而為俄國進一步發展與中國的商貿、外交、宗教等方面的關係奠定了重要基礎。

最後，經過俄國使團的努力，俄羅斯與中國建立了貿易關係。俄國使團赴華抱有極大的商業目的，與中國進行貿易是他們當時來京所追求的一個目標，因此，使團負有商業目的或伴有商隊隨行，他們一方面頗為注意考察中國的經濟和商業狀況，一方面尋找在中國進行貿易的機會，這對俄國很快成為中國在北方的主要貿易夥伴有極大助益。[95] 據統計，到 17 世紀最後幾年，俄羅斯與中國的貿易額已可以和對中亞的貿易額相比，甚至超過了俄國經由普斯利夫、齊赫文和斯摩棱斯克對西方的貿易。[96]

俄國使團所帶回的材料在他們所處的時代大多處於一種「保密」狀態，這既與俄國當時的專制政體有關，也與俄羅斯人企圖獨佔其所發現中國知識的想法相聯。據俄國學者對這些文獻版本的研究表明，「只有極少數國家領導人和官員才能看到關於中國的資料，大多數外交文件只有一份或幾份手抄本，不曾超越衙門的範圍而為更廣泛的社會人士所知。其中，傳播最廣的斯帕法里的《描述》也只留下了四十多種手抄本，直到 1910 年才得以出版。戈杜諾夫的《關於中國疆土的公報》只留下了七份手抄本，直到 1794 年才由米勒首次發表。其他更加實用的描述保留下來的份數更少，發表的時間也

---

94. 同上，頁 278。

95. 有關這方面的研究，參見〔俄〕特魯謝維奇，徐東輝、譚萍譯：《十九世紀前的俄中外交及貿易關係》（長沙：岳麓書社，2010）。〔俄〕阿·什爾薩尼：《俄中商貿關係史述》（北京：社會科學文獻出版社，2010）。〔蘇〕米·約·斯拉德德利夫斯基，宿豐林譯：《俄國各民族與中國貿易經濟關係史（1907 年以前）》（北京：社會科學文獻出版社，2008）。

96. 〔蘇〕齊赫文斯基主編：《中國近代史》上冊（北京：三聯書店，1974），頁 81–82。

更晚。伊茲布蘭特的《札記》於 1704 年才在阿姆斯特丹首次發表，
很快就被譯成各種主要語言，俄文譯本直到 1789 年才出版，被收入
Н.И. 諾維夫的《古代俄羅斯叢書》第 2 版，直到 20 世紀以前不曾出
版過俄文譯本。它也和伊杰斯的《札記》一樣，只能對俄國社會產
生間接的影響。」[97] 俄國對中國知識的這種「保密」、冷凍態度與西
歐相對開放、熱衷的情形恰然形成鮮明對比。

　　中方雖對俄國使團始終抱有警惕的戒備，但因困於內戰和對北
方蒙古族、西北少數民族用兵而對俄羅斯在西伯利亞的擴張和殖民
活動，明、清兩朝實乏有力制衡。中俄《尼布楚條約》的簽訂，雖
暫時遏制了俄羅斯向中國東北的入侵活動，形成了此後延續長達一
個多世紀的中、俄對峙局面，但並沒有根除俄羅斯的威脅。俄羅斯
作為中國北部崛起的一個異族，實已成為日後威脅中國北部的最大
邊患。

97.〔俄〕亞・弗・盧金：《俄國熊看中國龍 ── 17–20 世紀中國在俄羅斯的形象》，頁 14–15。

第五章

民族意識、鐵路利益與清葡角力

吳樹燊

廣州暨南大學歷史系

一、引言

　　廣澳鐵路是 1902 年由葡萄牙人提出卻從未興建的鐵路計劃，計劃由提出到完全消聲，跨越 20 年的時間。廣澳鐵路計劃牽連到中葡主權爭議、澳門地位、粵澳經濟發展、商業利益、中國鐵路網的規劃，以及國人民族意識的成長，較同期中國的其他鐵路問題更為複雜。

　　1841 年英國佔領香港後，澳門國際貿易港的地位逐漸被取代，澳葡政府亟謀振興日逐低落的經濟。1900 年前後，中國受世界影響，出現修築鐵路的潮流。建築和經營鐵路涉及巨大利益，鐵路建築權成為列強「租借」中國土地之後，侵奪中國經濟利益的另一個目標。除葡萄牙外，在中國設有租借地和佔有領土的國家，均有意染指中國鐵路的建造工程，英美法早在 19 世紀後期已圖謀中國的鐵路權益。比利時銀行於 1897 年 3 月便與鐵路大臣盛宣懷（1844–1916）商議借款興建鐵路事宜，以便聘請和購買比國的建材和人員。[1] 俄國圖謀東北和華北的鐵路，法國計劃掠奪雲南、廣西和廣東西部的鐵路權益。德國先奪取山東的鐵路興建權，再企圖向河北和河南擴

---

1. 宓汝成：《帝國主義與中國鐵路 1847–1949》（上海：上海人民出版社，1980），頁 72。

張；日本在甲午戰爭奪取台灣和澎湖群島後，希望佔有福建、江西和浙江的路線；意大利則覬覦浙江省三門灣至杭州的鐵路；[2] 俄國和日本更在東北鐵路沿線建立 15 個鐵路附屬的商埠。[3] 列強一方面從建路中奪取利益，再奪經營利潤，更希望從鐵路延伸其勢力。在外國逐步深化在華權利的過程，同時激發中國人的民族情緒和自保意識。1903 年清廷頒行《簡明鐵路章程》，允許商辦鐵路，國人爭取鐵路自辦，成為晚清一幕糅合民族意識、經濟利益和國家主權等因素的自強運動。

葡萄牙是最早有人在中國借地居住的國家，雖然從未與中國進行大規模戰爭，卻在鴉片戰爭後逐步佔領關閘以南的澳門半島全境、氹仔和路環等島嶼。1887 年，清葡簽訂《中葡和好通商條約》，葡人將「永居管理澳門」的「權利」合法化（第二款）。不過，清葡兩國從沒有就澳門的疆界達成協議，只在通商條約訂明「俟兩國派員妥為會訂界址，再行特立專約」。[4] 因此，澳門界務問題成為 1948 年以前中葡兩國爭議的核心。

1900 年庚子義和團事件引發八國聯軍攻入北京，滿清政府與 11 國簽訂《辛丑各國和約》，賠款 4 億 5 千萬兩，清廷要求各國修改商約，以支付這筆戰爭賠款。葡人藉着清廷的要求，除提出擴張澳門疆界外，還要求建築由澳門至廣州的廣澳鐵路，期求振興澳門的貿易。事實上，當時澳門經濟正呈現下降跡象：1899 至 1901 年的貿易量分別為 12,901,215 兩、9,778,742 兩和 10,207,226 兩，貿易收益正在減少。[5] 如果鐵路築成，可以改善澳門至廣州間的貨運和人流，促進經貿的發展。不過，澳葡修建鐵路的要求，最初被中國官民視為拓展領土的手段，因此引發民意反彈、兩國外交博奕。鐵路的相關利

2. 同上，頁 85–103。

3. 張洪祥：《近代中國通商口岸與租界》（天津：天津人民出版社，1993），頁 333。

4. 王鐵崖編：《中外舊約章彙編》（第一冊）（北京：三聯書店，1957），頁 523。

5. Imperial Maritime Customs, "Lappa Decennial Report, 1892–1901", 載劉輝主編：《五十年各埠海關報告（1882–1931）》（四）（北京：中國海關出版社，2009），頁 266。莫世祥、虞和平、陳奕平編譯：《近代拱北海關報告滙編（1887–1946）》（澳門：澳門基金會，1998），頁 46。

益又導致葡華股東爭議、華商私下爭辦的連串事件，構成滿清末年獨特而複雜的歷史圖像。

本章將以晚清最後十年廣澳鐵路計劃為主軸，展示由鐵路而引申出清末民族意識、經濟利益和國家主權的相互關係。

二、領土爭議中的民族意識

1901 年，美國舊金山華商從傳聞中知悉葡萄牙人希望擴展澳門疆域，因此呼籲清廷加以拒絕：「葡國索廣東香山，中外震動，請力拒。」[6] 出使美國大臣伍廷芳奉命調查，結果發現中華會館各會董並不知情，但「經查知係旅美之香山縣數人所稟」。[7] 這幾名香山縣（即現在的中山及珠海）人從報章得悉有葡國兵船到澳門，害怕「不利於香山」，所以向清廷上書。香山人因愛鄉土而出現反葡的民族意識，正在美國顯現，由上書清廷的舉動可知，這批香山人是對清廷寄予期望的。

所謂「民族意識」，是指「歸屬於某個民族共同體的意識」，「在國家生活中，在與不同民族交往的關係中，人們對本民族生存、發展、權利、榮辱、得失、安危、利害等等的認識、關切和維護」。它的其中一個作用，「在民族形成、生存與發展中起着凝聚力與原動力的作用。」[8] 香山人對葡人索取香山土地的傳聞，反對最為強烈，他們在其後的反葡維護主權和利益的活動中，都表現出這種關切和維護鄉土的「民族意識」。

除北京滿清政府外，兩廣總督陶模亦接到美國華僑的函件，他向駐廣州葡國領使查證索取香山的事，葡領事沒有證實。陶模於光

6. 丁賢俊、喻作鳳編：《伍廷芳集》（上冊）（北京：中華書局，1993），頁 157。中國歷史檔案館、澳門基金會、暨南大學古籍究所合編：《明清時期澳門問題檔案文獻匯編（三）》（北京：人民出版社，1999），頁 538；下稱《文獻彙編（三）》，不重複出版資料。

7. 同上。

8. 熊錫元：《民族心理與民族意識》（昆明：雲南大學出版社，1994），頁 113。

緒二十七年十一月初十日（1901 年 12 月 20 日）致密函外務部，指
「中外各處新聞紙早已遍傳，咸謂該使此次來華，和為推廣澳門界
址起見，並有索租香山縣地之謠，遠近人心惶惑滋甚，據旅美華商
聯名電請力拒」。[9] 陶模的密函分析：如遷就葡人可能會引起列強效
法，影響香山一帶的「國家安全」和經濟利益，要求外務部竭力阻
止：「此次乘事初定之後，遽派全權使臣前來，居心極為叵測。
際此時艱孔棘，列強環伺，一經遷就，各國必群起效尤，勢難遍
應，惟有竭力堅持，尚可自立。且環近澳門水陸各地，均屬險要之
區，香山一縣更為膏腴之地，尺寸在所必爭。柏使抵京後，如果有
所要求，務請貴部設法駁阻，始終堅持，以維大局而杜後患。」民
情和官意都顯示出維護國家主權的態度，要求外務部盡力抗拒葡人
的要求，「民族意識」在排外行動出展現出來。

　　1901 年 12 月 23 日，美國屬地檀香山合埠的香山商人何寬等致
電外務部，要求力拒葡人索地要求，並指「意大利索地，力拒之而
亦中止，八國兵臨，只賠款而不分地。誠以土地乃國脈所關，尺寸
不可輕棄也」。[10] 何寬等人輕蔑葡萄牙國小而弱，深怕清廷屈服葡
人壓力，將香山地方割讓，舉出庚子事變後，八國沒有要求割讓領
土，所以不能把香山土地讓予葡人。1902 年 1 月 5 日，香山縣恭都
鳳池書院韋振藻、吳家北，鳳山書院鮑又口、容其珖等又因香港報
章報道，謂「葡國欲推廣界址至香山」，所以上書香山縣知縣沈毓
岱，請求反映意見。[11] 1 月 26 日，何寬等再致函兩廣總督陶模，請
他向外務部上書，力拒葡人索香山土地。[12] 海內外官民維護領土的
行動，背後都從新聞獲得消息，報章起了激發民族意識的作用。官
民上書，也許對中央形成了一定的壓力，但目前沒有足夠的史料證
明這一點。但是，從清葡兩國的交涉過程發現，清廷會就有關澳門
的事務，徵詢兩廣總督和海關總稅司的意見，並且會接納他們的看

---

9. 〈兩廣總督陶模為葡國特派使臣赴京居心叵測請竭力堅持事致外務部諮呈〉，光緒二十七年十
　　一月初十日。《文獻彙編（三）》，頁 533。

10. 《文獻彙編（三）》，頁 536–537。

11. 同上，頁 533–534。

12. 同上，頁 536–537。

法。這説明清政府在對葡事務的決策過程，逐步建立起諮詢制度，並非京官一言而定，諮詢過程可參閱拙作〈施與求：清葡博奕中的廣澳鐵路〉。[13]

三、廣澳鐵路對清葡的作用

　　當時報章傳聞並不虛，葡萄牙派駐中國公使、上議院議員白朗谷（Jose Azevedo Castelo Branco）於 1902 年 3 月 12 日開始，先後兩次向清政府提出勘定澳門邊界的要求，但都被清政府回絕。直至 5 月 12 日，白朗谷才向外務部提出興建鐵路等多項要求。葡人索造鐵路的真正目的，是希望藉此挽救澳門在香港開埠後日益低落的經濟。清廷大臣面對葡人這一要求，頗為躊躇，甚至被盛宣懷視為「推展澳界，圖佔香山」的方式。[14] 1902 年清葡的商約談判，清廷要求葡人修改商約，以使入口中國貨品的關稅，真正達到「值百抽五」的税率，廣澳鐵路原來就被清廷視為「答謝」葡人願意修改商約的項目。談判結果達成《增改條款》九款，雙方以照會方式確認共同合組中葡鐵路公司，興建廣澳鐵路，但「所有一切辦法須另行議立合同辦理」。[15] 其後，葡萄牙未有批准該協議，指條款不利於葡國，要求再次談判。

　　1904 年兩國再在北京談判，廣澳鐵路成為清葡兩國的交涉的軸心，也是兩方利益的紐帶和滙集點。葡人撤回 1902 年協議中允許滿清在澳門設立海關的承諾，反建議在澳門鐵路總站開設海關分站，誘使清廷答允建造廣澳鐵路。有關該鐵路在 1902 至 1904 年期間清葡

---

13. 吳樹燊：〈施與求：清葡博奕中的廣澳鐵路〉，發表於「『辛亥革命與澳門』學術研討會」，主辦單位：澳門理工學院、澳門歷史文化研究會，2011 年 9 月 18 日及 19 日。刊《澳門歷史文化》第十期（2011），頁 134–144。

14. 〈鐵路督辦盛宣懷致外部葡路祇可作為中國枝路〉，光緒二十八年六月初五日，王彥威纂輯：《清季外交史料》（卷一五九）（北京：書目文獻出版社，1987）頁 3。

15. 〈外務部覆西洋國公使照會〉，光緒二十八年九月十四日（1902 年 10 月 15 日），《光緒條約》卷 76，頁 10。轉引自王鐵崖編：《中外舊約章彙編》（第一冊），頁 132。

兩國談判的交涉和博奕情況，可參閱拙作〈施與求：清葡博奕中的廣澳鐵路〉。

雖然，葡人希望修建鐵路的目標並非圖佔土地，葡人土地的索求都在談判中直接提出來。不過，國人高漲的民族意識遮蔽了理性的分析，認定列強和葡人提出興建鐵路的目的，是侵奪領土和擴展勢力的方式。在列強相繼提出在中國興建鐵路的背景下，葡人長期擴張且對香山土地有所索求，清廷官員和國人的反葡意識，導致國人條件反射式的判斷和回應。從 1901 年至 1911 年的十年間，清葡之間的諸多事件，都激發了國人的民族意識和愛國情緒，反對葡人也變成反對中葡合建的廣澳鐵路。

四、民意輿論眼中的鐵路

1904 年新任兩廣總督岑春煊（1861–1933）整頓吏治，原南海縣縣令裴景福（1854–1924）被指貪污受賄約 24 萬銀元，被革職看管，裴景福乘機逃到澳門藏匿，[16] 這事件成為清葡兩國商約談判前的外交事件。由於澳門政府遲遲未有交出裴景福，引起廣東方面不滿。[17] 1904 年 5 月 31 日香港《廣東日報》報道，岑春煊因此要求盛宣懷 (1844–1916) 暫勿在粵澳鐵路上畫押：「探悉岑亮因裴犯一案，葡官久未交出，疑有包庇情事，不勝激憤。日昨等電諮上海鐵路大臣盛宣懷，請其於省澳鐵路之約，暫勿畫押，以示抵制云。」[18] 當時清葡之間的商談，的確遲緩，但並非受到岑春煊的影響。商約大臣呂海寰（1843–1927）對這種説法，也感詫異：「外間頗疑我們議約遲延，係受岑督之託，為裴景福一案，故不與白使會晤，殊堪詫異。」[19]

---

16. 〈岑春煊：鐵腕懲貪 支持共和〉，《南國早報》，廣西，2009 年 5 月 29 日，第 25 版。
17. 盛宣懷（1844–1916），時任督辦鐵路大臣，兼任協理商約大臣，協助辦理商約事務大臣呂海寰與葡人談判商約，並主持與葡人商談廣澳鐵路合事宜。
18. 〈裴景福與鐵路之關係〉，《廣東日報》，香港，甲辰年四月十七日（1904 年 5 月 31 日）。
19. 〈呂海寰致盛宣懷〉，光緒三十年五月十三日（1904 年 6 月 26 日），刊王爾敏、陳善偉編：《清末議訂中外商約交涉：盛宣懷往來函電稿》（下冊）（香港：中文大學出版社，1993），頁 619–620。

事實上，這時清葡第二次商約談判還未開始，鐵路合約也還未談，根本不會有畫押的問題。但當時「兩廣總督現派兵船二隻前往澳門」，[20] 以及香港《廣東日報》的報道，對澳葡產生一定的壓力。

　　這個時期涉及澳門和葡萄牙的紛爭甚多，而葡國在國人心中屬於小國，更引發了國人的抗爭。6 月 2 日《廣東日報》發表評論，指出「粵澳鐵路敷設之索取，雖彈丸如葡國，亦思其勢力範圍，是則我中國之分與不分，而我粵先入他人掌上矣」。[21] 評論更指廣澳鐵路可能會步東三省的後塵：「東三省俄人對待我，其明徵矣。鐵路政策，乃殖民地下唯一之方針，有事則藉口保護而駐兵。無事則商斯賈斯，衣斯食斯，一若其本國之疆土。」《廣東日報》反對廣澳鐵路的原因，是深怕葡人效法俄人，乘機擴大勢力範圍，傷害中國主權。這種憂慮影響國人對廣澳鐵路的判斷和懷疑葡人的動機。

　　翌日，外務部回覆署任葡國公使阿梅達，稱「粵省在澳船隻，現據該督電覆，實與索犯無涉」，[22] 但同時要求澳門交出裴景福。清葡再次展開商約談判的當日（四月二十五日，即 1904 年 6 月 8 日），《廣東日報》再次刊登署名貫公的文章〈敬告廣東同胞諸君（續十九日稿）〉，批評集資承辦鐵路的國人：「我國同胞諸君：其既知殖民地目的鐵路政策之利害乎！則當籌其抵抗之法也必矣。而吾未嘗聞有倡抵抗之議，不特不倡抵抗，反自私自利，為虎作倀。若某國欲索某地，則早準備其高抬地價之術。即如今日葡人之索粵澳鐵路，安知非我同胞中不肖之徒，欲集資承辦。有以運動致之歟。是則我同胞雖日憂土地之入人勢力圈中，而實何異自行促人以殖民地我疆土也。」[23] 這篇文章不獨指出列強鐵路政策的目標，倡議思考抵抗的

20. 〈外務部為粵省在澳船隻與索犯無涉裴景福一犯應照約交出事致署葡國公使阿梅達照會稿〉，光緒三十年四月二十日（1904 年 6 月 3 日），《文獻彙編（三）》，頁 635。

21. 貫公：〈敬告廣東同胞諸君〉，《廣東日報》，香港，甲辰年四月十九日（1904 年 6 月 2 日）。

22. 〈外務部為粵省在澳船隻與索犯無涉裴景福一犯應照約交出事致署葡國公使阿梅達照會稿〉，頁 636。

23. 貫公：〈敬告廣東同胞諸君（續十九日稿）〉，《廣東日報》，香港，甲辰年四月二十五日（1904 年 6 月 8 日）。

方法，呼籲抵制葡人的鐵路興建，更不應給機會外人藉機侵佔更多國土。

訊息不通和透明度不足，引起了輿論的誤解，文章又說：「裴某一犯官，而竟以粵澳鐵路相抵制，何其不稱哉！…… 彼之欲要挾我者，挾小而爭大，其權利普。我之欲要挾彼者，挾大而爭小，其權利墮，彼之勝也，為進步之視線。」[24] 評論認為裴景福移交案，視為葡人勝而清廷輸的外交交涉，因此批評清廷不應以大換小。不過，評論也同意鐵路項目對國家有利，「為粵澳鐵路軔之利市，我之勝也。」但認為不宜以裴景福作交換條件，「得粵澳鐵路異日之嫌忌，且我之着着失錯，人已扼其項。」[25] 這篇評論明顯了解鐵路的好處，但不了解清廷與葡人的交涉過程和策略，因而抨擊清廷外交失策。「清政府於交涉之事無大小，無不落其權利，一而再，再而三，而千而萬。」[26] 革命派報章這種論調，最易激發國人的反清情緒和民族意識，將仇外和反滿情緒融於一，加深對滿清皇朝的不滿。

對於葡人求建鐵路的用心，清廷早在 1902 年時已有盤算，希望以廣澳鐵路作為迫使葡人答應己方條件的項目。到了 1904 年的談判，清葡都同樣以廣澳鐵路牽制對方，[27] 清廷還在《中葡廣澳鐵路合同》訂立了防止葡人侵犯中國利益的條文。徐薩斯（Montalto de Jesus）《歷史上的澳門》（*Historic Macao*）視《中葡廣澳鐵路合同》的第一、三、二十、二十二、二十三和三十條六條條款不利於葡萄牙，認為這是葡方不批准合同的理由。[28] 從 1902 到 1904 年有關廣澳鐵路的交涉和結果，可算是清廷外交的勝利和外交技巧的進步。不過也說明了清政府與民間對廣澳鐵路認知的差距，這份差距助長了

---

24. 計伯：〈裴景福大助葡人外交進步之能力〉，《廣東日報》，香港，甲辰年六月初三日（1904年 7 月 15 日）。

25. 同上。

26. 同上。

27. 吳樹燊：〈施與求：清葡博奕中的廣澳鐵路〉，發表於「『辛亥革命與澳門』學術研討會」，主辦單位：澳門理工學院、澳門歷史文化研究會，2011 年 9 月 18 及 19 日。

28. C. A. Montalto de Jesus, *Historic Macao: International Traits in China Old and New* (Hong Kong : Oxford University Press, 1984), 438–439；徐薩斯，黃鴻釗、李保平譯：《歷史上的澳門》（澳門：澳門基金會，2000），頁 272。

反滿的民族意識。目前史料所呈現的這種愛國與反滿民族意識，來自海外華僑、地方精英、以及革命派報章如香港《廣東日報》和興中會成員何寬等人的行動，也透露出由愛國、反滿到革命的心理。

五、廢約自辦的努力和較量

　　革命派對廣澳鐵路的態度因人而異，香山人對廣澳鐵路卻十分熱心。撰文〈敬告廣東同胞諸君〉的貫公，也就是鄭貫公（1880-1906），時任香港《廣東日報》負責人，1906 年同盟會香港分會成立，他任職總務。與此同時，另一革命派人物興中會成員謝纘泰（1872-1938）及其弟謝纘業（1876-1933），卻是廣澳鐵路廢約自辦的積極推手。

　　清葡兩國於 1904 年 11 月 11 日簽訂《通商條約》和《中葡廣澳鐵路合同》，後者規定廣澳鐵路由中葡兩國商人林德遠（？-1905）和伯多祿（Pedro Nolasco da Silva，又譯柏多祿，生卒不詳）平權合股，雙方各集資 200 萬元組成鐵路公司。華股由林德遠任總董，他於 1905 年 7 月 3 日病逝前已湊足所負責的華股 200 萬元。但葡股股東伯多祿負責的 200 萬元，「多方推諉，杳無動靜」。盛宣懷遂於 1905 年 8 月 10 日（光緒三十一年七月初十日）請外務部查詢葡方的最新情況，外務部於 14 日照會葡國署任公使阿梅達，請葡方督促伯多祿按約辦理。[29]

　　另一方面，清葡《通商條約》和《中葡廣澳鐵路合同》遲至 1905 年 9 月仍未獲得葡國議會通過，清廷開始主動出擊，可見清廷開始重視該鐵路。首先，清政府加強與葡國的外交聯邦。9 月 14 日，清外務部應葡外務部邀請，派遣駐法國及日斯巴尼亞（即西班

29.〈外務部發葡署使阿梅達照會〉，1905 年 8 月 14 日（光緒三十一年七月十四日）。中央研究院近代史研究所編：《海防檔》（台北：中央研究院近代史研究所，1957），頁 751。

牙）使臣劉式訓（1868-？）兼任出使葡國大臣。[30] 9 月 26 日，商約大臣呂海寰請外務部催促葡政府盡快批准中葡商約，[31] 外務部於 10 月 9 日照會署理葡國公使阿梅達，催促葡國政府批准條約，「以便訂期互換。」[32] 不過，葡人一直沒有回應，廣澳鐵路工程也一直無法開展。

這種膠着狀態持續到 1906 年 7 月 26 日，謝詩屏、唐耀初、謝纘泰開始與澳門伯多祿商議廢約。謝纘泰是否從開始就是廣澳鐵路的股東，這有待查證，但他和弟弟參與爭辦廣澳鐵路，卻是不爭的事實。到了 8 月 20 日，謝詩屏和謝纘泰託香山人楊舟廷帶信給伯多祿，查詢「葡政府可否任華商自築由廣州至前山之鐵路」。伯多祿則回覆：估計「葡政府定當允許華商自築該路」。[33] 伯多祿的「意料」，本來就是葡萄牙人的原意。早在 1902 年 9 月（光緒二十八年八月）初，時任葡萄牙駐華參贊的阿梅達就表示：「葡並不想代造，亦不必造到省城，但求造到香山，不到百里，將來能接通粵路。聞在澳華商甚願集股，可由中國自造。」[34] 這既說明了葡人建造鐵路的目的，是為了拓展商務；也說明了它的財力不足，不能像英國建造廣九鐵路一樣，借錢代造。這時謝詩屏、唐耀初、謝纘泰等人意在廢除原有合同之後，再建造廣州至前山之鐵路，正中葡人下懷，可謂求之難得，更可能是伯多祿的提議。

葡人對這個建議並沒有一口答應，而是讓華商繼續推行自己的廢約行動。他們除與伯多祿之子施利華（P. M. N. da Silva）商談外，還往來澳門、香港和北京之間，周旋廢約事宜。至 1907 年 5 月 20

---

30. 〈外務部奏請飭下出使法國大臣兼使葡國片〉，光緒三十一年八月十六日（1905 年 9 月 14 日），《文獻彙編（四）》，頁 11。

31. 〈商約大臣呂海寰為請催葡政府從速批准中葡商約事致外各部信函〉，光緒三十年八月二十八日（1905 年 9 月 26 日），《文獻彙編（四）》，頁 7–8。

32. 〈外務部為請從速批准中葡商約事致署葡因公使阿梅達照會稿〉，光緒三十年九月十日（1905 年 10 月 9 日），《文獻彙編（四）》，頁 8。

33. 佚名：〈廣澳鐵路廢約始末〉，刊黃彥、李伯新選編：《孫中山藏檔選編》（北京：中華書局，1986），頁 323。

34. 〈呂海寰、盛宣懷致外務部電〉，光緒二十八年八月十六日（1902 年 9 月 17 日）。刊王爾敏、陳善偉編：《清末議訂中外商約交涉：盛宣懷往來函電稿》（上冊）（香港：中文大學出版社，1993），頁 216。

日，謝詩屏、謝纘泰於拜謁督辦閩粵農工路礦大臣張弼士[35]（即張振勳，1841–1916），希望張能協助廢約。6月12日郵傳部收到張弼士查詢廣澳鐵路的函件，表示林炳華等有辦理廣前鐵路的意願，並請「照會葡使，依限廢約」。[36] 另一方面，伯多祿透過兒子請「華商遞稟葡政府，聲明華商自辦鐵路」，[37] 葡人製造出一種應請求才答應的情境，華商則分別向清葡兩國政府展示自辦的用心。

六、鐵路利益中的華商與葡商

《中葡廣澳鐵路合同》第二十一條對鐵路成歸清政府的數額過高，被視為對股東不公的條文。唐紹業、梁雲逵和馮厚光向澳督稟報時，就指出這一點：「該合同內之第二十一款所載，以淨利每百元提出三成，歸中國國家，殊於各股東所獲利益虧損實多。且近來中國國家曾有允准他商承辦鐵路，准以淨利每百元五元之數。」[38] 這可以解釋，除投資資金的因素，投資回報更是股東關心的焦點。相對於其他商辦鐵路，廣澳鐵路的歸成的確過高。對股東來說，只有廢除這份合同，他們投資的回報，才會與其他商辦鐵路看齊，才會被股東視為公平的做法。

華商鍥而不捨地爭取自辦，理由有兩個，一是以挽回路權，另外是鐵路的未來回報和收回成本的願望。因此，將原來計劃從廣州到澳門的廣澳鐵路分段興建，澳門界內由澳門主導，廣東段則由華商興建，是避開主權和領土爭議的可行和多贏做法。華商謝詩屏、唐耀初、梁雲逵和謝纘泰等人的行動，原意就拆解這個連繫清葡、

---

35. 張弼士（1840–1916）名振勳，原名肇燮，字弼士，廣東省大埔縣人。幼年赴南洋謀生，發跡後有南洋首富之稱，時返國任清廷督辦閩粵農工路礦大臣，負責福建和廣東的鐵路等事宜。

36. 〈外務部收郵傳部片〉，光緒三十三年五月二日（1907年6月12日）。中央研究院近代史研究所編：《海防檔》（台北：中央研究院近代史研究所，1957），頁521。

37. 黃彥、李伯新選編：《孫中山藏檔選編》，頁324。

38. 〈職商唐紹業等具稟澳督稟〉，光緒三十三年七月十一日。中央研究院近代史研究所編：《海防檔》，頁539–540。

澳門和華葡兩股利益的鈕釦。唐耀初繼林德遠擔任華董,在港澳與華商、張弼士和澳督商議後,於光緒三十三年九月初一日(10 月 7 日)上北京。再於十月十一日(11 月 16 日)致函郵傳部要求爭回自辦,分段建築。給郵傳部的書函中,列舉了華股股東的苦況:「忖思商等集股已逾三年,一切勘路設局經費,員司薪水川資,股本利息,耗費不資。只以伯多祿遲延推措,有意廢約,坐待多年,迄無成議,商等不能置血本於不顧。」[39] 由此可見,華商在籌建鐵路的過程中,所耗費的金錢不菲,只有爭取建成通車,才有拿回成本的可能。正如貫公所言,鐵路所經之地,還有土地升價的利潤,對商人而言,實在十分吸引。

張弼士參與協助廢除廣澳鐵路的合約後,又於 1907 年 8 月 26 日面見澳門總督商談廢約事宜,再於 11 月 7 日為華商自辦廣澳鐵路而致函外務部。[40] 11 月 14 日,謝纘泰託施利華請其父伯多祿「求澳督早日致電葡政府從速廢約」,並致電里斯本請施利華「妹丈(Consalves),囑他在政府運動,以期從速廢約」。[41] 11 月 25 日,謝纘泰再託施利華請其父「往謁澳督,致電北京葡代理欽使從速妥辦」。[42] 以伯多祿為首的股東,也着實有意廢除原來合約,解除原合同的不利條款。一連串的行動,反映華商三管齊下推動廢約:一方面派人到北京向外務部申訴;另外,在澳門請總督促請駐華公使盡快商約;第三是打電報到里斯本,希望從葡萄牙內部推動廢約。

葡商伯多祿等願意放棄興建鐵路的合約,澳門葡萄牙人財力不足是其中一個原因。葡人最初主張非華籍華人屬葡股的提法,已表明葡人無法單獨承建鐵路。1904 年兩廣總督岑春煊在上任後禁賭,原屬葡股的澳門葡籍華商盧九(1848–1907,即盧華紹)所承辦廣東闈姓合約被廢後,財力受到打擊,也影響了投資鐵路的可能。在伯多祿與謝詩屏、謝纘泰等人交涉廢約時期,屬葡股的美籍華人陳芳

39. 〈廣澳鐵路股東唐紹業等致郵傳部稟〉,光緒三十三年十月。宓汝成編:《中國近代鐵路史資料》(第二冊)(北京:中華書局,1963),頁 725–727。

40. 《文獻彙編(四)》,頁 35–40。

41. 黃彥、李伯新選編:《孫中山藏檔選編》,頁 329。

42. 同上,頁 330。

和盧九分別於 1906 年和 1907 年去世，影響了葡股的財力，因為葡股「幾乎全在華裔手中」(Railway is nearly entirely in the hands of persons of Chinese race)。[43] 在這些外籍華人股東去世後，葡人已無法籌足股本，不廢除原有的《中葡廣澳鐵路合同》，興建廣澳鐵路只會遙遙無期。

1906 年 7 月華葡兩股商人開始商討廢約時，葡董伯多祿就稱年老病多，「一切要政均交其子辦理。」[44] 事實上，伯多祿在 1908 年 8 月 8 日接受了澳門政府任命為一個研究禁止鴉片委員會的委員，[45] 1909 年更擔任葡萄牙勘界大臣馬楂度 (Joaquim José Machado) 的漢語翻譯，可見伯多祿稱病只是藉口。伯多祿和兒子施利華與華商有私下協定，讓廢約後的新鐵路公司聘請施利華任經理。1908 年 8 月 14 日施利華造訪謝纘泰，要求張弼士給他證據，確認唐心如生前答應「允許將來鐵路公司成立後予以優缺」的承諾。[46] 8 月 23 日，施利華親自要張弼士承諾，但張謂「爾辦事之功勞，掏為不可多得，弟我現在無給予證據之權，待公司成立後，總理必然妥辦」。[47] 葡人有其國家利益，也有其私人的利益夾雜在鐵路計劃之中，華葡股東合力推動廢約自辦，也是一次合作和利益交換，廣澳鐵路已非葡人「圖佔香山」的計劃。

七、清葡兩國和商人對鐵路的影響

滿清皇朝對鐵路和廣澳鐵路的態度，前後丕變。光緒二十四年 (1898 年) 十二月，總理各國事務衙門上奏統籌全國鐵路興建的次第，主張限制商辦鐵路枝線：「自此次奏明後，除已各國定有成

43. C.O.129/328.

44. 黃彥、李伯新選編：《孫中山藏檔選編》，頁 323。

45. 施白蒂，金國平譯：《澳門編年史：二十世紀 (1900–1949)》(澳門：澳門基金會，1999)，頁 29。

46. 黃彥、李伯新選編：《孫中山藏檔選編》，頁 339。

47. 同上，頁 340。

議，及近幹要路不過百里，款不出百萬，不在停列外。凡華洋各請辦各枝路，此時概不准行。」[48] 五年後，光緒二十八年（1903 年）清廷頒行《簡明鐵路章程》，允許商辦鐵路；光緒三十二年（1906 年）四月，商部上奏請預定各省鐵路路線。[49] 1907 年，兩廣總督岑春煊上書主張統籌全國軌線，郵傳部奏請規劃全國鐵路路線，正式確立以北京為中心的全國鐵路網。這個鐵路網的幹線起自北京城，「迤至鄭州，分一枝由開封入安徽……更南至廣州分四枝，一為廣九，一為廣澳，一歷惠潮抵廈門，一歷梧州抵桂林，由是豫皖浙贛閩鄂湘黔桂粵諸軌皆可定之南枝」。[50] 奏議，可謂中國第一個全國性的鐵路規劃，確立廣九和廣澳兩路線為全國南幹線的兩條枝線。清廷已明白鐵路的重要性：「查鐵路一端，誠不外兵商兩策，大都西北臨邊，便於軍國。東南通海，便於商家。」[51] 因此，清廷對鐵路的建設，特別是對廣澳鐵路的建設，已從葡人藉路圖佔香山的想法，轉變為全國鐵路枝線一段的規劃，希望各條鐵路「便於商家」。

清廷的鐵路思維和政策已經轉變，民間對鐵路的態度則糅合了國家主權和個人利益的矛盾。廣東出現了粵漢鐵路保路風潮，也牽涉到廢除廣澳鐵路的訴求。粵漢鐵路公司在 1907 年 7 月 11 日正式開會，議定章程，其第三節即為「擬將廣澳鐵路合約作廢，由公司招股承築」，[52] 廢除廣澳鐵路合同成為京省港澳華人的共同目標。

光緒三十三年十月二十四日（1907 年 11 月 29 日），郵傳部收到唐紹業請辦廣澳鐵路的請求後，隨即轉請外務部處理。12 月 7 日外務部照會葡署使柏德羅，表示華界內廣澳鐵路應由華商獨辦，要求注銷前訂合同。[53] 12 月 10 日，葡署使柏德羅覆外務部，表示會轉達

48. （清）沈桐生：《光緒政要》，卷二十四（台北：文海出版社印行，1985）頁 62–63。

49. 同上，卷三十二，頁 62–63。

50. 同上，卷三十四，頁 34–35。

51. 同上。

52. 〈續錄路公司初一日議案〉，《香港華字日報》，1907 年 7 月 13 日。

53. 〈外務部致葡署使柏德羅照會〉，光緒三十三年十一月三日（1907 年 12 月 7 日）。中央研究院近代史研究所編：《海防檔》，頁 547–548。

葡萄牙外相。[54] 12 月 15 日，謝詩屏由北京返回香港，再與謝纘泰、施利華、張弼士等人商議廢約，由於唐心如發來二個電報表示，「舊代理葡欽使與新任代理欽使不和」，廢約交涉棘手，所以要再「求澳督發電葡京及北京伊國新任代理欽使從妥辦」。[55] 興建廣澳鐵路的意慾已經逆轉，中國方面已經官民同心，合力要求葡人廢約，但葡方卻出現內部矛盾，無法處理事情。

　　廢除鐵路合同過程曠日費時，引發謝詩屏、謝纘泰等人的不滿。在 1908 年 1 月 4 日給伯多祿的信中「嚴詞切責」。結果施利華在 1 月 4 日見到他們時，「憤怒良久，幾起衝突。後謝詩屏、謝纘泰將理由詳辯，然後無事。」[56] 鐵路的利益，不但由兩國博奕，同時也使參與其事的華商與葡股之間產生衝突。謝詩屏、謝纘泰等人於 1 月 12 日致函澳督，促請葡方從速妥辦廢約事宜，再於 1 月 16 日致函清廷外務部侍郎梁敦彥（1858-1924）反映廣澳鐵路廢約事情。及後旋於 1 月 20 日及 22 日面見澳督，再在翌日致函梁敦彥報告與澳督會晤情況，[57] 華商在澳門和北京之間溝通聯絡，務求盡快廢約。2 月 1 日，施利華將「澳督所議八款廢約之法寄與謝纘泰」。[58] 至此，葡人才向華商披露自己的想法，成為廢約的轉捩點。從華商私下廢約的過程可見，葡方對清廷和華商的要求，回應並不積極，這與葡萄牙的人事更迭有關。不但是駐華使節的交替，而且還與葡萄牙本土的政府大員變動有關，故此伯多祿認為「次政府大員之變動，或有益於廢約之事」。[59] 其實，自 1900 年起至滿清覆亡，澳門共換了六位總督，[60] 影響了對澳門的管治和決策。

---

54. 同上，頁 548–549。

55. 黃彥、李伯新選編：《孫中山藏檔選編》，頁 329–330。

56. 同上，頁 331。

57. 同上，頁 331–332。

58. 同上，頁 333。

59. 同上。

60. 六任澳督分別是高士德（José Maria de Sousa Horta e Costa）到任日期 1900 年 8 月 12 日；蒙丁尼路（Martinho Pinto de Queirós Montenegro）到任日期為 1904 年 4 月 5 日；高丁玉（Pedro de Azevedo Coutinho）到任日期為 1907 年 4 月 6 日；羅沙達（José Augusto Alves Roçadas）到任日期為 1908 年 8 月 18 日；馬葵士（Eduardo Augusto Marques）到任日期為 1909 年 9 月 22 日；馬沙度（Álvaro de Melo Machado）到任日期為 1910 年 12 月 17 日。

華葡雙方股東分別向北京和里斯本要求廢約，3月18日施利華再說明他的妹夫已在「葡京運動廢約」，[61]郵傳部將唐紹業等將與伯多祿訂立的章程於3月20日轉交外務部。[62]外務部也於3月26日照會葡使森，希望葡方從速注銷廣澳鐵路原訂合同。[63]可是，華董唐心如於4月24日病逝，張弼士獲邀積極參與廢約之事，華葡股東代表分別在北京和葡京運動。至8月15日，北京外務部再收到郵傳部要求，催促葡方盡快注銷原訂的廣澳路合同。[64]外務部於三日後（8月21日）照會葡署使柏德羅：聲言再不回覆，將「作默認可也」。[65]由上觀之，清廷亦已無法忍受葡方的無了期拖延，非常着意廣澳鐵路的興建。

8月23日，張弼士在澳門會晤新任澳督羅沙達（José Augusto Alves Roçadas），磋商廢約事宜，《廣澳鐵路廢約始末》形容該次會晤「甚為得手」。澳督羅沙達答應「行文北京伊國督欽使從速將廢約妥辦，以期利益均沾」。[66]華商要求廢約自辦，包含了自己資金的回本，葡人願意廢約背後，還是要「利益均沾」。前任澳督高丁玉（Pedro Azevedo Coutinho，又譯高天豪）回里斯本後寄信施利華，表示「鐵路之事將來必能妥辦，因他已往謁各府大臣，勸令將鐵路舊約注銷，卑華商公司從速開辦鐵路」，[67]這時廢約事件已得到多方人物介入，顯現出曙光。

外務部於光緒三十四年八月一日（1908年8月27日）收到葡方照會，葡署使柏德羅表示若清廷能答應葡方四項條件，葡方就允許廢約。葡方所提四項如下：

---

61. 佚名：〈廣澳鐵路廢約始末〉，刊黃彥、李伯新選編：《孫中山藏檔選編》，頁334。

62. 〈外務部收郵傳部文附唐紹業〉，光緒三十四年二月十九日（1908年3月21日）。中央研究院近代史研究所編：《海防檔》，頁604–605。

63. 同上，頁609–610。

64. 同上，頁666–668。

65. 同上，頁669。

66. 黃彥、李伯新選編：《孫中山藏檔選編》，頁339。

67. 同上。

1. 現在另擬所辦之廣澳鐵路，與西洋界內將來建造之鐵路，以後應在何處境界相接，應由澳督與粵督商定；

2. 廣澳鐵路，所有以後各客貨票價，並辦理鐵路章程各款，自應由中葡兩國各派委員商定；

3. 廣澳鐵路，以後所有一切客貨票價，斷不能比廣州至南海各埠，或由中國內地各省至南海各埠一切票價昂貴，及廣澳鐵路章程各款，亦不能比各處過嚴。

4. 本國只出資建造西洋界內鐵路，其餘均不出資。[68]

　　葡方的這些條款，既要清廷公平對待廣澳鐵路，更保障了日後廣澳鐵路廣東段能與澳門段銜接。八月二十五（9月20日），外務部覆葡署使柏德羅，表示部分條文過於簡略，須要再加說明。葡人允許分段建築廣澳鐵路，最終還是要將澳門段和廣前鐵路相連，可見葡人着眼於廣東的貿易。但接軌處又涉及澳門的地界問題，使鐵路事宜再與領土紛爭掛鈎，而領土問題可能影響到鐵路計劃。

　　清葡對澳門地界一直沒有定議，因而發生了「二辰丸事件」。1908年2月，日本商船二辰丸在香山九洲洋對開海面被清軍截查，發現該船偷運軍火，結果被清軍緝拿。事件將澳門邊界問題浮現出來，促成了1909年的澳門勘界談判。談判期間，廣東新興團體粵商自治會、香山縣勘界維持會、廣東省勘界維持總會、旅港勘界維持分會等群起反對清廷對葡人讓步，清廷也堅決拒絕葡人擴展澳門邊界的要求，結果歷時四個月的談判以無結論終止，澳門邊界一直到了1948年才被確定下來。

　　清葡沒有就澳門邊界達成共識，這使廢除廣澳鐵路合同的共識也沒法確定下來，關鍵卡在接軌地點的問題上。宣統三年（1911年）春，原廣澳鐵路梁雲逵於「稟明郵傳部先築至香山縣城，俟界務議

---

68. 〈外務部收葡署使柏德羅照〉，光緒三十四年八月一日（1908年8月27日）。中央研究院近代史研究所編：《海防檔》，頁670。

妥，再行展築」。[69] 要求得到清政府的批准，梁雲逵於六月初一印妥
《商辦廣澳鐵路有限公司招股章程》，準備招股開工。而清政府則繼
續與葡萄牙交涉，閏六月二十日（8 月 18 日）外務部發函葡使柏德
羅，表示願意刪去清廷原來要求加在葡人第一款條件內的「香山縣
屬澳門界」字樣，聲明接軌處「應俟澳門界務訂定時，於兩界相連
處相接，其接軌處所，時由澳督與粵督商定」，[70] 這為華商自辦廣澳
鐵路掃平了障礙。只是，滿清政府批准梁雲逵接辦的決定，又觸發
華商的分裂。謝纘泰等人並未參與梁的計劃，因而在民國建立後，
致書廣東都督胡漢民查詢廣澳鐵路的進展。[71]

八、結語

廣澳鐵路是一個未能實行的計劃，清葡之間、華葡股東之間，
以及華商之間，都因鐵路利益而引發紛爭。這項計劃摻雜了各種元
素，也反映了晚清時局的種種變化，以及中葡爭議背後的核心——
澳門疆界問題。

隨着民智日開，晚清民族意識從海外少數華人的反響，到清
末發展成內地有組織的群眾運動，展示了民心所想——國人反對滿
清政府對外讓步的民族心聲。從輿論反對向外讓步、反對列強謀建
中國鐵路、反對葡人築建廣澳鐵路，到全民集股收回路權、要求廢
止廣澳鐵路合同，可説是國人逐步地引導國家前途的方向。另一方
面，清廷也在積弱數十年之後，逐漸看到國家現代化的道路，諸如
頒令駐法大臣兼任駐葡大臣，顯示了清廷的外交視野擴大，同時説
明滿清人才不足的困境。國內方面，由禁止商人承建各省枝路，到
訓令全國各省預定鐵路路線，再到郵傳部奏請統籌全國鐵路軌線，
説明滿清正在規劃全國的交通命脈，不可以謂不進步。

---

69. 〈廣澳鐵路批准梁商自辦〉，《申報》，1911 年 9 月 11 日。

70. 〈外務部發葡署使柏德羅函〉，宣統三年閏六月二十日（1911 年 8 月 14 日），中央研究院近
　　代史研究所編：《海防檔》，頁 974。

71. 〈謝詩屏等呈胡漢民文〉，刊黃彥、李伯新選編《孫中山藏檔選編》，頁 321–322。

　　《中葡廣澳鐵路合同》簽訂後，華葡商人理應合作開築鐵路。只是受制於葡萄牙並未批准兩國的《通商條約》和《中葡廣澳鐵路合同》，以及原合約中清政府的利潤分成過高，這都叫合股的華葡商人有所虧損，不得不尋求廢約自辦。兩國商人雖各有盤算和利益，但還能通力合作，各自運動本國政經人脈，推動廢約。葡人在華人廢約的過程，推行其未遂的鐵路之夢，可謂暗中使勁，兩國官方之間的交涉，反而變得被動。

　　正在推行新鐵路政策的清政府，完全抹去廣澳鐵路原來被賦予的想像，不再視之為葡人企圖侵佔香山的方式，反而是全國鐵路網的一條枝線，努力促成廢約和華商自辦。清末中葡各項交涉過程中，國人堅守領土不讓葡的舉動，構成官民同心保土的一幕，也是清末外交關係中最為獨特的地方。

第二部

中國與世界 世界與中國

第六章

近代中日同盟思想的表與裏
以宮島誠一郎為例

戴東陽
中國社會科學院近代史研究所

　　中日甲午戰爭之前，中日各界頗存在中日聯盟共同對抗西方的思想。圍繞這一政治理念，眾所周知如興亞會等組織曾開展許多活動，日本各界與中方人士，尤其與中方在日人士，也有各種交流活動。然而，在中日同盟思想的大旗之下，有日本人士卻肩負「特殊使命」，借此為政府提供情報。宮島誠一郎是其中一位頗具特色的人物。

　　宮島誠一郎（1838–1911）生長在舊幕府時代，精通漢詩漢文，明治維新後因積極擁護新政府來到東京，先後在明治政府的左院及宮內省的修史館任職。在明治時代，宮島算不上是重要的政治人物，甚至會被看作是一位政治「閒人」。然而，從他所留下的數量可觀的文書中可發現，他通過數十年與中國使團的交往，曾深入涉及琉球問題、朝鮮問題等當時中日外交關係的重大問題。時間之長、程度之深、影響之明顯，均頗可觀。

　　宮島文書長期藏於私家，關於宮島誠一郎的研究最初是從資料的整理和介紹開始的。早年，宮島後人宮島亮吉弟弟的友人鈴木壽太先生曾受託整理宮島誠一郎文書中的「漢詩歌文」和「書」部分，[1]

---

1. 安在邦夫：〈宮島誠一郎文書について〉，載由井正臣編：《幕末維新期の情報活動と政治構想 —— 宮島誠一郎研究》（松戶：梓出版社，2004），頁 314。

後大久保利謙首次介紹了他在宮島亮吉處看到的宮島早年的部分日記，[2] 此後，宮島的文書逐漸受到關注，研究廣泛涉及文學史、學術文化史等。比較而言，從歷史學角度的研究起步較晚。上世紀 90 年代，早稻田大學從宮島後人手中購入宮島文書，組織了一個研究會。該研究會從幕末維新的政局與米澤藩、明治國家的形成與立憲構想，以及東亞情勢的變動與對外構想三個角度進行考察研究，着重從近代日本政治史的角度考察宮島在幕末維新時期的活動，以及明治時期與立憲制確立的關係。其中有一篇論文涉及與晚清駐日使團的關係。只是該文對於體現宮島與中國使團之間交往非常重要的筆談資料，以及數十年逐日有記的日記，均有進一步利用的餘地。[3] 本章嘗試在充分利用筆談、日記及宮島其他相關文書的基礎上，擬先就宮島與首屆駐日使團的交往，及其在早期琉球問題和朝鮮問題上的影響作進一步考察，以求教於方家。

一、與使團關係的確立

有跡象表明，早在首屆何如璋使團出使赴日本之前，宮島誠一郎已與當時留居日本的中國人有交往。其中一位後來成為中國使館的翻譯，名叫王治本，他是宮島與使團來往的最初牽線者。

首屆何如璋使團於 1877 年（光緒三年，明治十年）11 月抵達東京，12 月 28 日呈遞國書。對於中國使團派遣及到來，宮島可謂非常關注。在筆記本上，他詳細地記載了清政府派遣使團的緣由、首任使臣何如璋從被任命、經北京啟程到東京的過程，以及呈遞國書的時間等。內稱，使團「12 月 23 日抵達橫濱港，27 日入京，趨謁宮中，開始向天皇陛下呈遞國書。此為清國同盟、公使派來之始」。[4]

---

2. 大久保利謙：〈宮島誠一郎とその日記 -1-〉,《日本歷史》第 300 号（1973 年 5 月），頁 190-194。

3. 大日方純夫：〈宮島誠一郎の対外認識と 外活動 —— 一八八〇年前後の対清問題を中心に ——〉，載由井政臣編：《幕末維新期の情報活動と政治構想 —— 宮島誠一郎研究》

4.《宮島誠一郎文書》，早稻田大學特別資料室藏（以下資料編號以英文大寫字母開頭的，均為早大所藏，不一一註明），B39。

雖然個別時間與史實略有出入，卻充分體現了宮島對中國使團的
關切。

使團抵任後次年（1878）的 2 月 15 日，宮島在王治本引領之
下，前來使館臨時租借的館舍芝山月界院拜見出使大臣何如璋和副
使張斯桂，是為宮島與使團交往之始。據宮島當天的日記記載：

> 今日前往芝月界院。[5]由王漆園（筆者註：即王治本）引
> 導，與清國正、副公使何如璋、張斯桂相見。甚感快樂。筆談
> 移時。……至黃昏歸。筆談在別紙。此為與清公使面會之始。[6]

與使團的初次筆談內容不多。除了寒暄，宮島主要主動表達中
日和好之願、對漢學的推重，尤其是對孔聖之教的絕對的敬重。寒
暄一結束，宮島即對副使張斯桂稱：「貴邦與敝國比鄰，才劃一帶
水耳。今兩國皇帝互派使臣，以結交誼，則訂盟之始，而兩公適奉
使命而來。爾後益親睦，互謀兩國洪福，何幸加之。」張斯桂相應
作答，稱日本與中國貼鄰，同屬東洋，不如西洋之疏，自然親密，
且衣服禮儀多有相同之處。但願自今以後永遠和好，非獨中國之
幸，亦日本之福。何如璋則先簡單地詢問日本漢學的現狀。因使團
當時正在尋找館舍，他又打聽是否可以租借孔子聖廟為使團駐地。
宮島則又向何如璋表達兩國友好之意：「貴邦與敝國唇齒相持，真
兄弟之國也。近年泰西氣運方極汪（筆者註：原文如此）盛，火船
火車與電線並通消息，才有釁端（隙），開兵事（端），以逞吞噬。
今也，東洋幸無虞，豈可安逸怠惰，以喜一日無事哉？兩大國宜以
此時益厚交誼，以圖他日也。」並詢問何如璋「以為如何」。何如璋
答稱「尊論是極」，指出以亞細亞洲論，惟中國與日本形勢相近，交
往宜倍加親近，並對日本的維新改革表示理解。[7]可以說，中國使團
也志在中日友好，以維護亞洲大局。

---

5. 原文如此，應為「芝山」。

6. 《宮島誠一郎文書》，A54-1。

7. 同上，C7-1。

　　除王治本之外，使團的另一位友人日本人青山延壽也曾為宮島牽線搭橋。2 月 17 日，青山延壽曾拜訪宮島幫忙轉遞預約會面的書信。[8] 比較而言，王治本的作用顯然更為明顯。青山來訪的第二天和第三天，宮島及其相關人士開始頻繁拜訪曾為他初訪使館牽線搭橋的王治本。先是曾根俊虎和宮島弟弟季四郎前往拜訪。[9] 次日，宮島又以酬謝刪改文稿為由，給王治本贈送「謝禮」。[10] 顯然，宮島把王治本看作他與使館交往的一個很重要的中間人。使團首次回訪宮島就是王治本傳遞的消息。

　　2 月 26 日，王治本來信預告，次日副使張斯桂將到宮島府上答拜。王治本因擔心郵局寄送遲達，還專門派一名走夫相告。27 日午後三四點，張斯桂、沈文熒、王治本、王琴仙訪宮島住宅。是為使團首訪宮島。雙方寒暄畢，宮島自然又主動表達「兩國之交誼」，希望彼此「肝膽相照，素無彼我之別」。沈文熒等報以相同意思。[11] 此次會訪，賓主筆談時間非常長，宮島並以酒餚相待，曾根俊虎作翻譯。席間，宮島父親、72 歲高齡的宮島一瓢也出來與眾人相見，以自賀詩呈現給何如璋和張斯桂兩使。賓主現場相互和詩多達十來首。宮島並將長子、時年 12 歲的宮島大八向來客推薦，希望將來能得到沈等指教。其時，宮島請張斯桂評定詩稿，又請王治本作序。[12] 可以說，在此後與使團的互訪中，強調中日友好，探討漢學與西學的關係；表現對中國儒教的尊崇，是宮島一直反覆強調的話題。而請使團人員為他評定詩稿，為他的父母壽辰賜詩，教導他的兒子大八學習中文，則成為他日後與使館交往的重要紐帶。在請教詩稿過程中，宮島計劃將以《養浩堂集》為名發行自選詩集。不過，直至首屆使團回國前夕，詩稿刊行才「半成」。當時何如璋已賜序，宮島

---

8. 《宮島誠一郎文書》，A54–1。

9. 同上，A54–1。

10. 同上，A54–1。

11. 同上，C7–1。

12. 同上，C7–1。

又請張斯桂「賜一跋」。張以「此刻將歸，忙整歸裝，無暇及此」為由婉絕。[13]

就在與使團初次見面的次日，2 月 16 日，宮島拜訪吉井友實，將他與使團筆談之事相告。吉井則表示「厚意」，擬將前一天的筆談代為上呈參議大久保利通。[14] 這樣，宮島與使團筆談伊始，就擔負了「特殊」的使命。

使團第一次回訪宮島時，中國使館隨員沈文熒曾表示，「初來貴邦，諸事未諳」，希望「高人」宮島「賜教」。[15] 的確，通過宮島了解日本的相關信息也是使團的一個意願。

29 日，繼張斯桂等拜訪宮島之後，出使大臣何如璋親自造訪宮島。這是何如璋首次往訪。會談中，何如璋的話題主要圍繞宮島的職業：詢問宮島就職史館公事忙否，編輯使用日文抑或全用漢文，自戊辰以來的事務是否已編成發刻，館中同事多少；又就日本編史體例進行探討；最後詢問日本新近確立的取士之法，以及學者的進身之階。宮島一一相告。就進身之階而言，宮島告知，明治維新以後，日本進身得官者大抵是那些破舊弊、興新法者，且日本以武建國，向來缺乏文學之才。宮島以漢學見長，他在新政府任官體制中顯然並非優先被考慮的對象。何如璋也將宮島看成文人。[16] 宮島任職於編史館，何如璋尤其參贊黃遵憲後來萌發撰寫《日本國志》，非常需要向宮島這樣的人士請教。《日本國志》下限至明治十三四年，其所撰錄「皆詳今略古，詳近略遠」，目的是「期適用也」。[17] 而像日本戊辰以來的事務，當時坊間缺少可資參考的權威性資料，宮島的信息就顯得非常重要。這次訪談，何如璋已經體現這種關切。《日本國志》是何如璋共同參與的工作，所以，包括宮島在內的眾多日本「友好人士」成為使團探訪日本近史的重要途徑。在日後的交往中，

---

13. 《宮島誠一郎文書》，C7-5。

14. 同上，A54-1。

15. 同上，C7-1。

16. 同上，C7-1。

17. 黃遵憲：《日本國志·凡例》，光緒十六年羊城富文齋刊版。

對於明治維新以來的歷史，乃至日本當前的局勢，使團都有關注。可以說，宮島是使團所交往的眾多日本文人中的一位。

對於何如璋的首次來訪，宮島日記沒有記錄。然而在另一個專門涉及外交機密的重要本子上，宮島卻記載，與何如璋會談後，3月2日，日本外務卿寺島宗則親自來到議官吉井友實家讀「清公使筆談」。3月14日，宮島又接參議大久保利通回信，約他方便時前往，以便閱看筆談。

宮島曾透露他與中國使館交往的深層目的及將來打算。他在明治初年曾就任左院，官至從六位。[18] 隨着左院被廢，宮島被免官。[19] 1876年（明治九年）3月，他曾作詩為自己被免官半年而嘆息。[20] 此後，宮島任職於修史館，不再擁有官位。如今與中國使團的交往引起政府當局注意，為此，宮島曾開始考慮是否重新回到政壇。左院廢院以來，他雖然一直關心時勢，但他認為，貪圖一時之榮利素非所好。何況清國公使今日之談話，僅是兩國來往之始的「皮毛」之談而已。對方心術如何，只能以「閑接」的方式交往才可了解。現若公然奉職於外務省，他日有事難免會有嫌忌。一天，他拜訪大久保，逐一談到事情的前後關係，尤其深入謀劃此後的方向問題，大久保的考慮與他一致。保持「閑接」的交際，卻是為了政府的利益。大久保告知，只管注意兩國協和，也應熟慮聖廟振興之事。拜訪後，筆談一卷被大久保借用。[21]

何如璋拜訪宮島後，3月7日，宮島又訪月界院，與副使張斯桂稍作筆談，詢問清朝建國之初及道光時期的功臣情況，以及功臣們畫像的放置之處。隨後和詩一組而別。[22] 但此後，宮島再訪月界院，基本確立了他與使團的交往關係。

18.《宮島誠一郎文書》，A36–2。

19. 同上，F30–1，A47。

20. 同上，A50–1。

21. 同上，B39。

22. 同上，C7–1。

4 月 19 日，宮島主動訪問月界院，參贊黃遵憲和隨員廖錫恩等
出面接待。何如璋先外出未歸，回來後也與宮島筆談。這是宮島與
黃遵憲第一次會面。會談中，宮島對中國聖教的高度認同，很快拉
近了雙方的距離。雙方先談中國與日本之間悠久的歷史淵源。宮島
謙稱，「敝國本是東海孤島，幸以貴邦之德，制度文章，聊以增國
光」，強調中國制度文明對日本的影響，且推重皇權。雙方進而深入
探討中學與西學的關係。黃遵憲認為，「西學，其富強之術，治國者
誠不可不參取而採用之」，但他相信中國的孔孟聖賢之言是根本，
「千秋萬歲應無廢時」，並舉日本所倡導的尊王之舉為一例。宮島完
全贊同黃遵憲的觀點。他指出，日本敬神愛國，即千歲之國教。自
入孔聖之學，「忠孝」二字之大義益顯著。他認為，「今日之西學，
唯取其各制以量事強耳」。黃遵憲繼而自信地表示，歐洲富強之法
既及亞洲，孔孟之說將來也必遍及歐洲，詢問宮島的看法。宮島表
示，他也聽說歐洲頗學孔孟之道，只是未知其名。他認為，「宗教之
道，本以聖學為第一」。雙方最後閒談茶、賞櫻等，又作和詩。黃遵
憲因有「他事」起身告辭，廖錫恩出來接待宮島。經宮島追問，何
如璋最後也出來相見。與何如璋會談時間不長，但宮島向何如璋提
出三個請求，一是為他年過 70 的雙親請祝壽之作，二是邀請何、張
兩使偕同黃遵憲和沈文熒前往他家參加詩酒集會，三是請何如璋為
他即將刊行的《養浩堂集》賜序。何如璋謙讓一番後，一一答應。
宮島最後表示，他少年時曾學習作詩，但此後十多年間「拋卻筆硯」
不曾觸及，使團的到來促使他重拾舊業。[23] 這次訪問，宮島與使館
「閑接」交往的關係基本建立起來了。[24]

　　正當宮島與使團關係發展順利之時，5 月 14 日，大久保利通被
刺。[25] 大久保被暗殺前一天，宮島還在家裏整理這些天來的筆談，準
備上呈。[26] 儘管如此，大久保的變故並沒有影響宮島的原定計劃。[27]

---

23. 《宮島誠一郎文書》，C7–1。

24. 同上，C7–1。

25　同上，A53–1。

26. 同上，A53–1。

27. 同上，B39。

而大久保的對華基本立場，此後也一直較明顯地影響着宮島與使團交往的基調。

6月2日，大久保利通去世後，宮島首次訪問月界院，主要與何如璋筆談。這次拜訪，宮島攜帶何如璋曾答應賜序的詩稿，「特希」何如璋「痛刪」。何如璋頗熱心，詢問宮島少時為詩師從何家，並當面就宮島錄呈的一首詩作評點。雙方繼而探討漢學的精神實質。何如璋又大談孔孟之道對於世道人心的重大意義，宮島隨聲附和。當時何如璋非常關心大久保被刺後日本政局的變動，詢問大久保和西鄉隆盛的關係，以及大久保遭難後「誰執政府之主權」，宮島一一相告。[28] 這次拜會增進了宮島與使團之間的關係。宮島後來也感到，使團非常關心日本政治，不時向他詢問。[29]

6月14日，宮島如約在自家首次設宴宴請何如璋一行。來會者包括何、張正、副兩使、參贊黃遵憲、隨員沈文熒，以及日方人士編集官重野成齋、監事三浦安、青山延壽、季卿、小森澤長政及一名翻譯官。食間，宮島父親一瓢先生也與來賓會見。[30] 宴會後，27日，宮島曾訪公使館，黃遵憲因有要事未相見。不久，沈文熒、黃遵憲、何如璋和張斯桂先後給宮島寄贈壽詩以賀其父壽辰。[31] 7月12日，中國公使館以何如璋為首設宴回請宮島。因使館地方狹小，加上廚師不能治日本菜餚，選擇在向島千秋樓設宴，順便觀賞鷗燈。同席者有副島種臣、松平慶永、大河內正質、大河內輝聲、中村正直、重野安繹、藤野正啟、青山延壽、宮本小一、宮島小森澤、三浦安、關義臣、伊藤圭介等人。宮島預先得知了這些出席者。[32] 他在當天的日記中簡單提到這次宴會，特別提到副島。[33] 此次互宴之後，宮島無疑成為中國公使館的「日本友人」了。宴會也成為宮島與使團之間交往的常規方式之一。

---

28. 《宮島誠一郎文書》，C7–1。

29. 同上，B39。

30. 同上，C7–1，A53–1。

31. 同上，C7–1。

32. 同上，C7–1。

33. 同上，A53–1。

　　此後，宮島開始頻繁拜訪中國使館，並隨時將筆談整理送給日本政府相關人士。宮島拜訪的一個重要說頭，首先是請教評閱漢詩，其次是為其父祝壽請使館人員題詞。7 月 25 日，宮島訪問中國使館不得見。次日，他寫信給沈文熒詢問詩稿評閱情況。[34] 28 日，宮島收到使館送來經沈文熒和黃遵憲刪改的詩稿。[35] 雙方談得最多的是漢詩，使團人員主動熱情答應為宮島送詩集、選好詩。[36] 8 月 16 日，宮島應約前往拜見岩倉具視之，談漢學興隆和清國公使來日之後的情形。[37] 次日，他隨信把美濃產的美濃紙託人分送何如璋、張斯桂、黃遵憲和沈文熒。致何如璋信中，他說將「不日拜趨」。致張斯桂信中，他提出不日將來使館請張再為他的父親作一篇長壽詩。在致黃遵憲信中，他先對黃此前惠寄的壽詩作了一番讚謝，接着表示不日將攜帶白絹請黃遵憲揮毫。在給沈文熒信中，他同樣提出將帶絹布請他揮毫。[38] 8 月 19 日，沈文熒收到禮物，即回信致謝。[39] 20 日，宮島去信請沈文熒將二軸白絹轉交給張斯桂和黃遵憲，沈文熒當天轉交後作答。[40] 黃遵憲稍後於 8 月 24 日回信，感謝宮島贈送的美濃紙，並將評點後的一卷詩稿送返宮島。信中，黃遵憲解釋久未謀面是因為身體不適，且「心緒甚劣」。何如璋也因「近日頗忙」，沒有完成宮島索要的序言。[41] 在此前一天，8 月 23 日，宮島帶着整理成二卷的筆談前往拜訪日本駐華公使柳原前光不遇。歸來途中順便拜訪吉井友實，請吉井將筆談轉交柳原。[42] 8 月 29 日，宮島訪使館與何、張兩使筆談移時，可惜，在目前留下的資料中，沒有看到相關的筆談稿，對於這次訪談的前因後果不得其詳。[43] 9 月 6 日，宮

---

34. 《宮島誠一郎文書》，A53-1。

35. 同上，A53-1。

36. 同上，C7-1。

37. 同上，A53-2。

38. 同上，A53-1、A53-2。

39. 同上，A53-2。

40. 同上，A53-1、A53-2。

41. 同上，C7-1，A53-2。

42. 同上，A53-1，A53-2。

43. 同上，A53-2。

島拜訪柳原前光詢問中國事情。[44] 13 日，他再次以刪改詩稿的名義拜訪中國使館，既請何如璋等刪改詩稿，也向沈文熒託付詩稿事。[45]這一時期，宮島與柳原、副島和竹添進一郎等過從甚密。10 月 19日，宮島又冒雨再訪何如璋筆談。[46] 何如璋告訴宮島月內將搬遷至新使館，又約宮島一起到副島家談詩文。會談中，何如璋提到日本竹橋之變後紙幣陡落，市上情形殊不佳，問是否有良法補救。現留筆談沒有下文。[47] 對於何如璋談話所涉及的內容，引起宮島關注的主要是何如璋對於日本經濟現狀的議論。[48]

宮島雖想方設法試與使團建立緊密聯繫，但從 2 月初訪使館到11 月底，與使團往來「十多回」，卻一次都沒有提及他關注的中日之間重要的外交問題——即琉球問題，直到 11 月底中國使館僱用的翻譯官日本人鉅鹿赫泰郎來訪。

二、探查使團處理球案之立場

1882 年（明治十五年）6 月，宮島在與繼任的第二屆出使大臣黎庶昌談到他與何如璋使團的交往時曾稱，他「與何公使謀」保護朝鮮抵禦俄國之事，但對於琉球問題因「此事繫兩國機樞」，「當時不與何公言」。[49] 然而，實際情形遠非如此。

其實可以說，球案一直是宮島最關注的中日關係問題，也是他與使團積極交往最主要的關切點。使團來日前，日本政府派人要處分琉球，但「琉球人逃往福建向清廷請願」，「不接受處分」，琉球王弟弟還來東京「哀訴」。因此，在宮島看來，「很顯然球案早晚會

---

44. 《宮島誠一郎文書》，A53-2。
45. 同上，A53-2。
46. 同上，A53-2；A53-3。
47. 同上，C7-1。
48. 同上，A53-3。
49. 同上，C17-1。

成為兩國的一大問題」，他「一直以來擔心此事」。他認為，中國使團的到來是一個機會，希望乘機「以文事修私交」，在球事上有所作為。[50]

其時，處理球案也正是首屆使團的首要任務。何如璋使團出使前夕，中日之間正好發生日本阻止琉球貢使前來中國，琉球派遣使臣密航中國求救，即所謂的阻貢事件。使團出使的首要任務是相機妥籌辦理球案。[51] 使團剛抵達神戶，就有琉球官員半夜前來求救。此後使團圍繞球案問題展開各種工作，調查真相，思考對策，一直不曾懈怠。宮島對球案的關切，成為他積極主動與使團交往的一大動力；然而，使團卻一直一句都沒有提到「球事」，宮島甚感焦急。11月18日，中國使館日語翻譯鉅鹿赫泰郎來訪，完全改變了這一局面。

鉅鹿來訪，特意將他在使館中聽到的關於球案的議論告訴宮島。鉅鹿稱，公使館中評論說，大久保死後，日本政府無人了。大久保在世時，還沒有聽到議論球事。大久保去世後30天，琉球人開始往來使館，漸漸地聽到了有關琉球問題的議論。何如璋的意思是，琉球還是改從以前的兩屬，不至於太過分即可。但是，球島在中日之間無妨，如若落入他人之手，就成了東亞的禍根。[52] 鉅鹿來訪的目的，是向宮島提供球案情報，還是作為何如璋的特使，他並沒有明說，但看來後者的可能性更大。從現有資料看，這是鉅鹿第一次也是最後一次向宮島傳遞球案信息。鉅鹿所談何如璋的球案立場不能說十分準確。大久保於1878年（明治十一年）5月14日被刺。大久保在世時，何如璋雖還未就琉球問題直接與日本外務省交涉，但他一直堅持不懈做相關工作，包括奉清政府之命先調查球案的真相，與清政府就具體的球案對策來回磋商。他提出著名的琉球三策，基調是主張力爭琉球，後經清政府內部商議，於7月4日確定先「據理詰問」的方針。可以說，何如璋圍繞球案所做的工作，遠

---

50. 《宮島誠一郎文書》，B39。

51. 〈軍機處寄閩浙總督何璟等上諭〉（光緒三年五月十四日），《清光緒朝中日交涉史料》卷1，頁21。

52. 《宮島誠一郎文書》，B39。

較鉅鹿所説的要多，何如璋對琉球的立場，也遠較鉅鹿所透露的要強硬。鉅鹿所述，或者是他對使團的球案工作不甚了然，或者可以説他其實是奉何如璋之命而來。在鉅鹿來訪前一天，何如璋曾訪宮島。宮島因外出而未遇，為此「甚為遺憾」。[53] 12 月 1 日，宮島拜訪何如璋，何如璋第一次主動談起球案，所表達的中方的球案立場與鉅鹿所述一致，詳參下文所述。不管怎樣，鉅鹿是第一個向宮島傳遞了他一直期盼的球案信息。1878 年（明治十一年）2 月宮島與何如璋和張斯桂會面時，他任修史館御用掛，[54] 是所謂的閒職。但此前任職左院期間，他曾於 1872 年（明治五年）至 1875 年（明治八年）間深入參與球案的討論。如他自述，球案「明治五年至八年，我在官中時往往留神。然而四月左院廢院後，被任命為內史。九月，內外史廢官。自此以後，九年、十年九州大亂，自然琉球事件也成放擲之態了」。[55] 使團來日，使他重新參與到球案中。鉅鹿赫泰郎來訪後，宮島通過與使團的互動，愈來愈深地參與到了球案之中。

12 月 1 日，宮島拜訪何如璋。會談開始，因宮島詢問，雙方先從中國廣西的李楊材之亂及西疆之亂，談到將來亞洲大勢。其間，何如璋透露了中方的對朝政策。當宮島問及「假使亞洲陷其危地，其施設應之以何方法則可」時，何如璋表示，「無他，鄰國相援，唇齒相持，竭忠盡誠，各報其君，盡人事以待天命」，表達了中日應相助相依的看法。他進而從中日兩國應該「唇齒相依」的角度談到琉球問題。當時，何如璋剛剛照會日本外務省「告琉球之事，外務未有答」。何如璋指出：「中東比鄰，素不可不唇齒相依。但此球在兩間，恰好。若謬落外人之手，則為東洋禍根。宜有兩便之法。」他詢問宮島的意見。宮島卻稱：「中國土地之廣，人民之眾，世界無比。琉球眇々[56] 小島耳，不足介意」，提議「置之度外如何？」[57] 何

---

53. 《宮島誠一郎文書》，B39。

54. 同上，A52。

55. 同上，B39。

56. 原文如此。

57. 《宮島誠一郎文書》C7-1 將此段刪去。

如璋告之，與外務省爭辯球案是奉朝廷之意。[58] 當球民脫島來福建省求訴、福建巡撫報告朝廷時，他正好作為欽差將使日本，於是朝廷令他「照會辦理」，他「欲不言，不能無言也」。當天的筆談廣泛涉及中國國內及東亞時事，尤其朝鮮問題。而關於球案，所談雖只一組對話，但在宮島看來，「十二月一日訪清公使何如璋筆談，頗有關係於東洋，不啻琉球一事」。他在謄寫的筆談稿上特意加註：「此般何公使始言琉球之事，蓋球人訴何公使者乎？」他還特別將此次筆談別紙「以記之」。[59]

筆談次日，何如璋寫信邀請宮島到使館用餐一敘。信中稱，昨日筆談移晷，「所以惠我者良多」。[60] 次日，何如璋所招待，除宮島外，還有副島種臣。陪坐者有參贊黃遵憲和即將赴神戶就任正理事官的廖錫恩。這次會談，「談話移時，及晚辭去。」[61]

何如璋之談及球案，正是使團與外務省的球案交涉陷入僵局，所謂的「暴言事件」之後。主動談起琉球問題的是何如璋，他單獨宴請宮島和副島，應是困中求變的一種辦法。他似乎試圖通過非政府途徑來推動球案的進展。12 月 7 日，黃遵憲、沈文熒、廖錫恩訪宮島，閒談中又提到再「約副島先生同來一飲」。[62]

訪何如璋之後，宮島「臥病三旬」，不訪中國使館「數旬」。倒是使團主動前去拜訪宮島。1879 年（明治十二年）3 月 2 日，黃遵憲和沈文熒訪宮島，告知因為球案準備回國，「心緒悵」。會談中，黃遵憲和沈文熒對於外務省對使團提出的交涉要求不理不睬表示強烈

58. 《宮島誠一郎文書》，A53-3，B39。

59. 同上，B39，C7-1。按：兩者關鍵部分有較大差別。C7-1 有重要刪節，涉及琉球部分和中日聯盟的思想，當以 B39 為準。

60. 同上，C7-1。

61. 同上，A53-3，C7-1。按：廖錫恩於光緒五年二月初一日至光緒六年十月二十九日任神戶正理事官。

62. 同上，C7-1。

不滿。出於憤怒，沈文熒還暗示中國有可能因球案與日本開戰。宮島則刻意表示自己是閒散之人，疲於應答，苦不堪言。[63]

3月10日，宮島帶着一冊筆談稿拜訪右大臣岩倉具視。岩倉告知，日本處理球案的決議已定，不外乎斷然廢藩，實行同日本內地一樣的政策。並稱，這些筆談無非尋常文事之談。儘管如此，他告誡宮島只將筆談資料抄送參議一人，並在中國人面前不要暴露身份，繼續交往。[64]

此後，3月15日，東京府開湯島聖廟拜觀文宣王孔子聖像，正使何如璋、副使張斯桂、參贊黃遵憲及隨員沈文熒前往拜禮。何如璋稱這次活動是他「昨年東來以來之大快事」，也是「兩國交際之一大關門」。[65] 期間，宮島儘管在拜見岩倉等時仍談琉球事，[66] 但沒有看到使團與宮島再談球案，宮島更不主動找使團談球事。從黃遵憲來看，使團當時的心情非常沉重。[67] 4月4日，日本廢滅琉球，改為沖繩縣，縣廳設在首里。[68] 廢琉次日，宮島應黃遵憲之招赴中國使館，日本人士小野湖山、淺田宗伯、宮本小一、岡本文平、蒲生重章在座。黃遵憲等因琉球廢止一事顯得「怏怏不樂」，並稱「必歸國」。宮島在日記中記錄了以上諸事，但未作評論。[69]

5月21日，宮島訪黃遵憲。這是日本廢琉置縣以來雙方首次重新談到球案。會談中，宮島稱「琉球之一案到底是兩國交際成否之關門」。黃遵憲則稱，「此懸案而不結，雖女媧氏補天之手，不能引兩國使親密耳。無論今日不結，再過數年，交誼唯日疏耳。譬如魚刺哽喉，終不能下咽也」。但黃遵憲認為，日本製造球案「發於若人」，認為「能發之，必能收之」。他對已故大久保的球案政策抱有

63. 《宮島誠一郎文書》，B39，C7-2；《宮島誠一郎關係文書》，日本國立國會圖書館（以下阿拉伯數字編號者同，不一一說明），2135。

64. 同上，B39，A55-2。

65. 同上，A55-2，C7-2。

66. 同上，A55-2。

67. 同上，C41-32、33；C42-87；C7-2；《宮島誠一郎關係文書》，2135。

68. 同上，A55-2。

69. 同上，A55-2，C7-2。

好感，認為如果大久保尚在，琉球一事必不至此：「大久保自吾輩來，眷眷相交，頗有脣齒相依之誼。渠若不死，必興漢學，必聯兩國之交，能使是事化於無形。渠未死前數日過敝署，頗露心腹語。且自言不學無術，從前遇事求治太急云云。故其死也，何大人甚痛之。」當時黃遵憲仍在準備回國，宮島因此還問及歸期。[70]

其時，清政府及何如璋正在為重開球案談判而努力。恰逢此時，傳來美國前總統格蘭特即將來華的消息，[71]李鴻章也萌發了將來或許請其協助調處球案的想法。[72]當時有傳言，格蘭特兩任總統，民心愛戴。此次遊覽回國，將再接任。[73]格蘭特於 5 月 27 日（四月初七日）抵達天津。[74]6 月 12 日（四月二十三日），李鴻章與格蘭特會談，提出請其調停之意。[75]請格蘭特調停，也是何如璋的意向。[76]使團一行的歸國計劃最終因格蘭特來日而中斷。

三、探悉格蘭特調停之內幕與深入參與球案

如果說，格蘭特調停之前，宮島從使團處獲悉的球案信息對日本政府還沒有體現特別意義的話，那麼，之後宮島獲取的關於格蘭特來日旨在調停球案的情報，則使日本政府欣喜萬分。

透露這機密的是使團成員沈文熒，雖似在不經意之間。宮島最初是從何如璋處聽說格蘭特來日的消息的。1879 年（明治十二年）6 月 20 日，宮島從伊香保溫泉歸京訪問何如璋，聽何如璋提起美國前

70. 《宮島誠一郎文書》，B39，C7-2。

71. 〈報美國前總統到津〉（光緒五年四月初八日），顧廷龍、戴逸主編：《李鴻章全集》第 32 冊，信函四（合肥：安徽教育出版社，2008），頁 431。

72. 〈議接待美國前總統〉（光緒五年閏三月二十一日），《譯署函稿·李文忠公全書》卷 8，民國 10 年商務印書館據金陵刻本影印本，頁 36。

73. 〈論伊犁及接待美國前總統〉（光緒五年閏三月二十六日），《譯署函稿》卷 8，頁 36。

74. 〈報美國前總統到津〉（光緒五年四月初八日），《李鴻章全集》第 32 冊，信函四，頁 431。

75. 〈與美前總統格蘭忒晤談節略〉（光緒五年四月二十三日），《譯署函稿》卷 8，頁 40。

76. 何如璋：《覆總署總辦論爭球事書》，《茶陽三家文鈔》卷 2，補讀書廬 1925 年版，頁 5-7。

總統來遊。由於何如璋將其與當時正在日本的德國皇孫並提，作為一件「送舊迎新」的差事，所以宮島起初並沒有多想。[77] 然而，7月18日宮島訪問沈文熒談球事，因沈無意透露，宮島獲得了格蘭特來日的外交機密。其時，沈文熒對球案的立場依然非常強硬。當宮島提到「米舊統現來我邦。此人到處，各邦敬重，頗極寵待，蓋地球上之一大豪傑也」時，沈文熒卻說，「彼駐北京一月，我政府與彼議球事，彼來貴邦為我作排解，僕輩候之」。[78] 沈文熒這句不經意的話，意義卻非同小可。宮島在筆記本中寫到：

> 以上筆談，事情頗為緊要。其中，美國總統克蘭德受清政府之託調停球事，實是緊要中之緊要。若非沈氏之雅量，決不會外泄。然則黃遵憲雖參與其機要，卻未聽他提到有關克蘭德之隻言片語。的確，沈氏之淡薄，是他的不幸，卻是我的幸福。清使的舉止，美總統的動靜，憑此一言得以察覺。[79]

如此重要的情報，宮島首先趕快告知右大臣岩倉具視，「以便政府臨機處置。」岩倉得到這一情報「大喜」，當即將格蘭特與琉球之事奏陳聖上，同時忠告政府。他並稱，此前並不知道格蘭特曾受清廷之請前來調停，今得此言，實能更多地加以考慮，日本理應首先着手。當時格蘭特仍在日光山，伊藤博文和西鄉從道兩位參議也突然到日光山來與格蘭特會面，就球事實實在在地談論了一番。在日方的影響之下，格蘭特感到情形與自己之前從清政府處聽到的有差異，頗有「感悟」。[80]

宮島所說格蘭特抵日後對日立場有改變是事實。格蘭特本認為日本未與中國商議而斷然廢滅琉球之舉有悖國際公法，而同意清政府出面調停，但抵日後，他卻很快改變了立場。他將日本未就球事與中方充分商談，相當程度歸因於出使大臣何如璋那份措辭強硬的照會，稱「從前兩國商辦此事，有一件文書，措語太重，使其不能

---

77. 《宮島誠一郎文書》，B39。

78. 同上，B39，C7。

79. 同上，B39，C7。

80. 同上，B39，C7。

轉彎，日人心頗不平。如此文不肯撤銷，以後恐難商議。如肯先行撤回，則日人悅服，情願特派大員與中國特派大員妥商辦法」。所稱「有一件文書」，即何如璋的照會。[81] 格蘭特還完全站到了日方的立場，稱「看日人議論琉球事，與在北京、天津所聞，情節微有不符。雖然不甚符合，日本確無要與中國失和之意」。[82] 格蘭特前後態度如此變化，使當初出面請格蘭特調停的李鴻章也甚感失望，稱格因日本「接待禮貌過隆，遂亦徇其意而為之請」，他本人則「殊不謂然」。[83] 日本的「接待禮貌過隆」，與宮島預先得到情報並及時通報日本政府應有相當關係。

　　8 月 18 日，宮島又前往拜訪沈文熒。當時格蘭特已從日光山回來，他想前往「偵探其情狀」。[84] 閒聊之後，宮島探問格蘭特往箱根溫泉近況如何。沈文熒告知格蘭特的意見是琉球必須存在，使琉球獨立，恢復舊慣，但尚須中國與日本政府共同商議。宮島又問格蘭特是否已告知日本政府。沈文熒答稱已告知。但當沈問宮島日本政府立場如何時，宮島卻推說未達耳朵，屬機密，政府不泄漏。宮島又關切地詢問格蘭特希望琉球獨立是否「真實」。沈回答屬實，只是日本政府還沒有回覆他。宮島又進一步追問，琉球是欲如舊，還是脫離中日而獨立？沈文熒告知此事須與日本政府共議，尚未定。接着，宮島順着沈文熒之意將美國誇獎了一番。[85] 通過這次會訪，宮島完全了解了格蘭特調停的立場及其進展。沈文熒後於 1879 年（明治十二年）12 月 15 日辭別使館回國，宮島一直送行到橫濱。據宮島稱，沈之回國，完全不是因為球案，而是因他是張斯桂的心腹，張與何公使有矛盾，合不來而辭去。[86] 沈在回國前，宮島與他多次聚談，宮島還主動提議由他出面向何如璋說情挽留，被沈婉拒。這一期間兩人談論的話題都為詩文及風花雪月之事而不及時事，也未提

81. 〈譯美前首領格蘭忒來函〉（光緒五年七月二十一日到），附件一，《譯署函稿》卷 9，頁 39。
82. 同上。
83. 〈論球案〉（光緒五年八月初十日），《譯署函稿》卷 10，頁 2。
84. 《宮島誠一郎文書》，B39。
85. 同上，B39。
86. 同上，B39，A55–3。

球案。沈文熒透露了機密情報，但尚看不出是有意為之。沈文熒曾對宮島說，希望宮島將來出任日本駐中國公使，[87] 表示「如我輩諸人必可使兩國有益也」。[88] 可見，在沈眼裏，宮島是一個對中國友好的日本人士。沈回國前夕，宮島一次訪沈於永田町中國使署相偕外出聚餐，宮島特意稱讚沈：「僕與貴邦人士交，至其性情淡泊，襟懷灑落，以兄為第一。故僕頗惜別。」沈回稱，「東方之人仁」，所以他在日本「甚喜」。並說他「無他長，惟尚不虛詐而已」。[89] 也可以說，正是沈的「淡泊」、「灑落」，以及「不虛詐」，無意中外泄了一個重大的外交機密。

　　與沈筆談次日，三浦來催促宮島將前一天與沈文熒的談話趕快報告岩倉具視。[90] 20 日一早，宮島趕往岩倉家，「詳詳細細地談論了沈文熒的內話，且聽了機密的政略。」此日，天皇臨幸外山學校，格蘭特陪行。[91] 其時，宮島也積極參與到與格蘭特的互動之中。8 月 27 日午後 12 時，他前往延遼館訪格蘭特，因格蘭特前往橫濱未遇。[92] 29 日（一說 28 日），經日本駐美全權公使吉田清成介紹，宮島到延遼館拜見格蘭特，呈送一紙書札。當天日記中，宮島詳細地記錄了會面經過、吉田與格蘭特會談的內容及格蘭特的生平等。[93] 在格蘭特離日前一天的 9 月 2 日，格蘭特將親筆簽名的照片贈送宮島，吉田告知此舉「非同尋常」。[94] 3 日上午，格蘭特從橫濱港出發離日。[95] 8 日，宮島到使館訪沈文熒邂逅黃遵憲，黃遵憲因從報上看到了宮島會見格蘭特的報道，還特意談論了一番。[96] 1880 年（明治十

87. 《宮島誠一郎文書》，C7–3。

88. 同上，C7–3。

89. 同上，C7–3；《宮島誠一郎關係文書》，2146。

90. 同上，A55–3。

91. 同上，B39，A55–3。

92. 同上，A55–3。

93. 同上，A55–3，B39。

94. 同上，B39。

95. 同上，B39，A53–3。

96. 同上，B39，C7–2，A55–3；《宮島誠一郎關係文書》，2135。

三年）2 月 13 日，吉田清成作為全權公使前往美國赴任，宮島託他將自己的一張照片轉贈格蘭特。

格蘭特在日本調停之初，宮島先只在外圍，並沒有深入參與到機密之中。格蘭特上呈給日本天皇的意見書，宮島還是從《內外交際新志》上獲悉的。對此，他異常珍視，將其逐字逐句翻譯成漢文。[97] 但此後，他逐漸深入到日本對華球案交涉較核心的層面中去了。

格蘭特離日後，日本外務大臣作了調整。9 月 10 日，寺島宗則由外務卿轉任文部卿，井上馨則由工部卿轉任外務卿，表明日本政府的對華政策開始調整。具體到球案，因格蘭特調停，日本由原先的強硬對立開始走向外交協商。稍後，日本政府按照格蘭特的「厚意」，計劃分割琉球南島作為球案結局，由其駐華公使宍戶璣具體負責與清廷談判。又派太政官大書記官井上毅前往北京周旋此事，派竹添進一郎為天津領事，從旁協助與李鴻章就球案問題接觸。[98]對於政府的這一系列廟議，宮島瞭如指掌。可以説，在參與格蘭特調停之後，宮島與調整後的新政府的高層關係已相當密切了。1880年（明治十三年）2 月 13 日，吉田清成作為全權公使前往美國赴任前夕，在自宅舉行告別宴會。來會的有參議伊藤博文、外務卿井上馨、上野景範、芳川顯正等，宮島也在應邀者之列，至「夜半歸宅」。席間，宮島將一張照片託吉田轉贈格蘭特。[99] 與伊藤博文和井上馨同席送別駐美公使，應是對宮島在格蘭特調停之事上所貢獻的一種肯定。

對於中國使團來説，何如璋自格蘭特調停以後，心情漸漸安定下來，態度也稍微平和了。一個明顯的標誌是，何如璋正式同意參加興亞會。宮島看到何如璋的名字後也參加此會。3 月 9 日，興亞會在學習院開會，宮島提前一天約何如璋在會上相見，並轉達勝海

97.《宮島誠一郎文書》，B39。

98. 同上，B39。

99. 同上，B39。

舟盛情邀請何的意願。何如璋接宮島信後回覆稱，因事不能參加本次集會，答應第二次集會時前往。他並對宮島一同參加興亞會表示高興，約宮島當日會後到使館小酌。當夜，宮島從興亞會直接到中國使館，同坐者有日本駐中國天津領事竹添進一郎。竹添於次日啟程赴天津。3月13日，何如璋又與宮島同訪勝海舟。[100] 其時，何如璋的注意力主要不在球案，他主動向宮島談起球案，大概在10月11日。當時宮島是為探問伊犁談判進展而去的，筆談最後，何如璋因前一天剛剛看到報紙上刊登了關於球案各文書的始末，以為宮島大概也已看到，而請宮島能否「評之」。宮島以「昨今家有慶事，接應極忙，未閱新聞」作答。[101] 這一時期，何如璋的注意力逐漸轉向當時來日的朝鮮修信使，開始集中精力籌劃朝鮮問題了。[102]

宮島卻不然。何如璋心氣變得稍微平和，使他認為此際應更加用心增進親睦關係，[103] 且一如既往地關注球案的進展。

格蘭特回國後，宮島開始將注意力轉向中國與俄國的伊犁談判。原因是他感到日本政府期望利用中國與俄國的有隙之機解決球案。[104]

關於伊犁問題，早在1878年（明治十一年）12月1日何如璋與宮島談到新疆問題進展時，曾提到「朝廷特派欽差大臣於俄國，以當其事。其人姓崇名厚」。宮島當時顯然對此尚無所用心。[105] 後使團隨員沈文熒在表明中方在球案問題上的強硬立場時，又曾作為中國「不可侮」的一個例證提起，認為俄國「返還伊黎，想不延期」。但當時宮島的注意力完全落在格蘭特身上，所以單將話題轉向格蘭特，並因探查到格蘭特來日目的而萬分欣喜。[106] 格蘭特完成調停回

100.《宮島誠一郎文書》，B39。

101. 同上，B39，C7-3。

102. 同上，B39。

103. 同上，B39。

104. 同上，B39。

105. 同上，C7-1，A53-3。

106. 同上，B39，C7-2；《宮島誠一郎關係文書》，2135。按：時間應在7月18日，詳參上論。

國，中日兩國按照格蘭特的建議重開談判，此後，伊犁問題成為宮島關注的主要問題了。

10 月 11 日，宮島訪中國使館，向沈文熒詳細探問伊犁談判的進展。當時崇厚已與俄國簽約，伊犁問題似已解決，沈文熒即告知伊犁問題的由來及良好結局。宮島進而詢問伊犁地方之廣狹、人口及物產，又詢問烏魯木齊地方之廣狹。沈文熒一一作答。是次訪問，宮島還見到了黃遵憲和何如璋。他向黃遵憲探問崇厚締結條約之事是否屬實。黃遵憲告之「此事真然。外國人皆稱揚之。償金員數僅少云」。宮島表示，這樣的話，自今以後，歐美各國必不鄙視中國，也即日本之「幸福」。同時表示希望中國此際應更加嚴兵備，以禦外侮，一變舊習以擴張國權。如此日本也敬重中國了。黃遵憲則談到中國實行變法較日本之「艱辛」，速度之緩慢，但他還是充滿信心。對此，何如璋作相似表示。[107] 1880 年（明治十三年）初，宮島得知崇厚被奪官位，處以斬監候，駐英法公使曾紀澤將於中國曆六月中赴任俄廷，俄國則派艦隊到了中國海。[108] 6 月間，他聽説俄國因簽約大臣崇厚遭彈劾，拒絕與新派使臣曾紀澤商談。

此時，宮島在球案問題上又獲一大信息。他通過使團探查到中國對朝鮮和日本的政策，使日本對正在進行的球案交涉充滿信心。8 月初，朝鮮修信使一行來日，宮島在日本駐朝公使花房義質的授意之下，參與到修信使與使團的各種交往之中。9 月 23 日，宮島訪黃遵憲，談到對朝策略問題，黃遵憲表示，其基本精神是中日協和，與美國締結條約，以共同防俄。拜訪歸來，宮島在吉井友實的建議之下，帶着黃遵憲的筆談前往內閣向伊藤詳細報告。伊藤聞此「大悦」，稱黃遵憲的意見誠是日本的「幸福」，並將宍戸璣正在北京與總理衙門談判球案的「機密」告訴了宮島。當時雙方談判的條件是，琉球南島的八重宮古二島分給中國，代價是中國將給予歐美各國的內地貿易交通權利同樣給予日本。伊藤認為黃遵憲所體現的清政府對朝政策，預示日方的願望大抵可以達成。伊藤又告訴宮島，

107.《宮島誠一郎文書》，B39，C7-3。

108. 同上，B39。

八重、宮古二島人口物產稀少，但這樣總比兩國失和之惡果幸福幾許。伊藤特別強調此事為「機密」。[109]

球案談判的結果並未如伊藤所預料的。1881 年（明治十四年）1月，宮島收到在北京留學的日本學生山吉盛義於 12 月 6 日發出的信函。信中提到琉球事件出現難題，田部書記官此次歸國專為此事。[110]其時，宮島試圖向使館隨員張滋昉打聽琉球一事的進展，因張答以「琉球之事何星使諒必知之，僕局外人故不過問」而未能獲取信息。[111] 其時，宮島仍關注伊犁談判的進展。1 月 27 日，宮島訪黃遵憲。當時何如璋即將期滿回國，許景澄已被任命為新任使臣前來接替，為此雙方閒談了一番新舊使臣交接之事，接着宮島便開始詢問伊犁談判問題，想確認傳說中的中俄和約已成是否可信，黃遵憲告知「無此事」這一「機密事」。[112]

2 月 3 日，宮島拜訪俄國駐日公使及停泊在橫濱的俄軍艦海軍少將。談到球案，宮島得知，清政府在兩國即將就球案條約蓋印時發生變化。總理衙門請求朝廷裁決，兩宮皇太后因此下令南、北洋大臣發表意見。北洋大臣李鴻章對日本廢滅琉球本感憤懣，心中一直包藏不滿。加上駐東京的何如璋對前些年與外務省談判球案也多有不滿，難免轉告李鴻章，因此宮島擔心北京「有與日本拮抗之意趣」。[113] 這次與俄方人士會面不久，曾紀澤在聖彼得堡與俄國簽訂了《中俄改訂條約》。3 月 3 日，井上毅從中國歸朝，4 日，日本駐華公使宍戶璣暫時滯留長崎。[114] 當時中國與英國甚相契合，俄國也新近與中國和睦，宮島認為中國實對日本有壓迫之勢，不敢大意。[115]

109.《宮島誠一郎文書》，B39。

110. 同上，B39。

111. 同上，C7-5。

112. 同上，B39，C4，C7-5，C12。

113. 同上，B39。

114. 同上，B39。

115. 同上，B39。

　　中俄伊犁條約簽訂，中日球案交涉中途戛然而止，這一切使宮島深為擔憂。他擔心中國會因球案而向日本宣戰。當時何如璋期滿即將回國，先是等待許景澄，繼而等待黎庶昌的到來。臨行前，宮島訪何如璋，轉送宮內卿的餞品。雙方筆談最後，宮島少有地主動表示球案立場，稱：「臨別一言，如公與我則可謂千載知己矣。頃僕與一親友深慮兩國利害，說某大臣，深納之曰：『不以球一事決開禍端也。』此事唯我知之，請閣下一言。」[116]何如璋答稱：「兩國決不因此小事開大爭端，我政府亦是此意。」何如璋的這一「臨別一言」，在宮島看來「所關係兩國實在重大」。他認為如果何如璋歸國後注意此處，則「兩國億萬之蒼生可得幸福，豈是小事？」他五年來以區區之微衷結私下之交誼，所憂慮者也在於此。他自稱這一立場主要受大久保影響：「大久保生前之一言深深銘記在心。」[117]

　　早在使團到來之前，宮島在球案問題上已有立場。如上所述，宮島因擔心「球案早晚會成為兩國的一大問題」而與使團交往。在他看來，解決球案的辦法，按照當時琉球方面與中國方面的立場，「除了兩國相互揖讓，清國讓我，我讓清國，相互默許，遵從舊習，沒有什麼辦法了」。不然，「兩國肯定會開大爭端」。宮島的志向是「維持亞細亞大局」，認為「球事不結，真正的交際不可求」。他「斟酌前後事情，所以有顧慮」。[118]宮島對球案的這一立場，在評述格蘭特上陳日本天皇的意見書中，也有相似表示。宮島最早是從報紙上看到格蘭特臨行前上呈給天皇的意見書的。格蘭特調停的基本立場是，中日兩國屬同一人種，且有着悠久的友好歷史，應該和平共處，相互禮讓。他提醒，歐洲各國對中日兩國均不懷有良好感情，稱：「余觀歐洲政略，其志專在使亞洲人民屈服，以從中攫取私利。余未見一人考慮公利的。」雖然宮島不能保證自己看到的這份上書是否完全真實，但他感到所論「頗精確」。[119]可見，他對於格蘭

---

116. 按：《宮島誠一郎文書》C7-5 作「誠曰：臨別一言，如公與我則可謂千載之知己也。頃僕與一親友深慮兩國利害，說某大臣，大臣深嘉納之，曰：『琉球之事，絕不至開禍端於貴國也。』此事不在世人所知，敢告之閣下。」

117.《宮島誠一郎文書》，B39，C7-5，C12。

118. 同上，B39。

119. 同上，B39。

特以中日兩國和好相讓為前提的調停立場是頗表贊同的。應該説，鑒於當時日本的國力，避免因球案與中國開戰，也是日本政府的基本立場。

四、參與朝鮮問題

如上所説，宮島誠一郎在與黎庶昌的筆談中提到，他曾「與何公使謀」保護朝鮮抵禦俄國之事。的確，朝鮮問題是宮島關注的僅次於琉球問題的另一個重要問題。他的相關活動一定程度為日本政府提供了政策依據。

首先主動提及朝鮮問題的是中國駐日使團，時間是在與日本外務省的球案交涉陷入僵局之時，與球案問題同時被提起。使團與宮島談朝事，以格蘭特調停為界，可分為前後兩個時期。調停之前，使團主要從國際局勢尤其東亞局勢的角度談論朝鮮，目的在於借此勸導日本能基於亞洲大局在琉球問題上繼續和平協商。調停之後，由於球案交涉轉移到北京，使團又奉命推行新的朝鮮策略，因此，朝鮮問題繼琉球問題之後，被作為一個獨立而重要的問題提起。前一時期宮島因完全關注球案，在朝事上用心不着。後一時期由於日本駐朝公使花房的介入，宮島開始在相當程度上參與其中。

前一時期使團提到朝事大概兩次。1878 年 12 月 1 日，何如璋訪宮島。宮島先詢問中國新疆的局勢，何如璋告知新疆之亂已平定，清政府已特派欽差大臣崇厚前往與俄國交涉，繼而談到局勢問題。何如璋指出，熟察亞洲大局，將來為大害者，非英非德非澳，唯有俄國，「俄真虎狼之國」。他認為俄國作禍先發端於朝鮮，而朝鮮一跌，中土則危，中土危，則日本也危，「不可不思」。宮島追問朝鮮近狀及防俄之策。何如璋指出，防俄之策並不是宮島所説的將朝鮮「籍 [120] 以為干城」，而在於勸其與英法通商，以牽制俄國，如此則

---

120. 原文如此。

「中東之禍，庶得少遲」。當時英國正開亞汗之戰，在何如璋看來，其力難保不敗。他認為，如果英國戰敗，則歐洲大局「立失平均」，俄國將縱強暴之勢轉向東方，亞洲必將陷入危險境地。宮島進而追問假使亞洲陷入危境，應採用何種辦法？何如璋答稱，「無他，鄰國相援，唇齒相持」。他認為，以前英法相合而威震歐洲，但如今英與法疏離，「忽失威」，所以若中國與日本能相合為一，則歐洲雖強，「未足畏」。應該說，何如璋此時談國際局勢及朝鮮問題，所關切的是球案。他借亞洲局勢問題提示日本不應在球案上與中國為難。因此，會談最後，他提到曾致照會給外務省試談球事，但外務省卻「未有答」。他強調「中東比鄰，素不可不唇齒相依」，稱琉球在中國與日本之間還好，如果「謬落外人之手」，則為「東洋禍根」，應該尋找「兩便之法」。這裏的外人，主要指俄國等歐洲國家。宮島卻勸何如璋，中國地廣人眾，對於「眇々小島」，不必「介意」，應「置之度外」。何如璋則表示，他奉朝廷之命，「不能無言」。[121] 與何如璋一樣，宮島所關切的更在球案。這是使團首次提到朝鮮問題。

　　使團第二次談到朝事，大約在日本試圖廢琉球為郡縣前夕，也由球案而起。當時何如璋正努力與外務省交涉球案，但外務省來文不是「只有虛辭，無一實語」，就是不予回覆，不但不論理之曲直，還要求何如璋「不必與聞」球案。為此，使團準備以回國相抗議。1879 年（明治十二年）3 月，黃遵憲和沈文熒訪宮島，對外務省這種違背中日《修好條規》精神的做法表示氣憤，更表示日本這種「失好」於中國的作為無疑會開啟兵端，並詳細分析日本難以戰勝中國之多種理由。宮島聞此，不免深深感嘆「歐洲爭亂之氣今將波及亞洲」。黃遵憲於是談到中國的亞洲大局觀。他強調，自台灣問題以來，中國的立場一直堅持「為維持亞洲大局起見」，指出何如璋送呈李鴻章的報告也旨在防禦俄國，「聯絡亞洲大局」。這使宮島聯想到此前何如璋與他曾談到俄國對中日兩國的危險，黃遵憲並提到「朝鮮亦在其中」。由於雙方急切關注琉球問題，因此均沒有進一步深談朝鮮問題。[122]

121.《宮島誠一郎文書》，B39，C3，C7–1，A53–3。

122. 同上，B39，C7–2，C9。

應該説，這一時期，中國使團主動提朝鮮問題，主要為推動球案的解決。但其實他們心中已有朝事，而這與使團的時局觀密切相關。從使臣何如璋的各種論述中可以看到，他心目中是有一幅明確的國際關係總圖。主軸是英國和俄國，所謂正當「英俄兩國爭雄海上」之時。法、美、德、英是一個陣營，俄國則是另一個陣營，其猶如戰國時期的秦國，前者時時注意牽制俄國在世界範圍內的擴張。何如璋認為，英俄在歐洲爭取的焦點是土耳其，在亞洲爭奪的焦點首先是朝鮮。在他看來，隨着俄國在土耳其的擴張受到遏制，其注意力已漸漸轉移到亞洲，而朝鮮關係亞洲大局，較歐洲的土耳其「尤為要衝」。對於何如璋來説，他對英俄兩國均無好感，認為「英如狐，俄如虎，一圖利，一圖土地，均宜防」。然而對於圖謀土地的俄國，何如璋認為首先須要防備。[123] 可以説，他對朝鮮問題的關注絕非一時興起，實是稍後清政府對朝新政策的一個重要組成部分。只是，在球案問題膠着時期，朝鮮問題還沒有提到議事日程。這一時期，宮島對朝事也還沒有相應的關注，主要是被動受聽，隨聲應和。

宮島之深入參與到朝事，大約在 1880 年夏朝鮮修信使訪日之時。對他產生重要影響的是日本駐朝公使花房義質。

其時，中國使團開始奉命推進新的對朝政策。1879 年 4 月 4 日，日本廢滅琉球，改為沖繩縣，清政府由此深感朝鮮地位之危機，決定勸導朝鮮開港通商以免重蹈琉球覆轍。1879 年 8 月，清政府指令李鴻章以個人名義致信朝鮮前太師李裕元轉達清政府旨意，但幾經「開導」，終難奏效，朝鮮只對派員到中國學習制器及練兵購器感興趣。至 1880 年 1 月間，李鴻章最終認為「朝鮮既堅不欲與西人通商，中國自難強勸」，感到朝鮮開港一事，「殆非一朝夕之功」，要求總署把他這一想法轉達朝廷。[124] 在李鴻章等勸導朝鮮工作陷入困境時，駐日的何如璋使團承擔起了勸導朝鮮開港這一重任。

---

123. 詳參戴東陽：《晚清駐日使團與甲午戰前的中日關係（1876–1894）》（北京：社會科學文獻出版社，2012），頁 84–85。

124. 〈北洋大臣李鴻章函〉（光緒五年十一月十五日、光緒六年二月初九日），《清季中日韓關係史料》卷 2，頁 394、397。

勸導的時機是 1880 年（光緒六年）夏天，朝鮮禮曹參議金弘集為首的修信使團的日本之行。朝鮮修信使來日時，球案正按格蘭特調停的意見，由日本駐華公使宍戶璣在北京與總理衙門商談，宮島的注意力仍時刻在琉球問題上，均如上所述。1880 年 8 月日本駐朝公使花房義質的來訪，使宮島開始關注朝事了。

13 日，花房拜訪宮島，直接透露內情。他說修信使此番來日，不到日本大臣參議家行通誼之禮，名為修信，其實破好。宮島於是為花房出謀劃策。他認為，鑒於朝鮮與中國的事大關係，修信使一定會與中國使臣聯絡，建議日本應乘中國使臣駐紮之際，使中日韓三國相聚，「修文酒之好」。花房聞此「大悅」。此後，26、27、28日連續三天，宮島先訪花房；又偕同花房同車拜訪何如璋，「敍述衷曲」，頗得何如璋認可；再為嚮導，帶着花房去本願寺會見朝鮮修信使正使金宏集和副使李祖淵，相約不日三國相會。[125] 29 日，花房做主，在王子飛鳥山莊涉澤別莊設盛宴。朝鮮正使金宏集、副使李祖淵、學士姜瑋，中國使臣何如璋、參贊黃遵憲，以及日本文士數十名來會，詩歌酒唱酬，各個揮毫。席間，宮島對金宏集說，當日之會，係三國交歡，「曠古所稀」，希望「以後永遠和好，應有大益於兩國」。金宏集稱是。宮島又說，他自何如璋東來，「相共（原文如此）交尤厚且久」，意在專門聯絡三大國而興起亞洲，金宏集此來，「若不異此志，則可謂快矣」。金宏集也附和。宮島尤其重視何如璋所稱讚他的「栗香先生深重同洲之誼，所慮深且遠。今日之會，素非偶然」。在筆記本中，他在「深重」兩字之下加註圈點。[126] 飛鳥山莊之會，開啟了宮島與朝鮮修信使及中國使團的聯絡。

9 月 1 日，宮島在修信使回國前夕「特來」淺草本願寺寓居拜訪朝鮮修信使，先後與李容肅、李祖淵、姜瑋和尹雄烈筆談。他請李祖淵「揮毫」，表示將把李所寫的兩首五言詩裝飾起來，「以懸座右」。最後他請正使金宏集在他因「清國使臣何公等來重修舊學」而整理的《養浩堂集》上「書寫數字」。臨別，宮島又稱，「自

---

125. 《宮島誠一郎文書》，B39，A56–3。

126. 同上，B39；C7–4。

今兩國之事，當把臂彼此竭誠」。[127] 9 月 2 日，宮島給何如璋寫了一封長信，寄上詩稿三卷請何如璋刪定，接着對何如璋「奮臨」飛鳥山莊聚會表示感謝。信中，他詳述衷懷，希望「自是當謀亞洲之振興」。[128] 何如璋在回信中，談改詩，而未談朝事。[129] 宮島在修信使一行歸國時，又前去東本願寺告別。待黃遵憲到來，他才離開。[130]

朝鮮修信使的日本之行，是中國對朝關係上的一件大事。何如璋素知北洋李鴻章屢次致書勸諭朝鮮開港，而南洋劉坤一也主張此議，在修信使來之前，已「荷承總署指示」，「勸令外交」。8 月 23 日和 9 月 7 日之間，何如璋和黃遵憲與金宏集以筆談形式，就朝鮮正在與日本商議的條約問題、遠東的國際關係及朝鮮開國等外交諸問題，反覆多次進行深入交流。會談之後，何如璋又因擔心語言不通，靠筆談不能「盡意」「盡言」，命隨從參贊黃遵憲寫就〈朝鮮策略〉一文，由金弘集帶回朝鮮。[131] 金宏集回國之後，將黃遵憲的〈朝鮮策略〉上呈朝鮮國王，最終促使朝鮮接受開港通商建議。朝鮮之議由此一變。[132]

從現有資料看來，宮島並不詳知使團與修信使一行之間深入切磋開港問題。但在修信使回國後不久，他很快了解到清政府對朝政策的最新精神。9 月 23 日，宮島拜訪黃遵憲。會談中，黃遵憲指出，當前亞洲唯一的禍患是俄國。俄國蠶食東方，目標針對朝鮮。黃遵憲的這一認識前提與之前宮島從何如璋口中所聽聞者完全一致。黃遵憲進而指出，在防俄大前提之下，為保全朝鮮，也為保全亞洲，具體對策是中國與日本早日協和，去除固陋弊習，同時與歐美通商，首先應與美國締結條約。黃遵憲對美國多有讚詞，稱其為「仁愛之國」。[133]〈朝鮮策略〉的基本精神是「親中國，結日本，聯美

127.《宮島誠一郎文書》，C7–4。

128. 同上，B39，C7–4。按：B39 和 C7–4 兩信內容不同。

129. 同上，C7–4。

130. 同上，B39。

131.〈出使大臣何如璋函〉（光緒六年十月十六日），《清季中日韓關係史料》第 2 卷，頁 438。

132. 詳參戴東陽：《晚清駐日使團與甲午戰前的中日關係（1876–1894）》，頁 72–83。

133.《宮島誠一郎文書》，B39。

國」以防俄，這裏黃遵憲與宮島所論，正是稍後草就的〈朝鮮策略〉的基本精神。

次日，宮島訪吉井友實談與黃遵憲的筆談。吉井認為宮島應該跟伊藤博文談談。[134] 25 日，宮島赴內閣，將黃遵憲的筆談展示給伊藤，並談論委細，伊藤「大悦」。伊藤認為黃的這種意見，實是日本的「幸福」。當時宍戶璣正在北京與總理衙門談判球案。伊藤認為，從宮島所報告的清政府的對朝政策來看，日本球案交涉的願望「大抵可以達成」。[135] 只是，伊藤的預見最後並沒有實現。

黃遵憲在琉球問題上雖參與機要，但一直未透露隻言，但在朝鮮策略上卻向宮島和盤托出，這因與其「結日本」的主張有一定關係。使團提出「結日本」，主旨在於防俄，這也可以説是日本政府的意願。其時，日本政府不斷向使團表達急切共同防俄的願望，從亞洲大局出發，主動提議中國應及早加強對朝籌劃和保護，同時還主動向朝鮮國王表達聯合訪俄的友好意願。何如璋使團是相信日本的誠意的。使團提議「結日本」，也基於對日本國力的看法，認為當時日本還沒有能力對朝鮮構成足夠的危險。這一點在〈朝鮮策略〉中有明確論述。[136]

新的朝鮮政策的具體實施在北京、天津和漢城之間進行。修信使回國，使團也完成了其歷史使命。因此此後，宮島在與何如璋使團來往筆談中，詳細談論朝鮮問題的不多見。只是，使團試圖通過聯絡亞洲各國抵禦俄國的思想既已為宮島所熟知，因此，宮島在後來與使團筆談，詢問球事或者中俄伊犁交涉進展時，時不時會表達這一想法。[137]

134.《宮島誠一郎文書》，B39。

135. 同上，B39。

136. 詳參戴東陽：《晚清駐日使團與甲午戰前的中日關係（1876–1894）》，頁 83–89。

137.《宮島誠一郎文書》，C7–5。

　　相比較琉球問題而言，宮島對朝鮮問題的關注還遠沒有那麼迫切。這與宮島是大久保利通的追隨者，當時征韓派已離開政府，朝鮮問題尚未受日本政府深切關注應有一定關係。

　　綜上所述，可以得出以下幾點結論：一、宮島與中國駐日使團交往的思想基礎，是他對孔孟聖教的高度認同，以及他真誠倡導的中日同盟思想；建立與使團常規聯繫的紐帶，則是探討漢詩、漢文。二、宮島與使團的交往，一開始就擔負為日本政府提供情報的特殊使命。而其關注首先在球案，將它視為影響兩國關係的「一大問題」。三、宮島在球案問題上的作為成效較顯著。他通過使團隨員不經意間透露的情報，了解到格蘭特調停球案這一外交機密，日本政府因此及時調整球案政策，並最終贏得了球案交涉的主動權。四、宮島認為當時朝鮮問題的重要性次於球案，對其關注不及對球案，但他奉承日本駐朝公使花房義質之意，積極參與朝鮮修信使的訪日活動，所獲關於中國對朝新策略的情報，很受日本政要讚賞。五、宮島與首屆使團建立的「友好」關係，充分奠定了他此後與歷屆中國使團交往的基礎。

第七章

「世界史地」與「國際法」知識和近代東亞「地理想像」的生產、流通與嬗變
研究與展望

潘光哲
中央研究院近代史研究所

一、東亞的「知識倉庫」

　　西力東漸，中國人所見所聞之西風外俗，為亙古以來未曾經驗的。隨着中西接觸、互動引生的歷史經驗極其複雜，人們漸次了解世界局勢，逐漸知道中國僅是世界諸國之一，並不特居優越地位。中國固然物盛地廣，「蠻夷之邦」同樣也是花花世界（甚至繁庶廣博，猶而過己）。對於外在世界的認知，對其面貌的了解，導生的結果，相當多樣，向為史家關注。[1] 在這個中西接觸互動的過程裏，為了要認識、了解整個世界的情勢，中國知識人開始步上了「世界知

---

1. 總論式的相關研究如：郝延平、王爾敏：〈中國中西觀念之演變，1840–1895〉，費正清、劉廣京主編，張玉法主譯：《劍橋中國史・晚清篇》（台北：南天書局，1987），下冊，頁153–216；王爾敏：〈十九世紀中國士大夫對中西觀念之理解及衍生之新觀念〉，《中國近代思想史論》（台北：華世出版社，1977），頁1–94；鍾叔河：《走向世界：近代中國知識分子考察西方的歷史》（北京：中華書局，1985）。餘例不詳舉。

識」[2] 的追求之路，建立了堂皇的「知識倉庫」（stock of knowledge），為中國因應世局的變易，提供了豐富的「思想資源」（intellectual resources）；知識人可以隨其關懷所至，自由進出這座包羅萬象、時時刻刻都處於建設過程並似是永無完工之日的「知識倉庫」，開展自身的獨特知識／思想旅程，閱讀思想之所得，或著書立說，或纂輯益世，或為利之所趨，一部又一部的書籍，在當時的「文化市場」（cultural markets）上流通廣傳，從而為整體思想界的「概念變遷」（conceptual change）提供各式各樣可能的動力來源。[3]

然而，就 19 世紀的東亞整體脈絡觀之，「知識倉庫」的構成來源及其影響，非僅限於中國一隅，「知識倉庫」可供應的「思想資源」，絕非中國知識人獨享，日本及朝鮮的知識人群體亦嘗受益於來自中國的「知識倉庫」。如在日本近代思想史上佔有一席之地的加藤弘之（1830–1916）[4] 撰著之〈鄰艸〉（1862 年 12 月完成），[5] 假大清帝國之情勢而呼籲日本自身推動改革的論著，對「立憲政體」之導入

---

2. 「世界知識」是筆者杜撰的辭彙。恰如當代英國文化／媒體研究巨擘霍爾（Stuart Hall）之論說，現代媒體提供的首要文化功能是：供應與選擇性地建構「社會知識」、社會影像，透過這些知識與影像，我們才能認知「諸種世界」、諸如其他人們「曾經生活過的實體」，並且，我們也才能把他們的及我們的生活，以想像方式建構成為某種可理解的「整體的世界」（world-of-the-whole）和某種「曾經存在過的整體性」（lived totality）。參見：Stuart Hall, "Culture, the Media and 'ideological effect'," in *Mass Communication and Society,* James Curran, et al., eds. (Beverly Hills, CA: Sage, 1979), 340–341. 筆者師法其意，將關於透過媒體提供的各式各樣具有幫助認識／理解外在現實世界之作用的（零散）訊息／（系統）知識，統稱為「世界知識」。

3. 潘光哲：〈追索晚清閱讀史的一些想法：「知識倉庫」、「思想資源」與「概念變遷」〉，《新史學》，第 16 卷第 3 期（2005 年 9 月），頁 137–170。王汎森述說了日本導進的「思想資源」，參見：王汎森：〈戊戌前後思想資源的變化：以日本因素為例〉，（香港）《二十一世紀》，第 45 期（1998 年 2 月），頁 47–54，對筆者甚有啟發；不過，他並沒有處理本章探討的課題。

4. 相關研究如：田畑忍：〈加藤弘之〉，《人物叢書新裝版》（東京：吉川弘文館，1986〔1959初版〕）；吉田曠二：《加藤弘之の研究》（東京：大原新生社，1976）；李永熾：〈加藤弘之的早期思想與日本的近代化（一八三六－一八八二）〉，《日本近代史研究》（台北：稻禾出版社，1992），頁 41–111。

5. 加藤弘之：〈鄰艸〉，〈政治篇〉，《明治文化全集》第 3 卷（東京：日本評論社，1952〔改版〕），頁 3–14；加藤弘之完成〈鄰艸〉寫作時間，據：松岡八郎：《加藤弘之の前期政治思想》（東京：駿河台出版社，1983），頁 7。

日本，影響深刻。[6] 細繹加藤弘之撰述〈鄰艸〉的資料依據，如大清帝國官僚徐繼畬（1795–1873）編撰的《瀛寰志略》（1848 年出版），[7] 就可能是加藤弘之論說的引據之一，[8] 顯示了當時的「知識倉庫」正儲備着足可讓東亞知識人分潤共享的「共同知識文本」。[9]

　　個人基於前此的研究經驗，深有所感。即如日本及朝鮮的知識人群體固曾受益於來自中國的「知識倉庫」，日本知識人同樣也曾扮演「知識倉庫」的建設者的角色（下詳）。因是，管見以為，此際吾人理解近代中國的變遷，實應擴張視野，超越「中國中心」的本位；同樣的，日本或韓國學界的研究成果也往往各以其國族為中心視角，研析所得，難免亦有所局限。如果能在前此各國既有研究之基礎上，放寬知識視野，從多重的方位與資料進行審視、理解和詮釋，以中、日、韓（朝鮮時代）三國彼此交涉互聯而又自顯特色殊相的共同課題進行整合探討，可以揭示的歷史空間必然寬廣無邊，能夠再現的歷史圖像也是豐富多樣。「世界史地」與「國際法」的知

---

6. 鳥海靖：《日本近代史講義：明治立憲制の形成とその理念》（東京：東京大学出版会，1988），頁 27；奧田晴樹：《立憲政體成立史の研究》（東京：岩田書院，2004），頁 35–37。當然，加藤弘之以述說世界萬國的「政體」類型，比較彼此之優劣為視角，尋覓改革之道的思路，不以〈鄰艸〉為終點，如加藤弘之稍後出版的《立憲政體略》（1868）雖仍倡言「君民同治」的「立憲政體」，對「政體」之分類，與〈鄰艸〉則有異同，不詳論；參見：奧田晴樹：《立憲政體成立史の研究》，頁 63（「表 1：政體分類の異同」）。

7. 徐繼畬自 1843 年起意著書以明瞭域外世界，曾草成《輿圖考略》，後再改纂為《瀛寰考略》，最後改為《瀛寰志略》，1848 年初刻於福州。參見：陳存恭：〈徐繼畬事略及其《瀛寰志略》〉，任復興主編：《徐繼畬與東西方文化交流》（北京：中國社會科學出版社，1993），頁 8–9。

8. 劉岳兵認為，加藤弘之〈鄰草〉描述英國制度的辭彙「爵房」、「鄉紳房」，即援引自徐繼畬《瀛寰志略》。參見劉岳兵：〈日本における立憲政體の受容と中国加藤弘之の〈鄰草〉をめぐって〉，《北東アジア研究》第 17 号（2009 年 3 月），頁 94、101；不過，普魯士傳教士郭實獵（Karl Friedrich August Gützlaff, 1803–1851）主持編纂事宜的《東西洋考每月統記傳》，在 1838 年刊出之「英吉利國政公會」系列文章，言及英國「國政公會」，已使用「爵房」與「鄉紳房」兩個辭彙，徐繼畬《瀛寰志略》對英國政體構成之述說，其實本乎《東西洋考每月統記傳》。參見：潘光哲：〈追尋晚清中國「民主想像」的軌跡〉，劉青峰、岑國良主編：《自由主義與中國近代傳統：「中國近現代思想的演變」研討會論文集（上）》（香港：中文大學出版社，2002），頁 136（「表 1《東西洋考每月統記傳》與《瀛寰志略》關於英國『職官』體制的述說對照表」）。

9. 即如梁台根以《佐治芻言》為中心，就這部曾於中、日、韓三國流傳的「共同文本」，如何展現了當時引進、傳播和吸收西方知識的場景，也指陳東亞內部複雜的知識傳播互動脈絡，參見梁台根：〈近代西方知識在東亞的傳播及其共同文本之探索以《佐治芻言》為例〉，《漢學研究》，卷 24 期 2（2006 年 12 月），頁 323–351；不過，他並未注意「世界史地」與「國際法」方面的情況。

識領域及其導引觸發的「地理想像」，[10] 正是近代東亞世界曾經共有交集卻又自展風華的主題。[11]

二、「世界史地」與「國際法」知識的轉變

　　整體而言，從 1830 年代以降，西方傳教士與中國知識人共同致力在「世界史地」與「國際法」的知識領域裏，生產製作了東亞世界能夠同潤均享的「共同知識文本」，除了前述《瀛環志略》之外，餘如魏源（1794–1857）纂輯的《海國圖志》（1842 年首度出版，1852

---

10. 「地理想像」（geographical imagination），借用自 David Harvey 的論說，他取法 C. Wright Mills 的《社會學想像》（The Sociological Imagination），指陳「地理想像」（他亦用「空間意識（spatial consciousness）」一辭）對於城市規劃的概念性意義。David Harvey 指出，「地理想像」「能使個人得以確認空間與地點在自己的生命史上的角色，使他可以對目視所及的空間環境和自己發生關聯，使他能夠確認個人與組織之間的具體事務，是如何受到把它們隔離開的空間影響。它可讓他去確認自己與四鄰、自己與領域所及（territory），或者自己與「地盤」（turf）（用街頭幫派的語言）之間的關係。無論他當下身處何方，它可以使他判斷在其他地區（在其他人的「地盤」上）的事件與己身的相關性，如判斷共產主義向越南、泰國和寮國的進軍，是否與己有關。它也可以使他能夠有創意地仿效和利用空間，能夠理解其他人創造的空間形式的意義」，見：David Harvey, Social Justice and the City (Baltimore: Johns Hopkins University Press, 1973), 24–25；當然，geographical imagination 亦有自身的概念形成史，本章不擬詳探，參見："Geographical Imagination," in The Dictionary of Human Geography, R. J. Johnston ed.(Oxford: Blackwell Publishers, 2000), 298–301；就具體個案言，即如 Susan Schulten 所述，因為政治、文化與社會需求，會形成關於地理和空間的新概念，它們又回過頭來影響了歷史與文化。以某種空間結構概念來區分我們生活的世界，既可以確證歐亞大陸之所在，亦可用來建立第一、第二與第三世界的認知架構。藉助於現代科技，地理知識當然打破了過往的迷思或真假難辨的認知，可以具體明確地指出某個地方之所在，當然也就建立了所謂超歷史的真實（transhistorical truth），好比說，台灣是個島嶼。人們沒有辦法親臨其境，地理知識就是可以讓人認識和想像某個地方的憑藉（因此可以說，科學，就是讓「真正的」地理知識在公眾生活裏「正當化」的主要憑藉／依據）。她以 19 世紀末期以降至 1950 年美國崛起為世界霸權的歷程，說明美國地理學界（與地理組織，如國家地理學會〔National Geographic Society〕）如何為因應／滿足現實需求（其中當然也免不了商業利益，如地圖的「消費」、學校地理教科書的競爭），在生產地理知識（與各級學校裏的地理課程內容）方面的變化，以及美國公眾的回應，參見：Susan Schulten, The Geographical Imagination in America, 1880–1950 (Chicago: University of Chicago Press, 2001)；但是，Susan Schulten 並未引用 David Harvey。

11. 筆者前此已經研究過中國的情況，見潘光哲：〈中國近代轉型時期的「地理想像」（1895–1925）〉，載王汎森主編：《中國近代思想史的轉型時期》（台北：聯經出版事業股份有限公司，2007），頁 463–504。

年增補為 100 卷出版），[12] 便是「知識倉庫」裏重要的「共同知識文本」之一，其傳入日本、朝鮮，影響非小；[13] 又若大清帝國同文館總教習的傳教士丁韙良（William Alexander Parsons Martin, 1827–1916）翻譯的《萬國公法》（1864 年出版），[14] 也是「國際法」知識引進東亞世界的「共同知識文本」之一，影響深遠（下詳）。諸若《海國圖志》、《瀛環志略》與《萬國公法》等，同時在東亞世界流通，廣受閱覽，引發了多重多樣的歷史效應。由於「世界史地」知識的生產流傳，挑戰轉化了既有「知識世界」的內部結構，知識人的國際認識藉此漸形擴展，普遍知曉地球上存在着各式各樣的國家，各國家民族均自有其歷史、政治體制與文化，既有的宇宙觀和世界觀就此傾覆，傳統以「華夷觀」為基礎而構成的世界秩序也面臨崩解，思想觀念的變易就此促生了「新的思想論域」。在這樣的知識／認知基礎上，被西方帝國主義諸國家強力打開「門戶」的東亞三國，率皆被納入了國際社群（international community）的行列，既開始接受以現代西方「國際法」知識作為應付西方帝國主義諸國家的「遊戲規則」，將之作為因應處理現實事務的準則；三國之間的彼此往來互動，竟也逐漸依循同樣的「遊戲規則」作為規範理據。亦即，「世界史地」與「國際法」知識實在深具「實用」的價值與意義。統攝而言，來自西方的現代「世界史地」與「國際法」知識匯流合聚，正為「地理想像」的生產與流通，提供源源無盡的動力。藉着「地理想像」開鑿的空間，西方現代民族國家為典範的國際秩序，好像不證自明，知識人將自身國族現實處境的認識定位、自身國族命運和東亞區域的關係、自身國族前景與世界寰宇的聯繫，結繩串聯，思索想像發生在各方地理空間的諸般事件與個體（以及國族、東亞區

---

12. 魏源的《海國圖志》，最先為 50 卷，於 1842 年亦即「鴉片戰爭」甫結束即出版，經增補為 60 卷，1847 年再刊，1852 年復擴增為 100 卷刊行，即今日一般所見版本，見王家儉：《魏源年譜》（台北：中央研究院近代史研究所，1967），頁 132–134。

13. 魏源《海國圖志》對日本的影響，參見源了圓：〈幕末・維新期における「海国図志」の受容佐久間象山を中心として〉，《日本研究》，第 9 卷（1993 年 9 月），頁 13–25（餘例不詳舉）；《海國圖志》對朝鮮「開化思想」之形成，大有影響，參見李光麟：〈《海國圖志》의韓國傳來와그影響〉，《韓國開化史研究》（漢城：一潮閣，1969），頁 2–18；姜在彥：《近代朝鮮の思想》（東京：明石書店，1996），頁 97（餘例不詳舉）。

14. 丁韙良譯：《萬國公法》，「同治三（1864）年歲在甲子孟冬月鐫・京都崇實館存板」本（台北：中央研究院歷史語言研究所傅斯年圖書館藏）。

域與世界寰宇）的相關性。可以說，知識人自身理解因應現實局勢變化，推動各種改革事業的思維想像空間，無限擴張強化，從此為近代東亞的思想世界，編織出五彩繽紛的光譜。

　　大致而言，既存研究「世界史地」與「國際法」的知識領域在近代中國、日本和韓國的成果，豐富多樣，卻大都難以超越既存的國族中心之視角。就「世界史地」知識的研究言之，漢語方面如鄒振環和郭雙林對西方地理學在晚清中國的整體述說，[15] 熊月之對晚清社會「西學東漸」的樣態，也有綜合的描述；[16] 英文方面則對魏源、徐繼畬之研究，已有專著，[17] 柯瑞佳（Rebecca E. Karl）討論了「嶄新的全球意識」（consciousness of a new globality）在近代中國產生的因緣；[18] 日文方面如《鎖國時代日本人の海外知識：世界地理‧西洋史に関する文獻解題》是文獻資料的介紹，姜在彥則對朝鮮時代接受「西學」的情況述論甚多；[19] 韓國方面，則已知曉如李光麟與李元淳皆為重要研究者。[20] 如可承繼彼等業績，再予深化，自可創生更形豐富的知識空間。

　　在研究「國際法」知識的方面，最具代表性的整體成果是日本「東アジア近代史學會」發刊之《東アジア近代史》推出的兩份專

15. 鄒振環：《晚清西方地理學在中國以 1815 至 1911 年西方地理學譯著的傳播與影響為中心》（上海：上海古籍出版社，2000）；郭雙林：《西潮激盪下的晚清地理學》（北京：北京大學出版社，2000）。

16. 熊月之：《西學東漸與晚清社會》（上海：上海人民出版社，1994），修訂版：熊月之：《西學東漸與晚清社會》（北京：中國人民大學出版社，2011）。

17. Fred W. Drake, *China Charts the World: Hsu Chi-yü and his Geography of 1848* (Cambridge, MA: Harvard University Press, 1975). Jane Kate Leonard, *Wei Yuan and China's Rediscovery of the Maritime World* (Cambridge, MA: Harvard University Press, 1984).

18. Rebecca E. Karl, *Staging the World: Chinese Nationalism at the Turn of the Twentieth Century* (Durham, NC: Duke University Press, 2002).

19. 開国百年記念文化事業会編：《鎖国時代日本人の海外知識：世界地理‧西洋史に関する文献解題》（東京：乾元社，1953）；姜在彥：《朝鮮の開化思想》（東京：岩波書店，1980）；姜在彥：《西洋と朝鮮：その異文化格闘の歴史》（東京：文藝春秋，1994）；姜在彥，鈴木信昭譯：《朝鮮の西学史》（東京：明石書店，1996）。

20. 李光麟：《韓國開化史研究》（漢城：一潮閣，1969）；李光麟：《韓國開化思想研究》（漢城：一潮閣，1979）；李光麟：《開化派和開化思想研究》（漢城：一潮閣，1989）；李元淳，王玉潔、朴英姬、洪軍譯：《朝鮮西學史研究》（北京：中國社會科學出版社，2001；原著未見）。

號:「東アジアにおける万國公法の受容と適用」[21] 與「アジアにおけ
る近代國際法」,[22] 惟因限於期刊篇幅,各文之述説,不乏可再細膩
描摹之處。[23] 韓相熙則藉檢討既有研究之成果,指陳「中華秩序之內
容」與「歐羅巴公法之性格」,作為研究「國際法」知識在東亞流播
的前提和假設這等「通説」,實應再為檢討。[24] 阪元茂樹雖聲言欲擬
比較「國際法」知識在日本與朝鮮的情況,其研究已公開出版者,
仍僅注意日本方面的情形。[25] 至於研究「國際法」知識進入東亞三國
的個別樣態方面,成果亦稱豐碩。如徐中約、田濤與 Rune Svarverud
俱有專著述說晚清中國的情況,[26] 劉禾則從「後殖民理論」的視野進

21. 此一「東アジアにおける万国公法の受容と適用」専号(《東アジア近代史》,通号 2〔東京:ゆまに書房,1999 年 3 月〕),主要收錄以下三文:安岡昭男:〈日本における万国公法の受容と適用〉,載金容九、月脚達彦譯:〈朝鮮における万国公法の受容と適用〉;川島真:〈中國における万国公法の受容と適用「朝貢と条約」をめぐる研究動向と問題提起〉。

22. 此一「アジアにおける近代国際法」専号(《東アジア近代史》,通号 3〔東京:ゆまに書房,2000 年 3 月〕),主要收錄以下六文:茂木敏夫:〈中國における近代國際法の受容「朝貢と条約の並存」の諸相〉;川島真:〈中國における万国公法の受容と適用・再考〉;野澤基恭:〈日本における近代國際法の受容と適用高橋作衞と近代國際法〉;伊藤信哉:〈一九世紀後半の日本における近代国際法の適用事例 —— 神戸稅関事件とスエレス号事件〉;塚本孝:〈日本の領域確定における近代國際法の適用事例先佔法理と竹島の領土編入を中心に〉;廣瀬和子:〈アジアにおける近代國際法の受容と適用〉。另有從世界史角度比較討論伊斯蘭「世界秩序」情況的論文:鈴木董:〈イスラム世界秩序とその變容世界秩序の比較史への一視点〉。

23. 舉例而言,金容九之專著:金容九、權赫秀譯:《世界觀衝突的國際政治學東洋之禮與西洋公法》(北京:中國社會科學出版社,2013),實展現其思考「國際法」知識在東亞(當然,就其主題關懷而言仍為朝鮮)的整體樣態,特別強調源自西方的「國際法」知識與傳統東方的「天下秩序」(以「禮」為原理)之世界觀衝突的意涵,較諸前引專文:金容九、月脚達彦譯:〈朝鮮における万国公法の受容と適用〉(《東アジア近代史》,通号 2),更為充實。

24. 韓相熙:〈19 世紀東アジアにおけるヨーロッパ国際法の受容(一)日本の学者達の研究を中心に ——〉,《法政研究》,卷 74 号 1(福岡:2007 年 7 月),頁 204–234;韓相熙:〈19 世紀東アジアにおけるヨーロッパ国際法の受容(二)中国の学者達の研究を中心に ——〉,《法政研究》,卷 74 号 2(福岡:2007 年 10 月),頁 203–232;韓相熙:〈19 世紀東アジアにおけるヨーロッパ国際法の受容(三)韓国の学者達の研究を中心に ——〉,《法政研究》,卷 74 号 3(福岡:2007 年 12 月),頁 283–316;韓相熙:〈19 世紀東アジアにおけるヨーロッパ国際法の受容(完)—— 結論と著作目録 ——〉,《法政研究》,《法政研究》,卷 74 号 4(福岡:2008 年 3 月),頁 235–294。

25. 坂元茂樹:〈近代日本の國際法受容をめぐる一考察(一):日韓の比較を交えて〉,《關西大學法學論集》(吹田:2004 年 5 月),頁 50–81。

26. Immanuel C. Y. Hs(徐中約), *China's Entrance into the Family of Nations: The Diplomatic Phase, 1858–1880* (Cambridge, MA: Harvard University Press, 1960);田濤:《國際法輸入與晚清中國》(濟南:濟南出版社,2001);Rune Svarverud, *International Law as World Order in Late Imperial China: Translation, Reception and Discourse, 1847–1911* (Leiden & Boston: Brill, 2007);一般研究論文不詳引。

行討論;[27] 而林學忠之研究則「後來居上」,最稱精要。[28] 日本方面,
有尾佐竹猛的古典研究 [29],以及 John Peter Stern 的英語專著,[30] 一般研
究論文亦稱繁多;[31] 韓國方面,崔南烈(Nam-Yearl Chai)已有研究。[32]
日語研究有徐賢燮之專書,[33] 論文也稱繁多;[34] 韓文的研究,則已
知曉金世民的專著。[35] 至於 19 世紀以降中國、日本和朝鮮的交流互
動,相關研究,亦稱繁多。[36] 不過,結合「世界史地」與「國際法」
兩方面,探索中國、日本和朝鮮同潤共享的「共同知識文本」的情

27. Lydia H. Liu, "Legislating the Universal: The Circulation of International Law in the Nineteenth Century," in idem., edited, *Tokens of Exchange: The Problem of Translation in Global Circulations* (Durham, NC: Duke University Press, 1999), 127–164。

28. 林學忠:《從萬國公法到公法外交:晚清國際法的傳入、詮釋與應用》(上海:上海古籍出版社,2009)。

29. 尾佐竹猛:〈近世日本の国際観念の發達〉(1932)、〈万国公法と明治維新〉(1933)、〈国際法より觀たる幕末外交物語〉(1926),明治大学史資料センター(監修):《尾佐竹猛著作集・維新史》(東京:ゆまに書房,2005),卷 13–14。

30. John Peter Stern, *The Japanese Interpretation of the "Law of Nations", 1854–1874* (North Charleston: BookSurge Publishing, 2008).

31. 不完全舉例,如:安岡昭男:〈万国公法と明治外交〉,《明治前期大陸政策史の研究》(東京:法政大学出版局,1998),頁 22–39;佐藤太久磨:〈加藤弘之の國際秩序構想と国家構想 ——「万国公法體制」の形成と明治国家〉,《日本史研究》,号 557(東京:2009 年 1 月),頁 26–46。

32. Nam-Yearl Chai, "Korea's Reception and Development of International Law," in *Korean International Law,* eds. Jae Schick Pae, Nam-Yearl Chai and Choon-ho Park (Berkeley: Institute of East Asian Studies, University of California, Center for Korean Studies, 1981), 7–33。

33. 徐賢燮:《近代朝鮮の外交と國際法受容》(東京:明石書店,2001)。

34. 頃已寓目者為:趙景達:〈朝鮮近代のナツヨナリズムと東アツア —— 初期開化派の「萬國公法」觀を中心に ——〉,《中國社會と文化》,号 4(東京:1989 年 6 月),頁 55–72;金鳳珍:〈朝鮮の万国公法の受容(上)(下)—— 開港前夜から甲申政變に至るまで〉,《北九州市立大学外国語学部紀要》,号 78、80(北九州市:1993 年 9 月、1994 年 3 月),頁 41–70、27–102;金鳳珍:〈「礼」と万国公法の間 —— 朝鮮の初期開化派の公法觀〉,《北九州市立大學外國語學部紀要》,号 102(北九州市:2001 年 9 月),頁 115–171;另,金鳳珍:〈朝鮮の近代初期における万国公法の受容 —— 対日開國前夜から紳士遊覽團まで〉,載吉田忠:《19 世紀東アジアにおける国際秩序觀の比較研究》(京都:国際高等研究所,2010),尚未得見。

35. 金世民:《韓國近代史和萬國公法》(漢城:景仁出版社,2002)。

36. 個人閱見所及,近代日中關係史年表編集委員會編集:《近代日中関係史年表:1799-1949》(東京:岩波書店,2006),非僅為大事記,且均註出相關事項之出處文獻附於書後,使用甚便;至於中韓關係史方面,可利用:黃竟重編:《中韓關係中文論著目錄(增訂本)》(台北:中央研究院東北亞區域研究,2000);日本與朝鮮方面,可參考:園部裕之編:《近代日本人の朝鮮認識に関する研究文献目錄》(東京:綠蔭書房,1996),相關研究,不一一舉引。

況，進而描述「地理想像」之生產、流通及其嬗變的場景，應是學界尚未之見的研究角度。

個人以為，正是由於「世界史地」和「國際法」知識的引進，諸如《海國圖志》、《瀛環志略》或《萬國公法》等「共同知識文本」在東亞世界流通不已，兩者相輔，打破了既存的宇宙觀和國際觀，逼促東亞三國接受西方「國際法」規範的世界秩序。因此，應該同時注意這兩個方面的情況，不應分題而言；抑且，這些「共同知識文本」在東亞三國的流通迴響，固有其合聲並唱之勢，由於各國思想脈絡的差異，亦絕非同聲共調，反而各顯特色。像是《海國圖志》在朝鮮那裏便深受重視，如朝鮮「開化思想」先驅樸珪壽即視之為「外洋事不可不知也」的讀本，以之傳授給弟子金允植、俞吉濬，對朝鮮「開化思想」之形成，大有影響。[37] 至於在日本那裏，除《海國圖志》等「共同知識文本」之外，即因為前此「蘭學」的脈絡而已有豐富的知識，即如岡千仞（1833–1914）[38]《尊攘紀事》言：

> ……余少時讀新井氏《采覽異言》、箕作氏《坤輿圖識》、杉田氏《地學正宗》，略知五洲之大勢，及得《地理全志》、《海國圖志》、《瀛環志略》，愈審其大勢，慨然曰：「彼所以致富強者，由泛通有無貿易耳」……。[39]

所以《海國圖志》等即便並不是日本知識人惟一的「思想資源」，卻同樣對其思想世界的變化，帶來相當的影響。因此，如能確切掌握各自的脈絡，分疏「共同知識文本」的共同影響及其特異場景，應可展現知識生產與流通的樣式，往往與各國本身既有的知識思想世界，密不可分。

---

37. 李光麟：〈「海國圖志」의韓國傳來와그影響〉，《韓國開化史研究》，頁 2–18；姜在彥：《近代朝鮮의思想》（東京：明石書店，1996），頁 97。

38. 岡千仞的小傳，參見陳捷：《明治前期日中学術交流の研究——清国駐日公使館の文化活動》（東京：汲古書院，2003），頁 154；關於岡千仞（及其著作《觀光紀遊》）的介紹，參見：實藤惠秀，陳固亭譯：《明治時代中日文化的聯繫》（台北：中華叢書編審委員會，1971），頁 120–131。

39. 岡千仞《尊攘紀事》，轉引自尾佐竹猛：《近世日本の国際觀念の發達》，頁 53（《尾佐竹猛著作集・維新史》，卷 13，總頁 63）。

三、「共同知識文本」的流傳匯聚

抑且，過往對於「共同知識文本」之認識，過於重視若干鉅著（如前述《海國圖志》、《瀛環志略》或《萬國公法》等），未可廣拓視野，精讀文本，以致對相關情況之理解認識，猶有可再深化之空間。例如一代思想鉅子王韜，畢生筆耕不輟，約在 1870 年代初期，他便完成兩部與法國歷史密切相關的著述：《重訂法國志略》（原名《法國志略》，以下均引為此名）[40] 與《普法戰紀》（1874 年初集結為 14 卷本專書，在香港刊行）。[41] 王韜撰述這兩部書，用意深刻，既是補充前此「知識倉庫」的空白，也有「引法為鑒」的現實意義，[42] 要讓讀者能夠掌握法國的「歷代治亂興廢之跡」，深受後繼中國知識人的讚譽。[43] 與日本知識人甚有往還的王韜，著述如《普法戰紀》亦曾流傳日本，影響彼方。王韜的著作，當是 19 世紀東亞知識人認識了解法國歷史沿革與現況的主要依據之一，[44] 堪列「共同知識文本」之林。

---

40. 本章引用的版本為王韜：《重訂法國志略》，「光緒庚寅（十六〔1890〕）仲春淞隱廬刊」本（台北：中央研究院歷史語言研究所傅斯年圖書館藏）。

41. 《普法戰紀》最先自 1872 年 9 月 3 日起刊登於香港《華字日報》，自 1872 年 10 月 2 日起至 1873 年 8 月 4 日連載於上海《申報》，1874 年初集結為專書（14 卷本）在香港刊行，參見呂文翠：〈文化傳譯中的世界秩序與歷史圖像 —— 以王韜《普法戰紀》為中心〉，《海上傾城：上海文學與文化的轉異，一八四九─一九〇八》（台北：麥田出版，2009），頁 86–87。

42. 關於王韜撰述《法國志略》、《普法戰紀》的動機與經過，詳見忻平：〈王韜與近代中國的法國史研究〉，《上海社會科學院學術季刊》，第 1 期（1994），頁 166–174。

43. 如梁啟超即將王韜的《法國志略》列為「西史之屬」的推薦書之一，參見：梁啟超：〈讀西學書法〉，《西學書目表》，頁 6B；本章引用的版本為梁啟超：《西學書目表》，《慎始基齋叢書》本（按：梁啟超〈西學書目表序例〉，繫年為光緒廿二（1896）年九月；又有盧靖〈附識〉，繫年為「光緒丁酉（廿三〔1897〕）長夏」〔台北：中央研究院歷史語言研究所傅斯年圖書館藏〕）。

44. 參見徐興慶：〈王韜與日本維新人物之思想比較〉，《台大文史哲學報》，第 64 期（台北：2006 年 5 月），頁 131–171；徐興慶：〈王韜的日本經驗及其思想變遷〉，徐興慶、陳明姿編：《東亞文化交流：空間·疆界·遷移》（台北：國立台灣大學出版中心，2008），頁 153–189；徐興慶：〈王韜と近代日本：研究史の考察から〉，載陶德民、藤田高夫編：《近代日中関係人物史研究の新しい地平》（東京：雄松堂，2008），頁 87–115；《普法戰紀》引發的迴響，另可參見呂文翠：〈文化傳譯中的世界秩序與歷史圖像 —— 以王韜《普法戰紀》為中心〉，頁 88–101。

　　王韜寫作《重訂法國志略》，大量取材日本人的著述，固有學界先進提出論證，如柯文（Paul. A. Cohen）早即徵引王韜《重訂法國志略》〈凡例〉之「夫子自道」：[45]

　　　　余撰《法國志略》，取資於日本岡千仞之《法蘭西志》、岡本監輔之《萬國史記》，而益以《西國近事彙編》，不足，則復取近時之日報，並採輯泰西述撰有關法事者，以成此書。

　　然若細膩考察，王韜本即指出，岡千仞之《法蘭西志》，本乎其與高橋二郎將法國史家「猶里氏」的《法國史要》（1866 年刊行）、《近古史略》（1869 年刊行）及《法國史》（1870 年刊行），「撮取其要領，譯為一編」。不過，王韜認為「其尚屬簡略，摭拾他書以補之」。[46] 因此，王韜撰述《法國志略》之材料所據，便應即考察本源，當可臻於精密之境。如《法蘭西志》[47] 與岡本監輔（岡本韋庵，1839–1904）[48] 的《萬國史記》（1879 年出版）[49] 如何為王韜所本，他

45. Paul. A. Cohen, *Between Tradition and Modernity: Wang T'ao and Reform in Late Ch'ing China* (Cambridge, MA: Harvard University Press, 1974), 120–121。

46. 王韜：〈凡例〉，頁 1A–1B，《重訂法國志略》。

47. 猶里原，高橋二郎譯，岡千仞刪定：《法蘭西志》，6 卷，2 冊（〔東京府〕：「露月樓上梓」、「明治十一（1878）年五月刻成」本；日本東京：早稻田大學藏）；感謝陳力衛教授提供本書景印件。

48. 岡本監輔的生平研究，參見：有馬卓也：〈岡本韋庵覺書〉，《德島大学国語国文学》，号 12（德島：1999 年 3 月），頁 9–21；狹間直樹編：《善隣協会・善隣訳書館関係資料 ——德島県立図書館「岡本韋庵先生文書」所収》，《東方学資料叢刊》，冊 10（京都：京都大學人文科学研究所・漢字情報研究センター，2002）；阿波学会・岡本韋庵調査研究委員会編集：《アジアへのまなざし岡本韋庵：阿波学会五十周年記念》（德島：阿波學會・岡本韋庵調査研究委員會，2004）。

49. 岡本監輔編纂：《萬國史記》，「明治十一（1878）年六月廿七日版權免許・岡本氏藏版」本（吹田：關西大學「增田涉文庫」藏）；又，是書末版權頁署：「明治十一年六月廿七日版權免許・明治十二（1879）年五月出版」、「編纂兼出版人：岡本監輔」、「發兌：東京・內外兵事新聞局」；正文卷末有岡本監輔撰〈後序〉，自署繫年為「明治十二（1879）年四月下浣」，因此，是書應於 1879 年始正式出版。

怎樣吸收了來自日本的辭彙，也引錄了不少「東瀛史筆」，[50] 自可加深吾人對於王韜個人從「知識倉庫」裏取材創建「共同知識文本」的認識。

況且，此等「共同知識文本」之實況，錯綜複雜，亟待抉幽發微者，實繁眾難言。如岡本監輔的《萬國史記》在日本本土方面既受到讚譽，[51] 於晚清讀書界更一直備受推崇，實亦可視為「共同知識文本」之一。其書方甫問世，當時正在日本的大清帝國駐日公使何如璋（1838–1891）[52] 與使館參贊黃遵憲（1848–1905），[53] 即以地利之便，捧而讀之，兩人雖都略有批評之語，或以為岡本監輔「雜採西史，漫無別擇」，或以為是書「無志、無表，不足考治亂興衰之大者」，仍都以為瑕不掩瑜，「以漢文作歐米〔按：美〕史者，編輯宏富，終以此書為嚆矢」；[54] 與岡本監輔有所往還的王韜，獲其贈書，亦譽謂「有志於泰西掌故者，不可不觀」；[55] 此後如梁啟超的《讀書

---

50. 其間詳情，如果詳細比對《重訂法國志略》、《萬國史記》、《法蘭西志》等相關的日本著述，應可明其實，姑舉「共和」一辭為例：

《重訂法國志略》	岡本監輔編纂：《萬國史記》，「明治十一（1878）年六月廿七日版權免許，岡本氏藏版」本（日本吹田：關西大學「增田涉文庫」藏）
1892 年 11 月，法國「傳檄四方，曰：各國人民苟有背政府、倡俱和新政、排擊舊憲者，法國當出援兵」（卷 5，頁 27A）	1892 年 11 月，法國「傳檄四方，曰：各國人民苟有背其政府、倡共和政、排擊舊憲者，法國當出援兵」（卷 10，頁 22A）
「籌國會初議廢王位，立共和新政……」（卷 5，頁 28A）	「籌國會初議廢王位，新立共和政……」（卷 10，頁 22B）

因此，王韜應該承襲自日本方面，讓傳統中國指稱周厲王時「召公、周公二相行政，號曰『共和』」（《史記·周本紀》）的「共和」概念，賦予新鮮的意義，蓋箕作省吾（1821–1847）的《坤輿圖識》（1845），首先將 "Republiek" 譯為「共和政治 / 共和國」，參見齋藤毅：《明治のことば：文明開化と日本語》，《講談社學術文庫》（東京：講談社，2005），頁 119-120。

51. 如副島種臣（1828–1905）、重野安繹（1827–1910）等人都有好評，詳見徐興慶：〈王韜的日本經驗及其思想變遷〉，頁 164–167。

52. 相關研究如：俞政：《何如璋傳》（南京：南京大學出版社，1991）；餘例不詳舉。

53. 相關研究如：吳天任：《黃公度（遵憲）先生傳稿》（香港：中文大學出版社，1972）、鄭海麟：《黃遵憲與近代中國》（北京：生活·讀書·新知三聯書店，1988）、Noriko Kamachi, *Reform in China: Huang Tsun-hsien and the Japanese Model* (Cambridge, MA: Harvard University Press, 1981)；餘例不詳舉。

54. 黃遵憲：〈評《萬國史記序》〉（1880 年 6 月），黃遵憲，陳錚編：《黃遵憲全集》（北京：中華書局，2005），頁 246–247。

55. 徐興慶：〈王韜的日本經驗及其思想變遷〉，頁 168。

分月課程》，是當時具有「讀書入門指導」意義的作品，將它列為
「西學書」的「最初應讀之書」之一；[56] 至於葉瀚（1861–1933）的《初
學讀書要略》，是和梁啓超《讀書分月課程》意義相類的著述，也推
薦《萬國史記》為讀本；[57] 唐才常亦推譽《萬國史記》是「綜貫古
今中西之要津」的著作之一；[58]《湘學新報》的「書目提要」則如是
闡述其意義：

> ……洞見夫萬國中，惟中國文明之運早啟，次埃及，次
> 日本、希臘、羅馬。今諸國多改紀其政以進富強，而埃及、羅
> 馬反遠遜於前。大率研求新政、新學者勝，擁虛名而亡實際者
> 敗，古今不易之理也。至爭教、爭種，動糜爛數十萬眾，蔓延
> 千百餘年，未有所底，尤為地球萬國之奇懼。讀是書者，可以
> 悚然矣。[59]

　　下逮 1903 年，劉師培（1884–1919）依舊稱譽這部書「以事實為
主，詳於興衰治亂之綜，為西史中之佳本」。[60] 各方推譽無已之辭如
此，[61] 應可刺激有志之士意欲一覽究竟的好奇心，它在當時士人的讀
書世界裏，應該確有一席之地。

---

56. 梁啓超：《讀書分月課程》，《飲冰室專集》，冊 5（台北：中華書局，1987〔台 3 版〕），頁
　　11。按：《讀書分月課程》撰於 1894 年冬（李國俊：《梁啓超著述繫年》〔上海：復旦大
　　學出版社，1986〕，頁 27）。

57. 原文是：「讀《歐洲史略》，可知遠西中古近今成跡；倘能讀日人著之《萬國史記》更
　　佳……」見葉瀚：《初學讀書要略》，|光緒丁酉（1897）夏五月仁和葉氏刊|本（上海：上
　　海圖書館藏），頁 5A。

58. 原文是：「《萬國史記》、《四裔編年表》、《泰西新史攬要》，綜貫古今中西之要津也。一則
　　出日本岡本監輔，一則出英人博那，一則出英人馬懇西，中國業此者蓋寡……」見唐才常：
　　〈史學第三　論各國變通政教之有無公理〉，《湘學新報》，頁 2040–2041）。唐才常將此文更
　　名為〈各國政教公理總論〉，收入他的《覺顛冥齋內言》時，完全刪除這一段話。見唐才常：
　　〈史學論略〉，載湖南省哲學社會科學研究所編：《唐才常集》（北京：中華書局，1982），頁
　　42，註 3。

59.《湘學新報》，頁 1589。

60. 當然，劉師培也指出這部書「作於明治初年，於近數十年之事，概從闕如」，劉師培：〈萬國
　　歷史彙編序〉，載鄔國義、吳修藝編校：《劉師培史學論著選集》（上海：上海古籍出版社，
　　2006），頁 5（本章繫年，據是書〈劉師培著作繫年目錄〉，頁 611）。

61. 當然，一片「叫好聲」之外，亦有批評之辭，如徐維則即謂《萬國史記》「甚略，然於五洲
　　各國治亂興衰之故，頗能摘抉其要領，華文西史無讀者，姑讀之」（《東西學書錄》，上，頁
　　1A）。

　　就現實面來說，《萬國史記》也被納入教育體制，使它的生命力持續長存，如它被規定為湖南時務學堂的學生在「專精之書」之外，應該「涉獵之書」的書籍之一。[62] 凡此諸般，顯然都讓《萬國史記》在書市上變得「洛陽紙貴」，翻刻出版，[63] 應該「有利可圖」，[64] 讓它可以各式各樣的版本流通廣傳。

　　更特別的，是在晚清的「文化市場」上，這部《萬國史記》屢屢被「改頭換面」而與四方讀者相見。「杞盧主人」編輯的《時務通考》既直接複製抄襲《瀛寰志略》，也以同樣的手法處理《萬國史記》。[65] 至於朱大文（生卒年不詳）編輯的《萬國政治藝學全書》（1902年出版），是與《時務通考》性質相類似的作品，別出心裁，專門編列「亞墨利加洲米利堅盛衰考」的單元，內容則與岡本監輔的述説一模一樣。[66] 凡此諸端，即可想見，像《萬國史記》這等「共同知識文本」之流傳閱讀實況，隱匿於歷史表象之下，有待闡發其實。

---

62. 〈時務學堂功課詳細章程〉，《湘報》，號 102（1898 年 7 月 4 日）。

63. 筆者得見《萬國史記》的另一版本：岡本監輔，《萬國史記》，「上海六先書局發兌·光緒丁酉（廿三〔1897〕）年校印」本（台北：中央研究院，近代史研究所郭廷以圖書館藏）；據考察，《萬國史記》在 1880 年已有申報館的翻印本，這部「上海六先書局發兌」本，應該是部「海盜版」（周建高：〈《萬國史記》傳入中國考〉，南開大學日本研究院編：《日本研究論集 2005》〔天津：天津人民出版社，2005〕，頁 278–289）；據俞旦初調查，另有上海慎記書莊 1897 年石印本（〈美國獨立史在近代中國的介紹和影響〉，《愛國主義與中國近代史學》，頁 205）；「湖南實學書局」「第一次校刻大板書成價目表」的廣告，亦列有《萬國史記》（《湘報》，號 31；是否出版，不詳）。由是可見，這部書除日本原版外，另有多種「翻印本」（盜印本？）流傳。

64. 《萬國史記》在晚清「文化市場」上既有多種「翻印本」（盜印本？）流傳，將之與「知識倉庫」的其他著作比較：

書　目	《萬國史記》	《海國圖志》	《瀛寰志略》
〈上海飛鴻閣發兌西學各種石印書籍〉	洋八角	洋四元五角	〔缺〕
〈上海緯文閣發兌石印時務新書目錄〉	洋七角	洋四元八角	洋八角
〈上海十萬卷樓發兌石印西法算學洋務書目〉	洋一元	洋六元	洋八角

資料來源：周振鶴編：《晚清營業書目》（上海：上海書店出版社，2005），頁 420–421、431–432、445–447；其他書目紀錄，不一一詳列。

凡是可見，較諸《海國圖志》或《瀛寰志略》，《萬國史記》不算昂貴，且不同書店售價不一，應為利藪。

65. 杞盧主人等編：《時務通考》，卷 22，「史學五·米利堅」，頁 3A–5B（《續修四庫全書》，冊 1258），頁 91–96。

66. 朱大文編：〈亞墨利加洲米利堅盛衰考〉，《萬國政治藝學全書》，「政治叢考」，卷 32，「盛衰考之十一」（台北：中央研究院，近代史研究所郭廷以圖書館藏）。

　　必須指出，「共同知識文本」的回應影響，必然各有不同。像是鄭觀應的《易言》，在中國和日本思想界迴響並不大，在朝鮮思想界卻大受歡迎；[67] 丁韙良翻譯的《萬國公法》，自是「國際法」知識引進東亞世界的「共同知識文本」，在中國和日本頓即引發迴響；在1882 年以前，朝鮮方面斥為「邪書」的批判之見，則是屢見不鮮。[68] 丁韙良翻譯的另一部書《公法會通》（1880 年出版），[69] 在 1896 年由朝鮮「學部」推出了「復刻本」，直至 1900 年代仍有影響，如 1905年 11 月 26 日樸齊璜上疏，就「第二次日韓協約」（「乙巳保護條約」）陳言，仍引此書為言。[70] 可是，那時中國方面早已由日本得到更新及全面的「國際法」知識，蔡鍔翻譯《國際公法志》（上海廣智書局版），即為一例。[71] 也就是說，「共同知識文本」在此國或已為明日黃花，在彼國或則猶視為密笈珍寶。顯然，知識的生產與流通，也會受各國本身既有的知識思想狀況之制約，並非同步共蹕。如能留意「共同知識文本」在同一時間定點上的流通消費場景，可以具體描摹知識生產流傳的複雜多重樣態。[72]

　　「共同知識文本」所可觸動知識人的想像空間，固有相同面向，亦各有獨特層域。例如，「國際法」知識引進東亞世界，雖曾作為「共同知識文本」，引發的聯想，各有巧妙。好比說日本的「自由民權」思想家植木枝盛認為，「今日萬國公法不足完全為世界各國間萬般事件交涉之憲法」，進而主張追求「萬國共議政府」與「宇內無上之憲法」，[73] 為追求理想世界而馳騁其無邊想像力。晚清思想界影響重大的梁啟超，則將萬國公法納入傳統「經世」思想的範疇，認為

---

67. 李光麟：〈開化思想研究〉，《韓國開化史研究》，頁 31–33。

68. 金容九，月脚達彥譯：〈朝鮮における万国公法の受容と適用〉，頁 30–31；金容九，權赫秀譯：《世界觀衝突的國際政治學——東洋之禮與西洋公法》，頁 104–105。

69. 丁韙良譯：《公法會通》，10 卷，「北京：同文館，光緒庚辰（1880）」本（波士頓：哈佛大學哈佛燕京圖書館藏）。

70. 金容九，月脚達彥譯：〈朝鮮における万国公法の受容と適用〉，頁 37–38；金容九，權赫秀譯：《世界觀衝突的國際政治學——東洋之禮與西洋公法》，頁 142–143。

71. 見熊月之主編：《晚清新學書目提要》（上海：上海書店出版社，2007），頁 403。

72. 例如，注意晚清各種《經世文編》等類似資料彙編收錄「共同知識文本」的狀況，即可想見，知識的生產流傳，正與「文化市場」息息相關。

73. 安岡昭男：〈万国公法と明治外交〉，《明治前期大陸政策史の研究》，頁 34。

「居今日而言經世」，其要旨之一即為必須「深通六經製作之精意，證以周秦諸子及西人公理公法之書以為之經，以求治天下之理」，[74]將來自西方的知識和傳統思想脈絡，融鑄串聯。而後，名不見經傳的藍光策撰有《春秋公法比義發微》（1901 年），[75] 屢引《萬國公法》、《公法會通》等書，以《春秋》、《左傳》等經籍為旨，企圖發明「公法」本義，更是「國際法」知識在中國獨樹一幟的樣態了。[76]可以說，東亞知識人藉由「共同知識文本」開鑿的思想空間，顯是廣袤無邊，如何彼此參照互較，以突顯共相殊態，當是不可忽略的課題。[77]

更具意味的是，這些「共同知識文本」深有「實用」的價值與意義。如朝鮮的申觀浩參照《海國圖志》收錄的戰艦、大炮等機械圖，嘗試製作火輪船和水雷炮等武器；[78] 而現代西方「國際法」的知識，既有助於東亞三國與西方帝國主義諸國家交涉，彼此往來互動，竟也逐漸依例為之。如 1885 年的「巨文島事件」，正是朝鮮以「萬國公法」為據和大英帝國進行交涉之初例；[79] 1877 年大清帝國與日本就琉球問題進行交涉，駐日公使何如璋就主張「援萬國公法以

74. 梁啟超：〈湖南時務學堂學約〉，《中國近代學制史料》（上海：華東師範大學出版社，1986），輯 1 下冊，頁 297。

75. 藍光策：《春秋公法比義發微》，「光緒辛丑（廿七〔1901〕）年仲秋尊經書局開雕」本（波士頓：哈佛大學哈佛燕京圖書館藏）。

76. 甚至於從丁韙良於 1881 年撰著 Traces of International Law in Ancient China（漢譯為：《中國古世公法論略》，同文館於 1884 年出版）以降，所謂「國際法」亦嘗存於中國古史的認知，始終不絕，如徐傳保撰有《先秦國際法之遺跡》（1931），陳顧遠有《中國國際法溯源》之作（1934），洪鈞培則著《春秋國際公法溯源》（1939），下逮今世，仍有孫玉榮撰《古代中國國際法研究》（北京：中國政法大學出版社，1999），此等以現代國際法這種「西方學理」整理詮釋自身之歷史文化傳統的知識探究工作，更與近代中國「以西釋中」的思想脈絡同步；其意涵之展現，尚待進一步為之。

77. 如金鳳珍以福沢諭吉、鄭觀應與俞吉濬作為東亞「開明知識人」的代表，述說比較他們對於自身國族處於嶄新世界秩序的內外處境與未來構想，進而開啟的「思惟空間」，即深有興味，參見金鳳珍：《東アジア「開明」知識人の思惟空間——鄭觀應・福沢諭吉・俞吉濬の比較研究》（福岡：九州大学出版会，2004）。

78. 李元淳，王玉潔、朴英姬、洪軍譯：《朝鮮西學史研究》，頁 31-32。

79. 金容九，月脚達彥譯：〈朝鮮における万国公法の受容と適用〉，頁 37；金容九，權赫秀譯：《世界觀衝突的國際政治學——東洋之禮與西洋公法》，頁 121-124。

相糾責」作為因應策略之一。[80] 凡此可見，來自西方的現代「世界史地」與「國際法」知識，不是懸空的思想知識，而是足可應用於現實事務的知識，更是得以因應歷史變局的共同驅力。是以，必須打破思想文化史、外交史及政治史的界限，回到歷史本來的場景，從具體的歷史脈絡裏追索這些知識的來龍去脈，考察這些知識和當時現實事務／環境之間的應用互動關係，必可豐富吾人對過往歷史軌跡的全面認識。

「世界史地」與「國際法」的知識，通過「共同知識文本」得以在近代東亞世界流傳匯聚，正讓生產流通「地理想像」的動力，好似源源無止。知識人的認知視野，遠越時空重洋，論說舉譬，屢屢以異邦他國為例，並提出現實主張。如福沢諭吉有「脫亞入歐」之主張，他的名著《文明論之概略》即聲言要「以西洋文明為目標」，[81] 影響深遠；中村正直翻譯 Samuel Smiles 的《自助論》(*Self-help, with Illustrations of Character and Conduct*) 為《西國立志編》，取西方人物「立志成材」為事例，鼓舞青年世代，也有深刻的影響；[82] 以東亞區域開展的「地理想像」，也是知識人共同分享的認知，如在日本盛極一時的「亞細亞主義」(アジア主義)，[83] 好像足可抗衡西方帝國主義的勢力，也曾在中國得到回應，於 1898 年在上海成立「亞細亞協會」。[84] 而如中國知識人知曉波蘭「亡國」之痛，梁啟超即撰有《波蘭滅亡記》，唐才常讀之，則謂梁啟超之用心是「將以砭中國之愚頑，而亟圖自異於波蘭也」，因此，絕對不可以和滅亡波蘭的「元

80. 田濤：《國際法輸入與晚清中國》，頁 257；西里喜行：《清末中琉日関係史の研究》(京都：京都大学学術出版会，2005)，頁 498–499。

81. 遠山茂樹：《福沢諭吉：思想と政治との関連》(東京：東京大学出版会，1970)，頁 80–81。

82. 平川祐弘：《天ハ自ラ助クルモノヲ助ク──中村正直と「西国立志編」》(名古屋：名古屋大学出版会，2006)。

83. 參見：三輪公忠：〈アジア主義の歴史的考察〉，載平野健一郎編：《日本文化の變容》，《日本の社会文化史：綜合講座》，冊 4 (東京：講談社，1973)，頁 385–462；平石直昭：〈近代日本の「アジア主義」──明治期の諸理念を中心に〉，溝口雄三等編：《近代化像》，《アジアから考える》，5 (東京：東京大学出版会，1994)，頁 265–291；並木頼寿：〈近代の日本と「アジア主義」〉，浜下武志 (等執筆)，《アジアの「近代」：19 世紀》，《岩波講座世界歴史》，卷 20 (東京：岩波書店，1999)，頁 269–290。

84. 狹間直樹：〈初期アジア主義についての史的考察 (5) 第三章亞細亞協会について〉，《東亞》，号 414 (東京：2001 年 12 月)，頁 60–65。

凶」俄羅斯帝國聯盟，相對的，唐才常主張應該「與英日聯盟」，作為解決中國困境的「治標」方案。[85] 曾經留學日本與美國的俞吉濬，則於朝鮮處於中、日、俄等國包圍的處境下，取中亞細亞諸國遭俄羅斯帝國吞併為借鑒，倡言「朝鮮中立」。[86] 近代東亞知識人以自己難可親履其地，觀照其情的他國處境，作為提出論說之例證，構擬現實方案的張本，正是彼等「地理想像」馳騁無邊的表現。

四、結語

　　綜而言之，「世界史地」與「國際法」的知識在近代東亞世界的展現，在各國既自有特色，更曾經以分享「共同知識文本」的樣態，進而匯聚驅動了「地理想像」的生產、流通和嬗變，涉及之面向課題，多彩共映，實難一語概括。如果能夠精確調查描述「共同知識文本」的製作流傳樣態，並也注意其特殊展現，並從具體的歷史脈絡裏進行追索，着重各國的特異場景，描摹其間複雜多重的情境，同時擬從具體的歷史脈絡裏追索這些知識與現實事務／環境之間的應用關係，述說近代東亞「地理想像」的整體發展局勢，藉由共相殊態的掌握和參照，當可擴張豐富吾人對近代東亞的歷史軌跡多方位的理解。

　　過往研究「世界史地」與「國際法」的知識在東亞各國生產流通的情況，固稱繁多，基本上卻難可超越既存的國族中心之視角，亦未將兩者結合為一，進行綜合討論研究；至於以「世界史地」與「國際法」知識領域的「共同知識文本」在東亞三國同潤共享的場景，注意其殊相共態，進而述說描摹「地理想像」之生產、流通及其嬗變的面向，則是學界尚未之見的研究角度。筆者之構想，應可突破既有以國族為中心的研究視角，為近代東亞的整體歷史脈絡，

---

85. 唐才常：〈論中國宜與英日聯盟〉，《湘報》，號 23（光緒二十四年三月十一日〔1898 年 4 月 1 日〕），《唐才常集》（北京：中華書局，1982），頁 148–153。

86. 姜萬吉：〈俞吉濬の韓半島中立化論〉，宮嶋博史譯：《分斷時代の歷史認識》（東京：學生社，1984），頁 98–99。

作出整合性的研究，對於近代東亞歷史經驗的同異，應可有更深入的認識。

　　此外，就一般認識而論，「世界史地」與「國際法」知識乃至「地理想像」的研究，大都會歸類於思想文化史的範疇。但是，筆者認為，這些知識與現實事務之間的關係，不可須臾或離，因此必須打破思想文化史、外交史及政治史等領域的樊籬，絕不畫地自限，主張力求回到歷史本來場景。因是，吾人應該從具體的歷史脈絡裏追索這些知識的來龍去脈，考察知識與現實事務／環境之間的應用互動關係，描摹其間複雜多重的情境，自可為近代東亞「地理想像」錯綜複雜的樣態與整體發展的局勢，展示逼近歷史本來面貌，進而豐富吾人對過往歷史軌跡的全面認識，突破當下歷史知識之生產自分畛域，甚至於趨於「零碎化」的窠臼。如是，當為近代東亞的整體歷史過程，作出逼近於本來歷史樣態的研究。本章之作，「野人獻曝」，希望可以引發學林同好之興味。

第八章

晚清人士對多邊對外關係的認知

邵雍

上海師範大學

在鴉片戰爭之前，國人頭腦中天朝上國、四夷賓服的觀念根深蒂固，對於外國、特別是已經進入資本主義發展階段的列強知之甚少。如果說中國在第一次鴉片戰爭中還只是被迫同打上門來的英國侵略者交手的話，第二次鴉片戰爭中出現的英、法、俄、美四國聯手使清朝政府在沒有任何準備的情況下疲於應付，苦苦周旋，大受其害。以 1860 年《北京條約》的簽訂為標誌，中國進入了一個多邊外交的新格局，如何應對，各方人士先後提出了一些見解。由於史學界對晚清三大「中興名臣」曾國藩、左宗棠、李鴻章的對外見解有過比較充分的討論，本章就避開這三位顯赫的人物，着重討論文祥、王闓運、曾國荃、依克唐阿、馮子材、孫中山、章太炎、陳天華、林白水、陳獨秀等人對列強的認知，評價其長處與不足，以為現實之借鑒。

一、文祥

1860 年 10 月 24、25 日中英、中法《北京條約》簽訂，11 月 14 日中俄《北京條約》簽訂。英法聯軍撤出北京後，同恭親王奕訢、大學士桂良與文祥等人上奏〈統計全域酌擬章程六條〉，力陳外國侵略者「並不利我土地人民，猶可以信義籠絡」，只是「肢體之患」，而國內太平天國、捻軍等農民起義才是「心腹之害」，提出以「滅

發捻為先，治俄次之，治英又次之。」[1] 但是人們在〈統計全域酌擬章程六條〉看不到治俄、治英的具體措施，也看不到奕訢等人對中俄、中英兩國關係、關聯度的探究。

1874 年冬同治帝去世，光緒帝即位，文祥辭去諸多兼職，專任軍機大臣及總理各國事務後，有時間對中國周邊環境進行首次較認真的評估。他在〈密陳大計疏〉中指出：「洋人為患中國，愈久愈深，而其窺伺中國之間，亦愈熟愈密。……溯自嘉慶年間，洋人漸形強悍，始而海島，繼而口岸，再及內地，蓄力厲精習機器，以待中國之間，一逞其欲。道光年間，肆掠江、浙，自江寧換約以後，覘覦觀望。直至粵匪滋事，以為中國有此犯上作亂之事，人心不一，得其間矣。於是其謀遂泄，闖入津門，雖經小挫，而其意愈堅，致有庚申之警。」文祥認為「各國火器技藝之講求益進，彼此相結之勢益固。……俄人逼於西疆，法人計佔越南，緊接滇、粵；英人謀由印度入藏及蜀，蠢蠢欲動之勢，益不可遏」。他認為設立總理衙門「專司共事，以至於今，未見決裂。就事論事，固當相機盡心辦理，而揣洋人之用心，求馭外之大本，則不繫於此，所繫者在人心而已矣」。只要順應民心，就可以永固大本，「當各外國環伺之時，而使之無一間可乘，庶彼謀不能即遂，而在我亦堪自立。」[2]

1876 年朝廷根據疆臣覆奏，將廷議練兵、簡器、造船、籌餉、用人、持久六事，已經重病不起的文祥再次抱病上密疏籌劃「自強之計」。他說「敵國外患，無代無之，然未有如今日之局之奇、患之深、為我敵者之多且狡也。……從前夷患之熾，由於中外之情相隔，和戰之見無定，疆吏又遇事粉飾，其情形不能上達於朝廷。坐是三失，而其患遂日久日深，無所底止。泰西各國官商一氣，政教並行，各商舶遠涉重洋，初至中華，處處受我侮抑，事事被我阻塞，其情鬱而不能不發者，勢也。繼而見中國官之阻之者可以通，抑之者可以伸，必不可破之格，或取勝於兵力之相追而卒無不破，此中國之為所輕而各國漸敢態肆之機也。迨至立約通商已有成議，

---

1. 〔清〕賈楨等編：《籌辦夷務始末》（咸豐朝）（北京：中華書局，1979），頁 2675。

2. 趙爾巽等：《清史稿・文祥傳》（北京：中華書局，1998），頁 11691–11692。

而在內無深知洋務之大臣，在外無究心撫馭之疆吏，一切奏牘之陳，類多敷衍諱飾。敵人方桀驁而稱為恭順；洋情方怨毒而號為歡忻，遂至激成事端，忽和忽戰；甚且彼省之和局甫成，此省之戰事又起，賠款朝給，捷書暮陳。乘遭風之船以為勝仗，執送信之酋以為擒渠，果至兩軍相交，仍復一敗不可收拾。於是夷情愈驕，約款愈肆，中外大臣皆視辦理洋務為畏途，而庚申釁起，幾至無可措手」。在密疏中，文祥高度重視 1874 年日本侵犯台灣的影響，指出「今日本擾台之役業經議結，日本尚非法、英、俄、美之比，此事本屬無名之師，已幾幾震動全域，費盡筆爭舌戰，始就範圍。若泰西強大各國環而相伺，得中國一無理之端，藉為名義，構兵而來，更不知如何要挾，如何挽回？」[3] 他認為「夫能戰始能守，能守始能和，宜人人知之。今日之敵，非得其所長，斷難與抗，稍識時務者，亦詎勿知？」也就是說希望推進洋務運動，購置堅船利炮來對抗圖謀侵華的列強，對於政治制度這一層，文祥尚未提及。

二、王闓運

　　1871 年曾國藩處置天津教案不當，引起朝野非議。曾國藩幕僚王闓運有感於此，作〈陳夷務疏〉批評清政府自鴉片戰爭以來外交政策上的多處失誤。王闓運指出：「臣謂執政之失計，莫過於許入香港，而拒之天津，為夷患所自始。……若使當日坦然下詔，許夷師駐京之請，其不為患與今日同，而恩威聲疊，彼無所挾，知我不畏之故也，知京師、廣東之同為內地，而入京無益也。……今之諸夷本求互市，和且不必，何必言戰。誠宜先絕互市，待其舉兵，而後擊之。……及夫外敵深侵，割地增幣，猶不知我之失政，而但恨夷之無禮也。若小夷來朝，仍守虛文，倨傲而待之，畏強凌弱，何以為國？」[4] 王闓運批評清政府割讓香港，喪權辱國，繼而在對外關係方面舉棋不定、前後不一。他認為「皇上注意戰則堅言戰，注意

---

3. 同上，頁 11692–11694。
4. 王闓運：〈陳夷務疏〉，《湘綺樓詩文集》（長沙：岳麓書社，2008），頁 40。

和則堅守和，得其道和戰俱利，失其機和戰俱敗。⋯⋯謀定而持一說，佈告中外，何憂何懼」。

王闓運分析了天津教案的深層次原因，他說：「今天津民又毀夷館，殺領事官，民豈能為此，亡命掠奪之徒耳。朝廷政失平，則小人思動，假義而起，終激禍患。此事國家如陽非民而陰縱之，民既笑其懦，又輕我政，甚不可也。若大申夷而屈民，天下解體，又不可也。朝廷有失政，為民所挾持，大臣士人當疏通而掩覆之，固不可抑民氣，尤不可漲民囂，曾侯未足以知之。」[5] 前已提及，文祥認為馭外之大本「所繫者在人心」，[6] 但他只是在對外關係的框架內對國家與民眾的互動關係的第一種狀況，即上下一心，進行了初步的探討，但尚未討論第二種狀況，即矛盾衝突，將對對外關係產生何種影響。王闓運作為編外人士對此進行了有益的探討。在他看來，政府在對外關係方面「陽非民而陰縱之」的策略具有極大的危險性，將會引發一系列嚴重後果。十多年後興起的義和團運動有力地證實了這一點，清政府中的頑固勢力對民眾盲目排外的有意引導與縱容致使中國飽嚐了八國聯軍侵華的惡果。

〈陳夷務疏〉對英國的對華政策作了判讀，指出英國「不取中土」，[7] 沒有對中國實行大規模的軍事征服的原因「非不能也，誠不利也。和則坐收其利，得地則勞困於政」。[8] 王闓運認為兩次鴉片戰爭時期「道光咸豐議政諸臣，未能遠矚，始則絕之太嚴，待之太倨；既則讓之太甚，諱之太深」。[9] 這裏涉及到的一個問題，就是如何正確地應對外國？在多大的政策空間內進行調適？王闓運接着分析，「五口通商，四國遣使，我之文字言語、厄塞虛實，彼今固知之

---

5. 王闓運：《湘綺樓日記》，同治九年七月廿三日，（長沙：岳麓書社，1997）。

6. 趙爾巽等：《清史稿・文祥傳》，頁 11691–11692。

7. 這裏要指出王闓運所說的英夷「不取中土」，受到了奕訢、桂良、文祥等人認為洋人「並不利我土地人民」之說的影響。但事實上，英國通過 1842 年《南京條約》就割佔了中國的香港島，後來又根據 1860 年的《北京條約》奪取了九龍半島。如果說香港只是一個海島，在某些人看來，尚可忽略不計外，那麼九龍半島是中國大陸的一部分，為何沒有引起奕訢、王闓運等人的應有重視，實在令人不解。

8. 王闓運：〈陳夷務疏〉，《湘綺樓詩文集》，頁 42。

9. 同上，頁 45。

矣。軍食器械若強而取之，宜易為力矣。然彼乃和順其貌，從容其詞，以和為請。假令中國得其船炮，習其風俗，遂可以深入其阻，掃穴犁庭，則易地而觀，天下之憂未可量也。」[10] 也就是說王闓運清醒地認識到中外軍事勢力對比懸殊，《南京條約》簽訂之後，中國如不在器物、風俗層次學習西方，根本不可能指望用軍事手段解除夷狄之患。從這一立場出發，王闓運對郭嵩燾出使英國寄予厚望。他認為英倫「海島荒遠，自禹、墨之後，更無一經術文儒照耀其地，其國俗學者，專己我慢，沾沾自喜，有精果之心，而力於富強之事。誠得通人，開其蔽誤，告以聖道，然後教之以入世之大法，與之切論己之先務，因其技巧以課農桑，則炮無所施，船無所往，崇本抑末，商賈不行，老死不相往來，而天下太平。此誠不虛此一使，比之蘇武牧羊，介子刺主，可謂狂狷無所裁者矣」。[11] 在這裏王闓運犯了一大錯誤，即完全沒有考慮時代的變化，將當時世界頭號資本主義強國看得太簡單了，似乎只要通過傳統中華聖道的教化，即可放棄堅船利炮的侵略政策，化劍為犁地，天下太平，再現漢唐盛世。其實他並不了解近代西方資本——帝國主義對外擴張侵略與古代史上夷狄侵犯中國的本質區別。不過，在和平無望、國家面臨存亡危機之時，王闓運也會強烈要求對外開戰，甚至喪失正常的分析與判斷能力。1894 年甲午中日開戰之後，在清朝海、陸軍接連敗績的情況下，王闓運還致函李鴻章，要求他「當率兩洋木船，登艫誓師，克日渡海，蹈隙而進，橫波直衝，糜碎為期。展輪之日，日本必求服矣」。[12] 在北洋艦隊實際喪失黃海制海權的情況下，要求渡海在日本尋求登陸作戰，克敵制勝，實屬痴人說夢，豈非痴人說夢？他的這種盲目樂觀，實在令人驚訝。

另一方面，〈禦夷論〉總結了在列強進攻面前，處於守勢的中國有九大優勢：「敵之兵必出於一道，我之地不盡於受敵，則出沒之情異，我便一也。彼遠而攻，士卒有數，我近而征，精銳相接，便二也。遠攻者士懷歸心，守者亦各為其家，則彼不致死，我能持

---

10. 同上，頁 43。

11. 王闓運：〈致郭兵佐〉，《湘綺樓詩文集》，頁 868。

12. 王闓運：〈李少荃三啟〉，《湘綺樓詩文集》，頁 819。

久，便三也。戰則彼失其利，和則我受其敝，棄利而決死，童子不為也，我便四也。講好請盟，彼常挑釁，守死勿去，焉能責我。其將一舉而取我乎？則不至今日矣。如其不能，我便五也。兵以練而精，士以怒而勇。彼屢勝則驕，我屢敗則懼，刷恥振弱，我便六也。有戰而死，無和而生，則彼之意阻，我之情暴，便七也。明華夷之限，民知國仇，膠固而不解，彼雖得城邑，不能用守，便八也。連兵中國，絕互市之利，他邦解心，外生猜嫌，我便九也。」[13]在王闓運看來，只要開誠佈公推行和平的外交政策，就可化解中外矛盾，避免不必要的戰爭，維護國家主權與領土完整。這種看法雖不無道理，但更多的是充滿了一廂情願的情結。可能是由於這種自信心，王闓運對於甲午戰後列強對中國形成瓜分的危局居然不以為意，「瓜分之説尤所未聞，李亦為俗所移，暗相引而不覺耳。」[14]可見，王闓運的外交思想絕然異於近代西方民族國家的外交理念，其思想根源依然是傳統的中華文化。

三、曾國荃

　　遠在邊隅的曾國荃對日本 1874 年侵犯台灣，繼而吞併琉球不勝憤懣。他在 1881 年 9 月以陝甘總督的身份上奏，力主討伐日本，以堵法國等國對清朝藩屬國的侵略圖謀。這份奏摺的特點是分析了中國地緣政治的安全形勢，注意到了列強侵華的關聯度問題。

　　曾國荃認為「日本一嵌岑小島耳，孤懸海中，不廁朝貢之列。自西人通商，乃從諸國後，設公司於滬上，非有英法之富、奧德之強。朝廷寬以待之，冀其安靜。而乃鴟義不悛，首敗盟約。同治之末，弄兵台灣，與生蕃造釁，以耀武西夷，嘗試中國。毅皇帝貸而不誅，既而遂滅琉球，夷其宗社矣。夫中山王世受天朝職命，為我屬藩。見滅外夷，義在必討。同為與國，肆其暴橫，即以西人所立

---

13. 王闓運：〈禦夷論〉，《湘綺樓詩文集》，頁 79。

14. 王闓運：〈論時事〉，《湘綺樓詩文集》，頁 489。

萬國公法言之，亦罪有必問」。國家既釋倭人而不誅，英、法諸邦「則知中國好安而惡戰。國家既不問滅琉球之罪，將來必不與聞法越之兵交」。[15] 而法國居心叵測，「垂涎越南久矣。開市西貢，據其要害。同治十一年，復通賊將黃崇英規取越南之東京，聚兵合謀，思渡洪江，以侵諒山諸處，又欲割越南、廣西邊界地六百里為駐兵之所。……倘法覆越南，逆黨又必導之內寇，逞其反噬之志也」。[16] 在這裏，曾國荃又提到了周邊與國內的統籌問題，雖然角度與奕訢、桂良、文祥等人相同，但並未沿襲「肢體之患」與「心腹之害」的定位。

曾國荃的對策是「不若及法師未出，東京未滅之時，先討日本，以復琉球。……折逆夷之心，是不戰而存越南也」。在他看來，征討日本是可行的。首先從中國國防力量看，與「俄國和約已成，私心竊幸，以為北邊已安，可以移防北之師，出而東討」。具體計劃是「簡大臣宿將有威望者起東三省之兵，出松花江以臨庫頁島，別命一軍出朝鮮，以扼其西，而後選明習韜略、熟習水師之將，由寧波、定海率舟師趨長崎，以攻其南。或慮來擾海濱，則東南沿海久設練軍，亦自有防禦之具」。其次從日本情況看，「日本賴中國通商以為國計，今其財力虛耗，峻法黷武，民怨其上，數戕官吏，已有亂萌，非如法國財富民強，將吏趣伉也。日本內侵江、浙，必候風潮，帆船所指，皆有定處，非如越南之錯壤滇、粵，綿亙山谷，隘不勝防也。」曾國荃對征討日本抱樂觀態度：「琉球臣民喜復疆土，必將有助順之師。憑廟算之長，海外有截，天戈遠震，四夷戢兵，朝鮮、暹羅、緬甸諸國可免蠶食，不獨越南也。」[17]

總之，他認為討伐日本比迎戰法國更加有理有利。他認為「不正日本之罪，何以折法國之謀？不止法國之奸，何以肅諸國之志？」中國如果不主動出擊，日本將會引起一連串的連鎖反應：「及此時而不日本之討，坐待越南之亡，則美國久誅朝鮮，必起而掠之，英

---

15. 梅英傑：〈曾國荃年譜〉，《湘軍人物年譜（一）》（長沙：岳麓書社，1987），頁440。

16. 同上，頁439–440。

17. 同上，頁441。

人已通緬甸，必劫而持之。暹羅與緬人搏鬥，俄國與新疆交界，其壤來定，又將窺我之隙而侵越之，因利乘便，同時並舉，則不惟滇粵之憂，而欲求如今日之但謀東征亦不可。故臣以為寢兵而禍大，不如急征而禍小也。」[18] 曾國荃在這裏預見到的這種多米諾骨牌效應，十多年後不幸而言中，1895 年中日《馬關條約》簽訂，終於引發了列強瓜分中國的狂潮。

曾國荃當時斗膽勸告皇上，「臣極知皇上以息兵養民為心，不欲勞師遠涉。然諸夷桀驁如此，尤而效之，日引月長，亦終不能弭兵而省費，所用之兵賦，將所百什於今日者。故臣願皇上奮其天斷，亟正倭人之罪，而杜諸夷之奸也。」[19] 為了幫助光緒帝下決心，曾國荃還重提康熙、雍正、乾隆諸帝開疆拓土的事跡，「我聖祖親征漠北，世宗揚威青海，高宗戡定金川，蕩平回準，闢地三萬餘里。而近海諸國不欲芟夷者，凡以屏蔽山海，捍衛神京也。諸國修貢奉職，世為不侵不叛之臣。」[20] 對於「或以為西人志利，不過意在通商」的看法，曾國荃表示不能同意。他認為「不能徇其一時之習，遂信其不肆侵陵也」。[21]

應該指出，曾國荃對日本國內形勢的判斷存在一些偏差，對交戰後中國必勝的判斷也有盲目樂觀之嫌。在中國北洋艦隊尚未建成之前，要在北、西、南三個戰略方向同時出兵，在控制臨庫頁島、朝鮮的前提下，以舟師趨長崎，大大超出了清軍戰鬥力乃至中國國力的極限。這一方案從最好的角度講也只是曾國荃個人的一廂情願而已，朝廷自然不會採納。但是曾國荃對國際局勢的看法有其獨到之處，即較早看到了中國與列強多邊關係有關聯性的特點，看到了列強在謀華、侵華問題上的連動性，而要成功制止這種連動，就要守住琉球、朝鮮、越南這些藩屬國。曾國荃說：「邊省者，中國之門戶，外藩者，中國之藩籬。藩籬陷，則門戶危，門戶危，則堂室

---

18. 梅英傑：〈曾國荃年譜〉，《湘軍人物年譜（一）》，頁 441。
19. 同上，頁 440–441。
20. 同上，頁 438。
21. 同上，頁 440。

震矣。朝鮮為盛京之門戶，越南為滇、粵之唇齒，視琉球之遠在海南，形勢更重泰西諸國。」[22]這種唇亡齒寒見解的正確性在以後的中法戰爭、中日甲午戰爭中一再得到了驗證。

四、依克唐阿

甲午戰爭之後，盛京將軍依克唐阿在 1896 年 2 月 1 日上奏分析了三國干涉還遼後的國際形勢，主張陸權與海權並重。他說「風聞俄人近以索還遼地之功，欲借我膠州為屯集舟師之所。英人聞之，曾不旋踵亦來借舟山。此語雖為道路傳言，未審真確，然揣度兩國之舉動甚相似也。蓋英之於俄，苟凡可以遏其海疆之圖，則必不遺餘力；遏之不止，則思有以制之。是故東三省之不守，則英必取朝鮮、旅順等處以制俄。英、俄各有所得，則德、法、美、日豈肯坐視英、俄之肥厚？亦必狡然思逞，將紛紛有所割據矣」。雖然日後俄國強佔旅順大連，英國借機強索威海，具體港口有所變化，但依克唐阿指出的俄國打頭陣，英國等國緊跟的內在邏輯關係並沒有任何改變。

在西太后、李鴻章等人一味崇俄、親俄、聯俄的情況下，依克唐阿保持頭腦清醒，認為甲午戰爭後「為中國目前之患者惟俄，而俄所注意者則在東三省。……東三省守禦完固，則邊疆無外侮之憂」，「東三省守禦空虛，則沿海有割裂之患」。這位地處邊疆的軍事長官直陳海陸兼備的中國在面臨列強海陸威脅時的不利態勢，較早指出了東北這一戰略大區與全國的關係，並能夠作出俄國是中國最大戰略假想敵的判斷是不容易的。

依克唐阿在奏摺中直言，「今東三省空虛極矣。言士卒則未訓練也，言器械則未精足也，言台壘則未建設也，言鐵路則未建築也。此數者，均宜克日同舉。奮發自強，或可壯先聲以奪人，消敵萌於

---

22. 同上，頁 438。

將啟。故奴才前折請撥巨款為奉天一隅籌劃至數百萬之多，蓋誠萬不容已，欲乘俄人鐵路未成之日，為我疆圍已固之謀也。近者俄士遊歷蹤跡幾遍東三省，山川形勢險要之所在，莫不繪圖詳志，其心叵測，其禍甚邇。」[23] 不出數年，1900 年俄國在參與八國聯軍侵華的同時又單獨出兵佔領整個東北，以及為了長期獨霸東北，與日本在中國領土上展開大規模廝殺，這些事實都證明依克唐阿的判斷是正確的。可惜的是清朝中央政府在甲午戰爭之後頭腦發昏，西太后等當政者出於政治鬥爭的需要，與承認及維護光緒帝合法地位的列強關係急劇惡化，不但沒有接受依克唐阿的建議，反而縱容、利用義和團，盲目排外，將中國置於萬分危險的境地。

五、馮子材

　　1900 年八國聯軍侵華，8 月進逼北京。老將馮子材上奏，提出了自己的戰略設想，認為「改防為戰，可救北京之急，並能化弱為強，懇求專於主戰，勿為和議所搖，…… 懇求乾綱獨振，專於主戰，以雪數十年中華臣民受欺之恥。若慮無將可用，奴才雖則年老庸合，尚能耐勞，且久悉洋情，見慣不畏；如蒙委用，願得自募二萬人，便宜行事，分道進取緬甸、越南，為釜底抽薪之法，使英、法之兵回救緬、越，則北京之急不救自解。如畏或有顛蹶，事愈難為，則奴才敢保必勝。蓋奴才三次出關，越南之民頗相信服。現在越民久遭法鬼戮辱，水深火熱，常望聖朝之拯救，若令奴才帶兵往剿，必有起篇內應者。此越南傳檄可定也」。[24]

　　9 月馮子材鑒於「北事日急，鑾與西幸」，再次上奏，重提他的圍魏救趙釜底抽薪之策，除「擬請迅募勁旅二萬人，先行入衛」外，[25] 堅稱「此次英、法附和諸國，肆意要挾，全隊北上，緬、越實

23. 軍機處原折。戚其章編：《中國近代史資料叢刊續編・中日戰爭》第三冊（北京：中華書局，1991）頁 642–644。
24. 國家檔案局明清檔案館編：《義和團檔案史料》上冊（北京：中華書局，1959），頁 479。
25. 同上，頁 606。

已空虛。前擬釜底抽薪，亟取緬、越，堅其回顧，北路自然解圍，即是此意。茲聞群酋大集，自應先其所急，而後圖其邊防。奴才一介武夫，受恩深重，今雖年逾八十，壯心未已，差幸鬼蜮伎倆見慣不驚」。他認為「勢處今日，欲和款則無款可籌，欲割地則民心不願，此時急務，只求聖意安定，再作計較。竊料群醜雖集北方，各不相下，必皆首鼠兩端，不足顧慮」。[26] 可惜朝廷自顧不暇，拼命西逃，惶論在西南地區另闢戰場自衛反擊。老將馮子材也只有一聲嘆息而已。不過憑心而論，就算馮子材旗開得勝，在緬、越大勝英、法，英、法會不會置唾手可得的中國首都北京於不顧，南下千里迢迢回救其殖民地還是個問題。退一萬步來講，即便英、法軍隊全數南下，剩下六國軍隊對北京仍是一個不可小視的軍事威脅。對緬、越沒有直接利害關係的德、日等國仍是中國之大患，它們絕不可能在緬、越問題上「必皆首鼠兩端」。老將軍馮子材烈士暮年，壯心未已，勇氣可嘉，但與以前一些激進分子一樣，把列強看得太簡單了。面對強敵入侵，不戰而降固然可恨，但輕敵浪戰亦非國家、民族之福。

六、孫中山、章太炎、陳天華、林白水、陳獨秀

在清末日益深重的民族危機面前，孫中山等志士仁人最終舉起了民主、民族革命的大旗。1894 年興中會宣言指出：「中國積弱，非一日矣，……近之辱國喪師，剪藩壓境，堂堂華夏不齒於鄰邦，文物冠裳被輕於異族。……乃以庸奴誤國，塗（荼）毒蒼生，一蹶不興，如斯之極。方今強鄰環列，虎視鷹瞵，久垂涎於中華五金之富、物產之饒。蠶食鯨吞，已效尤於接踵；瓜分豆剖，實堪慮於目前。」因此孫中山等人設立此會，「專為振興中華、維持國體起見。……以申民志而扶國宗。」[27]

---

27. 中國社科院近代史所：《孫中山全集》第一卷（北京：中華書局，1981），頁 19。

　　大學問家章太炎當時的看法與此相近。他認為清朝地方勢力太弱，導致列強侵華接連得逞，「割地輸幣，無敢有異議。彼其所以鉗束者，則外輕之效，非乎？」不過他認為抵禦列強侵略的良方是「以封建、方鎮為一」。他認為「逐加於滿人，而地割於白人，以是為神州大詢」，因此並不主張馬上推翻清政府。章太炎還在〈客帝〉一文中指出，南宋統治者引蒙古滅金，「終自戕敗，廟算失也」，倘若「犖牛之鬥，亥熊呴怒以格其間，則二牛皆觺也」。[28] 章太炎的政治方案是以滿族貴族為「客帝」，以歐美白種人為「客卿」。這種政治主張的錯誤在於只看到了清政府與列強矛盾衝突的一面，而沒有看到兩者互相勾結的另一面，因此章太炎對列強的認知也存在偏差與錯位。義和團運動爆發後，章太炎斷然割辮易服，與改良派決裂，轉向反清革命。1904 年，他出版了《訄書》的修訂本，在冠於書前的〈客帝匡謬〉中，批判了自己過去因與「尊清者遊」而宣揚改良的錯誤，堅決主張推翻清王朝的統治，指出「滿洲弗逐……終為歐、美之陪隸已矣」。在〈原人〉中他明確提出了反對歐美帝國主義的問題，認為「歐美之人」應與清政府「其拒之一矣」。

　　1903 年，中國人民抵制沙俄企圖長期霸佔中國的拒俄運動，對於喚醒國人的民族意識，以及推進辛亥革命這一中國近代的民族、民主革命具有重要的意義。青年志士陳天華在《猛回頭》中揭示了中國民族危機日益嚴重的險境，他認為中國已經是列強角逐的焦點：「俄羅斯，自北方，包我三面；英吉利，假通商，毒計中藏；法蘭西，佔廣州，窺伺黔桂；德意志，膠州領，虎視東方；新日本，取台灣，再圖福建；美利堅，也想要，割土分疆。這中國，哪一點，我還有份！這朝廷，原是個，名存實亡。」[29] 由 1903 年的鬥爭形勢，陳天華理所當然地把沙俄、而不是英法等其他帝國主義國家列為中國的頭號危險敵人。

---

28. 章太炎：《訄書》初刻本，《章太炎全集》（三）（上海：上海人民出版社，1982）。

29. 柴德賡等編：《中國近代史資料叢刊・辛亥革命》（二）（上海：上海人民出版社，1957），頁 151。

　　在上海，蔡元培等人也組織了對俄同志會，創辦了《俄事警聞》（後改名《警鐘日報》），主要登載俄國對中國的侵略情況，以喚醒人民的警覺。1903 年 12 月在上海創刊的《中國白話報》則以論説、新聞、時事問答方式，用醒目的標題和悲憤的筆調，痛切地陳述沙俄強盜在東北的種種暴行和各帝國主義列強虎視眈眈，隨時可能瓜分中國的危急局勢，號召人民團結救亡圖存。主編林白水用「白話道人」的筆名，撰寫了大量的文章，放言高論，蜚聲一時。在〈大禍臨門〉一文中，他強烈譴責帝國主義列強「把這中國當個西瓜，大家各分一塊，把中國的百姓殺的殺，趕的趕」。[30] 林白水認為列強「挾模棱之遁辭，立大同之標幟，以文飾其熱中利祿之心，而投諸我怯懦畏葸之民，決華夏之大防，擁群獸為神靈，是蓋鬼蜮其行，而陷阱其術也。……是所以阻我人民之進行，而淪胥於永劫不可復者，烏可以不辭而闢之，而使世之夢想和平之幸福者，其亦猛然知所反省也乎！」在此情況下「搖唇鼓舌，嘩談和平，徒貽伊戚，終無當於理亂興亡之定例耳」。他反對空談和平，認為這樣只會有利於列強，「強國假之，粉飾愚弄，足以恣行並吞，凌轢人道；弱國恃之，欣喜鼓舞，適以長其廢弛，促其淪亡」，[31] 為國人敲響了警鐘。他號召國人大力救國：「如今我們這中國，你若不去救他，再沒有人去救他了，到這時候你們大家還不肯擔責任，恐怕再過幾個月，你就是要想擔責任，也沒有責任給你擔了。」[32]

　　無獨有偶，1904 年 2 月至 1905 年 8 月陳獨秀在蕪湖經辦《安徽俗話報》期間，大力揭露列強的對華侵略。他在〈瓜分中國〉一文中通俗地告訴大家俄、德、法、日、意、英等帝國主義國家瓜分中國的罪惡圖謀，指出列強「私下裏商議起來，打算把我們幾千年祖宗相倚的好中國，當作切瓜一般，你一塊，我一塊，大家分分，……俄國佔了東三省，還要佔直隸、山西、陝西、甘肅；德國

30.《中國白話報》第二期，收入《辛亥革命時期期刊彙編》第三冊（北京：首都師範大學出版社，2011）。

31. 張枏、王忍之編：《辛亥革命前十年間時論選集》第三卷（北京：三聯書店，1977），頁707–711。

32.《中國白話報》第二期。

要佔山東、河南；法國要佔雲南、貴州、廣西；日本要佔福建；意大利要佔浙江」，長江各省要歸英國所有，[33] 向人民大眾展示了一幅虎視鷹瞵，蠶食鯨吞的瓜分中國圖。陳獨秀還在〈亡國篇〉中將帝國主義列強攫取中國領土、路權、礦權和向中國進行商品輸出的罪惡分門別類，一一列表敍述，使人更加明白，一目了然。陳獨秀認為帝國主義侵略是由於清政府的顢頇腐敗所致，要反侵略必須先推翻清政府。在《安徽俗話報》第一期上，陳獨秀就指出「恨只恨我們家鬼害家神。安排着洋兵到，乾爹奉承，奴才本性」，[34] 聽任國家的「土地、利權、主權、被外國佔奪去」，「朝廷官吏雖說還在，國卻算是世界上一個亡國了」，[35] 矛頭直指腐敗的清王朝。

清朝末年，列強瓜分中國的魔影始終在國人心頭揮之不去，革命與改良之爭的要點之一，就是革命是否會招致瓜分慘禍。1910年同盟會總理孫中山在美國埃上哥夫埠對華僑進行革命宣傳時，有致公堂人士張某問：「革命戰爭能否招致中國被列強瓜分？」孫中山答：「流血則有之，瓜分未必也。」

1911年10月武昌起義爆發，還在美國的孫中山並沒有急於回國指導掌控，而是滯留海外，從事外交，竭力爭取列強中立以至支持。他認為「當時各國情形，…… 要而言之，列強之與中國最有關係者有六焉：美、法二國，則當表同情革命者也；德、俄二國，則當反對革命者也；日本則民間表同情，而其政府反對者也；英國則民間同情，而其政府未定者也。是故吾之外交關鍵，可以舉足輕重為我成敗存亡所繫者，厥為英國；倘英國右我，則日本不能為患矣」。[36] 從純粹學理而論，孫中山這一分析是可以成立的，但是列強在華有着共同的與自己的既得利益，對待辛亥革命自然不會僅僅根據國家政治制度的異同來表態，對於中華民國臨時政府這一亞洲第一個共和民主政府，同為共和制的美國、法國始終不予承認，而袁

33. 陳獨秀：《陳獨秀著作選》第一卷（上海：上海人民出版社，1993），頁27。

34. 同上，頁30。

35. 同上，頁67。

36. 中國社科院近代史所：《孫中山全集》第六卷（北京：中華書局，1985），頁244–245。

世凱掌握北京政府後，包括君主立憲制日本、英國在內的列強很快紛紛表態承認。

　　綜上所述，在兩次鴉片戰爭以後，國人對列強的認知有所進步，但還存在着不少偏差與錯位；一些有識之士在對外關係方面提出過一些好的或比較好的意見和建議，其主要傾向是積極、適度地進行中外交往，同時未雨綢繆，做好反侵略的準備。然而由於多次戰敗割地賠款，與列強相比，中國在經濟、軍事方面的硬實力增長十分有限；而在制度、文化方面由於遲遲不願更新，軟實力也遠不如人。在這種情況下，要想正確地認知列強，在中國與列強的多邊關係中尋求共識，進行調適是很困難的。即便是走在時代前列，以孫中山為代表、較先進的中國人，也只是將列強侵略簡單說成是清政府腐敗無能所致，認定只要推翻清政府即可與列強平起平坐，杜絕侵略。從深層來說，這些偏差與錯位是時代的和階級的局限所造成的。如何認識資本──帝國主義的本質，怎樣與它們打交道，一直是中國人孜孜以求力謀妥善解決的一大歷史難題。

第九章

20世紀的「青島問題」與中國外交

張樹楓

青島市社會科學院

　　所謂「青島問題」，是上個世紀初中國人民所熟知的一個特殊名詞，更是中國外交事務中最為重要的關鍵詞。「青島問題」起始於19世紀末德國侵佔青島的「膠州灣事件」，並以此引發帝國主義瓜分中國的狂潮和促使中國社會急劇變革的時代。第一次世界大戰爆發後，日本趁機取代德國侵佔青島，並提出意在滅絕中國的「二十一條」，引起全國人民反對。以收回青島主權、廢除「二十一條」為主要內容的「青島問題」成為中國重要的政治事件和外交大事。由於「青島問題」的廣泛影響，國民參與維護國權的「國民外交」運動也隨之發展壯大，對清末以來喪權辱國的「秘密外交」造成了巨大衝擊和挑戰，最終中國於在巴黎和會外交失敗後達到高潮，發展成為規模空前的全國性「五四」反帝愛國運動，從而直接影響和促成了中國代表團於巴黎和會拒簽和約的行為。這種由國民廣泛參與的「國民外交」不僅有力地推動了中國民主革命的發展，也直接促成了青島主權的回歸，「青島問題」的解決成為「五四運動」最重要的直接外交成果之一。

一、「青島問題」的由來

1897 年 11 月 14 日，德國海軍東亞分艦隊武力侵佔青島，製造了震驚中外的「膠州灣事件」。翌年 3 月 6 日，德軍逼迫清廷簽訂《中德膠澳租界條約》，開列強以武力強行「租借」中國領土的惡例。隨之，俄、英、法等國紛紛效法，強行租借旅（順）大（連）、威海衞、九龍和廣州灣（湛江），並爭相劃分勢力範圍，掀起了瓜分中國的狂潮。

在列強瓜分陰謀和行動面前，清廷上下一如既往地陷入了束手無策的外交困境中。當總理衙門向各省督撫大員們通報德國強佔膠州灣，並徵詢其退兵之策時，竟無一計一策可用。據珍妃師傅文廷式日記記載：南洋大臣劉坤一的回覆是此事「無理可講、無計可施、無兵可調、無款可籌」，因而外國稱中國為「四無之國」。儘管我們一直未能找到這一封電報，但從清廷對外交涉的過程和最終結果來看，「四無之國」並非空穴來風，正是其最具代表性的一種現實狀況。

作為國際上公認、最有聲名的中國外交家，李鴻章可算是最有思想的清廷大臣。膠州灣事件發生後，李鴻章重拾「以夷制夷」的老套，企圖依靠俄國壓制德國退兵。不料德、俄早已達成分佔青島、旅順的秘密協定，俄國以調停中、德外交紛爭為名，派太平洋艦隊侵入旅順，隨之提出強租旅大的要求。李鴻章「以夷制夷」的老套外交成了引狼入室的敗筆。之後，對於列強「租地」的無理要求，清廷除了拒絕了意大利的要求外，對英、法等國的要求都有求必應。所謂外交談判只是按列強要求簽字畫押而已。

令清廷和外國列強始料不及的是，德國強佔膠州灣在全國引起的反響是如此之大，無論是康有為的維新變法、義和團的反帝愛國運動等均與「膠州灣事件」的發生有直接關係。隨着世界政治格局的演變，「青島」已經成為縈繞牽掛中國人民的一大心病，成為世人不容忽視的重大命題。

二、青島何以成為中國的頭號外交問題

如果沒有第一次世界大戰的發生，青島問題還只是中國諸多國恥標誌的問題之一。薩拉熱窩的槍聲改變了世界的政治格局，也使得「青島問題」成為中國最主要的外交主題。

1914 年 8 月，日本向德國宣戰，出兵侵佔青島和山東，青島主權問題再次被世人所關注。而日本在取代德國佔領青島後，拒不兌現其宣戰時所作的代中國向德國討回青島及撤兵的承諾，進而於 1915 年 1 月提出意在滅亡中國的「二十一條」，企圖達到永久佔領青島、獨霸中國的目的。

「二十一條」的談判是一場屈辱外交。袁世凱迫於日本武力威脅和支持其稱帝的利誘，承認了「二十一條」。消息傳出，立即在全國掀起了反對日本的「二十一條」和袁世凱賣國行徑的抗議活動，「二十一條」的核心問題 —— 青島主權自然而然地成為中國的主要外交命題，而袁世凱的聲望和權威也隨着「二十一條」的簽訂而衰落、崩潰。與其說袁世凱是因為稱帝改制而遭到舉國反對由此喪命的，倒不如說其承認「二十一條」的屈辱外交埋下了滅亡的種子，並在其冒天下之大不韙悍然恢復帝制的行徑中開花結果，最終落得身敗名裂的下場。

袁世凱失敗後，皖系軍閥段祺瑞掌控中央政權，實行親日政策，與日本秘密簽訂了濟順鐵路、高徐鐵路和軍事合作條約等一系列有損中國主權的秘密條約，其中多項條約與青島和山東主權有關，嚴重損害了國家民族利益。日本為了達到永久侵佔青島的目的，採取了一系列欺騙手段，企圖使其佔領行為合法化。不過，中日之間的系列密約，最終都被知情人泄露公佈，更激起全國人民、特別是山東人民的關注與反對。可以說，青島問題和「二十一條」是促進中國人民民族覺醒和民主進程的催化劑。到第一次世界大戰結束時，「青島問題」已經是中國人民關心的頭號事件和政府的外交主題。

第一次世界大戰結束後，中國政府和社會各界均把收回青島的希望寄託在巴黎和會上。因為中國作為戰勝國的一員，收回青島主權是完全合理合法的。可是，在弱肉強食的世界上，弱國的「公理」是無法戰勝強國的「強權」的。儘管中國代表以確鑿的證據和有力的論點闡發了收回青島主權的理由，駁斥了日本的無理要求，但掌控和會的英、法、美等國出於私利，拒絕中國的正當要求，悍然決定將青島主權交給日本。中國企圖利用巴黎和會而收回青島主權的外交努力歸於失敗。

三、從「秘密外交」到「國民外交」

中國在巴黎和會的失敗也宣告了清廷、袁世凱及北洋軍閥長期奉行的「秘密外交」的終結，迎來了「國民外交」的鼎盛期。

清朝時期，由於國家中央集權制仍然強大，封建專制主義佔據統治地位，沒有或僅有少量新聞媒體存在，一般官員在外交事務上也沒有知情權和參與權，更不要說普通民眾了。因此，各種對外交涉秘密只有總理衙門和少數官員知情。加之少數官員的私利和妄為，遂有李鴻章所經手的《中俄密約》等外交事件發生。

民國成立前夕，民主革命和民族革命運動高漲，國民的愛國意識和參政意識空前提高，隨着清廷專制勢力的衰退，其外交的隱秘程度有所降低。民國建立後，政治團體如雨後春筍般紛紛成立，新聞媒體也空前活躍，他們極為關注政府的施政方針和對外交涉情況，對政府的外交事務造成了巨大壓力。袁世凱鎮壓「二次革命」後，殘酷鎮壓革命力量和進步輿論，實行專制統治，在對外交涉上強化秘密外交。中日「二十一條」的談判等外交事件都是以秘密方式進行的。

然而，袁世凱的專制統治並不牢固，也沒有真正形成統一的政治格局，在租界和國外的進步輿論仍繼續從事反對和揭露袁世凱的

活動。列強因在華利益不同而各懷鬼胎，互相拆台，袁的政府內也有不少反對妥協賣國的官員。因此，所謂「秘密外交」並未有真正保持秘密。就連日本強烈要求保密的「二十一條」也很快被世人所知曉，並遭到舉國反對，使得日本的陰謀無法順利實施。袁世凱病死後，以段祺瑞為首的北洋軍閥操控的北京政府繼續實行袁世凱的對日妥協政策，與日本等國家簽訂了一批秘密條約，這些秘密條約的簽訂不僅給國家主權利益造成了嚴重的損害，也為日後在巴黎和會的外交失敗埋下了禍根。

然而，北洋軍閥的專制統治同樣壓不住人民的革命運動，「秘密外交」也隨着時間的推移而大白於天下，更遭到了獲知內情以後的人民的憤慨與反對。出於對政府外交能力和維權原則的不信任，人民對於政府的不信任度也在不斷高漲，逐漸形成了有更多民眾參加的對政府外交進行監督和提出主張要求的「國民外交」。

「國民外交」在一戰結束後的巴黎和會前後真正形成高潮。

自從戰勝國要在巴黎召開和平會議的消息一傳開，中國各政治派別和商、學等社會各界均對廢除與德、奧等國的不平等條約，收回青島主權和廢除「二十一條」充滿希望，紛紛提出意見與建議。與北京政府相對立的廣州政府也積極行動，選出了孫中山作為南方政權出席巴黎和會的總代表。後因孫中山堅辭不就，才改由王正廷作為南方代表，與陸徵祥、顧維鈞等共同組成出席巴黎和會的中國代表團。而之所以邀請南方代表參加和會代表團，也是北京政府在全國各界的強烈要求和壓力下才作出的決定。從這一點上來看，中國政府在參會之初確實是希望通過和會收回青島和山東的權益。

中國代表在和會提出收回山東權益的正當要求遭到日本代表極力阻撓。日方的陰謀在會議上無法實現後，便向北京政府施加壓力，要求中國政府放棄收回山東權益，並拉攏英、法、美等國壓制中國要求。英、法、美等列強偏袒日本，竟置中國代表的正義要求於不顧，悍然規定將原德國在山東的所有權益歸於日本，並寫入巴黎和約。中國企圖通過和會收回青島主權的意圖歸於失敗。

中國在巴黎和會外交失敗的消息一經傳出，舉國震驚。而皖系軍閥把持的親日政府在日本壓力下，竟令中國代表團放棄收回山東權益的要求，在和約上簽字。這一秘密決定被汪大燮通過蔡元培透露給北大學生，終於導致了「五四運動」的爆發，從而宣告了反動政府「秘密外交」的徹底失敗。

巴黎和會和「五四運動」期間，凡屬青島問題的外交活動幾乎毫無秘密可言。北京政府決議與和會代表的活動，一直處於社會各界和媒體的監督之下。而遍及全國的罷工、罷課、罷市等愛國運動更沉重打擊了北京政府的統治，使得北京政府的賣國意圖未能得逞。也正是在浩大的「國民外交」運動的監督和壓力下，中國代表團才不顧北京政府的指令，拒絕在巴黎和約上簽字，挫敗了日本「合法」侵佔青島的陰謀，為中國日後收回青島主權保留了法律上的基本條件。從某種意義上說，中國拒簽巴黎和約、維護國家尊嚴的外交結果，就是五四運動所體現「國民外交」的偉大勝利。

四、「五四運動」的直接外交成果 —— 青島回歸

「五四運動」的勝利和拒簽巴黎和約的結局，只是中國外交的一個初步成果，算不上真正的外交勝利，因為「和會」和「五四」力爭收回青島主權的目標要求並未達到。因此，在「五四」之後，收回青島主權的革命運動和外交行動一直在深入發展，全國性的抵制日貨運動愈演愈烈，「收回青島主權」的口號和要求日益高漲。在巴黎和會喪失掉「合法」侵佔青島機會的日本在中國人民的抗議和反對浪潮中無計可施，被迫表示同意交換青島，但要求以此換取重大利益。

1921 年，中、美、英、法、日等九國在美國華盛頓召開太平洋會議，以解決巴黎和會所未能解決的亞太遺留問題。會議之前，包括孫中山在內的各政治團體和社會各界都要求無條件收回青島主權。會議期間，中國代表團再次提出收回青島主權的要求，遭到日本反對。美英再次偏袒日本，不惜犧牲中國利益，「勸說」中國與日

本在會外直接談判青島主權問題。儘管遭到國內輿論反對，中國代表還是迫於美英壓力與日本舉行直接交涉。1922 年 2 月 4 日，中日兩國簽訂了《解決山東懸案條約》，條約主要內容有：膠州德國舊租借地之交還、公產之移交、日本軍隊之撤退、青島海關、青島濟南鐵路、青島濟南鐵路延長線、礦山、開放德國膠州舊租借地、鹽場、海底電纜、無線電台等 11 節 28 條。條約規定了日本將青島、膠濟鐵路、礦山、鹽場、海關、海底電纜等權益交還給中國，但中國須付出巨額費用予日本以補償，並給予日本眾多權益。

這份條約顯然沒有達到國民所要求的無條件收回青島的目標，因此遭到社會各界的反對。孫中山所領導的南方政府對北京政府的大總統徐世昌予以痛斥，反對該條約的簽訂。但由於該條約規定了收回青島、鐵路和海關的主權，其主要訴求和目標已經達到，中國各界的反應和情緒遠沒巴黎和會失敗時那樣激烈。

隨後，中日之間於 1922 年 6 月至 12 月就收回青島主權的細節問題進行了為期半年的魯案善後談判。此時，最為關注談判進程和內容的主要是山東省的社會團體和群眾層面。由於懷疑中國對日讓步太多，魯案談判的中國首席代表王正廷受到巨大的輿論壓力。因為得到青島商會和學界的積極支持和配合，中方代表在青島實地調查時獲得了許多寶貴資料，對於在談判中據理力爭、堅持中方正當要求和駁斥日方無理要求等起了重要作用。1922 年 12 月 1 日和 12 月 5 日，中日分別簽訂《山東懸案細目協定》、《山東懸案鐵路細目協定》，從法律上解決了青島主權回歸的問題。

1922 年 12 月 10 日，中日兩國交接青島主權儀式在青島原德國總督府舉行，淪陷於德國、日本殖民統治 25 年的青島終於回到祖國的懷抱。儘管付出了重大的代價，但青島主權的回歸仍然是中國近代歷史上最為重大的外交成果之一，並為中國收回外國在華租界地開創了範例。青島問題的最終解決，是「五四運動」的偉大勝利，也是「國民外交」的重大勝利。青島主權的收回，不僅挫敗了日本的侵略野心，維護了中國領土完整，也進一步提高了國民的愛國熱情和對外交事務的關心。

　　總括而言，自 19 世紀末葉的「膠州灣事件」以來，「青島問題」一直是影響中國社會發展的重要因素。特別是日本取代德國侵佔青島以後，收回青島主權的要求逐漸高漲，成為中國對日交涉的頭號問題，「青島問題」從此形成。而隨着全國人民對青島主權問題的關注，以往由極少數官員操持的「秘密外交」逐漸被「國民外交」所壓迫，外交問題成為全國性的社會政治問題。第一次世界大戰結束後，隨着巴黎和會的召開和中國外交失敗，以收回青島主權為核心的「青島問題」成為中國最重要的政治事件和頭號外交主題。歷史實踐證明，在缺乏民主政治和綜合實力的近代中國，如果沒有廣大人民群眾參與的「國民外交」，就不會有「五四運動」和拒簽和約的事件發生，也不會有青島主權的回歸。這一歷史經驗對於今天的中國外交現實也是一個積極的啟示和借鑒。

第十章
從世界革命史看辛亥革命

汪榮祖

國立中央大學歷史系

一、引言

　　「革命」一詞，中國古已有之，乃指皇權之更替，因天子受天命而治天下；失去天命，就由得天命者取而代之，故曰「湯武革命，順乎天應乎人」。在西方所謂「革命」（revolution），指與過去脫鉤的重大而突然的變革，尤指以暴力推翻政府及其相關制度，然後建立新政府及不同的新秩序。世界史上的重大革命，不僅是政治變革，而且是經濟制度、社會結構與文化價值觀的改變。顯而易見，此詞時而類比各方面的重大變革，諸如工業革命、思想革命、服飾革命等，均表示徹底的變動。

　　在西方，從古希臘到中古時期，革命被認為是一種破壞。古希臘人認為道德與宗教敗壞之後，才會有革命。柏拉圖相信，堅毅的信念可以防止革命，亞里士多德進而斷言，當文化價值變得貧乏，社會難免有革命之虞。所謂因失去基本價值而後有革命之禍，與古中國因失去天命而有革命，可稱異曲同調。西洋中古時期，無論政教，力求穩定，避革命唯恐不及。文藝復興之後，革命之概念始變，不再以革命為褻瀆之詞，在特定情況下政府結構須要變革。17世紀英人密爾頓（John Milton）更肯定革命乃社會抗拒專制暴政之權利，為人民建立新秩序與爭取自由之所需。18世紀大哲康德也認為

革命乃人類進步的動力，社會實現更高倫理基礎的步驟，豈非即順乎天、應乎人之舉？19 世紀德意志大哲黑格爾亦視革命為人類命運之實踐，革命家無異就是改革家。馬克思在黑格爾的理論基礎上發展出階級鬥爭說，在社會裏爭奪控制經濟發展的過程，最後由無產階級推翻資產階級，達到自由而無階級的理想社會，而後則無須再變。

在西方革命史上，從古到今的革命雖然不知凡幾，但最主要的四大革命是 17 世紀 40 代的英國革命、18 世紀的美國革命與法國革命，以及 20 世紀的俄國革命，[1] 都是巨大的政權更替，以及隨之而來的諸多重大變革。辛亥革命不僅是政權的更替，而且終結了三千年的帝制，與世界革命史上的四大革命，到底有何異同？比而觀之，或能洞察革命的通性與特性，更能了解辛亥革命的性質，以及在革命史上的意義與地位。

革命既然是經過暴力的政權更替，必然是一種劇烈的手段，不得已而出之。布瑞敦（Crane Brinton）教授視革命為一種「疾病」（disease），所以用醫學解剖的方式來分析革命，在革命爆發之前像疾病一樣，有許多徵兆，也就是革命的造因，即因社會價值的崩潰，在政治與社會上出現緊張，導致政治權威的破損，只好依賴武力以自存，改革的呼聲又正暴露政府的貪腐。當現政權無法維持其威權，各方反對勢力得到機會推翻政府。布氏認為，革命一旦開始，便如狂風暴雨接踵而至，經過短暫的理想主義時期，分為溫和與激進兩派，最後激進獲勝，以致於造成「恐怖統治」（the reign of terror）。革命的形成是由於動亂，而動亂是由於人民不滿現政府，在法國大革命中被推翻的現政府被稱作「舊政權」（old regime），之後凡是革命的對象，皆為舊政權。歷史上的動亂多矣，未必都會導致革命。一般認為導致革命的動亂，大多由於存在難以承受的經濟或財務危機；然而導致四大革命者，皆顯非經濟因素。英國革命時，經濟情況前所未有地穩定，社會普遍繁榮，賦稅也比其他國家為

---

1. 四大革命說見 Crane Brinton, *The Anatomy of Revolution* (New York: Vintage Books, 1938, 1952), 6.

輕。法國大革命時，政府固然有財務困難，然整個社會可稱富裕，財富固然分配不均，但反對舊政權最厲害者，卻是富裕的中產階級。美國革命時，財富與人口都在成長之中，至少沒有窮困到要革命的地步。即使 1917 年的俄國革命，雖因捲入歐戰，沙俄政府面臨崩潰，但社會生產力仍然超前；事實上，俄國從 1906 年到 1912 年正走向富裕的西式社會。富裕社會裏固然仍有悲慘的人群，但是這群人的悲慘不足以激發革命，往往只是革命中的點綴，而非革命的徵兆。最主要的是一群人的感覺，他們覺得經濟發展受到壓抑，無法進一步發展，如大英帝國政府對美洲殖民地的政策，使當地的富商感到挫折與不滿；法國革命之前，也有一系列的舉措使不同族群不滿，如稅制改革未能完全落實，使無論有錢有勢或無錢無勢者，都感不滿。因此，不是經濟困頓，而是主要一群人的經濟機會受到政治干預，才是革命的一個最重要徵兆。[2]

回頭看中國的辛亥革命，滿清政權自鴉片戰爭以來不斷割地賠款，到 20 世紀之初，國家財經已到山窮水盡的局面，義和團之亂後的《辛丑條約》，所索賠款之鉅，為前所未有，對財政而言不啻雪上加霜，而辛亥革命前一二年又有長江大水，哀鴻遍野，民不聊生。然則，經濟面臨崩潰可說是辛亥革命爆發前的最明顯徵兆。

二、民不聊生是動亂的主因

清末經濟情況的惡化確實到了民不聊生的境地，主要省份的經濟民生如江河日下。甲午戰敗後，外國經濟滲透更深，《馬關條約》使國外商人獲利良多，摧毀許多國內的經濟，新興的民族企業也根本無法與外商競爭。《辛丑條約》的巨額賠款要各省分攤，比較富庶的江蘇省承擔尤重，[3] 然江蘇也有大量窮人，例如淮河一帶有數以千計的窮苦漁夫與貧困農民，過着奴役般的生活。

---

2. Crane Brinton, *The Anatomy of Revolution*, 15, 19, 30–35.

3. 王樹槐：《庚子賠款》（台北：中央研究院，1974），頁 140。

　　已經貧窮的中國，財產分配又嚴重不均。對廣大窮人而言，工作既不穩定可靠，政府又增加田賦。中國的土地問題在辛亥革命之前，日趨嚴重，特別在江南一帶，地主與佃戶之間的衝突，愈演愈烈。據日本學者小島淑男對大蘇州地區（包括蘇州、昆山、常州與武進）的研究，此衝突在太平天國之亂後，已經開始惡化。因在大亂之後，出現更加複雜的「一田兩主」情況，地主仍然擁有土地的所有權，而佃戶則擁有土地使用權。地主雖讓佃戶分享收穫作物60%的利益，但佃戶的使用權既不穩定，付出的又不僅是勞力，還要花費來改善土地，而且要忍受地主提出的苛刻要求。不僅此也，田賦增加的重擔也落在佃戶的身上，他們有時必須被迫放棄土地使用權來應付支出，而被迫起來對抗的佃戶，90%是蘇南人。小島以為由於擁有土地的使用權，使佃戶產生了一種財產意識，所以他們有時不僅反抗不合理的高稅收，而且也拒付租金給地主，又促使地主們請求官府成立「催租處」來協助解決，若收不到租金，就會用迫害與恐嚇的手段來催繳，自然加劇佃戶與地主之間的矛盾。早在1887年，在蘇州府就有數以千計的佃戶因為未繳納租稅被地主拷問與監禁。催租者也不免會被憤怒的佃戶騷擾與攻擊。在辛亥革命前夕，超過200位蘇州地主鑒於催租處之效力不彰，於1910年的秋天組成「田業會」。在擁有舉人與蘇州諮議局議員身份的陶致遠的領導下，「田業會」藉改進農村工作環境與統一稅金等手段來紓緩現況，但是情況已不允許有從容改革的時間，抗租在1910至1911年之間已經成為既廣泛而又甚激烈的運動。[4] 規模最大的是發生於以蘇州為中心的常熟、無錫與江陰三角地區的「千人起義」，主要領導人如周天寶、杜海雲、孫二、孫三等都是農民。1911年夏天的大洪水更強化了千人會，從他們的口號與活動可知，他們的目的就是為了抗租，參加的人都來自窮苦的鄉村，不是佃農，就是鄉村窮苦教師。樊文濤就是一位很窮的塾師，很可能是唯一有點文化修養的參與者，擔任軍師的角色。千人會的活動在武昌起義後更加活躍，他們唯一關切的，也是佃戶們所最在意的，就是要「減輕地主對他們的壓榨」。

---

4. 參閱小島淑男：〈辛亥革命前後における蘇州府の社會と農村鬥爭〉，載東京教育大學文學部東洋史學研究室編：《近代中國農村社會史研究》，《東洋史學論集》第8冊（東京：大安出版社，1967），頁297–363。

武昌起義後的政治不穩與社會混亂，更助長了千人會的活動，[5] 但他們並無響應革命的政治訴求。

　　除了佃農因抗租與地主發生衝突之外，各省鄉民幾無不抗拒官方不合理的稅收。清廷為應付拳亂後的大量賠款，徵收鹽、糖、油、肉等日用必需品，以及其他名目繁多的稅收，[6] 這往往引起鄉民激烈的反彈，造成流血事件，如 1906 年江西瑞昌因抽稅太苛，引發軍民武裝衝突；[7] 1907 年之春，廣東欽州抗拒繁重的糖捐，也發生嚴重的軍民衝突；同年，陝西扶風因路捐引起騷亂；1909 年初秋，江西袁州鄉民聚眾「入城跪香，要求免捐」，結果官兵開槍，「鄉民傷亡無算」；1909 年與 1910 年之間，浙江湖州與嘉興兩府，因書吏「匿災勒徵」，需索浮於正供，「鄉民飢不得食」，遂鋌而走險，群起抗漕；1910 年之春，浙江嘉興王店鎮因加抽肉捐，肉店罷市，相持數日之久，以致於激發全鎮罷市；1910 年之夏，廣西懷遠縣因加抽油捐，激成民變，抗捐滋鬧，縣令竟向 18 個村莊以火炮鎮壓；1910 年在地瘠民貧的雲南昭通府抽果捐，以充實經費，鄉民拆毀倡議收捐的鄉紳住宅以洩憤。[8] 類此諸多的鄉民抗爭事件，幾無不是因不公義、不合理的稅收而引起。

　　清廷於拳亂之後實行新政，原意要改良現狀，但為了實行新政，又不能不增加財政上的負擔，不得不增加稅收或強迫捐獻，長期的績效未見，更加激化貧民的反彈。[9] 如開辦新式學堂，就需要很多金錢；學堂成為鄉民洩憤的對象，不是反對學堂，而是厭惡借學堂科捐，增加鄉民經濟上的負擔；對一般鄉民來說，乃是求生不

5. 陸元同：〈回憶千人會起義〉，載楊州師範學院歷史系編：《辛亥革命江蘇地區史料》（南京：江蘇人民出版社，1963），頁 183。

6. Yeh-chien Wang, *Land Taxation in Imperial China* (Cambridge, Mass., Harvard University Press, 1973), 62.

7. 見〈人民反清資料〉，載中國史學會主編：《辛亥革命》，《中國近代史資料叢刊》第 3 冊（上海：上海人民出版社，1957），頁 413。

8. 參閱〈人民反清資料〉，頁 367、372、480、419、440、454、487。

9. J. Lust, "Secret Societies, Popular Movements, and the 1911 Revolution," in *Popular Movements and Secret Societies in China, 1840–1950,* ed. J. Cheaneaux, (Stanford: Stanford University Press, 1972), 168.

暇之下的無可承擔之重。更有地方士紳藉學務與新政，乘機弄權，任意抽收「苛細雜稅」，所以「搗毀學堂，全係因捐起釁」。[10] 素來純樸的江蘇宜興也於 1911 年之初，發生群眾鳴鑼燒毀各處學堂，並搗毀辦理學務者的自宅，之後江蘇各州縣焚毀學堂事件「接踵而起」。[11] 據江蘇巡撫程德全的報告，辛亥年初，在四天中焚毀了「公私立小學二十九所之多」。[12] 鄉民不僅仇視學堂，凡涉及新政，需要籌款，都會遭到極深的民怨，如 1910 年的夏天，爆發官兵與鄉民交戰事件，其原始肇因仍然是「士紳勒捐激變」。[13] 凡須籌款興建的公共建築，經常成為鄉民泄憤的對象。[14] 興辦警察也是新政之一，也須抽收捐款，激發浙江武康鄉民的公憤，他們衝進縣署，搗毀大堂，毆傷知縣，拆毀縣城內的警察總局。鄉民破壞學校等新政措施，並不是「愚」而是「苦」，新政項目愈多，他們愈不能負擔，痛苦愈深，故恨之入骨，毀之、焚之以泄憤。兩湖原是米倉，卻因民窮米貴，買不起米，同時物價上揚更使廣大的窮苦人口，難以維生，引起嚴重的搶米風潮。及至 1911 年的 6 月，長江大水之後，飢民從江西、安徽等地湧入江南，偷竊、搶劫、強姦、謀殺等犯罪案件迅速增加，顯示民不聊生的嚴重後果。人民開始為生存而焚燒公共設施、洗劫米倉、闖入富戶住宅搶劫，造成嚴重的社會動亂。[15] 社會動亂也使盜匪更加猖獗，同時也助長秘密宗教結社與會黨，增添亂象。

這些動亂都被武力鎮壓，警民衝突經常導致官兵血腥報復，甚至殘殺無辜，直把人民當盜匪來鎮壓，甚是慘烈，如 1910 年秋天的一則報道，在山東萊陽的官民衝突中，「鄉民之死於槍炮、死於騷擾、及婦女死於姦淫者，不可勝計。」[16] 地方暴亂雖被弭平，但積怨

10. 閱〈人民反清資料〉，頁 369–370、419–420、456。各縣毀學詳情參閱頁 454–460。

11. 同上，頁 389–391。

12. 程德全：〈撫吳文牘〉，載楊州師範學院編：《辛亥革命江蘇地區史料》，頁 10。

13. 語見〈人民反清資料〉，頁 474，參閱頁 433、435、465、469、471、527。

14. 陳旭麓：《辛亥革命》（上海：上海人民出版社，1955），頁 63–65。

15. See Arthur Brown, *The Chinese Revolution* (New York: Student Volunteer Movement, 1912), 3–4. 另參閱〈人民反清資料〉，頁 511–512、522。1910 年奉天（東三省）也有搶米風潮，閱〈人民反清資料〉，頁 531–532。

16. 語見〈人民反清資料〉，頁 471。

極深，人民離心離德與政府持續對抗，[17] 但是這些動亂除了發泄情緒之外，都不足以推翻滿清政府。這些分散各地的抗租、抗稅活動，也未能形成革命風潮。革命黨人除了利用一些會黨外，卻未能組織那些憤怒的鄉民成為革命隊伍。革命黨人除與少數會黨有聯繫外，既不能掌控、也不能領導大部分鄉民進行抗爭政府的活動。

三、動亂迫使士紳參與辛亥革命

鄉民的憤怒雖一時撼動不了政府，卻撼動了當時被稱作「士紳」或「紳商」的社會精英分子。這群人一方面覺得動亂對他們的身家性命造成威脅，尤其是武昌起義後，清廷舉止失措，令他們大失所望，覺得政府不能有效保護人民的安全、維持時局的穩定，他們只有採取行動以自保。另一方面又感到政府的政策未符他們的期待，阻礙了他們的利益。為了確保自身的利益，遂在形勢所迫下參與了辛亥革命。在他們的主導下，各省宣佈獨立。由於他們的影響力主控了革命形勢，導致推翻滿清政權的革命果實。武昌起義若無各省獨立，成就不了辛亥革命，在武昌所發生的，就僅僅是一場兵變或叛亂而已。各省紛紛獨立主要歸功於士紳階級的支持。

然則辛亥革命的實力派竟是不主張革命的「紳商」階級。這群號稱士紳或紳商的社會精英，有點像法國革命時的中產階級，但法國中產階級是要推翻貴族主導舊政權的革命者，而辛亥各省士紳於武昌起義後，始見風轉舵，決定脫離舊政權，參與革命。而由於他們的參與，辛亥革命不僅不會走向極端，反而趨於保守，甚至導向反動，在此必須回顧辛亥年各省士紳是如何參與革命的。

士紳（包括新興的商人）是晚清舊社會的精英分子，與朝廷的關係最為密切。政府尊重他們的社會地位，保護他們的政治與經濟利益，而他們自然認同政府，作為朝廷的穩定力量。清廷於拳亂之

---

17. 參閱 Carleton Beals, *The Nature of Revolution* (New York: Thomas Y Crowell Co., 1970), 4.

後，痛定思痛，決心籌備立憲，在京城設立資政院，各省奉光緒三十四年（1908）7 月 22 日的上諭，在各省會設立諮議局，由「公正明達士紳創辦其事」，以為議院之基礎。[18] 所選出的議員多般出身士紳之家，分享到更多的政治權力，其地位與份量也隨之提高。不過，籌備立憲於 1905 年啟動以後，對立憲進程的速度有爭議。清廷如履薄冰，欲取其緩；而立憲派躍躍欲試，欲取其速。各省諮議局於辛亥四月初十推舉奕劻為總理大臣，成立責任內閣，不料新內閣於第二天就奉皇帝諭旨，將川、漢、粵鐵路收歸國有，牽涉到紳商的實際利益，引發四川保路運動，與朝廷之間的摩擦與裂痕前所未有。

四川商民集股建造川漢鐵路，由川人自辦，曾獲得光緒帝批准。然而當鐵路已經動工，忽然要將商辦之鐵路收歸國有，情何以堪。鐵路幹線由國家承建，固然有理，但政府處理不當，事前既未與川人協商，事後又罔顧當地人的利益，以致於給予川人以「奪路」與「謀財」的印象，造成群情激憤。清季士紳之中已有不少人頗具現代知識，有的還曾出過洋，在各地的諮議局裏佔極大多數，對政治改革與保障自身利益甚有期待。他們也受到現代民族主義的洗禮，愛國情操有別於往時的忠君愛國。他們既要保國，也要保家；不僅要保康有為所說的四萬萬中國人的國家，而且要保各省人民的身家財產。他們反對鐵路國有，亦不是完全基於私利，他們指出國有勢必要向外國借款，無異將路抵押給借款來源國，如英、德、法、美等國。借款「一日不清，則全川路悉外人掌握」，所以「名為國有，而實為外人所有」。[19] 因此他們要求政府收回成命而已，絕未要推翻清政權。

清政府在郵電大臣盛宣懷與鐵道大臣端方的堅持下，一意想要貫徹其政策，擴大了事端。辛亥閏六月新上任的四川總督趙爾豐，有鑒於民情激昂，最初有收回成命之請，然而由於抗爭愈趨激烈，

---

18. 武漢大學歷史系中國近代史教研室編：〈遵設諮議局籌辦處及辦理情形〉，《辛亥革命在湖北史料選輯》（武漢：湖北人民初版社，1981），頁 354。

19. 陳瀛濤、趙清主編：〈四川公民朱叔痴等為保路風潮致新任川督岑春煊書〉，《四川辛亥革命史料》（成都：四川人民出版社，1981），上冊，頁 376。

不僅罷市、罷課，更有人捧光緒靈牌到總督署請願，並譴責有違先皇遺命，趙總督遂於 9 月 7 日逮捕四川諮議局議長蒲殿俊、副議長羅綸。當紳、商、學各界到署為蒲、羅請命時，遭到機槍掃射，釀成血案。趙以川民造反上報，清廷遂電令「剿辦四川逆黨」，並於 9 月 12 日派端方自鄂率兵入川。端方於 10 月 13 日到達重慶，即奏報川情，請釋放蒲、羅等人，並懲罰失職官員，[20] 但武昌已於 10 月 10 日起義，後續的發展，已不可收拾。

　　革命黨人於事後聲稱，四川保路同志會由同盟會所發動，四川保路同志軍由同盟會所組成，[21] 顯然言過其實。革命黨人宋教仁於 1911 年 9 月 19 日在《民立報》發表的〈川亂感論〉，明言革命黨在廣州失敗後，「趁川人爭路風潮，分途潛往川省，隱為援助。」[22] 同盟會主要領導人，事前故不知川事，事後才知武昌起義。孫中山正在美國旅行，看到報紙才知道武昌有事，黃興亦於事後才趕往武昌。

　　四川保路運動發武昌起義之先聲，主導者為「紳商」，但他們全無推翻清政權的意圖。參與其事者明言，保路同志會由紳士組成，「宗旨極為純正，辦法極為文明，除要求代奏收回成命外，一切謹守秩序，並無逾越範圍之舉動。」[23] 不過，請願竟釀成流血事件，原來良好的官紳關係，演變成「敵我關係」，士紳對朝廷不免離心離德，在亂局中終於傾向獨立以自保。重慶於 1911 年 11 月 22 日宣佈獨立，成立蜀軍政府，總督趙爾豐於 11 月 26 日交出軍政大權，由出獄不久的前四川諮議局議長蒲殿俊出任四川都督。[24] 蒲氏乃川中名士，與革命黨毫無淵源。

---

20. 參閱彭芬：〈辛亥遜清政變發源記〉，載陳瀛濤、趙清主編：《四川辛亥革命史料》，上冊，頁 336–341；范愛眾：〈辛亥四川首難記〉，上冊，頁 469–471；周開慶編著：《四川與辛亥革命》（台北：學生書局，1976），頁 49–51。

21. 曹叔實：〈四川保路同志會與四川保路同志軍之真相〉，《四川辛亥革命史料》，上冊，頁 380。此文原稿藏中國國民黨中央黨史編纂委員會。

22. 此文載《四川辛亥革命史料》，上冊，頁 398–400。

23. 見〈四川公民朱叔痴等為保路風潮致新任川督岑春煊書〉，頁 376。

24. 孫震：〈參加辛亥革命見聞錄〉，《四川辛亥革命史料》，上冊，頁 504–05；周開慶編著：《四川與辛亥革命》，頁 222。

　　鄂軍入川平亂，使武昌新軍得機兵變。新軍的下級軍官中確有革命黨人，但新軍並非革命軍；一旦兵變得逞，也只能找不是革命黨的新軍協統黎元洪為主帥，以諮議局為依靠。湖北諮議局有 80 名議員，議長湯化龍進士出身，上一代又因經商致富，乃標準的「紳商」之家。湯議長原來積極奔走立憲，請願速開國會。宣統二年（1910）各省諮議局在北京召開聯合會，湯任主席；回鄂後，仍與各省相呼應。武昌起義，總督逃遁，群龍無首，首事者往諮議局，即請湯議長主持，湯輔助出任都督的新軍協統黎元洪，建立湖北軍政府，宣告獨立。湯又親自通電各省諮議局敦促響應。[25] 於此可見，湖北之脫離清廷實由「官」（黎）與「紳」（湯）主導，革命黨人只是配角而已。

　　武昌起義，官方稱之為「鄂亂」，清廷應對無方，鼓舞了反抗者，而使全國各地的紳商們恐慌與不安，大有「伏莽遍地」的憂慮。江蘇士紳間更流傳巡撫程德全已攜眷逃往上海，為了闢謠，必須命程夫人，乘坐綠色轎子，大張旗鼓從鬧市經過，以安定民心。其他各省士紳的心態，大多也是靜觀武昌的最後勝敗，以及其他省份響應的程度，再作決定，[26] 原無定見。更值得注意者，有的省份在脫離清廷之前，仍想有所挽救。如蘇撫程德全曾於武昌起義後電覆內閣，認為革命黨鬧事，「內由於政治改革之觀念，外由於世界潮流之激刺」，勾結軍人起事，「其事可誅，其情誠可痛」，所以為破除「革命異說」與「鞏固皇基」的辦法，最好是「明朝立憲」。[27] 程德全且曾向朝廷屢發警訊，指出「川亂未平，鄂難繼作，將士攜貳，官吏逃亡，鶴唳風聲，警聞四播，沿江各省處處戒嚴」，呈現當時危機的實況，以資警策。[28] 在給北京親貴的私函裏，更直言各界之腐敗，力保地方治安的警察，多吸食鴉片，並賭博；官吏之中庸才佔多數，一意升官發財，卻怠忽職守，「救荒無善策」，軍隊與巡邏兵也皆軟

---

25. 參閱武漢大學歷史系中國近代史教研室編：〈湯化龍行狀〉，《辛亥革命在湖北史料選輯》，頁 385–88。

26. 尚秉和：《辛壬春秋》，載吳相湘主編：《中國現代史料叢書》第 1 輯（台北：文星書店，1962），頁 1、13。

27. 程德全：〈撫吳文牘〉，載楊州師範學院歷史系編：《辛亥革命江蘇地區史料》，頁 42。

28. 同上，頁 45。

弱無用。[29] 這些話不只是消極的抱怨，更多是極積期盼改革秕政。立憲派著名領袖張謇也曾「要求將軍鐵良藉武昌的動亂，派兵援鄂『平亂』」。[30] 張謇和其他兩位江蘇代表——雷奮與楊廷棟於 10 月底在蘇州會商，直到午夜，寫就一個秘摺給朝廷，所謂「秋夜草書」，除了建議迅速鎮壓革命運動外，還要求立即宣佈實施君主立憲政體，以終止動亂。[31] 於此可見，清廷若接受「秋夜草書」，立憲派仍會支持滿清王朝。士紳與地方官既無意革命，所以也希望朝廷可以重整社會秩序。

可是地方的期盼終於落空。各省獨立後，社會動亂未歇，除了盜匪之外，失控的軍隊、散兵游勇及失意的革命黨人，都是亂源。在城市裏，特有兩大問題：其一，革命黨人的顛覆活動；其二，各種部隊官兵的兵變。[32] 中央政府面對全國的騷亂並未採取適當措施，而中央對地方的協助不是緩不救急，就是根本無用，還是須由地方自行解決治安問題。地方士紳為了應付社會動亂，開始購買槍械與擴充民兵，如上海商團，「名曰商團，實兼工商士界，團員都五千以上，咸為英俊青年，厥志純潔，無閑寒暑，依時勤練。」[33] 地方官府也有賴於武裝商團出防，並發出通告：「如有悍匪敢抗商團者，准予格殺弗論。」[34] 於此加強了地方上的軍事化，無疑給予地方士紳更多獨立的實力。

當情況日益惡化，江蘇士紳遂決定宣佈獨立，脫離朝廷，接管省府，以保護全省的安全與利益。稍早革命黨人陳其美在上海士紳與商團的支持下，於 1911 年 11 月 3 日宣告獨立，成立上海軍政府，

---

29. 同上，頁 17–19.

30. 張朋園：《立憲派與辛亥革命》（台北：中央研究院近代史研究所，1969），頁 214–215。

31. 此未出版文件現存於台北歷史博物館，圖片內容文件可見於沈雲龍：〈張謇、程德全對辛亥開國前後之影響〉，《近代史研究所集刊》，期 2（1971 年 6 月），頁 282–88。

32. Crane Edmund Fung, "Military Subversion in the Chinese Revolution of 1911," in *Modern Asian Studies*, vol. 9, no. 1 (January 1975), 103–123.

33. 中國史學會編：《辛亥革命》（上海：人民出版社，1957），冊 7，頁 87。

34. 同上，頁 86。

地方政權的轉移相當和平。[35] 當時有謠言說蘇撫程德全將派兵到上海鎮壓,[36] 程隨即宣佈獨立,很快就粉碎了謠言。蘇州士紳自武昌起義後,經常集會討論時局,最後由「民團紳董潘祖謙,商會總理尤先甲,往謁程撫憲,請其保全地方」。[37] 巡撫程德全與立憲派士紳一直關係良好,很快接受要求,且於 1911 年 11 月 5 日正式在蘇州宣佈獨立,[38] 距上海獨立僅隔一日。程德全以清朝封疆大吏轉而為民國都督,並非例外,江西的馬毓寶、廣西的陸榮廷、福建的孫道仁等,皆如是。執省政者與地方士紳的共識就是必須避免混亂與流血衝突,以維持秩序與安全。[39]

因而在江蘇的辛亥革命,幾乎沒有實質上的變動。巡撫經由行政命令,使所轄的各府縣,除南京外,迅速加入獨立運動。當時在巡撫家裏教讀的錢偉卿,親眼目擊「僅用竹竿挑去了撫衙大堂屋上的幾片檐瓦,以示革命必須破壞雲云」。[40] 江蘇士紳感念巡撫作的決定,不僅政治秩序沒有中斷,而且化解了紳商因獨立而受到政府報復的可能性。

南京士紳雖以同樣的非暴力理由,勸導總督張人駿與保守將軍張勛,但兩張皆拒絕背棄清朝而獨立。[41] 兩張的擁清立場,雖使參與獨立的士紳擔心,但共同的憂慮卻使全省精英團結一致,大力支援江浙聯軍攻打南京,經過 25 天的血腥鬥爭,聯軍的勝利保障了整個江浙地區的獨立,也更加鞏固士紳對全省的控制力與影響力。[42] 程德

---

35. 同上,頁 1–5。參閱 Fernand Farjenel, *Through the Chinese Revolution* (New York: Frederick A. Stockes, 1916), 71。

36. 中國史學會編:《辛亥革命》,冊 7,頁 44–45。

37. 郭孝成:《中國革命紀事本末》(上海:商務印書館,1912),頁 86–87。

38. 中國史學會編:《辛亥革命》,冊 7,頁 7。

39. 參閱楊州師範學院歷史系編:〈蘇軍都督告示〉,《辛亥革命江蘇地區史料》,頁 63。

40. 錢偉卿:〈談程德全二三事〉,《辛亥革命江蘇地區史料》,頁 125。

41. 參閱費璞安:〈吳江光復的回憶〉,《辛亥革命江蘇地區史料》,頁 149;吳樵長、呂叔元:〈武進光復之回憶〉,《辛亥革命江蘇地區史料》,頁 151–55;徐敬宏:〈常州光復概況〉,《辛亥革命江蘇地區史料》,頁 157;楊克齊:〈太倉光復記聞〉,《辛亥革命江蘇地區史料》,頁 213–14。

42. 中國史學會編:《辛亥革命》,冊 7,頁 23–24。茅乃登、茅乃封:〈辛亥光復南京記事〉,《近代史資料》,第 1 期(1957),頁 61–98。

全在士紳的支持下，成功維護了江蘇省的公權力與社會秩序。難怪程德全成為江蘇獨立後士紳眼裏的英雄人物。[43]

廣東省的庚戌（1910）正月新軍起義與辛亥（1911）三月的廣州起義均慘遭失敗。殘餘的革命黨人於武昌起義後，組織民軍企圖奪取廣東，但廣東獨立亦由諮議局扮演關鍵角色，主動召開大會，決議獨立，由在籍大紳鄧華熙宣佈，復以諮議局原址為都督府。宣佈獨立的目的，亦在「欲免廣東地方糜爛」，粵省「紳民目睹情形，恐百姓顛連，至有融合滿漢，維持人道，以保公安，群謀自立之議，此保存廣東大局，無怪其然」。[44] 於是廣東類似江蘇，推舉兩廣總督張鳴岐為都督，惟張赴港不就，才舉革命黨人胡漢民出任，但胡並不在廣東，即由新軍協統蔣尊簋代理，成為中華民國軍政府的粵督，接管省務，就連強硬派廣東水師提督李準也附和獨立。於是兵不血刃，全省順利完成政權轉移。[45]

總之，各地紳商因害怕動亂，都採取了獨立的選項，穩住局勢，省內精英達到和平轉移的基本目標。他們的政治影響與社會地位隨着共和政體的建立而增強。各省的地主、舊官僚及議員仍然是新生共和國地方政府的實力派。少數革命黨人如同盟會的陳其美、光復會的李燮和和林述慶，雖然分別在上海、吳淞和浙江扮演着重要角色，但其實力仍來自當地的士紳。革命黨人既無政治基礎，也乏經濟來源，必須請當地士紳參與新政府，並由他們控管。[46] 革命黨人為了尋求與士紳合作，也必須調整策略以符合士紳的利益，例如同盟會與光復會都有平均地權的訴求，但革命黨人在江蘇省獨立後

---

43. 〈美國維琴尼亞州立大學物理系陸教授訪問記（1974 年 5 月 25 日）〉。陸教授童年時曾參加辛亥那年蘇州的燈會，根據巡撫宅邸私人家庭教師錢偉卿的回憶，在宣佈獨立前，巡撫與來自上海的革命者有聯繫（中國史學會編：《辛亥革命》，冊 7，頁 5–10、125。）。但無論巡撫的決定是否受到革命者的影響，如果多數紳商反對這項決定，巡撫似乎不可能會選擇獨立。

44. 大漢熱心人：〈廣東獨立記〉，中國人民政治協商會議廣東委員會文史資料研究委員彙編：《廣東辛亥革命史料》（廣州：廣東人民出版社，1981），頁 112、130–134。

45. 參閱鄧警亞：〈辛亥廣東獨立傳信錄〉，《廣東辛亥革命史料》，頁 107–110。

46. 周梅初：〈昆山光復記〉，《辛亥革命江蘇地區史料》，頁 132；黃七五：〈如皋光復之回憶〉，《辛亥革命江蘇地區史料》，頁 230。

幾乎不再提土地改革。此一基本理念顯然因怕冒犯士紳而放棄了。[47]
清朝覆亡後，大多數的光復會會員成為了地方士紳的盟友。李燮和
自願將政權交給蘇州獨立後的程德全。[48] 另一位光復會關鍵人物章太
炎加入了立憲派陣營後，成立統一黨。[49] 同盟會的主流也一樣願意妥
協，孫中山的左右手汪精衛要求他的革命同志接受袁世凱作為民國
的正式大總統。再加上同盟會與光復會的內鬥，革命陣營更加一蹶
不振。結果革命只完成了一項成果，就是推翻了滿清政府，建立民
國；對於不少革命領袖而言，結束王朝就是完成革命，就像章太炎
所說：「革命軍起，革命黨消！」[50] 革命黨人也就無能、也無力阻擋
反革命的逆流。在各省士紳主導的局面下，革命黨人想要建立革命
政權，幾乎是不可能的事。

四、革命黨未能掌控革命

　　革命黨最早提倡革命，何以僅成為辛亥革命的配角？革命黨人
要搞革命，必然要組織與團體。與舊政權針鋒相對的革命團體，勢
必具有對舊政權施展壓力的能力。革命黨人早在 1903 年，當「軍國
民教育會」在東京成立時，決定有三種施展壓力的手段：「一曰鼓
吹、二曰起義、三曰暗殺。」[51] 鼓吹即利用現代媒體作革命宣傳，其
影響是潛在的，且限於知識界，以《民報》的影響最大，提倡「驅
逐韃虜」，明漢族光復之義；計劃推翻專制，建立民國。起義在武昌
之前，多是小規模的暴動，主要依賴會黨，不堪一擊，幾如孵蜉之
撼大樹。暗殺則是革命黨個人英雄主義的表現，受到 19 世紀俄國虛
無黨的影響，以身體力行來救國救民，也未嘗不無因起義不成、一
種挫折感的反響，如吳樾之刺五大臣及汪精衛之謀刺攝政王載灃，

---

47. 李時岳：〈論光復會〉，載周康燮編：《辛亥革命研究論文集》（香港：學粹出版社，1973），
　　頁 70。

48. 郭孝成：《中國革命紀事本末》，頁 85。

49. 中國史學會編：《辛亥革命》，冊 7，頁 49。

50. 見〈章炳麟與革命同志書〉，收入中國史學會編：《辛亥革命》，冊 7，頁 49。

51. 馮自由：《革命逸史》（北京：新星出版社，2009），頁 112。

尤著名於世。暗殺多少帶點恐怖主義的效果，對被恐嚇的滿清親貴
與政府要員尤有震撼作用，可瓦解敵人的士氣。[52] 據陶成章所記，
「徐錫麟事起，鐵良、端方懼，鐵良遣安徽人程家檉來東京，求和
於黨人，願出萬金以買其命」，[53] 可見徐錫麟暗殺安徽巡撫恩銘的效
果。又例如有一位在蘇州商人家裏任教的張姓老師，說他在江輪上
旅行時，親見人們聚在一起談起革命黨人的神勇，若謂有一黨人吞
下炸彈，跳到敵人的身上爆炸。[54] 類此故事不無渲染、誇張、甚至
不實之處，能在民間如雪球般的流傳，不能不說是革命宣傳與暗殺
行動所起的作用。湖廣總督瑞澄於武昌起義後，倉惶從督署後門逃
出，登上楚豫號兵艦，駛往下游避難，[55] 可見革命黨使用的恐怖手段
對清朝官員所產生的精神壓力，幾至聞風喪膽、驚慌失措的地步。
不過，事實證明，僅靠宣傳與暗殺並不能撼動全域，推翻舊政權，
完成革命。

更值得注意的是，相對於舊政權的腐敗鬆懈，革命團體亦渙
散分裂，所釋放的壓力也就有限。最早的興中會，幾乎都是海外華
僑，影響不大，在內地發動的起義，不過是曇花一現的小暴亂。
1903 年蘇報案發生後，革命團體紛紛成立，而當中許多都於 1905 年
的 8 月裏合流為「中國革命同盟會」（因日本政府反對而未用革命二
字）。孫中山在華興會領袖黃興的極力支持下，當上同盟會的總理，
但他領導的同盟會成立不到兩年，就形同分裂。分裂的肇因是，日
本政府受到清廷的壓力，於 1907 年之初，要驅逐孫中山出境，並暗
中送給孫一萬多元以示好。孫中山在離開日本之前，給革命機關報
的《民報》留下 2,000 元，作為出版費，但並未告知原委。孫離日
後，日本人告訴留在東京的革命同志，孫得日本政府鉅款事，乃觸
發了強烈的憤怒與譴責，原因是孫中山不僅獨斷獨行，不與同志們
商量，暗中接受一個帝國主義政府的錢，被驅逐出境不但不抗議，

52. 參閱嚴昌洪：〈辛亥革命中的暗殺活動及其評價〉，載湖北省歷史學會編：《辛亥革命論文集》（武漢：湖北人民出版社，1981），頁 212–213。
53. 語見陶成章：〈浙案記略〉，《陶成章集》（北京：中華書局，1986），頁 363–364。
54. 參閱揚州師範學院編：《辛亥革命江蘇地區史料》，頁 301。
55. 見吳劍傑：《辛亥革命在湖北》（武漢：湖北人民出版社，1981），頁 77。

而且寫信給檀香山同志，讚賞日本政府的「禮遇」。其實在此之前，孫之獨斷獨行已暴露無遺。最明顯的是，他與黃興為堅持用興中會旗幟一事，鬧得不留餘地，且出言不遜，幸黃興自制而未立即鬧翻，但在同志間已佈滿陰影。宋教仁在 1907 年 2 月 28 日的日記中記：「蓋中山素日不能開誠佈公、虛心坦懷以待人，作事近於專制跋扈，有令人難堪處故也。」[56]

此後風波不斷，孫既知不能再留居日本，走前便決定將革命中心席捲而去，在南洋另立總部，既不為《民報》籌款，也不再經援東京同盟會；又因《民報》復刊一事，與原主編章太炎撕破臉，孫中山一度有被罷免之舉，但孫不但不試圖平息東京同志們的憤怒，反而進一步加深了分裂！

同盟會名存實亡之後，許多來自兩湖的同志，回到長江中游，另謀發展，所成立的「共進會」、「文學社」、「科學補習所」等地下組織，規模與實力均很小。宋教仁於 1910 年主張長江革命，有成立「中部同盟會」之必要，只是紙上談兵。誠如居正所說，「其實當時並未組織任何機關，亦未舉出任何幹事，只有此一會，向長江突進耳。」[57]孫中山在南洋執行他的「南方策略」，即在中國南方建立根據地，但屢次失敗，最後於 1911 年 4 月 27 日發動黃花崗之役，不僅慘敗，而且老本賠光，遠走北美。光復會恢復之後，章太炎任會長，陶成章任副會長。章的興趣轉到講學，不再管實際事務，由副會長代行，在南洋活動時，還曾與孫起衝突。不過，光復會因與浙江的地緣關係，在江浙一帶比較活躍，也起了一些作用。然而，明顯的事實是，在武昌起義前夕，乃是革命勢力最分裂而又低迷的時候。誠如居正所言，「其時（1911）總理（孫中山）在北美，克強在南洋，東京本部無人主持，形勢非常渙散。」[58]

56. 宋教仁：《宋教仁日記》（1904–1907）（長沙：湖南人民出版社，1980），頁 343。

57. 居正：〈辛亥札記〉，載武漢大學歷史系中國近代史教研室編：《辛亥革命在湖北史料選輯》（武漢：湖北人民出版社，1981）頁 112–113。

58. 同上，頁 112。

　　當革命團體渙散分裂多年之後，孫中山在廣州孤注一擲，銷耗殆盡之際，不到半年，忽有武昌起義，固出所有革命領導人的意料之外，復又各省紛紛響應，居然完成推翻滿清、建立民國的目的；然而革命黨團及其黨人既不能掌握進程，更不能主導，遂形成由各省士紳與舊官僚掌控的局面。

　　引爆辛亥革命的武昌起義並非由潛伏在武漢三鎮的革命組織所發動，更不是有名無實的「中部同盟會」所主導，而是發自湖北新軍第八鎮，統制的是張彪。新軍並非革命軍，其中作為全軍中間的第三十標幾乎全是旗人，惟有第四十一、四十二兩標的士兵中有些革命同志。孫中山與黃克強於 1911 年 4 月在廣州發動起義時，湖北並無響應。當四川發生爭路風潮，端方率第四十二標入川彈壓。1911 年 9 月 29 日在城外的南湖炮營為赴川同袍餞行，酒酣耳熱之際，突有人開炮，震動全營，顯然是一意外，最後亦以酗酒滋事處置。10 月 9 日新軍中革命同志孫搖清往俄國租借取炸彈時，不慎爆炸，響徹街巷，也是意外，但導致漢口巡警的搜查，捕獲三十餘人。之後續有捕殺，新軍中的革命同志人人自危，潛伏在新軍的工程營的黨人遂於 10 月 10 日夜間點名時發難。新軍中少數革命同志雖被迫倉促起事，但全軍統制張彪未及時處理，所以各懷觀望，讓發難者有可乘之機，總督瑞澂又驚慌逃遁，以致於總署在 10 月 11 日棄守，武漢三鎮易手。潛伏在湖北新軍裏的革命黨人，人數並不多，又無周密的計劃，倉促之間發動兵變，居然得手。只能說明清政府在武漢掌握軍政大權者的無能與渙散，也是武昌起義者的幸運。一年前，廣州新軍的庚戌起義就無此幸運而徹底失敗，死者數百人，數十人被捕後被處死。[59]

　　然則，史冊所載「武昌首義」的導火線，主要歸功於湖北新軍兵變的成功，然若無外援，孤軍危城，必難持久。事實上，當清廷派馮國璋率軍南下，即於 1911 年 11 月 2 日收復漢口，黃興退守漢陽，然漢陽亦於 11 月 26 日失守，並以大砲轟擊武昌。武昌危在旦夕，但

---

59. 莫雄：〈清末廣東新軍與辛亥革命〉，載中國人民政治協商會議廣東委員會文史資料研究委員彙編：《廣東辛亥革命史料》，頁 76。

由於各省響應，中樞無主，掌握軍權的袁世凱有意觀望，欲與南方士紳妥協，卒有南北議和與建立民國的後續發展。不過，各省之所以響應、宣佈獨立、贊同共和，主要是靠士紳階層的支持與主導。

當辛亥革命塵埃落定，革命政權並未出現，取代舊政權的民國政府雖有共和之名，卻有反動之實。出任總統的袁世凱與副總統黎元洪，都是前朝的軍官，在革命黨人眼裏無異都是反動派。事實上，正副總統的為求安全與穩定，不惜鎮壓一切認為有礙社會秩序之活動，包括革命黨人的活動在內，正符合士紳階層的利益。最震動一時的是鎮壓參與武昌首義的張振武與方維，兩人被逮捕後，翌日就在北京被槍決。政府通告各省都督，兩人「蠱惑軍士，勾結土匪，破壞共和，唱謀不軌」。[60] 革命黨人受到共和政府的暴力制裁，激烈者已要求「二次革命」以推翻袁政府。[61]

革命黨人「反袁倒黎」的活動到 1913 年宋教仁被刺後，出現第二次革命，在湖北成立「改進團」，公然宣稱要推翻現政府。1913 年4 月 10 日《時報》謂「改進團重要分子，大半某黨人居多」，[62] 所謂某黨，即以孫黃為主、由同盟會改組而成的國民黨，國民黨於是被指為「叛黨」，黃興被指為「謀反」，意圖在湖北首義之都，先扳倒黎元洪，然後推翻袁政府。[63] 袁氏北洋軍進駐湖北，而湖北黨人於孫、黃敗遁後，繼續頑抗，被補殺者甚眾。二次革命一敗塗地，國民黨全軍覆沒，以袁、黎為首的反革命勢力獲得全勝。[64]

在各地方繼續從事顛覆活動的革命黨人，大都來自下層社會，出身佃戶、工匠、窮教師、攤販或城市裏的無業遊民，其革命的理念多半止於「光復」，也就是推翻滿人政權，恢復由漢人來統治。他們雖然同情貧苦大眾，但並無能力動員群眾，更無從挑戰新的統治

---

60. 載《民立報》，民國元年（1912）8 月 21 日。另見武漢大學歷史系中國近代史教研室編：《辛亥革命在湖北史料選輯》，頁 633。

61. 1912 年 8 月 25 日《民立報》社論提到以武力解決說。

62. 見《辛亥革命在湖北史料選輯》，頁 675。

63. 同上，頁 679–680。

64. 同上，頁 688–689、701–706、711–717。

階層。他們微弱的「革命」活動，為求安定的士紳們所顧忌，因而遭遇到鎮壓的命運。革命黨人在江南一帶的無錫和昆山地區，一時非常活躍，但很快就被士紳勢力所擊敗。據昆山的一名本地人透露，一群自認是上海軍政府陳其美的代表，於 1911 年 11 月 5 日來到昆山縣的楊湘涇，張貼免租、免糧的告示，表示不必向地主交租，使因水災而抗租的鄉民歡天喜地。可是革命黨人的熱情與鄉民的喜悅，在地主及其官府支持者堅持照常徵糧、徵租下，難以得逞，抗爭的結果是遭遇到鎮壓。[65] 於此可見，革命後的江蘇，程德全重申交租納糧的命令要比陳其美免租免糧的告示來得有效。其實革命領袖陳其美原是士紳的朋友，是否真的授權發佈免租、免糧的告示，不無可疑。最可能的情況是，當地若干革命黨人同情佃戶的困境，不滿城裏地主的霸道，而自行借上海都督的名號發此告示，然終不能貫徹。

農民在舊政權下抗租、抗稅，但在革命後情況並未改善，當江蘇常熟地主準備在宣佈獨立後繼續徵收租金時，西郊王莊附近的一個村落於 1911 年 11 月 28 日爆發嚴重衝突。常熟出動軍警逮捕了農民領袖周天寶之後，憤怒的群眾於當天搗毀了至少四個大地主的住宅。之後三天，農民群眾從無錫、江陰等地趕到王莊支援抗租，但農民的刀矛敵不過大批軍警的火器，事後蘇州都督府電令「王莊聚眾違抗，准照軍法從事」。[66] 江蘇省的民政署直到民國元年仍在追捕或審訊王莊「亂民」。[67] 蘇北的佃農不如南方的佃農有組織，在行動上更為激烈，憤怒的海州農民高呼着「打官」、「挾富」的口號，響應號召的農民衝擊到富戶與商家。當地方士紳與州官組織地方部隊來維持治安之後，缺乏訓練的農民「起義軍」很快就失敗了。[68] 淮安原知縣於宣佈光復後，與當地士紳合謀殺害了革命黨人周實與阮式。[69] 江蘇省南北所發生的一些革命活動僅是一股漣漪，激進革命黨

---

65. 郭履冰：〈昆山楊湘涇的抗租風潮〉，《辛亥革命江蘇地區史料》，頁 133–134.

66. 陸元同：〈回千人會憶起義〉，《辛亥革命江蘇地區史料》，頁 184；丁祖蔭編：〈常熟民政署報告〉，《辛亥革命江蘇地區史料》，頁 187。

67. 丁祖蔭編：〈常熟民政署報告〉，《辛亥革命江蘇地區史料》，頁 83–94。

68. 郭耀如：〈海州光復前後〉，《辛亥革命江蘇地區史料》，頁 373。

69. 汪純青：〈淮安光復前後〉，《辛亥革命江蘇地區史料》，頁 348。

人的資源原本極其有限，而同黨的革命領袖又一意想與士紳合作，無法給予有力支援，當時江蘇約 2,400 萬人口中，農民佔極大多數，然而他們被革命黨遺棄了，任由反動派宰割。[70]

　　辛亥革命完全沒有解決土地問題，平均地權根本無法落實，農村裏的窮人面對同樣的地主、同樣的重稅、同樣的剝削。民國政府又十分依賴地主階級的經濟支援，更受到士紳的影響，只能施展其公權力與軍警來鎮壓農民的反抗。江蘇都督程德全於民國成立後，採取嚴厲措施來摧毀鄉村暴動。對農民而言，他們在民國的境遇，並不比在帝國時期好。有些佃農於民國成立後，一度誤以為「皇帝已經沒有了，租米也可以不交了」，[71] 但現實並非如此。土地仍屬於原地主，地主在激烈的抗租風潮下，不得不自辦團練以自保，更不惜借政府武力來收取租金，而地方議會與省民政廳都在挺地主的利益。據當時《民立報》的報道，四名佃戶因堅持不繳租金，於 1912 年 1 月 6 日被程德全判處火刑。另有報道説，收租人員一如舊時代的殘暴無情。[72]

　　廣東都督雖然是革命黨人胡漢民，但他的支持者仍然是紳商。他一再公告力保廣東治安，若謂「本省軍政府，經已成立，自今辦法，注重維持地方公安，保守人民秩序」，也就不足為異。前清軍頭龍濟光仍為新政府的陸軍鎮統，李準依然是水師統率，原州縣文武官吏照常辦事。廣東總商會一再向胡都督抱怨鄉民與紳士為難諸事，如「拆毀紳屋、聲言尋殺」，認為有損民國名譽，要求「速佈嚴諭」，「違者即以軍法從事」。[73] 辛亥革命前後，也有革命黨人利用廣東農民抗租，組織群眾起事，如鄭士良在惠陽、李榮泰在紅花埔，

---

70. 根據經濟部的紀錄，江蘇省當時正確的人口數字為 23,980,235。

71. 引自祁龍威：〈千人會起義調查記〉，《辛亥革命江蘇地區史料》，頁 201。

72. 小島淑男：〈辛亥革命前後における蘇州府の社會と農村鬥爭〉，載東京教育大學文學部東洋史學研究室編：《近代中國農村社會史研究》，《東洋史學論集》第 8 冊，頁 297–363。另參閱 Yuji Muramatsu, "A Documentary Study of Chinese Landlordism in late Ch'ing and Early Republican Kiangnan," *Bulletin of the School of Oriental and African Studies*, 29, 3 (1966), 585–591.

73. 大漢熱心人：〈廣東獨立記〉，《廣東辛亥革命史料》，頁 142–143、145–148。

但都無法抵擋軍閥、官僚與地主的龐大勢力，而歸於徹底失敗。[74] 辛亥革命完全沒有解決農村最基本的問題，各地的農村鄉民似乎都不歡迎民國的誕生。

武昌起義之前，鄉民暴動、城市動盪及革命宣傳造成整個社會的騷亂與不安，但騷亂不一定能完成革命。辛亥革命之完成，由於強而有力的非革命勢力的加入，即士紳階層。他們面對動盪的局面，深感清政府及其地方官員維護治安的能力與決心不足，如江蘇的程德全所言，辛亥前一年，各級政府士氣低迷，對政府與自我已經喪失信心，遂決心脫離清朝，獨立自保，促使清廷退位。包括商人在內的士紳階層的選擇，最大的考量是穩定社會秩序，如海州士紳直言，如果革命有助於鎮壓盜匪，他們就選擇獨立。[75] 一旦選擇獨立，贊同共和，他們就掌控了革命。其結果很像 1830 年的法國革命：革命之後，地主、官僚以及專業人士，一如在帝國時期，繼續支配國家主要資源。[76]

革命黨人是否有機會在辛亥與壬子之間贏得革命？答案是否定的。黨人在同盟會與光復會無效的領導下，僅在少數地區產生一些影響。儘管他們鍥而不捨地要推翻滿清帝制，但遠不是士紳們的對手。在許多地區，革命黨人必須仰賴士紳的政治與經濟支持；許多革命同志既然以推翻滿族政權為主要敵人，好像沒有不與士紳合作的理由，甚至情願加入士紳的行列。更不幸的是，革命黨人於民國初立，就開始自相殘殺。[77] 最令人矚目的是同盟會與光復會之間既殘酷而又血腥的內鬥，[78] 更加削弱了革命陣營的力量。更重要的是，革命黨人不能夠利用鄉民於辛亥革命後持續的反抗，失去在革命後抵抗反革命勢力的最後機會。鄉村動亂缺乏革命黨的指引，只能是對抗社會不公的曇花一現，無異於中國歷史上的許多農民抗爭。辛亥

---

74. 參閱甘善齋：〈紫金光復前後〉，《廣東辛亥革命史料》，頁 280、282、284、290。

75. 黃荔嶺：〈回憶海州光復〉，《辛亥革命江蘇地區史料》，頁 370。

76. David Pinkney, *The French Revolution of 1830* (Princeton: Princeton University Press, 1972), 295.

77. Joseph Esherick, *Reform and Revolution in China* (Berkley: University of California Press, 1976), 229.

78. 張玉法：《清季的革命團體》（台北：中研院近史所，1975），頁 524。

前後最有組織的反抗，發生在蘇南佃戶與地主的鬥爭，不過他們的議題局限於抗租一項，涉及到難以撼動的土地問題。

動亂並未在民國成立後停止，在某些城鄉更為加劇。不過，此時各省士紳已佔據有利地位，無論軍政府、地方自治公所、武裝力量，甚至從前的革命分子，都在他們的控制或影響之中，因而能迅速鎮壓所有破壞治安者。在武昌起義前，地方官員難以抑制壓榨一般民眾的「劣紳」；[79] 革命之後，民國的地方政府全賴士紳的經濟支持，所以更不能冒犯包括「劣紳」在內的士紳階級。對眾多的貧困農民來說，新的共和政府要比舊有的王朝更加嚴苛。江蘇吳江有憤怒的鄉民舉起滿清旗幟，來對抗蘇州軍政府派出的軍隊。[80]

地方士紳穩定各省情勢之後，希望出現強而有力的中央政府來保護他們的權益。[81] 他們清楚認識到，如果沒有強大的中央政府，各省的安全與利益便無保障，鄰近省份有事，必將波及本省。於是各省獨立後，士紳們為和平統一，積極尋找有能力的全國領袖。一名外國旁觀者在民國元年的觀察，可以反映出士紳的觀點：「為了恢復與維持內部秩序，（中國）需要一位強而有力的統治者。」[82] 各省士紳所找到強而有力的領袖，就是前清大官與反革命分子袁世凱。

日本學者市古認為，守舊的士紳在民國二年的二次革命時反對袁世凱，是不正確的論斷。[83] 其實，無論是保守派或革新派的士紳、包括商人在內，大都支持袁世凱鎮壓二次革命。第二次革命在廣州與江蘇之失敗，就因為商人與軍隊不再像武昌起義時那樣的支持革命。[84] 他們在二次革命時成為反革命分子。直到袁世凱不斷擴大權

---

79. 程德全：〈撫吳文牘〉，《辛亥革命江蘇地區史料》，頁 10–11.

80. 《申報》，1912 年 1 月 12 日。

81. John Fincher, "Political Provincialism and the National Revolution," in Mary Wright ed., *China in Revolution: The First Phase* (New Haven: Yale University Press, 1968), 187.

82. J. O. P. Bland, *Recent Events and Present Policies in China* (London: Heinemann, 1912), 40.

83. Ichiko 的見解可參閱其英文論文："The Role of the Gentry: An Hypothesis," in Mary Wright ed., *China in Revolution: The First Phase, 1900–1913* (New Haven: Yale University Press, 1968), 307。

84. 閱 E. Rhoads, *China's Republican Revolution: The Case of Kwangtung* (Cambridge, Mass.: Harvard University Press, 1975), 262。

力、露出野心,地方士紳才開始憂心。不過,要到 1915 至 1916 年間,當袁世凱帝制自為,士紳階級才開始轉向反袁。總的來說,士紳們從未信仰革命,他們參加辛亥革命原是權宜之計;當革命風暴一過,他們理當贊助袁世凱以求穩定。

五、結語:辛亥革命的本質

馬克思史家稱英、法、美革命為「資產階級革命」(bourgeois revolution),因新興的工商階級取代了擁有土地的貴族階級,而俄國革命則是由無產階級政黨領導的「無產階級革命」(proletarian revolution)。中國大陸學者稱辛亥革命是資產階級革命,多指孫中山領導的革命黨人;然而革命黨首唱革命,宣傳「驅逐韃虜,建立民國」,雖在言論上具一定影響力,但屢次起義不成,未能撼動滿清政權,最後花落別院,為人作嫁衣裳。資產階級如指各省士紳,則更為恰當,他們確實是當時社會裏擁有最多資產的階級,他們並無意搞革命,甚至懼怕革命,但當面對武昌起義後的亂局時,為了自保,主導了各省獨立,未預期地參與了革命,導致清廷退位、民國成立,因而掌握了實權,雖無心插柳,柳卻成蔭。廣大的鄉民,民不聊生,為了生存抗租、抗稅,雖無革命意識,但製造了動亂,迫使各省士紳獨立自保,亦有助於革命。所以辛亥革命的參與者之中,有革命意識而無實力的革命黨人、有實力而無革命理念的士紳,以及既無革命理念也無實力的、只為生存而造成動亂的鄉民。

革命是一場劇烈的變動,世界史上主要的革命,莫不開啟新時代,終結舊政權的腐朽,不僅是政體的變易,而且是社會經濟結構的重大更改,甚至有風尚與習俗上的異化。就歐美四大革命而言,新統治階級取代了舊統治階級,經濟實權換了手。17 世紀的英國革命後,將取自聖公會(Episcopalians)與長老會(Presbyterians)的土地授予清教徒(Puritans)、實業家,以及其他教士。極大多數的新土地擁有者與斯圖雅特(Stuart)王朝和平相處,形成新的統治階級,為 18 與 19 世紀的大英帝國奠定了基礎。美國革命不僅出現一個保

護自由的新共和國，而且出現由邊疆社會逐漸形成的新文明，原有來自英國的階級制度，革命後全改了，殖民地時期的傳統社會逐漸淡化而消失。[85] 法國革命後，充公了教會與逃離貴族們的土地，最終多為個別農家與中產階級所有，新法國像新英國一樣，新的統治階級擁有包括土地與商業的新舊財富。俄國革命後，經濟大權確從一群人轉移到另一群人，但並未平均分配，實則新俄官僚體系是一個擁有特權的新階級。

辛亥革命改變了什麼？它終結了三千年的帝制，建立了前所未有的民國，辮子不見了，總統取代了皇帝，但是新瓶裝的仍是舊酒，總統戎裝內依然是黃袍加身的觀念。民國政府不但不比腐朽的舊政權更有效率，還四分五裂，戰亂更頻繁，沒有像歐美四大革命後一統的新氣象。最主要的不同是，辛亥革命在實質上沒有一個新統治階級來取代舊統治階級。土地仍歸原有的地主所有，經濟權力仍在舊日社會精英的手裏，官僚仍是舊日的官僚，總統原是滿清的北洋大臣。辛亥革命對革命黨而言，無疑是失敗的，民國成立後的第二年就需要二次革命，已見端倪，但仍然一敗塗地。辛亥革命後 14 年，孫中山在病榻上的遺囑，明言「革命尚未成功，同志仍須努力」。獲得革命果實的是舊時代的士紳與官僚，他們與革命黨人相比，不僅溫和，而且保守，更無激進派可能造成像法國大革命時代的恐怖統治。然而暴力畢竟是所有革命的「通性」，辛亥革命也不免流血，除了雙方死難者之外，有不少滿人因遭報復而犧牲，但是與其他革命相比，辛亥的暴力應屬輕微的，甚至可說政權是和平轉移的。

若能多留意太平洋的發展，相信有助我們把整個知識結構變得更完整。

---

85. Bernard Bailyn, *Faces of Revolution: Personalities and Theses in the Struggle for American Independence* (New York: Alfred A. Knopf, 1990), 214, 215, 216.

第十一章
逐漸浮現的太平洋

林滿紅
中央研究院近代史研究所

一、引言

自 1976 年以來，我的研究作品大概都與海洋有關。本章的主題是這些作品中的海洋意象的轉變：即使我的作品所處理的對象很多與台灣對外經濟關係史或中國對外經濟關係史有關，但在早期作品裏卻看不到太平洋的意象，這個意象是在後期作品中才慢慢浮現出來的。截至目前為止，整個世界知識界傾向以大西洋為中心思考歷史變遷，即使濱臨太平洋的國家，也常忽略了太平洋。我的後期作品、特別是有關台灣與香港關係的研究中，特別看到了 20 世紀上半葉太平洋航運的崛起，對了解今天的台灣處境，或是整個中國的未來，非常重要。

我的有關海洋意象轉變的研究作品包括以下幾項：

第一、1976 年（初步完成的時間）：茶、糖、樟腦業與晚清台灣，論述清朝末年台灣的三大出口產業與當時整個台灣社會經濟變遷的關係；第二、1985 年：土產鴉片與晚清中國討論大量生產土產

---

* 本章曾於 2008 年刊於《海洋文化學刊》（國立海洋大學），第 5 期，頁 1–16。後將 2008 年的中文版加以修訂，而成此文。

鴉片與當時中國的關係;第三、1989 年:世界銀荒與嘉道中衰,探討拉丁美洲獨立運動引發的世界性銀荒與當時整個中國社會秩序的關係;第四、1998 年:黑潮與台灣、日本的關係;第五、2001 年:日本統治下的台灣與當時英國殖民下的香港的關係;第六、2006 年:琉球與台灣的關係,論述琉球的歷史和台灣的歷史有哪些可以互相對照之處。

以下就由這幾項作品來描繪其中海洋意象的轉變。

二、1976:茶、糖、樟腦業與晚清台灣

筆者的第一項研究作品是 1976 年初步完成的《茶、糖、樟腦業與晚清台灣經濟社會之變遷(1860–1895)》,目前聯經出版社的版本是比較方便流通的版本(1997 年),描繪清末台灣的海洋貿易如何帶動台灣歷史重心的北移。[1]

海洋貿易帶來台灣島內產業的空間變化。當時貿易帶動的一個重要產業就是茶業。當我們提到成長率時,通常都是個位數,19 世紀下半葉世界幾個重要的產茶區,如台灣、日本、印度、錫蘭、中國大陸等地加總起來,總成長率也是個位數或雙位數。中國大陸的成長率甚至還是負數的,1891 到 1896 年這段期間,大約是 -23% 至 -20%;日本的成長率是雙位數;印度、錫蘭算是快速的,但也還是雙位數。台灣茶業在清朝末年的成長率一開始是三位數,然後再降至雙位數左右(見表 11.1)。當時台灣提供世界市場的茶葉主要產於台灣中北部的丘陵地,這對台灣經濟發展有很大影響,因為所產的茶幾乎都是出口,本島的消費很少。1868 到 1895 年,茶葉出口佔整個台灣總出口的 54%,是北台灣最主要的出口品,約佔其出口值 90%(見表 11.2)。樟腦在當時也算是重要出口品,但只佔北台灣出口值 5%,全台出口值的 3.93%。

---

1. 原為 1976 年台灣大學歷史研究所碩士論文,現已出版為:林滿紅:《茶、糖、樟腦業與臺灣之社會經濟變遷,1860–1895》(台北:聯經出版公司,1997)。

表 11.1　世界各地茶輸出量的比較（1871–1896 年）

地區 茶葉	年份	1871	1876	1881	1886	1891	1896
台灣茶	輸出量（磅）	1,502,100	6,487,800	11,978,600	13,798,000	15,029,500	19,327,500
	增長率（%）	—	331.92	84.63	15.19	8.93	28.60
日本茶	輸出量（磅）	17,258,000	17,608,000	224,600,000	26,502,000	32,770,500	52,748,500
	增長率（%）	—	2.03	27.56	18	23.65	60.96
印度及 錫蘭茶	輸出量（磅）	15,351,600	29,001,700	49,873,000	87,167,000	174,785,000	215,405,000
	增長率（%）	—	88.92	71.97	74.78	100.5	23.24
中國 大陸茶	輸出量（磅）	212,780,400	214,524,800	251,996,533	247,440,400	189,489,733	151,413,467
	增長率（%）	—	0.82	17.47	-1.81	-23.42	-20.09
合計	輸出量（磅）	246,882,100	267,122,300	336,308,533	374,907,400	412,074,733	428,882,467
	增長率（%）	—	8.2	25.9	11.48	9.91	4.08

資料來源：James W. Davidson，蔡啟恆譯：《臺灣之過去與現在》（研叢第 107 種）
（台北：臺灣銀行經濟研究室，1972）。

　　茶業的三、四或五位數的高成長率，給北台灣的經濟帶來很大影響，快速成長除了衝高出口量之外，也衝高出口價。日本產茶，印度、錫蘭也產茶，為什麼台灣茶賣得特別好？因為當時一些美國市場，例如紐約特別偏好台灣這個初開發地區所生產的烏龍茶，所以台灣茶有一個相當壟斷的市場結構。晚清台灣的產業分佈主要是：北台灣是茶、樟腦，中南部海岸平原則是米、糖，主要是以彰化做分界（見圖 11.1）。在這段期間以前，米還夠出口，台灣在 1896 年以後，局部仍有一些米出口，但整體來講仍需要進口，所以米已經不是重要的出口產品。南部的重要出口產品是糖，可是與北台灣茶葉的出口結構相比，它屬於完全競爭市場，也就是世界上產糖的地方太多，因此糖的價格和出口量都沒有茶來得好。糖很重，但不太值錢，出口量在當時居台灣首位。糖的出口量雖然多於樟腦和茶，但茶的出口值則多於糖和樟腦。

　　貿易值方面，包括進口和出口，出口會影響進口而有連帶關係。北部由淡水出口的貿易值原來是南部由打狗（今之高雄）出口

圖 11.1　台灣產業分佈略圖（1860–1895 年）

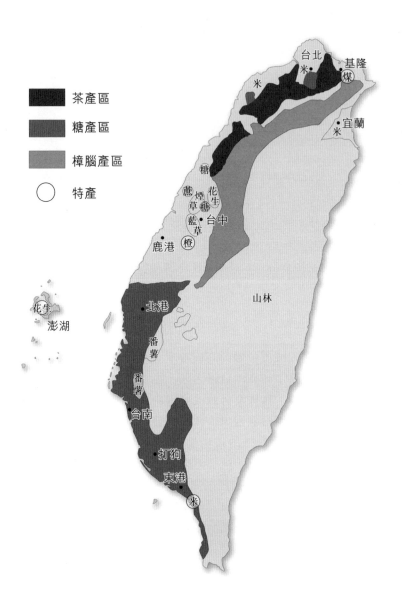

資料來源：Shanghai Chinese Maritime Customs, *Chinese Maritime Customs Publication, 1860–1948.*（中央研究院近代史研究所圖書館所藏微卷）；松下芳三郎：《臺灣樟腦專賣志》（台北：臺灣總督府史料編纂委員會，1924）。

表 11.2　茶、樟腦的出口值佔淡水出口值之百分比（1868–1895 年）

年代	茶（%）	樟腦（%）
1868	24	35
1869	37	33
1870	44	32
1871	59	9
1872	76	8
1873	65	13
1874	78	13
1875	85	5
1876	87	4
1877	88	6
1878	90	5
1879	93	4
1880	93	4
1881	93	3
1882	95	2
1883	95	2
1884	97	0
1885	99	0
1886	99	0
1887	98	1
1888	95	1
1889	93	1
1890	39	3
1891	88	8
1892	86	7
1893	85	13
1894	84	12
1895	83	13
1868–1895	90	5

資料來源：Shanghai Chinese Maritime Customs, *Chinese Maritime Customs Publication, 1860–1948.*（中央研究院近代史研究所圖書館所藏微卷，1864–1895 部分。）

的一半，後來變成南部的兩倍，這在 1880 年代有過一段轉折。劉銘傳決定將台灣的政治中心移到台北時表示，他辦自強運動包括買火車、輪船等所需要的錢，主要就是由茶等商品來提供。[2]

第一項研究作品是從國際貿易、海洋貿易的角度來論述。因為台灣的茶賣到紐約需要用船載運，所以和海洋有關。但所談的海洋其實不是具象的海洋，而是一隻看不見的手（the invisible hand），是一種國際市場機制，影響了台灣歷史的大變遷。以上是第一項研究作品中的海洋意象。

三、1985：土產鴉片與晚清中國

筆者的第二項研究作品是在 1985 年初步完成的〈清末社會流行吸食鴉片研究——供給面之分析，1773-1906〉。到目前有一些相關文章已發表在哈佛大學、京都大學等學術機構的學報。[3] 這項作品主要論述清代中國本來用了外國進口的鴉片，進口量原來較少，後來快速增加，至 1880 年以後逐漸減少（見圖 11.3）。其中一個很大的原因是中國自己種植了大量鴉片，完成了進口替代。到 1906 年，中國產的鴉片已經差不多是進口鴉片的 9 至 10 倍。

這項研究主要是分析土產鴉片與晚清中國的關係，是從價格的角度切入，1872 至 1881 年間，鴉片相對其他商品的價格特別高。同

---

2. 如果辦公室還設在南部，隨時要向北部伸手要錢，公文往返，經常要超過十幾天（全台物產，餉源所繫，實以茶、鹽、樟腦為大宗。鹽釐各局，台北較多。台南，陸路則阻大溪，水程則須泛海，公牘往返，動逾旬時，自係鞭長莫及）。

3. 目前已出版的中文著作包括：〈銀與鴉片的流通及銀貴錢賤現象的區域分佈，1808-1854——世界經濟對近代中國空間方面之一影響〉，《中央研究院近代史研究所集刊》，第 22 期（上）（1993），頁 89-135；〈財經安穩與國民健康之間：晚清的土產鴉片論議（1833-1905）〉，載中央研究院近代史研究所社會經濟史組編：《財政與近代歷史論文集》（台北：中央研究院近代史研究所，1999），頁 501-551；〈晚清土產鴉片的運銷市場〉，載李國祁教授八秩壽慶論文集編輯小組編：《近代國家的應變與圖新》（台北：唐山出版社，2006），頁 127-169；〈近代中國自產鴉片之替代進口鴉片（1805-1906）〉（修訂版），載中村哲編：《近代東亞經濟的歷史結構》（台北：中央研究院人文社會科學研究中心亞太區域研究專題中心，2007），頁 63-117；〈晚清的鴉片稅，1858-1906〉，載《國家航海》第十六輯（上海：上海古籍出版社，2016），頁 31-81 等。

圖 11.2　淡水、打狗貿易淨值比較（1868–1895 年）

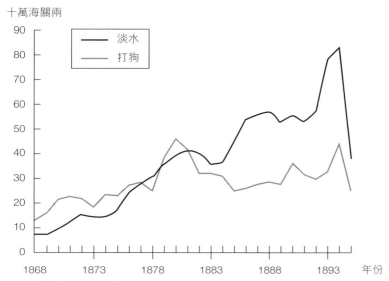

資料來源：Shanghai Chinese Maritime Customs, *Chinese Maritime Customs Publication, 1860–1948.*（中央研究院近代史研究所圖書館所藏微卷）

圖 11.3　晚清外國鴉片進口量（1799–1916 年）

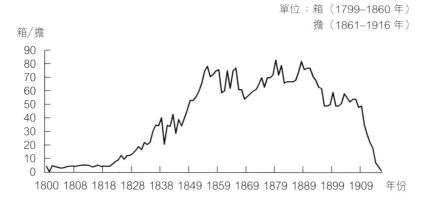

資料來源：Hosea, B. Morse, *The International Relations of the Chinese Empire* (Shanghai: Kelly & Walsh, ca. 1910–1918), vol. 1, 209–210；于恩德：《中國禁煙法令變遷史》（上海：中華書局，1934），頁 330；BPP, *British Parliamentary Papers: Embassy and Consular Commercial Report* (Shannon: Irish University Press, 1971), vol. 9, 217; Liang-lin Hsaio, *China's Foreign Trade Statistics, 1864–1949* (Cambridge, MA: East Asian Research Center, Harvard University, 1974), 52–53.

表 11.3　晚清主要進口品單價（單位：海關兩 / 擔）

年代	1872–1881	1882–1891	1892–1901	1902–1911	平均
鴉片	417	360	534	974	571.25
生絲	350	340			345
絲繭	77	58	68	102	76.25
綠茶	24	19	24	34	25.25
英國棉紗	22	19	23	40	26
銅	16	14	24	31	21.25
米	1	1	2	3	1.75
獸皮	10	11	13	25	14.75
小麥	4	3	3	4	3.5
糖	5	7	6	5	5.75
羊毛	7	8	10	17	8.4
棉花	9	10	13	18	12.5

表 11.4　土產鴉片與進口鴉片的相對價格表

年代	地名	土產鴉片單價佔進口鴉片單價比例（%）
1863	鎮江	60
1863	廈門	50
1869	中國	33
1887	牛莊	50
1887	漢口	40
1893	中國	60
	平均	48.83

資料來源：BPP, *British Parliamentary Papers: Embassy and Consular Commercial Report* (Shannon: Irish University Press, 1971), vol. 9, 344; vol. 16, 393; vol. 18, 327. Opium, Special Series, No. 2, p. 71, 76; No. 9.

一重量的進口鴉片值銀 417 兩，絲算是很貴，但也不過是 350 兩，銅也算貴，值 16 兩，米只值 1 兩（見表 11.3）。土產鴉片大概是進口鴉片的一半價格（見表 11.4）。由於價格高，對整個大中國而言，就可以承擔運輸成本。當時中國遭遇一個很大的困難——運輸，挑夫可以挑着鴉片到處賣，其他商品就沒有辦法挑到遠處去賣。比起其他商品，進口鴉片可以深入到蒙古、中國西南等地（見圖 11.4）。

進口鴉片深入中國內陸地區後，使得這些地方開始種植鴉片。根據土產鴉片的區域分佈統計，89.8% 是在內陸種植的，其實這只是就省份來區分；剩下的 11% 種植在沿海省份比較窮困的地方，例如蘇北。因此，加總而言，土產鴉片幾乎產在邊陲地區（見表 11.5）。中國各個港口，比如華北一帶在 1870 年代進口鴉片的數量就開始減少，東北地方在 1874 年開始減少，而東南沿海地區的港口則從 1890 年代開始減少。除了上海、廣州、寧波的鴉片進口量在 1906 年以前還是增加之外，其他地區都不斷減少。

我常常用這個研究來反對「只有海洋中國才是市場取向」的說法，因為土產鴉片最後主要是在內陸地區種種，只要有市場機會，社會還是會很快速地回應，差別是到底有沒有機會。土產鴉片的發展是因為進口鴉片的價格特別高，進口鴉片價格高企的原因是位於南亞的印度將鴉片的價格訂得很高。所以這也是來自於海洋的影響，這個影響與第一項研究作品一樣，還是來自一個看不見的市場機制。因此即使到了 1985 年，筆者的研究作品中還是沒有具體的海洋意象。

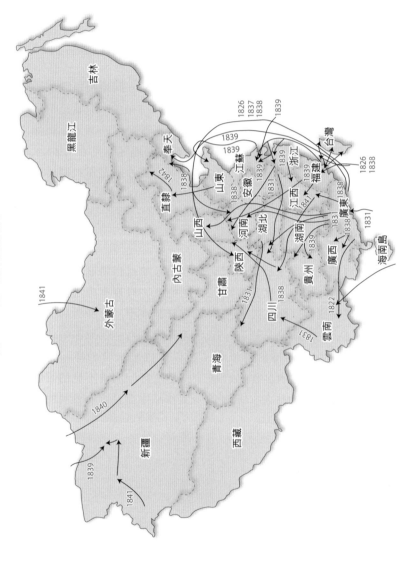

圖 11.4　進口鴉片傳播方向

資料來源：林滿紅：〈清末社會流行吸食鴉片研究——供給面之分析，1773-1906〉，國立臺灣師範大學歷史研究所博士論文，1985，頁 620。

表 11.5　全國鴉片產量表（1905–1906 年）

產區	鴉片產量（擔）		佔全國產量	百分比
	官報資料 *	海關資料	官報資料	海關資料
川滇黔產區	74,291	364,000	50.9	62.2
四川	54,299	238,000	37.2	40.7
雲南	7,751	78,000	5.3	13.3
貴州	12,241	48,000	9.4	8.2
晉陝甘產區	28,820	114,000	19.8	19.5
陝西	10,797	50,000	7.4	8.6
山西	11,620	30,000	8.0	5.1
甘肅	6,403	34,000	4.4	5.8
直魯豫產區	13,439	45,000	9.2	7.7
直隸	3,437	12,000	2.4	2.1
山東	6,040	18,000	4.1	3.1
河南	3,962	15,000	2.7	2.6
蘇皖浙產區	18,611	36,000	10.9	6.2
江蘇	9,857	16,000	6.8	2.7
安徽	4,534	6,000	3.1	1.0
浙江	4,220	14,000	2.9	2.4
東北產區	5,726	15,000	3.9	2.6
奉天	3,371	—	2.3	—
吉林	580	—	0.4	—
黑龍江	1,775	—	1.2	—
鄂湘桂產區	2,687	4,500	1.8	0.8
湖北	2,547	3,000	1.7	0.5
湖南	139	1,000	0.1	0.2
廣西	1	500	0	0.1
閩粵贛產區	2,729	5,800	1.6	1.1
福建	1,507	5,000	1.0	0.9
江西	139	300	0.5	0.1
廣東	83	500	0.1	0.1
新疆產區	166	500	0.1	0.1
全國	146,068	584,800	100	100

資料來源：憲政編查館編：《政治官報》（54 冊）（台北：文海出版社，1965）。
International Opium Commission, *International Opium Commission* (2 vols.)
(Shanghai: Delegation Reports, 1909), 57.

四、1989：世界銀荒與嘉道咸秩序

第三項研究作品初步完成於 1989 年，主要討論世界銀荒與鴉片戰爭前後（嘉道咸）中國的關係。[4]

從哥倫布發現新大陸的 1492 年起，世界銀產量長期大致往上衝，到了 1820 到 1850 年間，則出現了一個明顯的凹槽（見圖 11.5），這就是我在研究中所談的銀荒。世界銀產量顯著地陡降，最主要因為拉丁美洲地區要推翻西班牙及葡萄牙的殖民統治而發動獨立戰爭，而那些地方是世界最主要的銀產地，因此造成世界性的銀荒。

世界銀荒導致鴉片戰爭前後中國銀的外流，圖 11.6 是英國留下來的印度海關貿易數值，顯示 1814 至 1854 年間中國銀的外流量。中國在這之前（18 世紀），銀是流入的，到了 19 世紀下半葉（1857–1866）也是流入的，惟獨這段時間流出很多，數量比 18 世紀流入量的還多（見表 11.6）。這對中國的國家體制造成很大的威脅。

國家發行的貨幣是銅錢，銀是商人從事國際貿易換來的，而銀因為外流變得特別昂貴，政府又規定納稅或長程貿易都要用銀，整個國家因此被套牢。政府發行的銅錢，本來 1,000 銅錢換 1 兩銀子，但是市場便比價升至 2,500：1（見圖 11.7），所以國家受到市場空前的威脅，也導致國家秩序產生很大的變化。當中包括思潮的變化，譬如原來的忠君思想站不住腳，多元權威的思想抬頭，整個社會經歷秩序重整的過程。

表面上，整個問題是出在太平洋一端的墨西哥一帶，好像已經觸及太平洋，但事實上，研究作品中的太平洋意象還是不太明顯。銀是如何從墨西哥運到中國的？在 1815 年以前，大部分銀是通過大帆船貿易，就是海洋史上很有名的 Galleon Trade。從墨西哥順着灣流把銀運到菲律賓、再運到福建的這條路線，並不是最主要的供應

---

4. 原為筆者的哈佛大學博士論文，現已出版：林滿紅：《銀線：十九世界的世界與中國》（台北：國立臺灣大學出版中心，2011）；林滿紅：《銀線》（南京：江蘇人民出版社，2011）。

圖 11.5　世界銀產量（1493–1900 年）

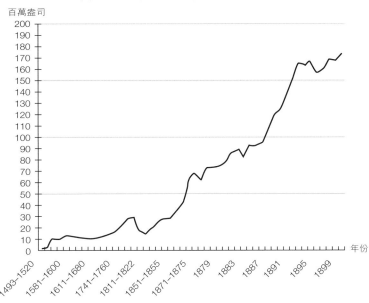

百萬盎司

參考資料：Vilar, *Pierre, A History of Gold and Money, 1450–1920*, trans. Judith White (London: Verso, 1984), 351; 早阪喜一郎：《銀価と銀為替》（東京：大阪屋號，1925），頁 53–55。

圖 11.6　中國白銀外流量（1814–1854 年）

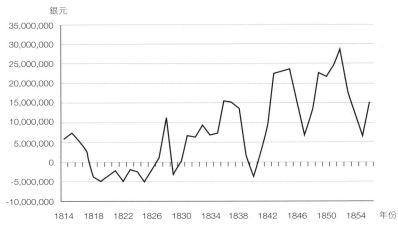

銀元

資料來源：Messenger, John A., *India and China (Exports and Imports) Office of Inspector-General of Imports and Exports, Custom House* (London: The House of Commons, 1859), 8–9, 11; Hosea, B. Morse, *The International Relations of the Chinese Empire (*Shanghai: Kelly & Walsh, ca. 1910-1918); 小竹文夫：明清時代における外國銀の流入〉（東京：弘文堂，1942），頁 67–70; R. S., Martin, *China: Political, Commercial, and Social* (London: Brewester and West, 1847) 1: 176.

表 11.6　中國的白銀流出入量（單位：百萬銀元）

年份	白銀流入中國	中國白銀外流
1721–1740	68	—
1752–1800	105	—
1808–1856	—	368
1857–1866	187	—
1868–1886	504	—

資料來源：余捷瓊：《中國銀貨輸出入》（長沙：商務印書館，1940），頁 36、83。
Liang-lin Hsaio, *China's Foreign Trade Statistics, 1864–1949* (Cambridge, MA: East Asian Research Center, Harvard University, 1974), 268–269.

圖 11.7　清代的銀錢比價變化趨勢

（1 兩白銀兌換銅錢數量）

資料來源：楊端六：《清代貨幣金融史稿》（北京：三聯書店，1962），頁 182–183；
陳昭南：《雍正乾隆年間的銀錢比價變動：1723–95》（台北：中國學術著作獎助委員
會，1966），頁 12；嚴中平：《中國近代經濟史統計資料選輯》（北京：科學出版社，
1955），頁 37；羅綬香：《犍為縣誌》卷 28，1937，收錄在《新編方志叢刊：四川方
志》（台北：學生書局，1968）；張家驤：《中華幣制史》（北京：民國大學，1936），
頁 33。

圖 11.8　17 世紀白銀流通路線

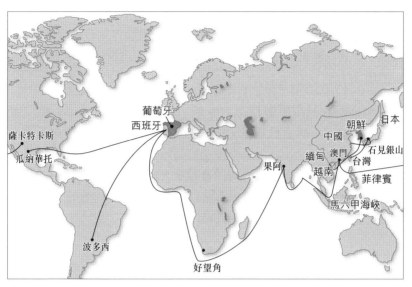

資料來源：Iwami Ginzan Museum, *History of Iwami Silver Mines* (www. Johoshimane. or.jp/).

線。最主要的路線是由墨西哥運到西班牙，再流通到歐洲各國，再由荷蘭、英國等國通過大西洋路線運到中國（見圖 11.8）。而在中國實施一條鞭法以後的 16、17 世紀，所用的銀主要是從日本海運來的，日本海海邊的石見銀山供應了四分之三左右的用銀，墨西哥大約只佔四分之一。松浦章教授對這個研究的幫助很大，他建議我去實地觀察銀山。

18 世紀以後，墨西哥的銀供應對中國愈來愈重要，中國的用銀後來都由墨西哥供應，因為日本的銀愈來愈不敷出口，必須留下自用。再者，墨西哥的銀運到中國的路線不再走菲律賓路線，而是完全走大西洋航線，先運往歐洲，繞過非洲好望角，然後再到中國。因此這項研究作品的焦點還放在鴉片戰爭前後的 19 世紀上半葉，仍然是以大西洋為主，在整個研究作品中，太平洋不太重要。

五、1998：黑潮與台日關係

1998 年發表的〈黑潮文明經濟圈的歷史與文化：台日關係篇〉，收錄在拙著《晚近史學與兩岸思維》，講述 400 年來台灣與日本的經貿關係。[5]

黑潮對我們的影響很深，但是一般人都沒有察覺這一點。黑潮帶來了暖流，暖流對東亞文化有很大的影響，日本與朝鮮南部的緯度應該是和華北相同的，但華北已經不是米產區，而是麥產區，但為何日本跟朝鮮南部和台灣一樣都是米產區呢？黑潮有很深的影響，它打破了緯度的限制，使得這些地方的溫度比較接近需要較高溫度的稻米文化的發展（見圖 11.9）。

圖 11.9　黑潮洋流方向

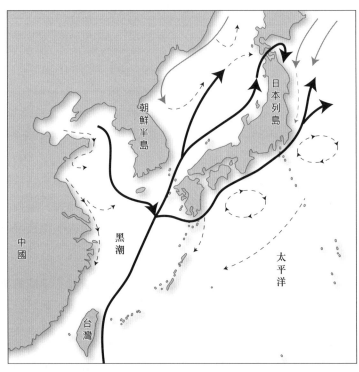

資料來源：劉錫江教授與中央研究院計算中心 GIS 小組。

---

5. 林滿紅：〈黑潮文明經濟圈的歷史與文化：台日關係篇〉，《晚近史學與兩岸思維》（台北：麥田出版社，2002），共 367 頁，頁 241–269。

　　我曾經參觀過日本學者柳田國男的故居，他在 1930 年代提倡研究鄉土史學，他的家中有一幅黑潮掛圖，可見在日本知識界中，黑潮是很重要的。台灣與日本之間舉辦了一個「亞洲展望研討會」，邀我參加，我才寫了這篇文章，因此我是被牽引去寫與太平洋暖流有關的文章。我是從黑潮如何促進明治時期的日本科學農業引進台灣，並促進台灣的草根經濟和草根民主，以及黑潮流速很快，縮短台灣和日本之間的距離等角度加以論述。表面上，已經觸碰到太平洋中從菲律賓北上的一道暖流；事實上，我對太平洋的感覺還是不深，一直要到下一個研究作品，才能真正看到太平洋的具體意象。

六、2001：台灣與香港關係

　　〈日本殖民時期台灣與香港經濟關係的變化：亞洲與世界關係調動中之一發展〉[6] 的英文版將會刊登在劍橋大學雜誌 *Modern Asian Studies*。這個研究使我體察到，在清朝末年賣到紐約、波士頓的台灣烏龍茶，是由廈門經過東南亞、印度洋、大西洋的，而不是經過太平洋。這時我才切切實實開始對海洋的研究，也從其中發現太平洋的崛起。

　　這個研究使我知道：1869 年蘇伊士運河開通，使得大西洋到印度洋到東南亞的這個航路，成為東西往來的大動脈，許多東方和西方的商貿都經過此航路；直到 1914 年巴拿馬運河通航，太平洋所扮演串連東西方的角色才愈來愈重要。

　　清朝末年，台灣的樟腦賣到德國，是以香港為重要的中轉站。到了 20 世紀初，日本統治台灣，台灣的樟腦最主要是賣到美國而不是德國，重要中轉站改為神戶。台灣茶葉經過太平洋運到美國的數量也比經大西洋運到美國的數量來得多，由此可見，台灣和太平洋的關係已連在一起了，尤其是 1914 年巴拿馬運河開通之後。太平洋的發展造成東亞的港與港之間關係的變化，東亞港口的位階重新洗

---

6. 林滿紅：〈日本殖民時期台灣與香港經濟關係的變化：亞洲與世界關係調動中之一發展〉，《中央研究院近代史研究所集刊》，第 36 期（2001），頁 45-115。

牌，在 1914 年之前，香港還是東亞第一大港，可是到了 1930 年代，它已被神戶、大阪凌駕而上。1930 年代世界港口的排行為：紐約第一，倫敦第二，神戶第三，鹿特丹第四，大阪第五，香港排名第七。我們可以感受到太平洋在巴拿馬運河開通後的崛起。

在我的研究中可以發現，日本政府處心積慮要把台灣建設成一個局部取代香港的中轉站，使運到東南亞的商貨經過台灣，而不再經過香港；而台灣的商貨則經過日本運到美國，不再經過香港。在另一方面，台灣商人在台灣、香港、華南的匯兌業務中，生意最多。從上述的研究作品中，可以看到太平洋的崛起。

七、2006：琉球與台灣

我在 2006 年所寫的〈東亞海域上的琉球與台灣〉，收在 2008 年出版的《獵巫、叫魂與認同危機：台灣定位新論》。[7]

從圖 11.10 這張琉球人在 1945 年所繪的地圖可知，他們心目中的東亞海域中心是那霸。那霸還留下琉球王國的宮城——首里城，在 14 至 17 世紀台灣還沒有歷史紀錄時，這個王國即已存在。為何有此王國存在？因為琉球在當時東亞國際秩序中具有重要的戰略地位，可以成為一個國家。而台灣沒有這種戰略地位或是像圖中所畫的中樞地位。皇城中有一個古銅鐘，鐘面刻着「萬國津梁」，表示琉球成為各國往來的橋樑，就是所謂的「亞太營運中心」。

14 至 17 世紀，也是明王朝時期，中國沿海出現許多來自九州的倭寇。這些倭寇與中國東南沿海的世家大族結合，反抗明政權，而蒙古則還在北方有所威脅，因此明政權必須解決倭寇的問題。加上琉球有許多小島可供倭寇棲息，所以明王朝拉攏琉球進入其朝貢貿易體系。明朝的朝貢貿易是由政府來做的，而不透過民間，民間

---

7. 林滿紅：〈東亞海域上的琉球與台灣〉，《獵巫、叫魂與認同危機：台灣定位新論》（台北：黎明文化出版公司，2008），頁 73–82。

圖 11.10　1945 年琉球人所繪的東亞地圖

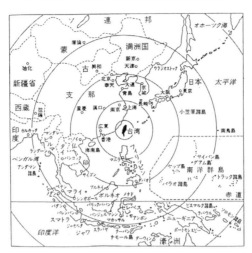

資料來源：又吉盛清：《沖繩の台灣》（沖繩：沖繩縣教育委員會，2000），頁 2。

圖 11.11　1944 年日本人所繪的東亞地圖

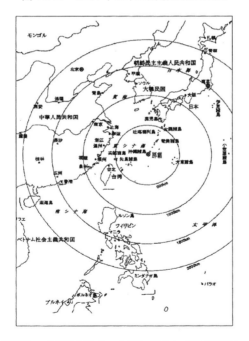

資料來源：朝日新聞社：《南京の據点・台灣》（東京：朝日新聞社，1944）。轉引自後藤乾一：〈臺灣與東南亞：1930–1945〉，《臺灣史研究一百年》（台北：中央研究院臺灣史研究所，1997），頁 343–358。

要實行海禁。與中國進行貿易，其他國家是五年一次，每次大約一個月，而琉球則隨時可以進行貿易，所以其他國家都通過琉球來與中國貿易。琉球王國就是在此體系下形成的，這些背景不存在後，琉球王國也就消失了。

台灣也有類似琉球人所繪的歷史地圖（見圖 11.11）。1945 年學者所繪的琉球地圖，是琉球人回想 14 世紀的情況；而台灣的這張圖是《朝日新聞》在 1944 年出版的，當時日本替大東亞所畫的中心點就是台灣。由於台灣具有戰略地位，麥克阿瑟元帥或是冷戰時期的美國認為台灣可以替亞太防線發揮作用；也在這個基礎之上，在台澎金馬的中華民國也就扮演着與歷史上琉球王國相同的角色，成為亞太的反共集團和共產集團的緩衝點。我由此得知台灣的定位。在這個過程中，我看見琉球，也看到了太平洋的具體意象。

八、結語

最後我以一篇文章來做結，就是 Philip A. Kuhn "Origins of the Taiping Vision: Cross-Cultural Dimensions of a Chinese Rebellion," *Comparative Studies in History and Society* 19, Issue 3 (1977)。這篇文章論述社會現實與思想的關係，研究的焦點是洪秀全與梁發的《勸世良言》間的關係。當洪秀全在廣東花縣讀這本書時，完全沒有留意書中的「選民」二字。因為洪家在花縣是大宗族，洪秀全在這個大宗族間不覺得自己有何特別。一直到他前往廣西，處於少數民族之間才感到自己高人一等，他亦體會到廣西的生活比在廣東的生活困難。他此時閱讀《勸世良言》才注意到「選民」二字。這表明思想是不斷在描述社會現實的。

自 1976 年之後，我便從事台灣與中國的海上關係或是台灣對外關係的研究，太平洋與琉球等就在我的旁邊，但我一直沒有看出它們的具體意象，要到研究後期才看出來，這最主要是因為我對自己所處的環境感到更多的焦慮。

　　如果以大西洋為中心，亞洲是東，歐美是西；而以「日本郵船株式會社航路圖」為例，如以太平洋為中心，歐美是東，亞洲是西。但是我們一直都認為歐美是西方，亞洲是東方；整個知識結構是以大西洋為中心，而忽略了太平洋。上文論述太平洋在 20 世紀的重要性，對我們而言關係更為密切。因此我們以後從事海洋方面的研究時，若能多留意太平洋的發展，相信我們的知識會更加完整。

第三部

20世紀全球局面中的中國

第十二章

1930 年代大蕭條的根源
比較馬寅初與同期西方經濟學家的論述

何光誠

香港大學亞洲研究中心

李善文

香港中文大學歷史系

2008 年 9 月爆發的金融海嘯源自美國的次按危機，其餘波迅速蔓延至世界各地。冷戰結束後，美國持續的經濟繁榮立時中止，翌年 5 月失業率飆升至 9% 水平，美式資本主義的優勢受到了質疑，正如《新聞周刊》一篇報道所述：「美國模式⋯⋯徹底破產了，它的歐亞對手已開始行動。」[1] 這次全球金融危機的影響和後遺症頗為深遠，美國經濟不單只五年來仍未見起色，歐元區也陷入一場嚴峻的債務危機，世界經濟復蘇似乎還要走一段頗漫長的道路。面對當前的經濟困境，不期然令人們聯想起 1929 年爆發自華爾街股市崩潰的歷史性經濟大蕭條。

1930 年代，西方學術界對美國的經濟大崩潰發表了不少分析文章，同一時期中國著名經濟學家馬寅初博士亦花了很大功夫，嘗試找出大蕭條的根源，並且提出解決方案。本章考察了馬寅初撰寫於 1920 及 1930 年代的相關著作，解讀這位中國經濟學家獨特的經濟觀

---

1. R. Foroohar, "A New Age of Global Capitalism Starts Now," *Newsweek* CLII, no. 15 (October 13, 2008), 21.

點，並對照與他同時有代表性的西方經濟學家的大蕭條專論，一併分析。

　　馬寅初被認為是中國近代史上的一位傳奇人物，1882 年出生於浙江嵊縣，早年受到傳統教育的薰陶，其後主要是接受西式教育的栽培。在上海英華書館讀中學，在天津北洋大學攻讀礦物學和冶金學，1906 年由北洋大學保送到美國留學，進入耶魯大學礦冶系，翌年改習經濟學，畢業後轉去哥倫比亞大學深造，1914 年取得經濟學博士學位。馬寅初回國後在國立北京大學任教授，曾擔任北大教務長。南京政府時期，他擔任立法委員，抗戰時因為竭力抨擊國民政府的財經政策和各權貴而與政府分道揚鑣，開始與共產黨走在一起。建國後 1951 年，他擔任北大校長，所提出的「新人口論」最為人所熟悉。[2] 馬寅初自 1910 年代開始他的長期寫作生涯，著作等身，發表大量學術文章、演說、評論和著作，大部分作品已結集為 15 卷的《馬寅初全集》。

　　馬寅初的經濟思想來源，有學者認為是屬於新古典學派，然而他的中心思想還在於「如何使中國臻於富強，而非拘泥於任何經濟學說，以某一派的代表自居」。他對資本主義和共產主義都有保留，偏向德國歷史學派的全體主義。他在經濟純理論方面的創見雖然不多，但對社會組織卻有很透徹的見解。亦有學者認為留美經濟學者群體對經濟理論的建構有所不足和無序，只重視實用方面的探討。[3] 不過，馬寅初就大蕭條爆發的根源而提出的理論分析，應該受到中國以至世界的經濟思想史研究者重視。

---

2. 關於馬寅初的生平，參見 Ronald Hsia, "The Intellectual and Public Life of Ma Yin-ch'u," *The China Quarterly* 6 (June 1961), 53–63；楊勳、徐湯莘、朱正直：《馬寅初傳》（北京：北京出版社，1986）。

3. 參見鄭竹園：〈馬寅初的思想與風格〉，《當代中國經濟思潮論叢》（台北：幼獅文化事業股份有限公司，2004），頁 71–74；李翠蓮：《留學生與中國經濟學》（天津：南開大學出版社，2009），頁 364–366。

一、過度生產是根源，計劃生產是解決之道

　　1920 年代初期，馬寅初傾向認為資本主義對社會的經濟發展有正面的影響，但到這年代後期，他的看法卻有很大的改變。雖然他沒有抹殺資本主義的一些優點，但他同時指出資本主義亦會導致國際政治危機及經濟恐慌，尤其在開拓和爭奪殖民地方面，讓帝國主義更為肆虐。[4]

　　馬寅初在 1920 至 1940 年代的不同著述中，常常指出過度生產或生產過剩是引發經濟大蕭條的主要原因。他認為過度生產與消費不足並存的矛盾現象，是資本主義社會的內生事物，又批評資本主義體制下無計劃的盲目生產。他指出，唯利是圖的資本家是不太理會應要生產哪些商品以滿足社會實際所需和預測社會需求量，而商品的生產數量亦只是取決於利潤的多少。[5]當過剩的商品不能在獲利的情況下銷售時，大部分企業都被迫以較低的價格水平售出那些過剩商品，虧損自難避免。加上當時每一個國家都通過出口補貼和提高關稅來鼓勵出口並減少進口，市場就沒有足夠空間去消化那些多餘的商品。結果一般物價水平急降，企業虧損日益嚴重，倒閉潮迭起，工人也大量失業，大蕭條的燎原烈火便燃燒起來。[6]

　　在 1930 年代，馬寅初斷言第一次世界大戰觸發其後的過度生產狀況，原因是戰時多國政府干預其貨幣及商品在國際市場上的流通，加上民族主義盛行，各國奉行自給自足的經濟政策，大力鼓吹國內生產，並將貨品傾銷國外，過度生產的困擾便揮之不去。戰債亦是另一個重要因素，英法兩國雖然在大戰中獲勝，但是它們卻是向美國借入一大筆戰債以支持戰爭。英法的償還現款的能力有限，唯有依賴外銷商品償債這一個途徑。可是美國政府又實行保護關稅

---

4. 馬寅初：〈資本主義與社會主義、共產主義之區別〉，載田雪原編：《馬寅初全集》（以下簡稱《全集》）第 5 卷（杭州：浙江人民出版社，1999），頁 410。馬寅初認同資本主義可為社會帶來的利益是：提升科技水平，改良產品質素；科學發明提高效率；鼓勵創造力，增進人類智識；降低生產成本，商品更便宜等。

5. 馬寅初：〈中國之新金融政策〉，《全集》第 10 卷，頁 24。

6. 同上，頁 38–39；馬寅初：〈國難期間世界經濟大勢〉，《全集》第 6 卷，頁 14–15。

政策，英法於是採取傾銷方法應付，結果三國的商品皆銷路不佳，同受其害。[7]

馬寅初構建一個「三階模型」，提出過度生產是導致經濟周期中出現大蕭條的理論。他以棉花與棉紗及布的生產和銷售為示範例子，解釋他的理論模型，這牽涉不同的持份者，如農民、工業家和商人，相關的企業可能有需要借入銀行貸款作營運及交易之用。馬寅初將這個模式由棉花推展到其他商品，諸如小麥、蠶繭、甘蔗、甜菜、大豆及花生，他認為利用同一個架構解釋實體經濟運作也是可行的。有關的三個階段如下：

一、當商業繁榮初期，所有商品都能夠售出，只是生產量短時間內不能調升，在供不應求的情況下，物價水平隨之而上升。因為勞工成本、原料成本及利率都較低，資本家可由此而賺取利潤。

二、利潤高企吸引到更多資本家加入競爭行列，務求分一杯羹。這個狀態不只是局限於製造業，其他產業部門，例如銀行、保險代理等都會有類似情況出現。激烈競爭導致勞工成本、原料成本和利率溫和地增加，生產量亦溫和提升，不過，此時物價水平掉頭向下，資本家獲取的利潤下降。

三、隨着競爭加劇，一方面生產成本大為提高，另一方面商品價格水平更趨下跌，結果是資本家不能賺取利潤，更多工人將會失業，他們的購買力受到損害。

商品的過度生產，燃點起對其他相關生產者，諸如機器製造商、運輸商、原材料供應商等的連鎖效應，一旦這些部門處於高度繁榮及發展階段，它們亦會跟商品生產者競逐勞動力、物料和資本等生產要素。過度生產導致廠房關閉和機器閒置，對資本家帶來沉重負擔；銀行業亦同時受到影響，銀行資金貸給資本家，後者也將他們名下的股份抵押給銀行以獲得營運資金。當廠房停閉，固定資本的價值大減，意味有關股份的價值也貶損，貸款不能如期全數收

---

7. 馬寅初：〈國難期間世界經濟大勢〉，《全集》第 6 卷，頁 13–15。

回，銀行亦面對倒閉的危機。仍然生存的銀行不得不縮減信貸規模，使到更多企業缺乏資金供日常運作，最終難逃倒閉的噩運。此外，租賃者延遲繳付土地及物業應收的租值，物業市場中賣家比買家多，市道因而下調。政府收入也受到波及，由於物價大幅下挫，大宗收入如關稅和貨物稅等也大為縮減，財政赤字問題浮現。[8]

　　馬寅初認為過度生產是導致大蕭條的原因。這後果或多或少與資本主義提倡自由競爭、獲利至上的價值觀有關，生產商「各自為利，不相為謀」，為競逐利潤而盲目地擴大生產量，沒有顧及社會的吸納能力。[9] 因此，馬寅初把大蕭條歸咎於生產的無序狀態。此外，在生產成本高漲的情況下，企業對其生產狀況保密，不能「互知其同業之供給額與社會之銷納量」，經營狀況愈來愈困難，資金調動不靈，於是出現恐慌。[10] 換句話說，資訊不對稱也是加深過度生產危機的重要因素。

　　其他的原因包括有：第一，實行資本主義的國家，通過大量生產謀取利潤是經濟運行的基本法則，而在私有產權之下，商品持有者，即供應商和消費者是兩個分離的群組，如果消費者缺乏購買力，商品便不能銷售到他們手上，只得囤積在供應商的庫存裏。[11] 第二，一方面工人大眾收入偏低，購買力微弱；另一方面，富裕的階級雖然購買力較高，但他們又用不了那麼多商品。在這般分配不均及消費不足的情況下，物資過剩，物價因而下降，大量工廠停閉，更多工人失業，失業問題愈嚴重，工人的購買力也愈小，於是出現惡性循環。[12]

　　正如馬寅初及大多數經濟學家聲稱，當時美國及世界經濟無疑是處於不正常狀態，然而可有緩和大蕭條的解決方法？據馬寅初的觀點，極端的資本主義或極端的共產主義都不是挽救危機的合適方

8. 馬寅初：〈中國之新金融政策〉，《全集》第 10 卷，頁 10–24。

9. 馬寅初：〈資本主義與社會主義、共產主義之區別〉，《全集》第 5 卷，頁 410–411。

10. 馬寅初：〈世界經濟恐慌如何影響及於中國與中國之政策〉，《全集》第 7 卷，頁 459。

11. 馬寅初：〈中國之新金融政策〉，《全集》第 10 卷，頁 24。

12. 馬寅初：〈英美經濟問題與中國經濟問題〉，《全集》第 12 卷，頁 426–427。

案。因此他提議走第三條道路，「捨短取長」，實行計劃生產與保留私有財產並行。計劃生產有兩大好處，政府與各界計劃好各種基本產業，在允許盈利的情況下，政府代表作為消費者的人民，防止生產者反過來操縱人民大眾，此其一。[13] 貧富不均這個資本主義缺陷可以得到改善。這是由於計劃生產一方面可以為社會上大多數人提供更多生活必需品，達到「人人有飯吃」的目的，另一方面可以節制投放在奢侈品產業的資本，此其二。[14]

馬寅初主張，在廣泛的經濟領域之中，計劃生產是必要的，而且是克服因過度生產和消費不足而引致大蕭條的唯一方法。他認為大多數工商人士過分強調資本主義的優點，但資本主義已陷入困境，亟需改善，蘇聯反過來給世人一個好榜樣。蘇聯不再像昔日般暴烈，反而吸取了資本主義的某些優點，但仍堅持計劃經濟，這是避免盲目生產的唯一途徑。[15] 馬寅初更觀察到，大蕭條爆發後，資本主義國家看到蘇聯第一個五年計劃帶來的成果，從而為他們的經濟體制開始引入計劃經濟元素。在馬寅初的腦海中，他確實認為資本主義和共產主義是兩種完全極端的理想，但兩者卻又可以辯證地互相影響。[16]

二、科士打與吉慶思的過度生產思想同中有異

明顯地，馬寅初把大蕭條的發生歸因於資本主義的本質，即生產商為追逐利潤而盲目擴大生產量，直至達到社會不能承受的臨界點，導致蕭條爆發。在西方學術界，科士打（William. T. Foster）與吉慶思（Waddill Catchings）的觀點可說是與馬寅初的觀點大致相同，但相同之中又有差異。科吉二氏的著作 *Profits*（《盈利》）出版於 1925 年，較大蕭條的爆發早四年面世，意味着他們頗為先知先覺，預示

13. 馬寅初：〈資本主義歟與共產主義歟〉，《全集》第 5 卷，頁 375–377。
14. 馬寅初：〈資本主義與社會主義、共產主義之區別〉，《全集》第 5 卷，頁 421。
15. 馬寅初：〈國難期間世界經濟大勢〉，《全集》第 6 卷，頁 16–17。
16. 馬寅初：〈資本主義與社會主義相互影響〉，《全集》第 9 卷，頁 241。

經濟大蕭條的降臨不可避免。他們認為經濟穩定受到消費量的穩步增加所影響，而消費變動取決於生活水平，當生產與消費可以平穩地同步增加，各個經濟單位的利益便可獲得滿足，商品供求均衡，經濟便可穩定下來。不能達致經濟目標的基本原因，在於均衡市場已轉化為有限度市場，先進工業國普遍相信世界市場的擴張未必能夠吸納所有產品，換句話說，消費需求未能追上生產。[17] 在這方面，馬寅初亦有類似的分析，由於市場吸納量有限，發達國家將過剩產品輸往殖民地，又採取傾銷策略大量出口貨品。[18] 此外，他與科吉二氏抱有這個共同觀點，即過度生產將會導致經濟大蕭條。事實上，當市場上難以吸納所有製成品的現象持續下去，經濟恐慌的想法將會擴散到各地，僱主必須採取措施限制出產，勞動者因此便確信存在這個矛盾：他們的生產力愈高，工作崗位便愈快喪失。

最後，雖然馬寅初在數年之後才在著作中道出他的論點，但是他們三人都對購買力不足抱有相同的看法。科吉二氏無疑地認為過度生產會引致經濟衰退，後者又常常使大眾害怕它總是倏然而至。另外，學者亦應該考慮經濟衰退的另一主因——購買力不足。[19]

不過，在三個問題上面，馬寅初與科吉二氏的分歧頗大。第一個問題是關於過度生產帶來的蕭條現象。與馬寅初認為資本主義引致過度生產及其他弊病的論述不同，科吉二氏指出心理因素才是蕭條的根源，大多數人預期伴隨繁榮而來的是經濟恐慌。工商界常常認為周期性恐慌是註定要發生的，因為經濟不可能持續進步，繁榮與蕭條的交替出現是無可避免的，所以差不多每人都在等待衰退的降臨。[20] 無論經濟前景多亮麗，或者經濟基本因素及狀況多好，蕭條也不可能絕跡。舉例說，1925年是美國總體經濟狀況特別穩健的一年，有眾多利好因素支持繁榮的開展，生產亦穩步上揚。不過，許多經濟學者、銀行家、商貿刊物和統計機構都不約而同地警告工商

---

17. William T. Foster and Waddill Catchings, *Profits* (Boston: Houghton Mifflin, 1925), 240.

18. 馬寅初：〈資本主義與社會主義、共產主義之區別〉，《全集》第5卷，頁420。

19. William T. Foster and Waddill Catchings, *Profits*, 245, 250.

20. Ibid, 231, 241.

界應要為經濟衰退做好準備，原因在於整體上出現過度生產，而不在於商品生產過剩。

第二個問題是他們對整體上過度生產的看法。馬寅初視之為商品供應超過社會需求，但科吉二氏卻認為用這個定義去分析整體上過度生產較為罕見。[21] 不同於馬寅初應用同一個模型解釋所有經濟部門的狀況，他倆認為不同貨物之間有關連，實際上不可能所有貨品都出現過度生產，因此整體上過度生產的概念有謬誤。再者，大多數人的分析聚焦於貨品，只視貨幣為交易媒介，忽視貨幣與貨品的密切關係。由於消費者是用金錢換取貨品，研究整體上過度生產與貨幣的關係應較為可行和恰當。

第三個問題是科吉二氏較馬寅初更為關注的——貨品的過度生產是如何與貨幣連繫起來的。雖然三位經濟學家都重視過度生產這個關鍵因素，但是馬寅初認為貨幣只是作為交易媒介，貨幣需求是取決於可供交易的商品數量，增加貨幣量不能直接增加商品數量，暗示着貨幣供應本身不能刺激過度生產。[22] 雖然科吉二氏與馬寅初有類似觀點：流向消費者的貨幣（變數甲）主要依賴生產活動（變數乙），但科吉二氏認為生產活動亦同時依賴流向消費者的貨幣，兩者是互相影響的。他倆明確指出，如果變數乙增加而沒有按比例增加變數甲的話，繁榮將會是短暫的。反之，如果變數甲可以同比例增加的話，消費需求便可以帶動起來，讓繁榮持續下去。[23]

三、其他西方經濟學家對過度生產的思考

相對於科吉二氏，許多其他與馬寅初同期的西方經濟學家持有頗為不同的見解，我們首先分析過度生產這個概念。費雪（Irving Fisher）聲稱大多數人認為過度生產是由於貨幣太少而貨品太多是一

21. Ibid, 249.
22. 馬寅初：〈中國之新金融政策〉，《全集》第 10 卷，頁 18。
23. William T. Foster and Waddill Catchings, *Profits*, 231.

個常見錯誤。他提醒，除了個別貨品相對上的分佈有多寡之外，生產整體上亦是相對於人類的慾望和厭棄，個體與總體都要兼顧。[24] 羅賓士（Lionel Robbins）更指出過度生產的正確涵義應該是：根據現行的物價水平，在主要市場所銷售的商品不能獲得利潤。[25] 奈沙（Hans Neisser）則重述在 1930 年代仍被經濟學家廣泛接受的薩伊市場定律（Say's Law of Markets），並以一個修訂版本去解釋整體上的過度生產。在這個修訂版本，生產這個概念需要重新定義，它不再像以往所稱的商品及勞務的出產，而是商品的銷售收入足敷成本，因此只有當商品不能以成本價出售，過度生產才會存在。[26]

　　第二，如馬寅初所稱的過度生產真的存在嗎？費雪從理論層面指出，許多時候某程度上的整體過度生產或者生產不足是應該存在的，無論用存量抑或用流量的角度看都是如此。[27] 奈沙承認過度生產已經存在，但是它明顯是歸因於貨幣。它基本上是一個通縮現象，即無論在絕對還是相對的意義上，貨幣數量沒有跟商品數量按比例增長。[28] 羅賓士提醒我們，只要人的欲求仍是要獲得滿足，真正的商品過剩應該不會出現，故此過度生產不可能存在。情況雖是如此，但他強調主要問題是為什麼這現象又存在，並且在那麼多市場都出現供應超過需求的情況。[29]

---

24. Irving Fisher, "The Debt-Deflation Theory of Great Depressions," *Econometrica* 1, Issue 4 (October 1933), 340.

25. Lionel Robbins, *The Great Depression* (London: Macmillan, 1934), 13–14.

26. Hans Neisser, "General Overproduction: A Study of Say's Law of Markets," *Journal of Political Economy* 42, No. 4 (August 1934), 434. 奈沙指出接連出現的數個風潮，看來是反駁薩伊市場定律的例證。該定律的精義在於「供應創造它自身的需求」，由於商品只能用其他商品來購買，如果商品生產組合是正確的話，所有商品都可以賣出，因為一切生產的目的在於購買商品，故此不可能出現過度生產。舉例說，如果總需求下降，具靈活性的價格和工資，將會下調至市場均衡重新確立為止。古典經濟學家包括李嘉圖和穆勒相信薩伊市場定律能夠有效運作，他們認為不會存在過度生產的失衡現象，參看 Paul A. Samuelson and William D. Nordhaus, *Economics* (Singapore: McGraw-Hill Book Co., thirteenth edition, 1989), 410–411 及瓊·羅賓遜、約翰·伊特韋爾，陳彪如譯：《現代經濟學導論》（北京：商務印書館，1982），頁 30–32。

27. Irving Fisher, "The Debt-Deflation Theory of Great Depressions," 329.

28. Hans Neisser, "General Overproduction: A Study of Say's Law of Markets," 435.

29. Lionel Robbins, *The Great Depression*, 14.

　　第三且是最重要的一點，究竟過度生產是不是導致蕭條的主因？斯達（Carl Snyder）堅稱過度生產不一定會導致價格下跌，他引證先前數次的生產旺盛期也沒有伴隨着物價急速下滑。[30] 費雪更明確地指出，整體上過度生產絕不是經濟嚴重失衡以至蕭條的主因，許多其他不利因素如消費不足、設備過多、價格訊息混亂、過度投資等也起了作用，但他卻懷疑將諸般因素放在一起能否充分解釋大蕭條的起因。不過，他估計債務的干擾和物價水平的干擾這兩個因素對經濟榮辱起了支配作用，即經濟周期向上時負債過度，未幾通縮便接着出現，造成經濟波動。[31]

　　奈沙和羅賓士都認為，相對意義或絕對意義上的通縮，不應歸咎於生產過度，信貸機制才是真正的源頭。羅賓士指出，某個產業的過度生產不可能引致廣泛的蕭條，但有一個可能的情況，某個產業的過度生產可能為其他產業帶來負面影響，這與窖藏貨幣的過程有關。換句話説，消費者選擇儲藏剩下來的貨幣，不想用來在購買其他產業的貨品。但問題的癥結是為什麼消費者有這般行為，他聯想到大蕭條或是所有其他的蕭條的根源，應該從貨幣而不是從商品供應的方向去尋找。[32] 奈沙則運用薩伊市場定律的修訂版去審視過度生產，除了貨幣因素以外，經濟危機也可由消費不足理論和資本財過多理論去解釋。[33]

　　我們要問，究竟計劃生產是不是解決經濟蕭條的唯一方法？本章提及的西方經濟學家，唯獨是羅賓士詳述他極力反對以計劃生產或是計劃經濟的手法去克服蕭條，他承認民主社會絕不會嘗試規劃生產以符合消費者的喜好，這觀點與馬寅初頗有距離；馬氏相信利用規劃，可以既滿足社會需要又可以消滅貧富不均。羅賓士則認為計劃經濟既不可行又會對社會造成損害。首先，計劃經濟組織者的關注點是如何妥當分配不同產業的物品供應，如果消費者欲求有變

---

30. Carl Snyder, "The World-Wide Depression of 1930," *American Economic Review* 21, no. 1 (March 1931), 177.

31. Irving Fisher, "The Debt-Deflation Theory of Great Depressions," 340–341.

32. Lionel Robbins, *The Great Depression*, 17.

33. Hans Neisser, "General Overproduction: A Study of Say's Law of Markets," 441, 460.

動，便要重新安排生產以適應這些變動。可是，一旦生產要素已分配到各個產業之後，當有需要從某一個產業撤回生產要素並轉移到另一個產業時，不得不犧牲前者的較大產值，以方便後者實現將來的利益。另外，組織者面對需求變動時將要處理棘手的問題，例如如何保持不同生產要素的使用效率，以及如何確立選取那兩個產業或其他產業作調整的標準。[34]

另一個更為棘手的考慮，便是沒有可行機制去掌握社會上形形色色的人各自擁有複雜而多變的喜好，供求處於持續變動的狀況，生產技術也隨之而改變。[35] 計劃生產或經濟的實際困難，在於它牽涉大量商品及各式各樣的大量選擇，嘗試用這方法解決問題，結果將會混亂不堪，消費者得不到他們所需的產品尚屬次要，更大的問題是規劃當局基於頗為任意的原則，決定消費者應該獲得某些產品，兩者的性質不一樣。羅賓士更指出，有人嘗試利用數學運算系統去求取生產要素分配和商品生產的均衡，但事實上，這個方法也不會湊效，大量的等項式和統計表在所難免，這便牽涉到成千上萬的獨立運算，就算能夠求得那些等項式的答案，被納入分析之中的資訊或者已失時效，一連串的數學運算又要重頭開始。[36] 總言之，數學規劃畢竟追不上不斷變化的市場環境。

至於消費不足這一派學說，凱因斯亦是一個重鎮。他認為商業循環的出現，是由於邊際資本效率的波動所引致，而在商業循環之中，過度生產不是解釋就業不足和產出缺口的原因。凱因斯較為看重投資對推動就業的巨大社會作用，但因為投資受到邊際資本效率的制約而不能穩步增加，所以他也強調增加消費的相關作用，因此他主張實行「兩條腿走路」的政策，即同一時間促進投資與刺激消費，並且在投資有所增加的情況下，要有適當政策去提高消費傾向（propensity to consume），從而使總消費以更大的增幅去維持充分就業。由此可見，凱因斯主要從有效需求入手，短期內注重刺激消費

34. Lionel Robbins, *The Great Depression*, 148.

35. Ibid, 154.

36. Ibid, 151, 154.

以消除經濟大滑坡的危局，並輔以促進投資的手段，從而為社會的中長期發展累積足夠的資本財，減低商業循環所帶來的風險。[37] 凱因斯的分析架構，較以微觀為基礎的新古典經濟學更進一步，開始運用宏觀經濟學的視角，解釋造成大批失業的成因是總需求遠遠落後於總供應，因此他強調穩定經濟的手段應放在總需求管理，這建議體現在英美政府的擴張性財政政策上面，關鍵是政府的預算開支大幅增加，直到第二次世界大戰爆發後，大蕭條的不良影響方才逐漸減退。

另外，自由經濟學派重鎮哈耶克（Friedrich A. von Hayek）對商業循環和經濟危機的看法深受馬克思影響，他對貨幣影響經濟活動的理解，相比貨幣主義者，他反而較為接近馬克思，總的來說，哈耶克的資本理論與馬克思有共同之處。[38] 哈耶克認為稀少的資本及貨幣量變動是導致出現商業循環的因素。[39] 在 *Prices and Production*（《價格與生產》）一書，他指出信貸膨脹才是促使生產失調的主因。在經濟擴張時，生產者會利用銀行貸款作為資金去擴大資本財的生產。當銀行信貸擴大，資金從生產者轉為民眾的貨幣收入後，這將增加消費，並且引起消費品價格上漲，生產者會把資源轉用於生產消費品以謀取更多利潤。但當銀行看到自身不能無止境地提供貸款時，信貸便要收緊甚至停止，民眾的收入因此而減少，顧慮收入追不上消費品價格上漲而暫緩消費，結果是消費品價格轉為下跌，一切配合其生產的設備和原料也滯銷，用於擴張生產的投資也因此而萎縮或中止，以致經濟危機爆發。[40] 至於當時普遍認同的想法，即擴大對消費者的借貸便可以治癒經濟衰退，海耶克則持相反觀點，認為此舉只會加深危機。他認為人為產生的需求（而非消費者的自發需求）

---

37. John Maynard Keynes, "The General Theory of Employment Interest and Money," in *The Collected Writings of John Maynard Keynes*, Vol. VII. (London and Basingstoke: Macmillan Press Ltd., 1973), 313, 324–326.

38. 林鐘雄：《西洋經濟思想史》(台北：三民書局股份有限公司，1986 年第 3 版)，頁 535–539。

39. Alan Eberstein, *Friedrich Hayek: A Biography* (New York: Palgrave/ St. Martin's Press, 2001), 227–229.

40. Friedrich A. von Hayek, *Prices and Production* (New York: Augustus M. Kelly Publishers, 2nd edition, 1935), 89–90.

會使生產者錯用資源，表面上可暫時運用閒置的資源，但隨後而來的是更大的經濟危機。海耶克這個觀點，與凱因斯刺激有效需求的主張大相徑庭。

海耶克在書中沒有提及「過度生產」一詞，但他也隱約描述此現象引發大蕭條，然而信貸膨脹才是導致生產失衡的幕後元兇，這一點馬寅初並無提及。此外，在治癒大蕭條這方面，兩人的立場明顯是對立的，馬寅初提倡用計劃生產這一干預手段；海耶克則認為「時間可治癒一切」，只要假以時日重整生產結構及恢復資本供應，經濟便可自然地走向復蘇，國家干預（如人為地刺激需求）不但無濟於事，反而會使情況惡化。[41]

四、評核馬寅初的觀點

馬寅初被視為20世紀上半期影響中國經濟思想的其中一位著名學者，他對經濟蕭條所作的議論值得探索，可作為分析近年金融海嘯的借鑒。我們首先看他對資本主義的態度：1920年代初，馬寅初是支持資本家的，儘管不是完全接受他們；而馬寅初在那時期的著作曾提到中國應該採取資本主義模式發展經濟。但在1920年代末，他改變了取態，在他的著作裏沒有清楚的線索看出這個轉變，不過我們留意到他於1927年離開北大，轉到浙江省政府出任負責財政事務的委員，翌年擔任南京政府立法院委員，協助財政經濟方面的立法。特別是蔣介石集政治軍事大權於一身之後，他在1930年代加強控制私人企業以推行統制經濟，馬寅初少不免要站在蔣的一方。此外，馬寅初留學美國所學到的，大致上是以資本主義為基調的經濟學知識，回國後他發覺這些知識派不上用場，使他頗感失望。[42] 故此馬寅初決心要研究中國經濟實況，說出個人的見解和分析。

---

41. Ibid, 97–99.

42. Ronald Hsia, "The Intellectual and Public Life of Ma Yin-ch'u," 54.

其次審視馬寅初如何看待共產主義。他在北大工作的那段日子，或許與一些馬克思主義學者有聯繫，因此他的思想可能受他們及時代風氣所影響。但是馬寅初對馬克思主義的興趣，大致是純學術性的。因為缺乏好些必要條件，那時候他不同意在中國實行共產主義。[43] 他承認共產主義社會的生產活動由政府主導，實行計劃經濟，因此個人創造力便無從發揮，窒礙社會的進步。然而他覺得共產主義還有可取之處，大概是他相信共產主義可補資本主義之弊，解決後者帶來盲目生產並引致經濟恐慌的問題。[44]

我們可以對馬寅初的分析找到四個不足之處。第一，他的論點所依賴的假設可能有疑問，典型例子是以他觀察棉紡工業而提出的「三階模型」，這模型能否恰當地描述該產業的狀況還可以進一步討論，但將它延伸到其他產業部門亦有同一現象則值得商榷。正如露絲柏（Murray N. Rothbard）所指某些經濟學家所犯的謬誤，把一家公司或行業的現象不合邏輯地推向整體經濟上面，並且忽略了經濟體系內各個不同部分的互相關係。[45] 馬寅初的理論模型好像也犯了類似錯誤。

第二，我們可以看到馬寅初沒有將貨幣供應這個重要因素納入他的分析架構之中，弗理德曼在他的美國的貨幣史研究指出，由大蕭條周期高峰的 1929 年 8 月至低谷的 1933 年 3 月，貨幣供應量（公眾持有的現金加上商業銀行總存款）由 462 億美元大幅下降至 299 億美元，貨幣存量的跌幅超過三分之一，這個幣量急速收縮的現象是聯邦儲備局貨幣政策的重大失誤，加深了大蕭條的嚴重程度及持續

---

43. 關於馬寅初這方面的詳細討論，參看馬寅初：〈馬克思主義中國有實行之可能性否？〉、〈馬克思主義與中國之勞農〉及〈中國歷代經濟政策，尚共產乎？抑尚均富乎？〉，《馬寅初演講集》第 4 集（上海：商務印書館，1928），頁 132–147、165–171。後二文沒有收入《全集》。

44. 馬寅初：〈中國之新金融政策〉，《全集》第 10 卷，頁 24。

45. Murray N. Rothbard, *America's Great Depression* (Mission, Kansas: Sheed and Ward, 1975), 63. 這個謬誤可稱之為組合謬誤（fallacy of composition），即認為對部分而言是穩妥的便對整體也是穩妥的，事實上由局部推向整體可能適得其反，例如在蕭條中個人傾向增加儲蓄，但人人都這樣做的話，社會總儲蓄反而可能減少，參看 Paul A. Samuelson and William D. Nordhaus, *Economics*. (Singapore: McGraw-Hill Book Co., thirteenth edition, 1989), 7–8.

性。[46] 在今趟全球金融危機之中，歐美央行在執行貨幣政策方面不敢掉以輕心，連番推出前所未見的貨幣寬鬆措施去增加市場流動性，而美國聯邦儲備局亦已推出第三輪量化寬鬆（QE3），歐洲中央銀行亦宣佈在不預設限額的情形之下，購買受困成員國的次級市場的中短期主權國債。

第三，馬寅初被看作是奉行實用主義的經濟學家，他堅決懷抱學以致用的使命，[47] 這看來是他的學說較少涉及傳統理論及實證分析的主因，顯露出他很少引用可量化的資料去支援他的觀點。在他的相關著作中，我們只看到他說美國在1929年的國內生產總值和國民生產力達到最高點，前者大約有800億美元，大蕭條爆發後約有4,000家銀行清盤。[48] 他宣稱蕭條的根源是過度生產，以及實行計劃生產是唯一解決方法，分析過程中缺少了支援資料，似沒有用上更科學化的方法。再者，他也比較少與當時的中國經濟學家或專家進行辯證的交流和對話，更遑論銳利的思想交鋒，故此他的有關學說未能得到修改得更完善的機會。

最後，馬寅初看來是錯誤地將大蕭條聯繫到計劃生產上，正如前文所闡述，他之所以提出這一點，主要是由於他覺得過度生產是大蕭條的根源；根據羅賓士的解說，要克服過度生產而採取計劃生產的手段，其效用成疑，況且過度生產似乎不是大蕭條的成因。事實上，後來由奧辛菲（Alfred R. Oxenfeldt）和凱格（Ernest van den Haag）所做的研究指出，計劃經濟亦可能出現蕭條，其起源有兩個：第一，由於缺乏消費支出，計劃經濟普遍導致存貨積壓，因為貨物品質變壞帶來的消耗和須要投放資源防止變壞，社會便要付出真實成本。第二，更為複雜的是，如果產出目標訂得偏低的話，蕭條亦會由於未充分利用可供應用的資源、勞動力和資本財而出現。有些產出的目標訂得過低，但另外的產出目標卻訂得過高，勞動力錯誤

---

46. Milton Friedman and Anna Jacobson Schwartz, *A Monetary History of the United States 1867–1960* (Princeton: Princeton University Press, 1963), 299–301, 712.

47. Ronald Hsia, "The Intellectual and Public Life of Ma Yin-ch'u," 54.

48. 馬寅初：〈英美經濟問題與中國經濟問題〉，《全集》第12卷，頁426。

配置，結果是可能同時出現隱性失業和勞動力短缺的奇特現象，要矯正這個矛盾很困難和曠持日久，況且計劃制訂者亦難以釐清兩種不良後果是否確實存在。[49]

五、結語

馬寅初在他的文章中，以實用主義的立場探索大蕭條的成因並提出解決方法，他相信經濟學說及有關知識必須放在應用的層面上，務必使國勢和國民福祉得到增長。或許是受到愛國主義情操和民族主義的影響，他的論證和觀點大多以國家和民眾的利益為前提，不為一般學術界的分析思維所限，亦不會為學術而學術。他批評個人主義思想，提倡經濟發展要確保群體獲益的全體主義，從而令社會和諧發展。

然而，馬寅初的分析和論點的不足之處，乃是他依賴其個人的邏輯思維去剖析經濟現象，較少以實際資料和考察作為論證的基礎。我們認為至少有兩個原因導致這個缺陷：其一，在當時的中國，國人建基於實際資料和考察的經濟研究尚未成熟，科學化的調查研究尚處於草創階段，要到 1920 年代中期以後，天津南開大學的經濟學者才開始引入實證研究方法。其二，如前文所述，馬寅初於 1927 年離開北京大學，參與浙江省政府和南京國民政府立法院有關財政經濟事務的工作，因此他有可能欠缺了大學和學術界所能提供的研究支持如研究團隊、學術交流點，以及資訊平台等，他所發表的專論突顯這個局限，以致其論點有時候缺乏實證數據支持。

馬寅初的大蕭條理論模型建基於產業結構分析和過度生產的探討，他的切入點可說是古典經濟學的引伸，較為着重供應層面的主導性，但他亦了解市場機制亦有不能自我調節重拾供求均衡狀態的缺陷，因此主張計劃生產去消除資本家的盲目生產，從而避免蕭

49. Alferd R. Oxenfeldt and Ernest van den Haag, "Unemployment in Planned and Capitalist Economies," *The Quarterly Journal of Economics* 68, No. 1 (February 1954), 49–51.

條的爆發。從馬寅初的論證可以看到，雖然他不夠關注一些關鍵因素，如計劃生產衍生的流弊、貨幣政策、信貸機制和有效需求的變動等，但比較同期的西方經濟學家，他的邏輯推論和理論思維毫不遜色。總的來說，馬寅初已為經濟蕭條理論作出頗具獨創性及啟發性的貢獻。

　　最後但同樣重要的是，當前發達國家及地區以服務型經濟為主導，商品生產的概念架構未必能符合大規模的經濟轉型，研究者在擷取上述經濟學家的理論分析和見解時，須明白這個局限。從計劃經濟的失效和金融海嘯的發生來看，或許像薩繆爾森（Paul A. Samuelson）特別為他生前作最後修訂的《經濟學》教科書而寫的聲明所稱：從經濟史的反思，可以確認不受規管的資本主義或過度規管的中央計劃，兩者同樣不能有效地組成現代社會，因此應該採取一個有限度的中間立場，令全球經濟回復充分就業，同時讓進步成果作更公平的分配。[50]

---

50. Paul A. Samuelson and William D. Nordhaus, *Economics* (Boston: McGraw-Hill Irwin., nineteenth edition, 2010), xvi–xvii.

第十三章
宋美齡與抗戰初期的對外宣傳

陳英杰
台灣德琳技術學院通識研究中心

一、引言

　　宋美齡自少負笈美國，熟稔美國文化，在抗戰前即透過撰文和廣播等方式，在英文媒體發表談話，將其理念傳遞給外籍人士。宋美齡又多次協助蔣介石對外採購軍需品、軍用藥物及犒賞品，成為後勤補給的重要支柱。同時，宋美齡因早歲旅居美國，對於現代化的生活方式早有體認，她在 1934 年陪同蔣介石到江西視察之後，有感於中國的生活習慣亟待改造，便在南昌襄贊蔣介石倡導新生活運動，並擔任中國紅十字會的總幹事，累積更多與國際社群聯繫的經驗。宋美齡也為國軍遺族子女設立了遺族學校，又促建勵志社服務軍人，並鼓勵全國婦女設立婦女協會，[1] 嘗試將其旅外的經驗作為促進中國發展的參考。

　　到了 1936 年，蔣介石為了擴展中國空軍的規模，整合採購空軍飛機和設備的流程，決定讓最親信的宋美齡擔任中國航空委員會的秘書長。面對這項頗具挑戰性的工作，宋美齡投注不少心力，「夜以繼日地來研究各種飛機的說明樣本，與各精明的飛機推銷員

---

1. 李雪荔：〈蔣夫人小傳〉，《時代知識》第 1 卷第 3 期（1943 年 8 月），頁 21。中國國民黨黨史館藏（以下簡稱黨史館），一般檔案：230/2071。

交易。」[2] 這一經歷讓宋美齡接觸更廣泛、更深入的國際軍火採購事宜，也使其結識不少外籍將領，更建立起她在中國空軍中的影響力。

由於宋美齡嫻熟英文，加上處理涉外事務的經驗日漸豐富，她在中國領導推動人道關懷與救助、對促進社會安定也有不少貢獻。1937 年春天，宋美齡的母校美國衛斯理安大學向她頒授哲學博士學位。[3] 宋美齡也多次參與國際無線電通話的儀式，包括 1937 年 4 月間和行抵意大利北部熱那亞（Genova）的孔祥熙，共同開啟中、意通話。5 月中旬又和美國羅斯福總統夫人（Anna Eleanor Roosevelt, 1884–1962）同步為中、美兩國以無線電通話作見證。[4]

中日戰爭爆發後，隨着日軍大舉進犯，戰火迅速從華北蔓延開來，宋美齡進一步投入勞軍，號召中國婦女投身抗戰，並陸續會見外國記者、陪同蔣介石接待外賓、致函國際媒體和友人，並運用國際電台，極力呼籲國際能援華制日。在中國對日抗戰初期，她成為蔣介石委員長在處理涉外事務的貼身翻譯、智囊和「分身」，並有如中國對外的「發言人」。

學界有關宋美齡與中國對外宣傳的相關研究，除了在一般傳記中的綜述外，多集中探討她在抗戰期間訪美的歷史，例如呂芳上教授以宋美齡在美的演講，分析其廣播演說的魅力；石之瑜教授則以女性和西方中心的視角進行探討，指出宋美齡在「抗戰期間的演講與廣播，有一次是對澳洲，四次針對英國，兩次對象是加拿大，三次對印度，二十六次是對美國，後者顯然佔據了絕對的重要性」。

---

2. 宋美齡曾著〈中國之航空〉，此文刊載於 1937 年 3 月 12 日的上海英文《大美晚報》（*Shanghai Evening Post and Mercury*），大力鼓吹發展中國航空，其認為「一切促進中國統一的新發明，或許要推飛機的功績，最為偉大。飛機消除距離的能力，和促進邊省與各省間，或邊省與中央間的密接而消除其誤會猜疑，恰好成為正比例」。參閱宋美齡：〈航空與統一〉（1937 年 3 月 12 日），載袁偉、王麗平編：《宋美齡自述》（北京：團結出版社，2007），頁 49–51。李雪荔：〈蔣夫人小傳〉，《時代知識》第 1 卷第 3 期（1943 年 8 月），頁 21。黨史館藏，一般檔案：230/2071。

3. 秦孝儀等編：《總統蔣公大事長編初稿》，卷四上冊，1937 年 3 月 7 日（台北：中國國民黨中央委員會黨史委員會，1978），頁 22。以下簡稱《大事長編》。

4. 孔祥熙時擔任特使赴英參加英皇加冕典禮，《大事長編》，卷四上冊，1937 年 4 月 26 日，頁 32。《大事長編》，卷四上冊，1937 年 5 月 19 日，頁 38。

陳立文教授則探究宋美齡於 1950 至 1960 年代在美力倡反共及為台灣發言的努力。[5] 至於宋美齡在抗戰初期為中國爭取國際支持的過程，則尚少有相關論著探討。因此本章將運用相關史料，如台北國史館《蔣中正總統文物》的〈事略稿本〉、〈蔣中正致宋美齡函〉和〈革命文獻 —— 抗戰方略：重要指示〉等系列檔案，以及中國國民黨黨史館的庋藏和《蔣公大事長編初稿》等出版物，並參考當時《中央日報》和《大公報》等主要媒體的報道內容、時人所留下的記述，例如《董顯光自傳》等，針對 1937 年 7 月盧溝橋事變至 1938 年 10 月下旬，蔣介石和宋美齡伉儷撤離漢口為止，此一時期有關宋美齡所從事的對外宣傳作一探究。

二、戰火初熾，投身宣傳

面對日本侵華，宋美齡於 1937 年 8 月 1 日即在南京發起成立「中國婦女慰勞自衛抗戰將士總會」，[6] 宋美齡在致詞時指出：「我們要保全國家的完整，保護民族的生命，應該盡人人的力量，來抵抗敵人的侵略。我們婦女也是國民一分子，雖然我們的地位能力和各人所能貢獻的事項各有不同，但是各人要盡量的貢獻她的力量來救國。什麼地方有適合我們的工作，我們就得爭先恐後的來擔任。」[7] 宋美齡希望把中國婦女的力量組織起來，整合婦界的力量，並開始替蔣介石慰勞前線官兵，冒險巡視句容等地國軍機場和陣地。[8]

為了爭取國際的關注，宋美齡陸續接受外籍記者的採訪，並在外文媒體發表談話，將其在戰場親歷的經驗，向外國人士傳述。

---

5. 呂芳上：〈廣播演說的魅力 —— 從抗戰時期蔣夫人宋美齡女士在美的演說講起〉，《近代中國》，期 151，（台北：近代中國雜誌社，2002），頁 36–46。石之瑜：《宋美齡與中國》（台北：商智文化，1998），頁 137。陳立文：〈為台灣發聲 —— 從蔣夫人幾次訪美談起〉，《近代中國》，期 158/159，（台北：近代中國雜誌社，2004），頁 133–148。

6. 《大事長編》，卷四上冊，1937 年 8 月 1 日，頁 94。

7. 宋美齡：〈告中國婦女〉，載袁偉、王麗平編：《宋美齡自述》（北京：團結出版社，2007），頁 52–53。

8. 《大事長編》，卷四上冊，1937 年 8 月 17 日，頁 100。

8 月 25 日上海英文《大美晚報》（*Shanghai Evening Post and Mercury*）刊出記者福特（M. G. Ford）的專訪，宋美齡認為日軍不願意見到中國成為「統一而有秩序的進步國家」，而「企圖奪取中國的領土，在許多地方從事絕滅人道的可怕殺屠」，宋美齡在上海前線見到日軍猛烈侵華的情形：「在那邊看見空中充滿着惡魔的殺氣，大地噴出烈火，地上遍染了人類的赤血，滿堆着房屋廢墟的灰燼。」宋美齡批評日本：「剝奪中國窮人的生存之權，連過着困苦的生活也不許，不但如此，它痛恨中國成為統一的民族，痛恨中國成為經濟組織健全的國家。中國的進步不但是它所咒詛的，而且一想到這件事就會使它憤恨填膺。」[9]

宋美齡還認為各國在租界姑息日本從事軍事構工，讓日軍「以這些建築物為憑藉，用機關槍攻擊那些守土抗戰的中國兵士」。宋美齡特別對美國發出呼籲：

> 中國決心盡力自救，盡力維護她的榮譽，她要不斷地努力奮鬥着，直到她把祖先的土地由劫者的手中掠奪回來。她知道她必須作多麼重大的犧牲，可是她必須抗戰，使人民不至成為奴隸，她必須為那些已死及未死的可憐同胞抗戰。中國深知她所要遭遇到的恐怖和痛苦，然而她是不怕的。[10]

除了由宋美齡透過媒體大聲疾呼外，蔣介石也決定派遣胡適等人赴美，蔣百里赴德、意，對外說明日本侵華的經過和暴行。[11]

面對日本首相近衛文麿於 8 月下旬發表聲明，要「鞭笞中國使其屈膝，不敢再有抗戰之精神」，同時宣告封鎖中國海岸，要求各國停止向中國供應軍火，9 月 12 日，宋美齡在南京通過美國廣播網，直接向美國民眾說明中國艱苦抗戰狀況，呼籲美國支援。[12] 顧維鈞

---

9. 宋美齡：〈中國決心自救〉，《婦女領袖宋氏三姊妹》（上海：戰時出版社，1943 年 7 月 7 日），頁 46–49。黨史館藏，一般檔案：240/567。

10. 宋美齡：〈中國決心自救〉，《婦女領袖宋氏三姊妹》，頁 49。黨史館藏，一般檔案：240/567。

11. 《大事長編》，卷四上冊，1937 年 9 月 7 日，頁 112。

12. 《大事長編》，卷四上冊，1937 年 9 月 12 日，頁 113。

也向國際聯盟（League of Nations）提出第二次聲明書，抗議日本侵華。宋美齡在廣播中先對上海的美國和各國僑民喪失生命、遭受損傷表示悲痛，「尤以死傷之人，頗有不乏為吾人私人之友者，中國政府於可能範圍之內，現在竭盡所能，避免同類事件之發生。」宋美齡感嘆因為各國冷漠旁觀，讓日本以公共租界為根據地，在上海作戰，而波及無辜。日軍濫炸醫院、學校、車站，列強依然袖手，九國公約、巴黎非戰公約似若不存。但宋美齡強調，中國雖「素被認為怯懦無能，且軍事上亦無充分準備，然今已決定放棄容忍政策，不再忍受暴敵之侵略殘殺，及其無理侮辱，全國奮起為國家生存而抗戰」。希望美國教會、海外僑胞、友邦人士能繼續同情和給予援助。[13]

宋美齡認為各國縱容日軍在華行為，將不止傷害到中國百姓，日後恐將貽禍國際，宋美齡向各國提出質疑，「以前中國一味屈服，世界各國，咸詫異中國為何不從事抵抗。今日情勢，恰與此相反，中國已開始抗戰，為主權而戰，為生存而戰，為條約之尊嚴而戰，而各國則反坐視其在華之權益橫被日本摧殘，在華之僑民，被迫遷徙流亡，寧非奇事？」「余今敢問，西方諸國，坐視現此之殘殺與破壞，噤無一詞，是否可視為講求人道，注意品德，尊俠尚義，信仰耶穌文明之戰勝乎？」宋美齡希望美國能改變態度，不要再袖手旁觀，要挺身捍衛國際道德和基督信條等西方的傳統價值觀。[14]

為了擴大宣傳的效果，蔣介石和宋美齡於 9 月 24 日接見外國新聞記者。蔣介石當日穿著黃色中山裝，精神飽滿、面帶笑容地坐於大寫字枱後，宋美齡則穿著黑色長袍，坐在蔣介石右側作翻譯。蔣介石在記者會中表示，「中國此次抗戰，不僅在中國本身之存亡，且亦即為九國公約及國聯盟約伸正義，因此公約及盟約之簽字國，應對於中國之奮鬥加以援助。」記者會後，蔣氏夫婦讓記者拍攝，並

13.　宋美齡：〈為條約之尊嚴而戰〉，《婦女領袖宋氏三姊妹》，頁 49–52。黨史館藏，一般檔案：240/567。

14.　同上，頁 53–55。

感謝各記者冒着日機轟擊之危險，到南京採訪新聞。[15] 次日，隨着戰場傷患的激增，中國對外傷藥品的需求日益擴大，宋美齡為了救濟國內受傷軍民，致電英國駐華大使館，表示：「余方自前線返，目擊許多受傷兵士，在急救站靜待運入醫院，余心為之惻恻。現上海藥品已購買一空，來源有斷絕之虞，凡英國民眾願供給醫藥及紅會救濟工作者，均感激領受，因許多重傷兵士非得充分醫藥療治，將無痊復之望也。」英國大使館亦隨即向英國民眾發出呼籲，勸募醫藥援華。[16]

幾天後，宋美齡為了感謝英美人士提供藥品予中國，向外國記者發表講話，希望國際除向日本提出抗議外，最好能對日採取經濟制裁，以使日本覺悟。宋美齡還期待美國人民能自動強迫其政府，履行九國公約所應負之義務，並從經濟利益的角度提醒美國，日本在征服中國之後，將取得棉花、汽油、廢鐵、橡皮輪胎等原料，未必會再向美國購買，希望美國不要貪圖短利，而姑息日本。對於日機在中國各地轟炸一事，宋美齡認為：「彼轟炸愈甚，愈足以增強吾人抗戰之決心，日本此舉，實足以協助吾人更能明瞭中國非團結一致，無足以生存。」但宋美齡也坦言，中國空軍的力量，不但薄弱，也因被日本封鎖的關係，在補給上頗感困難。最後宋美齡向記者表達感謝英美人士願意供給中國醫藥的盛意。[17] 到了10月初，宋美齡為了鼓舞民間團體致力救助貧病傷殘流離無告者，發揮善行，特覆電駐漢口英國總領事默思，同意擔任武漢萬國紅十字會的贊助人，嘉許該會的工作並予讚勉。[18]

美國總統羅斯福（Franklin D. Roosevelt, 1882–1945）在10月上旬發表「防疫隔離政策」演說，抨擊侵略國家，籲請各國保衛和平。次日，宋美齡應澳大利亞雜誌社之邀，特撰〈戰爭與中國女性〉一文，宋美齡首先談到中國女性的對外形象，接着揭發日軍侵華的殘

15. 〈蔣委長接見外記者〉，《大公報》（漢口），1937年9月25日，第2版。
16. 〈救濟難民傷兵蔣夫人向國外呼籲協助〉，《大公報》（漢口），1937年9月26日，第3版。
17. 〈蔣夫人對外記者談話希望列強對日實行經濟制裁〉，《大公報》（漢口），1937年10月4日，第3版。
18. 〈蔣夫人電覆駐漢英領贊助華中紅十字會〉，《大公報》（漢口），1937年10月6日，第3版。

暴行徑，她並舉例說明中國婦女投身抗戰的義舉，表彰中國婦女在戰爭中，「從慰勞傷兵，贍養難民起，一直到提倡節約運動，整個的戰時工作中，中國婦女都在貢獻她們的能力和財力。」宋美齡又再次呼籲，如果讓日本擁有中國的資源和土地，將會在政治與經濟兩方面控制世界，提醒各國「怎樣保衛世界，是世界的責任」。[19]

　　10 月 12 日，宋美齡將所撰〈中國固守立場〉一文，發表於美國論壇雜誌。該文是宋美齡在日機空襲中所作，她描述了日機轟炸、令人髮指的殘暴行為，並且抱怨美國「竟會禁止船舶運輸軍火來華，並且拒絕頒發赴華美籍教練員的護照」。不過宋美齡對於美國總統仗義執言，對日本的侵略行為「發表了公正的批評，雖則為時略遲，仍然可以當作一種正義的行動而加以歡迎的」。同時正告世人：「我們的信仰，因此也更加堅定，我們應該深深地自省，如何向着尊重條約，和及早把敵人逐出國土的兩大目標，勇往邁進。」[20]

三、勞軍負傷，籲抵日貨

　　除了持續發表著作，號召美英等國出面伸張正義外，宋美齡還時常不辭艱險，奔赴前線慰勞將士。宋美齡於 10 月 23 日在顧問端納（William H. Donald, 1875–1946）和一名軍官的陪同下，共乘蓬車由京至滬，到前線視察，但當天下午 4 時半，車行距滬不遠處，汽車後胎突然爆裂，因車行頗速，失控陷入路旁溝渠，宋美齡竟被摔出車外 14 呎之遠，導致不省人事。同車的端納等人亦被摔出，但幸未受傷，眾人立即先將宋美齡抬至附近農舍急救。所幸約一刻鐘後，宋美齡逐漸甦醒，恢復意識，其不顧創傷苦痛，仍堅持完成赴前線之任務，並在前線視察約一小時之久。至晚間 11 時抵達上海才延醫

---

19. 宋美齡：〈戰爭與中國女性〉，1937 年 10 月 6 日，《宋美齡自述》，頁 62–67。《大事長編》，卷四上冊，1937 年 10 月 6 日，頁 126。

20. 宋美齡：〈中國固守立場〉，1937 年 10 月 12 日，《宋美齡自述》，頁 68–72。《大事長編》，卷四上冊，1937 年 10 月 12 日，頁 128。

診視，翌日以 X 光檢查，發覺有一條肋骨骨折，幸經妥治後，漸告痊癒。[21]

當時在南京的蔣介石，於宋美齡出車禍後並未立即收到報告，而是等孔祥熙到南京轉告後，才驚聞意外，並隨即發一急電到上海中央銀行給孔令侃，要其親自譯轉電文給宋美齡。蔣介石在電文中表達關切，「聞吾愛面部受傷，甚念！」但也告知上海戰況不利，唯恐日內交通被阻，希望宋美齡「如能行動，務望星夜回京，俾得安心調護」。[22]宋美齡在略作調養後，於 10 月 28 日即自滬返京，蔣介石見其傷勢已無大礙，才告放心。當宋美齡告知，「上海各國駐軍司令，對我國撤退計劃之成功，與閘北仍留孤軍固守，其英勇奮鬥之敢死精神，均表示敬仰不置，而英軍司令談及時，竟為之聲淚俱下。」蔣介石不禁感嘆：「余畢生精力與苦心，至此已漸為世人所認識矣。」[23]

宋美齡等人平安返京後，端納談起當日肇事時，「如蔣夫人被摔至公路之另一旁，或將有性命之憂，蓋當時適有汽車一輛疾馳而過也。」而淞滬戰爭發生以來，日機在京滬公路和鐵道上經日投彈掃射，英國駐華大使亦曾被擊受傷，因此往來京滬道上者多在夜間行車。端納對於「蔣夫人不避艱險，竟於日間遄赴前線，其大無畏之勇敢精神，殊堪欽佩，而出事受傷後，仍不顧苦痛，堅欲完成赴前線之任務，其公忠為國之赤誠，尤足崇敬」。[24]

面對淞滬戰局的失利和妻子車禍驚魂甫定之際，蔣介石在這一年過 51 歲生日時，特別檢討幾個月來的抗戰形勢，蔣介石表示：

> （一）此次抗戰，實被迫而應戰，與其坐以待亡，忍辱受侮，不如保全國格，死中求生，與敵作一決戰。如我再不抗

21. 〈蔣夫人赴滬勞軍曾覆車受傷〉，《大公報》（漢口），1937 年 10 月 30 日，第 2 版。

22. 〈蔣中正致宋美齡函（五）〉，1937 年 10 月 26 日，國史館藏，《蔣中正總統文物》，入藏登入號：002000000464A，典藏號：002-040100-00005-015。

23. 《大事長編》，卷四上冊，1937 年 10 月 28 日，頁 132。

24. 〈蔣夫人赴滬勞軍曾覆車受傷〉，《大公報》（漢口），1937 年 10 月 30 日，第 2 版。

戰，則國民精神亦必日趨於消沉，民族生機，毀滅無餘矣！
（二）此次抗戰成敗得失，固難逆料，但統一局面，必可因而益
見鞏固。（三）現國聯決議既於我有利，九國公約國家又集會有
期，國際形勢漸趨好轉，此乃我抗戰犧牲而獲得國際同情之結
果也。[25]

蔣介石認為各國雖仍多觀望，但中國抗戰的決心，無論是在戰
場上的堅持，或是對外的宣傳上，已漸獲國際的同情。到了 12 月 1
日，蔣介石與宋美齡結婚十周年紀念日當天，蔣介石特別肯定宋美
齡對黨國的貢獻，其寫道：

> 今日適為余結婚十周年，而黨國前途，艱難重重，惟有竭
> 盡吾二人之心力，扶危定傾，鞠躬盡瘁而已。[26]

面對日軍不斷的壓迫，宋美齡於 12 月中旬致函世界婦女和平
協會，表示日本為了準備侵華，進而稱霸亞洲，已不斷擴張軍備數
十年，「該國首相近衛文麿令中國屈膝，中國於此惟有奮力抗戰，以
與敵人相周旋，吾國團結之堅實，乃前此所未見，國人皆知吾人係
因保衛家庭與民族生存而戰，日軍殘殺平民，數以萬計，此種暴行
制止之法，厥惟經濟的壓迫，換言之，抵制日貨運動，實乃軍事以
外，爭取和平自由最有效力之武器。」[27] 宋美齡強調中國乃為生存而
戰，希望各國能配合發動抵制日貨運動，切斷日本擴張軍備的經濟
來源。

日本原擬對華採取速戰速決的戰略，在中國的堅強抵抗下，反
而逐步陷入擴大戰線的泥淖，而在軍事侵壓之餘，不斷發出和談的
訊息。德國駐華大使陶德曼即多次擔任信使，試圖調解中日衝突，
其在 12 月 22 日將日本議和條件遞交給孔祥熙和宋美齡，希望將日

25.《大事長編》，卷四上冊，1937 年 10 月 31 日，頁 134。

26. 蔣介石當時認為：「倭、俄均欲以中國為戰場，以中國為犧牲品，我國又焉能不亟圖自強
哉！」《大事長編》，卷四上冊，1937 年 12 月 1、4 日，頁 147–148。

27.〈蔣夫人致函世界婦女會〉，《大公報》（漢口），1937 年 12 月 15 日，第 2 版。

本的條件轉告蔣介石。[28] 蔣介石在幾經籌思外交問題後，於 1938 年元旦評析：「國際侵略與反侵略陣線尚未形成，愛好和平國家為本身利害打算，未必即能助我，當此之時，吾人對於外交，斷不宜作依賴誰何之想，務必力圖自存自主。」面對複雜的國際關係，蔣介石認為其中「尤以對俄問題，處理為難，蓋國之禍患，有隱有急，倭禍急而易防，俄患隱而叵測也。」[29] 蔣介石認為日本氣焰益張，各國態度多存觀望，能否挺身援華並無把握，蔣介石決定：「無論國際形勢如何？吾當一本原定方針，忍辱負重，奮鬥到底，當國家危迫之際，若無堅忍不拔之志，將從何處立足耶？」[30]

1938 年初，為了鼓吹抵制日貨運動，宋美齡致函曾在華傳教 30 年的浸禮會牧師史提芬士，宋美齡於函中表示：「此次戰爭之結果如何，余不知之，唯日軍之所以能長驅直入者，非因其勇敢或戰略之高強，乃由其大量之炸藥所造成者，請告貴國人民，中國之團結為前所未有，請貴國人士勿買賣日貨，並請再進一步，要求停止對日之出入口貿易，切記每日之戰爭，均有數千人命犧牲於日本之砲火下也。」[31] 宋美齡希望透過美國的教會，傳遞抵制日貨的訊息。

由於宋美齡先前赴滬勞軍車禍的傷勢仍舊影響其健康，故於元月 11 日自漢飛港就醫。[32] 2 月 1 日宋美齡在港療養期間，被推為戰時兒童保育會主任委員。[33] 事實上，宋美齡除了關心兒童保育問題外，

---

28. 廣田以日本和平四條件交德大使德克遜：一、中國放棄親共抗日反滿政策，並與日滿共同防共；二、在必要地區劃為不駐兵區，成立特殊組織；三、中日滿經濟合作；四、賠款。談判期間不停戰，由中國派員至指定地點直接交涉，並望本年底答覆（德大使以其遠超出 11 月 2 日條件，中國政府絕無法接受。廣田云由於軍事局勢改變，不可能有其他方案）。郭廷以：《中華民國史事日誌》，第 3 冊，1937 年 12 月 22、26 日，（台北：中央研究院近代史研究所，1984），頁 744、746。

29. 《大事長編》，卷四上冊，1938 年 1 月 1 日，頁 159。

30. 同上，1938 年 1 月 3 日，頁 161。

31. 〈蔣夫人致函美國一傳教士請勸美人抵制日貨〉，《大公報》（漢口），1938 年 1 月 5 日，第 3 版。

32. 《大事長編》，卷四上冊，1938 年 1 月 11 日，頁 163。

33. 同上，1938 年 2 月 1 日，頁 176。

為了協助國軍遺族的教育，早在 1928 年 10 月間，其即曾電邀馮玉祥夫人，共同籌設革命軍人後裔學校。[34]

2 月，初蔣介石致電給在香港療養的宋美齡，請其「安心調治勿慮」，但隔沒幾天，蔣介石連日電告宋美齡，希望其能早日回漢口襄助，尤以「航會改組事重要，請即回漢為盼。」[35] 宋美齡在港期間，曾表達有意辭去航空委員會秘書長之職，其於 19 日自香港飛返武昌後，[36] 在 3 月 2 日即辭卸航委會秘書長職務，轉任委員，而由宋子文代理該會秘書長職務。[37]

辭去航委會秘書長後的宋美齡，在協助抗戰工作上並未停歇，3 月 22 日晚間即陪同蔣介石乘車北上，巡視鄭州、徐州、洛陽各地，[38] 直到 28 日蔣介石夫婦才返回武漢，參加次日的中國國民黨臨時全國代表大會，並繼續號召婦女投身抗戰，鼓吹美英等國援華制日。

四、力促婦女投入抗戰

1938 年 5 月 20 日，宋美齡為加強全國婦女抗戰工作，以及改善一般婦女的生活，在廬山召集全國婦女首領會議，並希望能運用新生活運動之組織訓練民眾。本次會議由宋美齡擔任主席，金陵女子學院校長吳貽芳擔任副主席，與會者都是中國婦女界的知識分子，

---

34. 宋美齡電邀馮玉祥夫人，表示：「此次北伐成功，實為武裝同志犧牲之代價，諸志士殺身成仁，夫復何憾，惜所遺孤苦，無人教養，若我輩不為之設法撫育，何以對死者之忠魂？妹等有鑑於此，擬設立革命軍人後裔學校，施以相當教育，惟事關重大，極願大姊共同負責，請即命駕來京，指導進行為禱。」〈革命文獻──軍事善後〉，1928 年 10 月 6 日，國史館藏，《蔣中正總統文物》，入藏登入號：002000000315A，典藏號：002-020100-00023-048。
35. 〈蔣中正致宋美齡函（五）〉，1938 年 2 月 3、11、14 日，國史館藏，《蔣中正總統文物》，入藏登錄號：002000000464A，典藏號：002-040100-00005-018、019、020。
36. 《大事長編》，卷四上冊，1938 年 2 月 19 日，頁 181。
37. 同上，1938 年 3 月 2 日，頁 183。3 月間日方的情報還一度傳出宋美齡將主持海軍司令部，參閱〈一般資料──呈表彙集（七十九）〉，1938 年 3 月 11 日，國史館藏，《蔣中正總統文物》，入藏登入號：002000001895A，典藏號：002-080200-00506-011。
38. 《大事長編》，卷四上冊，1938 年 3 月 22 日，頁 190。

或於中國婦女界擔任領導工作，長期服務於社會，積極參加各種工作的女子，大會共經歷五日的討論，參加者無不同仇敵愾。

宋美齡在該會開幕時，首先致詞説明召開會議的目的，「並不是為了見見面，敍敍歡，而是因為我個人覺得我們能夠聚首一堂，對於如何解決涉及抗戰的許多重大問題，可以有所幫助。」宋美齡指出，這次日本不宣而戰地發動侵略，使中國人民飽受痛苦和困頓，但卻讓中國團結起來一致抗日。其認為中國在抗日最大的需要，是「各黨派以及社會各部門的團結合作，國家的利益高於一切，不論有什麼黨派的偏見，為顧全國家的利益，都應該祛除淨盡」，而為了凝聚抗日力量，為國家利益共同奮鬥，「在今天的中國，以促成團結為第一件要事，至促成團結，要從密切聯絡，相互認識做起。」宋美齡認為過去「許多誤會的發生，往往由於大家雖在做着同一的工作，彼此卻不認識。私人的接觸和認識，實在足以促成有效的合作」。[39]

宋美齡希望透過大會，訂定一個全國性的婦女工作綱領，使中國婦女工作的各方面，可以互相聯繫起來。讓各省的婦女工作，能夠和國家的需要相配合。並期待透過會議，提供實際經歷的報告，讓各省的婦女彼此有機會知道，其他各地婦女工作所涉及的種種問題和情形，以及所採取的方法。藉由彼此聽取報告，共同切磋，提升中國婦女工作的效能。[40]

宋美齡為了鼓舞參加廬山婦女會議的女界精英們，特別在 5 月21 日致電給蔣介石，表示婦女大會開會情形良好，與會者精神甚佳，「請兄來電訓勉，指示方針。」[41] 蔣介石在繁忙公務中，也隨即回覆一短電：「婦女大會諸女士，大會開幕對於抗戰建國諸多貢獻，無任企盼，並祝康健！」[42] 廬山婦女會議的召開，齊聚各婦女界

---

39. 〈蔣夫人在廬山召集全國婦女首領會議〉，《大公報》（漢口），1938 年 5 月 25 日，第 3 版。
40. 同上。
41. 〈革命文獻 —— 抗戰方略：重要指示〉，1938 年 5 月 21 日，國史館藏，《蔣中正總統文物》，入藏登入號：002000000358A，典藏號：002-020300-00004-020。
42. 同上。

精英，在熱烈的討論下，對於提振婦女士氣，整合抗戰期間的婦女工作，確實發揮不少的作用。

在廬山婦女會議結束後不久，到 6 月間，日本軍艦已逐漸從南昌向長江上游移動，跡象顯示日軍準備進攻漢口，國民政府陸續安排每天讓大約兩萬的武漢婦幼離境。但不料此時英國駐漢口代辦忽代轉日方提出十項條件，以交換劃租界為中立區。但該通牒條件苛刻，措辭令人難堪，且由一友邦使節做了轉信的人，此讓蔣介石頗為震怒，並立刻召見英國代辦，由董顯光擔任翻譯，面斥英方處置失當。蔣介石在英國代辦辭出後，要求董顯光將經過公諸外國記者。不過董顯光考慮到當時的戰況危急，一旦將之公開發表，固然將日方所提苛刻條件，付諸公評，但卻會與英方產生摩擦，因此建議蔣介石再作考慮。此一可能引發的衝突，幸由宋美齡出面委婉陳辭，讓蔣介石重行考慮大局，並為了國家利益，不惜忍受此番無情的侮辱。[43]

到了 7 月，日軍對武漢的壓迫日甚，蔣介石對外急於求援，心情欠佳，連日斥責部屬，宋美齡因而陪伴其遊湖散心。3 日下午，蔣介石在接見完英國大使卡爾（Archibald C. Kerr, 1882–1951）後，傍晚又由宋美齡陪伴遊東湖，紓解心中的煩悶，並記下：「月白風清，山幽水靜，好景堪賞，無解國憂。」[44] 宋美齡和蔣介石不斷尋求外援，但各國基於自身的利益考量，多仍持觀望，對華多為口惠而實不至的態度。

不過蔣介石和宋美齡依舊不願放棄向外爭取資源的努力，先是在 6 日成立了第一屆參政會，強化政權的民意基礎。10 日下午，蔣介石又與英國大使卡爾談話約兩小時，蔣介石期待英國能提供借款，一方面能助國軍守備武漢，一方面也能對日宣示，藉由英國的奧援，讓日本畏懼，嚇阻日軍的侵略。[45] 但倫敦很快便傳來負面的

---

43. 董顯光：《董顯光自傳》，頁 143-144。

44. 蕭李居編：《蔣中正總統檔案：事略稿本 42 —— 民國二十七年七月至十二月》（台北：國史館，2010），1938 年 7 月 3 日，頁 16。

45. 同上，1938 年 7 月 10 日，頁 42–43。

訊息，中國駐英大使郭泰祺於 14 日電告孔祥熙轉陳蔣介石：「查此次借款，被否決之最大原因，係歐局近日甚不安穩，德意在地中海圖侵英法之計劃日有證明，故西班牙問題表面上雖似有解決之勢，內幕實甚有問題，英方恐日本在遠東乘機報復，將無力兼顧，且英首相為顧全其政策，對凡足以予英意協定以不良影響之舉，均非所願為，但國際情勢如好轉，或遠東時局有變化，借款事將來仍有可望，賈德幹亦以為然，羅傑士十七日晨飛港，順聞。」[46] 蔣介石於 16 日收到郭泰祺的電文後，只好自我安慰地說：「英國對華借款其內閣已否決，此於全般利害言，則利多害少，蓋借款成功，倭寇或將惱羞成怒，不顧一切進攻華南，則於我交通與後方更為有害也。」[47] 不過蔣介石對於英方的態度還是不滿，其抱怨「英國既不肯貸款，而又令其大使駐漢，且令其港督訪粵表示協助之意，未知其究何用心？」[48] 在中國需要援助時，英國不願適時伸出援手，面對英國的自利，讓蔣介石和宋美齡對英均留下負面的觀感。

在此時期，中國求援的對象還包括蘇俄、法國等，但礙於中國在戰局中居於劣勢，對外交涉的收穫仍是有限。尤以蘇方的態度一直曖昧不明。到了 8 月 3 日，蔣介石研判，「蘇俄對購械合同託詞延宕，不肯簽訂，豈待我武漢戰況動搖而有所觀望乎，抑或另有所待乎。」[49] 次日蔣介石電告在巴黎的顧維鈞轉知出訪中的孫科，請其赴俄協商合作事宜，電曰：「俄日事亟，請兄速赴俄進行協商一切，如俄當局問兄對俄日開戰時中國之態度，則兄可直答無論蘇俄戰與不戰，中國必與蘇俄始終一致，且惟俄馬首是瞻，最好中俄能再進一步合作，做到軍事外交皆能共同一致，是亦中國所願也，只待蘇俄先定方針與決心而已，以此答之，兄意如何，盼覆。」[50]

46. 《蔣中正總統檔案：事略稿本 42》，1938 年 7 月 16 日，頁 63–65。

47. 同上，1938 年 7 月 16 日，頁 65。

48. 同上，1938 年 7 月 20 日，頁 77。

49. 同上，1938 年 8 月 3 日，頁 138。

50. 同上，1938 年 8 月 4 日，頁 144。

　　受限於局勢，蔣介石對蘇釋放出善意，並願以俄為馬首是瞻，但蘇俄卻未有正面回應，蔣介石在 8 月 9 日遂電告在重慶的孔祥熙，要其轉告孫科，「哲生赴俄事，最好請其先回國詳商一切，然後前往為宜。」[51] 甚至在蘇俄大使盧干滋（Иван Трофимович Бовкун-Луганец）14 日回漢時，蔣介石於事前即表示：「俄使之來，不必存甚希望，戰事只有自力為可恃耳」，當 15 日與其談話後，「果不出所料，俄對倭固無開戰決心，且未必能積極助我也。」[52] 但迫於現實，蔣介石在 17 日電告楊杰轉催蘇方速運所訂各貨，希望「各種貨品務於九月中旬運到香港，以資決戰，預料大戰時期必在九月中旬，此戰關係最後之勝負，請以此意轉告伏帥，務請設法協助，俾服如期運到也，各種飛機，應用甚急，尤望速運為要，盼覆」。[53] 蔣介石夫婦急於向外求援，但負責對蘇交涉的孫科和楊杰等人，在幾經努力後仍未取得突破性的進展。

　　蔣介石和宋美齡尋求外援無着，面對日機轟炸武漢慘烈的景象，蔣介石不禁感慨，「空襲時而余向郊外趨避，甚感不安，及見民眾被炸，死傷疊出，心尤難忍，是以終日煩悶。」[54] 但蔣介石夫婦仍舊不斷向美英等國媒體透露訊息，蔣介石在 7 月 24 日和《紐約泰晤士報》（即《紐約時報》，*The New York Times*）特派員竇奠安（Tillman Durdin, 1907–1998）談話，發表「對美國遠東政策之感想」，竇奠安問到：「委員長以為美國及其他友邦可用何種特別方法援助中國？」蔣介石表示：

> 　　日本之敢於擾亂和平，係已洞察與太平洋有關列強，均不欲對該國採取集體行動所致。假如英美法蘇各國，能與其他太平洋有關國家共同團結，以堅決切實態度，表示其意向，消除日本所認為不能採取共同行動之幻想，則不必訴諸武力，亦可使侵略者有所顧忌，而不敢悍然橫行。[55]

51. 同上，1938 年 8 月 9 日，頁 161。
52. 同上，1938 年 8 月 15 日，頁 185。
53. 同上，1938 年 8 月 17 日，頁 188。
54. 同上，1938 年 7 月 12 日，頁 49–50。
55. 同上，1938 年 7 月 24 日，頁 92–98。

在缺乏國際有力的奧援下，隻身抗日的中國，終於在 8 月 4 日將駐漢各中央行政機關全部遷渝。20 日晚間蔣介石乘火車北上，次晨到雞公山，與宋美齡共同禱告，蔣介石內心頗複雜，一面認為「此地清靜高爽，又得觀覽雲海，心曠神怡，無異出火坑而入洞天」，但又「念及敵情與戰事，遂覺恥辱重重，不能片刻忘懷耳」。下午宋美齡陪同蔣介石遊覽北街與教會區，傍晚在山納涼，並再次禱告。[56] 面對國際的現實，很難期待列強在此時支援，蔣介石和宋美齡只能一起透過祈禱，希望中國的抗戰能有轉機。

9 月初宋美齡為了進一步推動婦運宣傳工作，藉由擔任新生活運動總會婦女指導委員會指導長之職，發起組織新生活婦女工作團，並由該會總幹事張藹真及各組組長如史良、陳逸雲、唐國楨等，負責推動工作團的工作和組織宣傳隊，至各家庭訪問，向婦女界作各種宣傳，鼓勵留居在武漢的家庭婦女及女學生參加。[57] 同時宋美齡持續關注難童、傷兵的照護，蔣介石於 9 月 3 日的日記寫道：「每見民眾之面有菜色，與婦孺之流離失所，痛不堪言，所謂動心忍心之實情，非身歷其境者不得而知也，吾妻昨以收容一個難童，為其一日工作最大之收穫，蓋感於難童孤獨無依之苦，而得以解救之，心之安慰為如何乎。」[58] 看到人民因戰亂而流離失所和對外交涉的困頓，蔣介石和宋美齡在公餘之時，多寄情山水，舒緩身心的壓力與疲勞。27 日中午，蔣介石偕同宋美齡，到珞珈山東島上臥雲亭野餐，讓「山明水秀，足以消愁自適」，[59] 並在幽雅寧靜的環境中，構思新的因應方略。

對於中國的困局，蘇聯方面一直希望蔣介石能拖住日本，但卻又不願大方地給予資助。史太林在 6 月間曾致書支持蔣介石抗日，但自 8 月後卻對蔣介石的求援冷淡以對。蔣介石於 10 月 6 日評論道：

---

56. 《蔣中正總統檔案：事略稿本 42》，1938 年 8 月 21 日，頁 204。

57. 〈蔣夫人發起組織新生活婦女工作團〉，《大公報》（漢口），1938 年 9 月 3 日，第 3 版。

58. 《蔣中正總統檔案：事略稿本 42》，1938 年 9 月 3 日，頁 211。

59. 同上，1938 年 9 月 27 日，頁 338。

八月以來，二電史大林無回電，要求第二批訂定之武器，切望其能於九月中旬武漢附近戰爭最烈時到達接濟，而一無反應，及至歐局緊急，恐我放棄武漢或與倭媾和，其使節又以六十師武器五百架飛機示意，國際實情，只有利害，毫無信義，更無是非。弱國惟有公理與信義是從，凡不義之物，非禮之賜，雖至窮困敗挫，亦不能有動於中。區區武器，何足為意，且其已訂之件，尚不能如期交貨，則其示意之物，更不足計矣。[60]

蔣介石和宋美齡從與各國的交手經驗中，深刻體驗到國際間只講利害的現實，中國如未能改變虛弱現狀，很難在國際間倡言公理信義。7 日，蔣介石夫婦也討論了國內的抗戰工作，宋美齡詢問蔣介石「服務是目的不是手段？」蔣介石回應：

社會服務應作我人本分事，以民眾痛苦即為余之痛苦，決非有所希冀或名譽之報酬也。[61]

對於宋美齡積極投入社會工作，蔣介石頗感欣慰地表示：

近見妻對於服務教育與婦女運動之熱心日進，不僅私心自慰，而且使余亦更加興奮，患難中惟此得以欣悅耳。[62]

五、鼓舞軍民，兼負涉外事務

隨着抗戰後第二個雙十節的到來，為關懷各受傷將士，蔣介石指派勵志社總幹事黃仁霖，「購備大批毛巾牙刷被子糖果等項慰勞品，交由戰地服務團長沙服務所，於國慶日代為分發長沙附近各傷兵醫院及收容所各傷病員兵，並另致各該受傷將士慰問書。」[63] 蔣介

---

60. 同上，1938 年 10 月 6 日，頁 400。
61. 同上，1938 年 10 月 7 日，頁 403。
62. 同上，1938 年 10 月 7 日，頁 403。
63. 同上，1938 年 10 月 7 日，頁 404。

石偕宋美齡在雙十節前夕，約集新生活運動女指導員等人，聚談於東湖濱，眾人圍坐月下，談論熱絡，當場共唱岳飛《滿江紅》詞，悲歌令人更感壯烈。[64]

此時，宋美齡為鼓舞軍民，親身督率新生活運動促進總會婦女指導委員會全體職員，積極籌劃勞軍計劃，購備各項犒勞物品，並親赴慰勞武漢城防部隊，分贈慰勞品並致詞鼓舞將士。雙十節當天清晨 5 時，婦指會成員分組出發勞軍。三民主義青年團幹部訓練班的女團員更為城防將士獻唱致慰。宋美齡亦親往各部隊致詞，其指出：

> 今日國慶，乃先烈之血所締成，諸位將士現以血來保衛艱難締造之中華民國，亦即繼承總理遺教，以求革命之完成。武漢係革命策源地，且為全國之腹心，吾人在抗戰經年之今日，仍能在此肩負保衛武漢之使命，意義至為重大。委員長之關懷諸位，非僅視諸位為部屬為同志，直視諸位為子弟，諸位為家庭中之父母兄弟姊妹，亦即委員長與余之父母兄弟姊妹，是以今日除來此向諸位慰問外，並擬函慰諸位之家庭，請各級官長士兵皆將各人之家庭地址及姓名詳細開出，以便由婦女指導委員會各別去函致敬。[65]

當天犒賞各部隊完畢後，宋美齡又率各職員至武漢各傷兵醫院及收容所，慰問傷病官兵並分發慰勞物品，宋美齡等人自清晨 5 時出發慰勞，直至下午 5 時才完成慰勞工作。[66] 抗戰期間的醫療條件，普遍不佳，尤以傷兵纍纍。宋美齡在勞軍後，決定請蔣介石出面，謀求改善之道。10 月 13 日蔣介石巡視傷兵收容所，看到環境污穢不堪，甚為感嘆，其自記「所長無識遊惰，苦我傷兵，痛恨之至，幸

---

64. 《蔣中正總統檔案：事略稿本 42》，1938 年 10 月 9 日，頁 411。

65. 〈蔣夫人慰勞城防部隊〉，《大公報》（漢口），1938 年 10 月 11 日，第 3 版。

66. 分發各部隊之慰勞物品，有整牛 26 頭，整豬 44 隻，月餅數萬個，香煙數萬包。分發各醫院者，計有牛肉 1,150 斤，豬肉 875 斤，醬菜 1,150 聽，橘子 1750 斤。各醫院之豬牛肉均交由各院廚房加煮烹調，作為國慶日之特別膳食。〈蔣夫人慰勞城防部隊〉，《大公報》（漢口），1938 年 10 月 11 日，第 3 版。

有余妻代為監察，聊得自慰耳」。[67] 宋美齡親自探慰傷兵，實地掌握傷兵的醫療情形，對於改善醫療水平，也有所貢獻。

　　由於蘇聯史太林（Joseph V. Stalin, 1878–1953）的陰沉和英國的現實，蔣介石和宋美齡希望能突破美國的孤立主義，蔣介石於 11 日電告孔祥熙，要其轉請王寵惠代擬致美總統電稿，商請羅斯福出面，仗義援助中國，並促成經濟借款，蔣介石電稱：

> 請以中正名義致電羅斯福總統，託胡大使轉交，請其為中國仗義協助，更希望其對於中國經濟借款，能早日成功，其詞意多着重於對彼個人主張公道與反對侵略之宗旨表示感佩，並謝其屢次對於中國精神道義與購買白銀之協助，總須不亢不卑，使其能感動努力，促成其借款之決心與實施為要。[68]

　　蔣介石和宋美齡在對外文稿中，雖自知中國為弱國，但頗為重視「不卑不亢」的原則，維繫中國的自尊與立場。日軍在 10 月上旬陸續集結，12 日清晨在廣東大亞灣澳頭港附近登陸，蔣介石致電在華盛頓的胡適，告知「敵在粵登陸，實為威脅英國，甚至向美挑戰，此為美國促起英國對遠東與美合作，共同干涉之惟一良機，務請竭力運用，促成英美共同行動，解決遠東問題」。[69] 蔣介石亦電告在香港的宋子文，「倭寇在粵登陸，實與英國挑戰，請盡量在港對英運用，使其有明確態度之表示。」[70] 蔣介石希望美英能共同行動，出面嚇阻日軍行徑，一方面協助中國，另一方面更是保障其自身在遠東的利益。到了 10 月中旬，為了避免日軍切斷自港運補的動線，蔣介石電告宋子良，「存港各貨，望速全部北運」，[71] 期能保存戰備，進行長期抗戰。

---

67. 《蔣中正總統檔案：事略稿本 42》，1938 年 10 月 13 日，頁 432。
68. 同上，1938 年 10 月 11 日，頁 420–421。
69. 同上，1938 年 10 月 13 日，頁 430。
70. 同上，1938 年 10 月 13 日，頁 430。
71. 同上，1938 年 10 月 14 日，頁 432。

隨着時序入秋，新運總會婦女指導委員會在宋美齡的領導之下，開始發起為抗戰將士徵募寒衣運動。宋美齡一面要該會新生活婦女工作團日夜趕製棉背心，一面號召各省主席夫人，加入徵募的行列，在各界婦女群策群力、繼起響應下，[72] 在短時間內即獲得不少獻金及棉衣。10 月 16 日下午，蔣介石與宋美齡再到東湖邊覽望，蔣介石有感而發，寫道：「湖光秋色，別有風景，頓增西湖與故鄉之感，江山未復，軍民交瘁，言念國情，悽愴萬千。」[73] 並開始着手武漢撤退事宜。蔣介石評估：「此時武漢地位已失重要性，如勉強保持，則最後必失，不如決心自動放棄，保存若干力量，以為持久抗戰與最後勝利之根基，對於敵軍心理，若其果求和平，則我軍自動放棄，反能促其覺悟，並可表示我抗戰之決心與毫無所求，亦無所惜，使其不敢有所要挾，否則如我希冀其停止進攻，則彼更將奇貨可居矣，故決心放棄武漢，並發表宣言，通告中外。」[74] 蔣介石認為與其耗費力量，在武漢和日軍作沒把握的拼戰，不如保持戰力，並可免於被日本要脅和談。

日本為了逼迫蔣介石接受談判，持續不斷的轟炸武漢。惟此時蔣介石和宋美齡的心意已決，10 月 23 日當日本軍機不斷在上空偵察轟炸，宋美齡了無恐懼，心情仍能保持愉快不受影響。蔣介石認為這是「夫妻相愛之切，誠能消愁去憂，在苦痛患難中，惟此足以自慰耳」。[75] 蔣介石於 24 日確定放棄漢口，其自析：「有捨乃能有取，能忍乃能有濟，此次放棄武漢與我離去武漢之緩急先後，實關乎國

72. 根據《大公報》報道，該會活動獲得各界響應，獲「捐助大量代金及已製成之棉背心，計有湖南省主席夫人張希厚女士代金六萬元、背心二萬件，江西省主席夫人顧柏筠女士代金五萬二千九百元，江蘇省主席韓德勤先生代金五萬元，廣東省主席夫人馬鳳歧女士代金四萬元，貴州省主席夫人陳適雲女士代金二萬貳，香港慰勞分會代金七千元、棉背心三千件，福建省主席夫人胡月芳女士及徵募寒衣會福建分會代金各五千元，河南程司令長官夫人周劼華女士代金五千元，察哈爾省主席夫人傅淑貞女士，山東省主席夫人胡英芝女士及劉峙夫人楊莊麗女士各二千元，湖北省主席陳誠夫人一千元，馬尼剌中國婦女慰勞分會代金五萬三千五百五十三元一角四分，及川康殘廢官兵教養院籌備處全體官兵及殘廢官兵等四百餘人代金一百二十八元一角」。〈新運婦女指委會募得大批寒衣〉，《大公報》（漢口），1938 年 10 月 14 日，第 3 版。

73. 《蔣中正總統檔案：事略稿本 42》，1938 年 10 月 16 日，頁 440。

74. 同上，1938 年 10 月 22 日，頁 449。

75. 同上，1938 年 10 月 23 日，頁 461–462。

家之存亡，能不審慎，深思三日，乃允各將領之所請，決於本晚離漢赴衡，成敗利鈍，聽之於天父命令而已。」[76] 軍委會發言人同日接見中外記者，說明「對日作戰已重新決定戰略，準備自動放棄武漢之核心，另作部署，以與敵周旋，並謂此項決定，乃為軍略上轉移兵力所必須之步驟」。[77] 面對撤離武漢及各國觀望的複雜情勢，張群在 28 日電陳蔣介石：

> 此後外交政策，似宜側重調解，惟各國對我態度不同，蘇聯自亦不能出任調解，美非不願，且有可能，但認時機未至，而其條件如違反彼國立場及主張，決不參加，英法則惟重自己利益，日後或迫我讓步，亦未可知，德義當然祖日，對日方消耗過鉅認為不利，故願居間周旋，而敵方自宇垣辭職後，求和空氣已淡，必須我方做到持久抗戰，使敵益感疲乏，調停始可着手，故我方不宜亟亟有所表示，祇須暗示隨時可接受調停……國際運用，宜以不卑不亢之態度，擇取易得同情易實現之路線，相機進行，始易收效，所見如此，謹陳參考。[78]

雖然張群建議可暗示日方尚有調停空間，但蔣介石則已考慮是否要對日本宣戰，並致電給孔祥熙要其和汪兆銘、王寵惠等先討論，其認為「對於宣戰問題，此時應切實研究彼我之利害關係，今後沿海各口既全被封鎖，故我對於海外交通不再有所顧慮，若我宣戰，則美國必實行中立法，可斷絕敵人鋼鐵煤油之來源，實於敵有害也，又我如宣戰，對於國聯及各國關係，均應精密研究，切實探明，望即令我駐外各大公使全力進行，何如請核」。[79] 武漢的失陷，確實讓不少人的內心產生懷疑，不過蔣介石和宋美齡堅定抗日的決心，則未見動搖。

---

76. 同上，1938 年 10 月 24 日，頁 465–466。

77. 蔣介石原本固守武漢的策略目標為：「非企圖國際干涉，實自信南北兩岸主力，必可以武漢為中心，互相呼應，以期擊滅敵軍也。」因決以全力加強武漢核心工事，搜集一切材料。《蔣中正總統檔案：事略稿本 42》，1938 年 9 月 6 日、10 月 25 日，頁 268、469。

78. 《蔣中正總統檔案：事略稿本 42》，1938 年 10 月 28 日，頁 481–484。

79. 同上，1938 年 10 月 30 日，頁 494–495。

國民政府自南京撤退漢口之後，因外交部亦在西遷之列，外國使館多在重慶設館。當時負責對外宣傳的董顯光因經常和宋美齡接觸，其發現「此在漢口的外交業務不知不覺間由蔣夫人實際負擔了起來。我因隨侍蔣委員長夫婦左右較接近的關係，也成了非正式協助外交的人員了」。[80]

董顯光日後回憶在漢口的這段時間，「蔣夫人在這期間表現了明智果斷的才華，好幾次挽救中國渡過外交上的危急。」[81] 最顯著的一次是處理史迪威（Joseph W. Stilwell, 1883–1946）上校越職狂言的問題，董顯光追憶道：「史迪威那時候還只是美國大使館裏的一位上校參事。有一天蔣委員長得報告悉，史迪威密報華盛頓，預測中國抗日軍事將在半個月內全面崩盤。蔣委員長怒，命我質問美國駐漢總領事。」董顯光當時深感問題的嚴重性，非同小可，遂求助於宋美齡協助指示，並建議宋美齡先約見史迪威，了解其意向再決定因應方式。宋美齡同意董顯光的做法，讓其先往訪史迪威，發現兩人過去在北平即有過從。史迪威在董顯光的陪同下進謁宋美齡，經過約一小時非正式的懇談，史氏表示「他這才了解中國處境之堅定，深感同情並對蔣委員長備感敬佩」。[82] 宋美齡以此經過向蔣介石緩頰，蔣介石遂同意董顯光毋須造訪美國領事，消弭中美之間一次可能的摩擦。

六、結語

自七七事變爆發後，宋美齡即積極投身動員婦女參與抗戰，親自上前線慰勞將士，賑濟傷兵難民，並關懷幼兒保育，更多次接受專訪、致書或透過廣播，向國際媒體揭發日軍暴行，希望國際能主持正義，援華制日。惟此際各國間由於各自利益的考量，或冷漠旁

---

80. 董顯光，《董顯光自傳》，頁 142–143。

81. 同上，頁 143。

82. 同上，頁 143。

觀，或有限度地支援，但並未能稍減宋美齡對內號召團結抗日和對外呼籲伸張國際正義的堅持。

在抗戰軍興後，宋美齡透過組織與動員婦女，包括成立「中國婦女慰勞自衛抗戰將士總會」、召開「全國婦女首領會議」和組成「新生活婦女工作團」等，組訓婦女投身抗戰。宋美齡並以婦女組織展開社會救助，在人道關懷方面，從撫育遺族擴大到兒童保育和輔導傷殘士兵謀生等，均可見其身影；在募捐物資方面，從爭取救濟傷兵藥品到勸募寒衣，亦親身力為，將民力化為戰力。宋美齡更親蒞前線，慰勞將士、探望傷兵，以實質資源補給，慰勉苦難奮戰的官兵，並透過媒體報道，堅定軍民抗戰的決心。

宋美齡在抗戰初期的對外宣傳，呈現出利用多種渠道、以英語系國家為主要訴求對象的特徵。宋美齡在戰前經常往返寧滬，與不少外籍記者保持接觸，戰火擴大後，其以接受專訪、陪同蔣介石召開記者會、投書國際報刊和對外播講等方式，傳遞中國被侵略的訊息。宋美齡除了透過媒體的報道途徑外，也會運用國際婦女、教會、紅十字會等組織，爭取國際支持。至於其對外宣傳的論述，初期以其親歷戰火的經驗，說明日軍侵華行徑，並宣示中國堅定抗日的立場。在發現各國缺乏積極援華制日作為後，則提醒各國不應姑息日本，否則將因小失大，並配合時勢，呼籲各國抵制日貨。

綜觀宋美齡在抗戰初期的對外宣傳表現，對內鼓舞了民心士氣，對外則提升了中國的形象。從盧溝橋事變到撤離漢口，表面上中國雖喪失了許多精華地帶的控制權，實際上卻讓中國爭取到更大的戰略縱深及國際的同情，宋美齡讓公眾認識到中國抗日的貢獻，也讓國際逐漸了解中國被援助的價值。

第十四章

時代的產物
20世紀中日戰爭下的《少年畫報》和《兒童樂園》

侯勵英
香港中國近代史學會

一、引言

　　1937 年，「七七蘆溝橋事變」發生，中日戰爭正式爆發。中國政局動盪不堪，民不聊生，百業蕭條，社會生活出現了巨大的變化。刊物的出版自然亦逃不過被戰火摧殘的命運，部分被迫停刊結束或轉移出版陣地。在此艱困的環境下，有部分出版社依然堅持拼鬥到底，繼續出版；但同時出現了一些因應時勢而冒起的新刊物。兒童和青年是國家的新力軍，在中日戰事的大前提下，他們的角色和作用尤為關鍵。

　　本章主要圍繞 20 世紀中日戰爭下的兩套兒童少年刊物，分別為《少年畫報》和《兒童樂園》，來作個案說明。前者創刊於 1937 年 4 月，共出版了四十多期，由上海商務印書館出版；後者創刊於 1940 年 1 月 1 日，照估計停刊於 1945 年初，由廣州協榮印書館出版。關於這兩份兒童青年刊物的研究一直付之闕如，大抵是由於原刊不齊，加上當年的編者和讀者鮮有公開憶述。因此之故，筆者希望透過它們的創辦宗旨及內容，反映在這個大時代裏青少年刊物出

版的特色，藉此展示出版刊物在戰爭中的角色和意義，更注意抗戰時期，親日及抗日刊物也積極動員兒童，以支持他們的政治目的。[1]

二、《少年畫報》和《兒童樂園》的出版情況

《少年畫報》創辦於 1937 年，屬月刊性質，約共出版四十多期，由商務印書館的編輯徐應昶主理，1941 年停刊。[2]《少年畫報》的主編和創辦人是徐應昶，曾於 1924 年在商務印書館轄下的兒童出版社工作，編輯出版的刊物達十項，包括《兒童世界》和《健與力》等。[3]《少年畫報》面世之時，正處於抗日戰爭時期，故它也隨着商務印書館總部的遷移而在不同地方出版發行：先在上海，然後轉移到長沙，最後到香港。

在《少年畫報》的創刊號中，已清楚説明其創辦宗旨和原則：「本畫報的使命，是用真實的圖畫和淺顯的文字介紹各種真實的知識，滿足青少年的求知慾。」它的出現是徐應昶鑑於「人生的知識是多麼的廣博繁多」，而「各種書籍，記載着各種問題的答案」，礙於時間的限制和經濟的考慮，青少年根本沒法完全讀遍；故此，他認為必須有「一種比較經濟而有效的方法」，使讀者可以獲得「各種問題的真實知識」。由此，徐氏決定以「畫報」形式，採用簡潔精確的圖片，附以淺白易懂的文字，把一些複雜抽象的事物、知識如人體結構、機械構造、地質物理等一一簡化，務求「即使未受科學

---

1. 抗日戰爭時期，國共及親日機構也藉出版刊物，如編刊教科書，建構各自表述的「中國」圖像，以動員預設的群眾，見 Prasenjit Duara, *Sovereignty and Authenticity: Manchukuo and the East Asian Modern* (Lanham, Oxford: Rowman & Little Publishers, 2003)；參區志堅：〈一個「中國」，各自表述：戰時中共、滿洲偽國出版的中小學歷史教科書建構「中國」圖像〉，（將刊行）李帆、韓子奇、區志堅編：《教材與知識傳播》；〈중국에서 본 동아시아：1949 년 이전 중소학 교과서〉("Eastern Asia History from Chinese Perspective: Primary and Secondary School History Textbook before 1949," *The Yoksa Kyoyuk* [《歷史教育》] Sep., 2016), 113–147。

2. 根據目前筆者可以掌握的《少年畫報》期數，計有 1 期 –6 期、8 期 –13 期、15 期、19 期、21 期 –22 期、24 期 –31 期、39 期和 41 期。有關《少年畫報》的創辦情況，可參拙文〈走出少年：抗戰時期商務印書館的《少年畫報》(1937–1941)〉，《歷史與文化》，第 5 期 (2009 年 5 月)，頁 27–39。

3. 參李家駒：《商務印書館與近代知識文化的傳播》(北京：商務印書館，2005)，頁 264。

洗禮的少年，也能一看就懂」。[4] 他認為「圖畫的作用在顯示事物的真實性，看了圖畫，不但可以在短時間內明瞭某種事物的真相，而可以使所見的事物在頭腦裏，留下一深刻的印象」，[5] 因此，《少年畫報》特別重視圖片的價值，以配合「畫報」之意。

《少年畫報》是一份專以青少年為對象的刊物，題材多元化，尤重於國內的局勢發展和世界的奇聞異事，一方面以迎合青年人的口味，滿足他們的求知慾；另一方面，以緊貼潮流的脈搏，許多內容都直接反映和回應時代趨勢。[6]

至於《兒童樂園》，它是廣州淪陷時期的一份出版物，主編是曾為兒童樂園社編輯的林欣欣，由廣州協榮印書館出版，並直接受日本教育團體 —— 廣東共榮會所管轄。當時廣東共榮會由日本人岩井武男主理，他是久居中國的「中國通」，曾編有一本中日對照的會話書，且連載於由廣東共榮會所出版的《婦女世界》之中。而廣東共榮會是在日本統治下的廣州淪陷區裏其中一個主要機構，其任務是對當地的文化活動作出由上而下的控制。該會的主要特色是控制了當時廣州的四大電影院，計有「新華」、「金聲」、「大德」和「新星」，以及廣州的四大雜誌，則《新亞》、《南星》、《婦女世界》和《兒童樂園》，甚至連廣州最大的出版機構和文藝機構，如「協榮印書館」、「文藝作家俱樂部」、「興亞劇團」等也操縱於掌心之中。因此，負責出版《兒童樂園》的「廣東共榮會」，正是廣州文藝界和出版界的重要機構之一，可以說，廣東共榮會是一所完全受日本人控制的機關。[7]

《兒童樂園》創刊於 1940 年 1 月 1 日，照估計停刊於 1945 年初。[8] 它的出版過程是十分倉促的，主編有言「經過短促的籌備時間，現在終於呈獻在各位小朋友的面前了。這一位呱呱墮地的小寶

---

4. 〈創刊詞〉，《少年畫報》，第 1 期（1937 年 4 月），頁 3。

5. 同上。

6. 同上。

7. 楊萬秀、鍾卓安主編：《廣州簡史》（廣東：廣東人民出版社，1996），頁 515。

8. 筆者可以找到的《兒童樂園》期數有：1940 年創刊號、3–8 期；1941 年 13–15 期；1942 年 19–22、26–27 期；1943 年 29、31–40 期；1944 年 42–46、49 期；1945 年 51–53 期。

貝，小朋友們是應該怎樣去愛護，怎樣去培養它才是呀！」[9]可見這是一份急就章的兒童刊物。這份刊物每月出版一期，早期編輯部的地址設於廣州市惠愛中路 78 號，作為投稿通訊及領取稿費的地址；1943 年 1 月後遷到廣州市西湖路 75 號，只留營業部於廣州惠愛中路 78 號。書中部分內容有以彩色印刷的，通常佔頁數 4 版，1942 年後增至 10 頁之多。以「忠實的朋友」[10]來自稱的主編林欣欣在創刊號中明言《兒童樂園》的出版目的：

> 是要做成小學校各年級生最優美的讀物和良伴。因此定價特別低廉，務使各位都有購買的能力。同時內容圖文並茂，取材遍及課外的各種常識；務使每一位小朋友都看得眉飛色舞而後已。[11]

由是，《兒童樂園》主要以小學生為對象，其內容包括「童謠、童話、作文、繪畫、漫畫、譯文、科學知識、算學常識、魔術、工藝」等，強調以輕鬆的手法來引起讀者的閱讀興趣。

三、《少年畫報》的內容題材

徐應昶指出青少年在浩瀚的知識寶山裏，如何選取正確的資訊，經常出現迷惘而無所適從的困難，「有的諸位還沒徹底知道，有的也許完全不知道，有的知其然而不知其所以然。」[12]為了解決這個問題和迎合青少年的多元化口味，《少年畫報》所介紹的課題十分廣泛。筆者歸納畫報的內容，大致分類為九個欄目，以下分述各欄目的一些主要內容和特色。

---

9. 林欣欣：〈樂園信箱〉，《兒童樂園》，創刊號（1940 年 1 月），缺頁。

10. 同上，7–8 期（1940 年 7–8 月），缺頁。

11. 同上，創刊號（1940 年 1 月），缺頁。

12. 〈創刊詞〉，《少年畫報》，頁 3。

1.　國情與歷史

「國情與歷史」主要報道當時中國的時事，並介紹中國歷史事件和人物、風景名勝等資料，輔以大量照片作說明。例如：

第 1 期：〈綏遠抗戰寫真〉；

第 4 期：〈南京紫金山天文台概況〉、〈三峽的風光〉；

第 5 期：〈遍地哀鴻待哺聲〉、〈蘆溝橋〉、〈四川風景選〉；

第 6 期：〈禦倭的先哲〉、〈英勇的抗戰〉、〈暴行種種〉、〈軍民合作〉、〈湖南婦女戰地服務團〉、〈四川的建設〉；

第 8 期：〈打回南京去〉、〈抗戰寫真〉、〈淪陷前的上海貧民窟〉、〈中國童子軍到意大利的回顧〉；

第 10 期：〈一周年的抗戰史略〉、〈七七紀念〉、〈難童獻金救國〉、〈抗戰時期的苗族〉；

第 11 期：〈食人民族的行為〉、〈抗戰建國紀念日在西安〉、〈中航機慘遭毒手寫真〉、〈我軍裝甲汽車的活躍〉；

第 13 至 15 期：〈可愛的南京〉；

第 22 期：〈都江堰的水利工程〉、〈兒童星期工作隊〉；

第 24 期：〈尼赫羅來華〉、〈粵北反攻〉；

第 25 期：〈新四軍雜錄〉、〈湘北大捷 —— 奠定勝利的基礎〉、〈湘北大戰之前夕〉；

第 28 期：〈大廣西 —— 抗戰的堡壘〉、〈滇緬公路〉、〈戰時兒童‧在礮火中長成‧在礮火中教養〉；

第 29 期：〈戰時首都的元旦〉、〈緬甸訪華團〉；

第 31 期：〈戰時首都的兒童節〉、〈山西 —— 華北抗戰的中心〉；

第 39 期：〈勝利年元旦陪都〉、〈克復後的南寧〉；

第 41 期：〈建設新重慶〉、〈雲南的山頭民族〉。

編者欲透過描述秀麗河山景色因戰事而遭受破壞，藉以激發讀者保護家園的雄心壯志。

2. 國際軼聞

「國際軼聞」主要報道中國以至世界各地的歷史文化、風土人情、奇趣新聞。例如：

第 2 期：〈誠實的丹麥人〉、〈挨弗勒斯峰的探險〉、〈老人村〉；

第 3 期：〈西南邊疆的夷族〉；

第 4 期：〈美國的童工〉、〈捕鯨的故事〉；

第 5 期：〈冒險的行為〉、〈救治吞服異物的奇觀〉、〈連體雙生兒的分離〉、〈文身的怪俗〉；

第 6 期：〈盲啞人的教育〉、〈天然的雕刻品〉；

第 15 期：〈捷克斯拉夫建國史〉；

第 11 期：〈戰時廢物搜集〉；

第 12 期：〈德國準備空戰〉、〈捷克兒童的準備〉；

第 19 期：〈非人道的拳賽〉；

第 21 期：〈蘇聯的準備〉、〈意大利巴里拉兒童訓練〉；

第 24 期：〈奇異的裝飾術〉；

第 25 期：〈但澤——德波之戰的導火線〉；

第 26 期：〈侏儒和長人〉、〈香蕉馬戲團〉；

第 27 期：〈蜂鴿飛行賽〉、〈土耳其一瞥〉、〈天然橋的奇觀〉；

第 28 期：〈英國的防空新設備〉；

第 29 期：〈法國轟炸機的活躍〉、〈攻擊一架轟炸機〉；

第 30 期：〈英國的海軍〉；

第 31 期：〈奇怪的射箭方法〉；

第 39 期：〈以弱勝強的希臘〉；

第 41 期：〈蘇維埃之宮——世界最大的建築物〉。

《少年畫報》中所記載的世界新聞主要關於某個國家如何為戰爭作準備，或是某些人或團隊執行任務時的努力經驗，又或是某種奇異活動的有趣過程。編者欲借助這些內容令年青人開拓視野，亦令他們了解到每一個國家的成功都靠國人的團結力量。

3. 軍事技術

現代的軍事策略層出不窮，19 世紀中葉以來，中國往往受制於西方國家以及日本的軍事力量。有見及此，徐應昶把軍事知識和技術推廣給新一代青年人，例如：

第 1 至 3、5 期：〈飛行小史〉；

第 2 期：〈最新的飛機機關鎗瞄準器〉、〈電熱航空衣怎樣保溫〉；

第 3 期：〈大砲製造法〉、〈飛機投彈與機關鎗射擊〉；

第 6 期：〈偽裝〉、〈簡單地下室構築法〉；

第 8 期：〈高射礮〉、〈煙幕戰術〉；

第 10 期：〈間諜傳遞情報的方法〉；

第 12 期：〈降落傘遊戲〉；

第 13 期：〈遊擊隊和遊擊戰爭〉、〈坦克車〉；

第 24 期：〈軍用鴿〉；

第 26 期：〈訓練重於作戰〉、〈戰時的軍用橋樑〉、〈超快攝影機所見的魚雷〉；

第 27 期：〈談談戰壕〉；

第 28 期：〈殲滅潛水艇的利器 —— 深水炸彈〉、〈一頂軍用鋼帽的產生〉；

第 30 期：〈戰場上幾種特殊通信方法〉、〈磁性水雷的作用〉；

第 39 期：〈盔甲 —— 戰士們的至寶〉。

這個欄目的內容明顯是因着戰爭的出現而產生，編者主動介紹當時最先進的軍事裝備和最新穎的軍事策略，目的是希望青年人能夠吸收軍事的知識，以圖他朝之用。

4. 體育保健

「體育保健」專門介紹一些體育項目、體育運動會、健身方法、醫療衛生等。例如：

第 1 至 3、5 期：〈少年棒操〉；

第 4 期：〈華東九大學運動會一瞥〉、〈注意你的姿勢〉；

第 5 期：〈商務印書館業餘運動〉；

第 6 期：〈肩臂肌肉發達法〉；

第 8 期：〈蛙式游泳法〉、〈溺水的救護法〉、〈你為什麼會牙
　　　　痛〉；

第 11 期：〈自由式游泳法〉；

第 12 期：〈背泳法〉；

第 15 期：〈少年鬥爭遊戲〉、〈潛水 —— 一種危險的職業〉；

第 19 期：〈少年健身操〉；

第 21、22 期：〈競力運動〉；

第 24 期：〈第八屆世界運動會的籌備者〉；

第 26 期：〈兩江女體專在重慶〉、〈假使一個暴徒襲擊你〉；

第 27、28、29 期：〈體力遊戲〉；

第 30、31 期：〈少年自衛術〉。

徐應昶一直強調運動的重要性，他曾指出：「無論在承平的日子，或在非常時期，我們都應該有一個健全的身心，以應付一切。運動是獲得健全身心的唯一途徑。」[13]

5. 自然科學

「自然科學」對宇宙的天文學說到地球上的地理氣象，從人類的構造到動物的生活，以至一切自然界事物，包括花鳥蟲魚等，均作詳細介紹。例如：

第 1 期：〈什麼是星雲〉、〈說牛〉、〈我們怎樣嗅着香氣〉、〈為
　　　　什麼避役的舌是長的〉、〈植物能夠感覺嗎〉；

第 2 期：〈蠶的生活〉、〈星有多少遠〉、〈鷺的生活〉、〈大仙人
　　　　指的果實及其製品〉、〈為什麼直升的煙預示天晴〉；

第 3 期：〈蒼蠅〉、〈為什麼野戰是兇猛的〉、〈腦的工作〉、〈太
　　　　陽黑點〉；

---

13. 〈編輯者話〉，《少年畫報》，第 5 期（1937 年 8 月），頁 22。

第 4 期：〈十七年蟬的生活史〉、〈夏季問題一束〉、〈蝙蝠是怎
　　　　樣看的〉；

第 10 期：〈章魚和烏賊〉；

第 12 期：〈蟑螂的故事〉；

第 13 期：〈蠍的故事〉；

第 19 期：〈聰明的老鼠〉；

第 22 期：〈神秘的頭腦〉；

第 24 期：〈一隻大水蝨的故事〉；

第 25 期：〈水底下的新世界〉；

第 26 期：〈海葵的生活〉；

第 28 期：〈誰說鴨子不會沉在水裏〉；

第 28 期：〈海馬〉；

第 30 期：〈在春天醒來的蛙〉；

第 39 期：〈大自然的怒吼〉；

第 41 期：〈不可靠的眼睛〉。

藉此讓年青人必須持續地吸取各種不同的知識，建立良好的學問基礎。

6.　科學知識

科學可以改善人類的生活，但凡工具的發明無不涉及科學的知識，故此這欄目要介紹的事物也十分廣泛。例如：

第 2 期：〈輪軸的價值〉、〈手電筒的故事〉；

第 4 期：〈一塊肥皂的產生〉；

第 5 期：〈物體降落的秘密〉；

第 6 期：〈火箭〉；

第 15 期：〈鍛鐵和鍊鋼〉；

第 19 期：〈紡織機與針織機〉；

第 21 期：〈啤酒製造法〉；

第 24 期：〈使用空氣的機器〉、〈搬上銀幕的電話發明史〉；

第 25 期：〈有趣的表面張力〉；

第 26 期：〈假使把飯嚼到九十遍〉、〈熱氣球〉；

第 27 期：〈牛乳的副產品〉、〈用煙幕在天空上寫字的秘密〉；

第 31 期：〈顯微鏡下的奇觀〉；

第 39 期：〈彈性的實驗〉。

透過介紹科學知識和科技發展，以窺視人類在何種程度上「能以智力彌補他們體力的缺陷」。[14]

7. 實驗與實用知識

「實驗與實用知識」主要以圖解的方法來介紹實驗的做法，例如：

第 2 期：〈蠟燭的實驗〉、〈電池的作用〉；

第 3 期：〈潛望鏡與水底望遠鏡的製法〉；

第 4 期：〈薔薇栽培法〉；

第 5 期：〈怎樣做一隻沒有透鏡的照相機〉；

第 6 期：〈用彈簧發動的玩具機關鎗〉；

第 8 期：〈簡單的裝釘方法〉；

第 15 期：〈鳥屋〉；

第 19 期：〈防止塵垢的漱口杯架〉；

第 21 期：〈太陽鏡旁邊的遮光屏〉、〈限制鬧鐘響鬧的方法〉；

第 22 期：〈自製一個有盛屑器的鉛筆鉋〉；

第 24 期：〈怎樣做一具速寫鏡〉；

第 25 期：〈短統橡皮套鞋的防水罩〉；

第 26 期：〈玻璃瓶速乾法〉、〈吃香蕉的常識〉；

第 27 期：〈一具化學晴雨計〉；

第 28 期：〈馬口鐵空罐做成的用具〉；

第 30 期：〈家庭影戲機製作法〉；

第 31 期：〈防水的手帕〉；

第 39 期：〈房門滅響器〉。

14.〈最初的一部機器〉，《少年畫報》，第 1 期（1937 年 4 月），頁 16。

　　由是得見《少年畫報》引領讀者做簡單的科學實驗，從中掌握一些科學原理；與此同時，編者也講解一些生活常識，使讀者可以輕鬆解決一些小問題，改善自己的生活質素。

8.　人物傳記

「人物傳記」主要介紹古今中外著名人物的生平事跡，例如：

第 1 期：〈幾個中國女飛行家〉；

第 2 期：〈三個醫學界的偉人〉；

第 3 期：〈佐安・奧夫・亞克（Joan of Arc）〉；

第 8 期：〈戚繼光〉；

第 15 期：〈凱末爾——新土耳其的國父〉、〈世界最小的飛行家〉；

第 21 期：〈美國總統羅斯福〉；

第 22 期：〈林白上校〉；

第 24 期：〈史米格萊・里資——波蘭海陸軍總司令〉、〈居禮夫人〉；

第 30 期：〈第十四輩達賴喇嘛——拉木登珠〉；

第 39 期：〈拜倫〉；

第 41 期：〈國父史略〉。

從這些介紹來感染青年人加以仿效，從而努力奮鬥、貢獻社會。

9.　文化藝術

「文化藝術」主要介紹一些展覽會、博物館、電影賞析、詩文創作等資料。例如：

第 1 期：〈上海市博物館一瞥〉；

第 2 期：〈玉器展覽一瞥〉；

第 3 期：〈上海市圖書館一瞥〉、〈瓶花怎樣插法〉；

第 4 期：〈無錫泥人〉；

第 8 期：〈電影演員表演從高處跌下來的秘密〉；

第 22 期：〈浮雕〉；

第 26 期：〈銀幕上臨時客串的名人〉、〈活動電影的沿革〉；

第 27 期：〈勝行之光（詩篇）〉；

第 28 期：〈白雲故鄉（詩篇）〉；

第 28 期：〈徵募寒衣‧表演話劇〉；

第 31 期：〈擎槍奮起〉、〈一個小戰士的戰區寫生畫〉；

第 39 期：〈木刻家所表現的抗戰力量〉。

編者不但要求青年有良好的知識和健全的體魄，還要有文化的修養。

四、《兒童樂園》的內容題材

關於《兒童樂園》方面，綜觀其內容，可以看出林欣欣所選輯的多涉及一些普及常識、名人軼事、文學著作等一些較生活化的作品，也是貼近小朋友的興趣和口味。大致上，可以分類為五個主要欄目，分述如下：

1. 自然科學的知識

自然科學牽涉人類的生活，故《兒童樂園》中亦以介紹自然界各類事物的名稱、類別及習性為最主。例如：

第 1 期：〈蔗的種植〉、〈植物的門類〉；

第 4 期：〈益鳥的介紹〉；

第 5 期：〈世界動物的分佈〉；

第 6 期：〈蜜蜂〉；

第 7–8 期：〈植物的生活史〉；

第 15 期：〈奇怪的「緣木魚」〉、〈火山是地球的安全活戶〉；

第 19 期：〈世界上最大的動物——鯨〉、〈海水為什麼會鹹〉；

第 20 期：〈天氣為什麼有冷熱〉、〈地圓的證據〉；

第 29 期：〈科學談話 —— 海底的魚世界〉；

第 32 期：〈沙漠中的有趣動物和植物〉；

第 40 期：〈自然現象的研究 —— 可愛的月亮〉；

第 42 期：〈水的變化〉；

第 43 期：〈只能覺得不能看見的風〉等。

得見其包含了氣象變化、動物生活、植物生長等各種自然界的現象，有助兒童對自己身處的地球有基本的認識。

2. 醫學衞生的推廣

由於當時傳染病肆虐，故此必須重視個人衞生，確保身體的健康。例如：

第 3 期：〈天花〉、〈蚊蟲和瘧疾的傳染〉；

第 5 期：〈一個患疥癬病的孩子的自述〉、〈眼睛的秘密〉；

第 7–8 期：〈沐浴和飲食〉；

第 13 期：〈消化和營養〉；

第 20 期：〈鑑別有毒菌和食用菌的方法〉；

第 21 期：〈沙眼的傳染〉、〈衞生講話 —— 病從那裏來的〉；

第 22 期：〈夏天的衞生〉、〈談談毒氣〉；

第 26 期：〈滅蠅運動〉、〈水菓的吃法〉、〈四種止血手術〉；

第 27 期：〈健康的知識 —— 神經系的作用和疾病〉；

第 32 期：〈蒼蠅的禍害〉；

第 36 期：〈傳染病的預防〉；

第 40 期：〈皮膚病的治法及預防〉；

第 45 期：〈談談公共衞生〉；

第 46 期：〈夏日的衞生〉；

第 49 期：〈衞生知識 —— 種牛痘〉等。

可見由人體結構到疾病傳播再到預防方法均有深入淺出的介紹，使兒童從小便認識醫療衞生的重要性。

3. 科學技術的應用

各式各樣的科技發明充分表現了人類的智慧，解決生活上的不少難題。例如：

第 4 期：〈五種農家道具〉；

第 6 期：〈活動影戲的進化〉、〈捕蠅紙〉；

第 7–8 期：〈蒸汽機的演進〉；

第 13 期：〈自來水塔借水的壓力灌入各用戶〉；

第 15 期：〈小科學室——鐵刀和銅刀〉；

第 20 期：〈氫氣球的氣和肥皂泡裏的氣有什麼不同？〉；

第 26 期：〈畜牧和農業的發明〉、〈養雞的方法〉等。

從中使兒童明白科技的進步，可以改善人類的生活質素。

4. 人物故事的介紹

「人物故事的介紹」主要介紹古代至近代中國以及西方著名人物的生平事跡，例如：

第 1 期：〈司馬光〉、〈孔融〉；

第 3 期：〈中山先生幼年的軼聞〉、〈林則徐焚煙圖〉、〈曹子建故事〉；

第 4 期：〈紀念曾仲鳴先生〉、〈螺祖——發明家的故事〉；

第 5 期：〈黃帝〉、〈吳猛恣蚊〉、〈伊索——寓言小説家〉；

第 6 期：〈牛頓——發明家的故事〉；

第 13 期：〈名人故事——吹皂泡的老人〉；

第 15 期：〈李白〉、〈鐵道的成功者斯娣芬孫〉；

第 20 期：〈韓文公昌黎祭鱷魚的故事〉；

第 37 期：〈初到中國的一個歐洲人——馬可孛羅〉；

第 46 期：〈名人傳記——周遊列國的孔子〉；

第 51 期：〈仁慈的林肯〉；

第 53 期：〈孟子〉等。

從以上的例子來看，窺探出編者欲藉着宣揚古今中外名人的奮鬥故事及其偉大情操來感染兒童，使之培育良好的品德。

5. 文藝創作的敍述

人生除了學問上的追求外，還須得到藝術文化的薰陶，故當中列舉了不少文藝的作品。例如寓言故事的有：

第 1 期：〈周遊世界的名醫〉；
第 3 期：〈富翁與大石〉等。

話劇故事的有：

第 7–8 期：〈以德報怨〉；
第 49 期：〈小國民〉等。

小說作品有：

第 15 期：〈代父做工〉；
第 35 期：〈黃金杯〉。

童話創作的有：

第 19 期：〈十二個月〉；
第 30 期：〈小蝌蚪〉；

偵探名著的有：

第 32 期：〈救命瓶〉；
第 42 期：〈鐵鳥〉。

甚至有些是兒童本身的創作作品，如：

第 15 期：〈哭聲〉；
第 45 期：〈公雞的自述〉等。

這些都是陶冶性情的好方法。

除了以上主要欄目之外，還有讀者來稿、成語、笑話、詩文、漫畫、美術、勞作、剪紙、謎語、迷宮、算術、科學實驗、智力推

理、魔術練習、填色遊戲等散見於《兒童樂園》各期之中,藉這些輕鬆的手法來教導小朋友,讓他們擁有愉快的學習體驗。

五、《少年畫報》和《兒童樂園》的出版意義

從《少年畫報》與《兒童樂園》的內容來看,雖然兩者均強調「世界新知」、「自然科學」、「醫學衛生」、「人物故事」、「藝術文化」等,但實際上兩者的着眼點是大相逕庭的。[15]

《少年畫報》所重視的是在抗日戰爭下,中國的軍事發展、社會現象以至人民精神等,處處表達出即使面對日本暴虐的侵略,中國人從未因此退縮,軍隊依然奮不顧身地抗戰到底,社會的工程建設仍然進行,婦孺幼童亦絕無畏懼之意,救國的宏志堅定不移。而徐應昶曾經說過:

> 民國二十七年,是在風雨飄搖中過去了;二十八歲的民國,正在過她二十八歲的第一日,我們應該贈她一件共同的禮物,就是:無論男女老少,大家把愛國心拿出來,獻給祖國,有一分力量盡一分力量,以間接及直接的方法把祖國從危難中挽救回來。[16]

由是他打算報道多些國家大事和歷史,讓青年人認真地重視一國歷史的重要性,清楚明白戰爭的勝敗緊緊繫於一國的存亡,以引發圖強之心。

《少年畫報》誕生於抗戰前夕,成長和結束於抗戰階段,它的發展和貢獻與當時整個社會環境密不可分。當時,中國正處於亡國亡種的憂患之中,政府、民間組織團體以至個人,都渴望挽救國家民族,部分人更身體力行,不惜赴湯蹈火。商務印書館作為出版文化

---

15. 參區志堅:〈社會科學下「兒童」歷史教學法及觀點:三十年代商務出版《小學校高級用復興教科書歷史教學法》〉,《香港中國近代史學會會刊》,14 期(2014),頁 36–58。
16. 〈編輯的話〉,《少年畫報》,第 15 期(1939 年 1 月),目錄頁。

界的頭號代表，當然不會怠慢。它除繼續刊印教科書和其他文史哲著作外，還出版多種以抗戰為題材的書刊，藉此宣傳救國救民的思想。《少年畫報》作為商務旗下的一份出版物，其編輯方向反映商務的文化救國理念。由此之故，這份以少年為讀者對象的畫報，其內容和主題一方面迎合青少年的口味；另一方面又從中向青年群眾灌輸愛國意識。

由於要鼓勵青少年養成「服務社會，貢獻國家」的重責，在非常艱苦的抗日戰爭時期，《少年畫報》的許多內容都是宣傳抗日運動的。它的編輯內容可以分為硬性和軟性兩方面。硬性方面是刊登中國慘遭蹂躪的新聞、表揚抗戰英雄的事跡、披露國際間對戰事的防範和態度、揭示日軍的戰爭罪行，再加上大量震撼人心的圖片，藉此激發讀者同仇敵愾，誓挽家園。軟性方面，主要是介紹科學知識、軍事資訊、運動指引、名人事跡等，藉此拓闊讀者的世界視野，啟發科學救國的理念，使之不論在智慧上還是在體能上，都為作戰做好準備。徐應昶屢次強調：

> 我們要避免亡國滅種的慘禍，除了大家拼命抗戰之外，沒有第二條路。抗戰工作的方式很多，但歸納起來，不外兩途：一是在前方殺敵，一是在後方擔任各種救亡工作……諸位該知道，在前方作戰與在後方服務，是有同樣的重要，同樣的光榮。[17]

由是，徐氏希望透過《少年畫報》，讓青年朋友明白國家當前的危機，從而培養一腔愛國熱情和民族情感，從而吸收新知新學，不斷充實自己，武裝自己。

反之，《兒童樂園》鮮有實際國情的報道，對於當時中國的軍事策略、國家形勢、社會時事以至抗日行動等的說明，均非常缺乏。即使從少量報道中國兒童因戰亂而流離失所的內容來看，表面上，

17.〈編輯的話〉，《少年畫報》，第 12 期（1938 年 10 月），目錄頁。

是憐憫孩童的悲痛遭遇，但實質上，是表達出只有中國願意與日本合作，才可以改善這種厄困。有言：

> 目前我們要解救這些痛苦的小朋友們的唯一方法，就是盼望中日兩國早日實現和平。你們想想，中國和日本是兩個同文同種的國家，既是鄰邦，又同時站在亞洲；這兩大民族如果一朝聯合起來親善提攜，無疑地，將來的亞洲就變成一塊樂土，那時，全亞洲的小朋友們就沒有「不快樂」這東西，這不是我們所熱烈希望的嗎？[18]

從而可以了解，《兒童樂園》的內容側重於宣揚「東亞建設，中日和平，共同解放」的理念。

要注意的是，《兒童樂園》創刊於廣州淪陷的時期，隨着日軍投降，二次世界大戰的結束而停刊。名義上，該刊有專門針對兒童心智而設計的內容，如科學知識、科技資訊、衛生指引、名人事跡等，讓兒童得以增進知識和培養品德。然而，基於《兒童樂園》始終是日本政府管理下的刊物，雖主編林欣欣明確地指出，「編者的目的，是提起兒童樂園的讀者的創作興趣」，[19] 但其創作受到很大的限制。

《兒童樂園》唯一而重要的任務，就是要潛移默化地宣揚汪偽政權和親日意識，使日本早日實現東亞共榮。由此之故，《兒童樂園》沒有刊登中國慘遭日本蹂躪的新聞、沒有表揚抗戰英雄的事跡、沒有揭示日軍的戰爭罪行，沒有披露國際間對世界大戰的防範和態度，更沒有震撼人心的圖片以激勵小朋友的國家民族意識。誠如在《兒童樂園》中的一首兒歌，唱道：

> 我是一個小兵丁，荷了鎗，守陣營；我的手兒不會痛，我的腳兒不肯停！

---

18. 林欣欣：〈樂園信箱〉，《兒童樂園》，4 期（1940 年 4 月），缺頁。

19. 同上，7–8 期（1940 年 7–8 月），缺頁。

我是一個小生靈，意志多堅定！來一個，殺一個，來一雙，殺一雙！

好仔要當兵，打英美，期必勝；掃光了亞洲的陰霾，便是新東亞的黎明！[20]

由此可見，要中國兒童用心讀書、鍛鍊身體等，就是為了與日本同化，要「我們中國小學生，何不也學學日本的兒童，一齊努力向東亞建設而邁進呢？」[21]

六、結語

不論是兒童或是青少年，他們對世界的各種事物均充滿着好奇心，猶如海綿吸水般，滔滔不絕地把眼前的新知識注入腦袋中。在兒童或青少年的讀物中，其內容直接成為兒童及青少年「社會化的媒介，是一個清醒而且蓄意的過程」，也可以說是一種「教誨的極端形式，如讀書治療（bibliotherapy）」一樣，「每一本書都含某一意識形態，卻通常是以社會所接受的觀念或習慣的形式出現。」[22] 因此之故，兒童及青少年在攝取知識的時候，往往受到成年人所主導。觀乎《少年畫報》和《兒童樂園》這兩份刊物的內容，因應時代的需要和身份的問題，而定位各有不同，其所宣傳和教育的目標亦各有所依。前者以激勵抗日的士氣為重心；後者則以宣傳東亞和平為目的。在大時代的面前，中國兒童青年刊物被迫出現了兩種截然不同的取態，兒童及青少年在閱讀這些刊物的過程中，不知不覺地被教化起來，他們都成為「政治的籌碼」，被賦予着不同的角色和任務。

20. 〈兒歌——小兵〉，《兒童樂園》，23 期（1943 年 4 月），缺頁。

21. 〈日本的兒童〉，《兒童樂園》，20 期（1942 年 3 月），缺頁。

22. 約翰‧史蒂芬斯（John Stephens）著，張公善、黃惠玲譯：《兒童小說中的語言與意識形態》（合肥：安徽少年兒童出版社，2010），頁 9。

第十五章

太平洋戰爭前期
蔣介石的戰後構想（1941–1943）*

段瑞聰

日本慶應義塾大學商學部

一、引言

　　迄今為止，關於抗日戰爭、第二次世界大戰及太平洋戰爭的研究不勝枚舉；但是，關於中國戰後構想的研究並不多見。井上久士和家近亮子都曾探討過中國國民黨和中國共產黨的戰後構想。[1] 但是，二者都將焦點集中在戰後中國內政方面，也就是國共關係方面，而對於戰後世界秩序的形成着墨並不多。另外，松村史紀於2011 年出版的一本專著，有系統地分析了美國的戰後中國構想。[2]

---

　*　本章依據 2011 年 11 月 17 日出席香港樹仁大學舉辦的「中國與世界國際學術研討會」時提交的論文改寫而成。先後發表於日本慶應義塾大學日吉紀要《中國研究》第 5 號（2012 年 3月）和台灣《國史館館刊》第 32 期（2012 年 6 月）。撰稿期間，承蒙國史館吳淑鳳、高純淑博士協助，暨兩位匿名審查人提供卓見，特此致謝。本項研究獲得日本公益財團法人稻盛財團資助，在此一併致謝。

1.　井上久士：〈中國の戰後構想 —— 中國國民黨と中國共產黨〉，《近きに在りて》，第 30 號（1996 年 11 月），頁 17–23。家近亮子：〈中國の抗日戰爭と戰後構想〉，載和田春樹等編：《岩波講座 東アジア近現代通史第 6 卷 アジア太平洋戰爭と「大東亞共榮圈」1935–1945 年》（東京：岩波書店，2011），頁 151–173。

2.　松村史紀：《「大国中国」の崩壞 —— マーシャル・ミッシヨンからアジア冷戰へ》（東京：勁草書房，2011）。

　　筆者認為，為了加深對中國戰後構想的理解，有必要對當時國民政府最高領袖蔣介石的戰後構想進行分析。具體來說，蔣介石的戰後構想可以從內政和外交兩個方面來分析。內政方面，主要分析蔣介石對於戰後中國政治制度、軍事國防、經濟建設、社會建設等問題是如何構想的。外交方面，主要包括兩個方面：一個是如何扶持亞洲被壓迫民族獨立，另一個就是重建戰後國際秩序的問題。如眾所知，外交是內政的延長，反之亦然。蔣介石的戰後構想與當時的內政及國際局勢是密不可分的。分析蔣介石的戰後構想及其特徵，不但有助於理解蔣介石個人的政治領導風格，而且有助於理解戰後中國乃至整個世界格局的形成過程。再進一步講，通過分析蔣介石戰後構想中所表現出的政治理念，可以看出 20 世紀中國政治的連續性和非連續性。

　　本章的主要目的是利用《蔣介石日記》和《蔣中正總統檔案：事略稿本》等新資料，探討太平洋戰爭前期蔣介石的戰後構想及其特徵。由於篇幅所限，本章將時間限定為 1941 年太平洋戰爭爆發前夕至 1943 年開羅會議結束。因為對蔣介石來說，開羅會議是他「登外交舞台之第一幕」。[3] 此後，中美英蘇等同盟國陣營的戰後構想、特別是戰後秩序重建及如何處置日本等問題才正式登上討論日程。

二、戰後國家建設之構想

1. 《中國之命運》的出版與戰後國家建設規劃的具體化

　　早在太平洋戰爭爆發前，蔣介石就開始考慮戰後國家建設。其中，蔣對鐵路建設十分重視。1941 年 2 月 14 日，蔣介石手諭張嘉璈，令其「根據總理實業計劃中之鐵道建設計劃，擬具戰後十年

---

3. 《蔣介石日記》，1943 年 11 月 28 日後「上星期反省錄」。本章所引用之《蔣介石日記》，均為美國史丹福大學胡佛研究院所藏，特此致謝。

鐵道建設方案」。[4] 後來，蔣在日記裏具體記述了他對鐵路建設的構想，希望 1961 年以前完成下列三條鐵路：「一、伊犁、阿克蘇、和闐，至西藏之噶大克之西疆鐵路；二、與迪化、塔城、承化、科布多、烏里雅蘇台、庫倫至滿洲里之北疆鐵路；三、由噶大克經翁波、拉薩、太昭、昌都、巴安、中甸、麗江、大理、雲縣、昌都之南疆鐵路。」[5]

1941 年 7 月 25 日，蔣在日記「預定」欄裏寫到：「戰後建設與救濟機關之籌設。」7 月 31 日，日記「預定」欄裏寫到：「一、戰後收回蒙、新計劃之準備。二、對邊疆政策之確定。」11 月 20 日，日記「預定」欄裏寫到：「戰後善後計劃之準備。」從這些日記可以看出，這個時期蔣的戰後國家建設構想包括交通、善後救濟、邊疆及領土問題。值得關注的是，關於領土問題，蔣主要關注的是外蒙和新疆。

1941 年 12 月 8 日，日本海軍偷襲美軍基地珍珠港，太平洋戰爭爆發。蔣介石得知後，在當天日記中寫到：「本日抗戰政略之成就已達於巔點」。第二天，國民政府正式對日德意宣戰。蔣介石認為這樣就可以「對俄對英對美皆有發言之地位」。[6] 而且，蔣認為「此次世界戰局，必為一整個之總解決，斷不容分別各個之媾和，否則雖成亦敗矣」。可以説，太平洋戰爭爆發，加速了中國與美英蘇軍事合作的進展。

對日德意宣戰之後，蔣介石馬上開始考慮如何與美英蘇成立同盟，他認為「同盟國總機關應設在華盛頓」。[7] 蔣主張盡快成立同盟，不僅僅為了打敗日本，更重要的是想借機收復領土與恢復主權。12 月 20 日，蔣在日記中寫到：「各國同盟條約必須附帶政治與經濟條件在內：甲、對英要求其承認西藏、九龍為中國領土之一部；乙、對俄要求其外蒙、新疆為中國領土之一部；丙、東四省、

---

4. 蔡盛琦主編：《蔣中正總統檔案：事略稿本》45（台北：國史館，2010），頁 511。

5. 《蔣介石日記》，1942 年 3 月 14 日後「上星期反省錄」。

6. 同上，1941 年 12 月 9 日。

7. 同上，1941 年 12 月 14 日、19 日。

旅大、南滿要求各國承認為中國領土之一部；丁、凡各租借地及治外法權與各種特權及東交民巷皆須一律交還中國與取消一切不平等條約。」特別是蔣認為「對新疆與西藏問題，應乘世界戰爭期間解決為便。」[8] 12 月 21 日，蔣在日記中又寫到：「對內最應研究者：甲、新疆；乙、共黨；丙、青海；丁、閻事；戊、政治建設；己、東北共黨之防備。」在此值得關注的是，蔣這時就已經注意到要防備共產黨在東北的發展。

1942 年以後，蔣介石對戰後國家建設的構想逐漸具體化。他在日記「民國三十一年大事表」裏寫到：「對共黨與新疆政策及其進行步驟之決定」，「收復西藏主權之準備」。在 1942 年 1 月日記「本月大事預定表」裏也寫到：「對各黨派方針之研究」、「新疆、西藏收復之計劃」、「華北與東北收復軍事之準備」、「戰後復員計劃之研究」、「戰後建設總方案」、「國防十年計劃之研究」等。

1942 年 3 月 13 日，蔣在日記中寫到：「以後我國局勢，西北重於西南，對內重於對外，整軍重於作戰，經濟重於政治也。」他認為「西北之後患與西北之國防當為戰後第一要務，此題不能解決以前，則一切皆難生效也」。[9] 蔣在這裏所說的「西北之後患」無疑是指延安的共產黨。而其「西北之國防」的假想敵則是蘇聯。

1942 年 9 月，蔣介石確定了邊疆政策方針，即「甲、建設甘肅；乙、穩定寧青；丙、鞏固西康；丁、調整新疆；戊、控制西藏；己、溝通外蒙」。[10] 12 月 15 日，他在日記中寫到：「戰後急要建設；1、國防工業；甲、煤鐵；乙、機械；丙、電化；2、國防經濟；甲、交通鐵路飛機船艦；乙、棉花米麥水利造林；丙、金融貿易鋼產、汽油等國防工業。此時不僅急於設計，而且必須儲備人才，擬將其甲、乙、丙三種，各指定一專校，令其一面培植人才（已成者

---

8. 《蔣介石日記》，1941 年 12 月 29 日。

9. 同上，1942 年 3 月 28 日。

10. 同上，1942 年 9 月 19 日後「本星期預定工作課目」。

收為教員），一面準備具體實施計劃，而以政治學校為其總設計配合之中心也。」

蔣介石的國家建設構想，最終被納入《中國之命運》一書中，[11]於 1943 年 3 月公諸於世。關於此書，以往研究多從國共關係的角度來分析；[12] 其實，該書可以說是蔣介石戰後構想的具體化。[13]

1943 年 1 月 11 日，中美新約和中英新約分別在華盛頓和重慶簽訂，從此英、美兩國在華不平等特權完全撤銷。蔣介石指出，「撤廢不平等條約，是國民革命初步的成功。」[14] 而「國民革命的初步成功，即為建國工作的開始」。蔣認為「中國的建國工作有國內的與國際的兩方面。在國內方面，中國惟有取得獨立自由的地位以後，才能夠實現政治建設與經濟建設的理想。換句話說，革命建國的工作，是由民族主義的完成，到民權主義民生主義的實現」。

蔣介石指出：「國父革命建國的程式，為三個時期 —— 軍政時期，訓政時期和憲政時期，而貫通於三個時期的基本工作，在於教育、軍事與經濟」，[15]「必須先求教育、軍事與經濟的合一，方得完成國家整個的建設。」關於教育，蔣主張要根據「六藝」教育的精義，訓練國民，使每一個國民都能致力於生產，獻身於國防。關於經濟，是指在獲得獨立自由的基礎之上，使國民經濟平均發展。關於軍事，就是「國防與文化必期於合一，而國防與民生，亦必凝為

---

11. 蔣介石：《總統蔣公思想言論總集》（以下簡稱《言論總集》）卷 4（台北：中國國民黨中央委員會黨史委員會，1984）。

12. 鄧野：〈蔣介石關於《中國之命運》的命題與國共的兩個口號〉，《民國的政治邏輯》（北京：社會科學文獻出版社，2010），頁 192–214。

13. 1943 年 1 月 9 日，蔣介石在日記中寫到：「中國的命運之要旨：1、勖勉國民恢復我國固有之道德（文化）與技能；2、鼓勵國民建國之信心與決心；3、復興漢唐之規模與氣魄。」可以說這是蔣介石出版《中國之命運》的初衷。另外，同年 4 月 13 日，蔣又在日記中寫到：「中國之命運中第七、第八章皆未明提共產主義與中共，留其悔悟與旋回之餘地，此乃文字含蓄之效也。」由此可知，蔣當初出版《中國之命運》並不想與中共發生正面衝突。

14.《中國之命運》，《言論總集》卷 4，頁 77。以下內容主要參照該文第 5 章。

15. 早在 1935 年，蔣介石就指出教育、經濟和武力為現代國家三大生命力。參見蔣介石：〈現代國家的生命力〉，《言論總集》卷 13，頁 404–418。有關這一時期蔣介石的國家建設理念，參見段瑞聰：《蔣介石と新生活運動》（東京：慶應義塾大学出版会，2006），第 4 章。

一體」。蔣認為，只有這樣，「中國才能夠成為堅強的民族國防組織，以自存於世界，並盡其保障世界和平共求人類解放的責任」。

為了完成建國的基本工作，蔣指出必須從心理建設、倫理建設、社會建設、政治建設與經濟建設五個方面入手，「制定周詳的方案，而使之實踐力行。」關於這五大建設之間的關係，及其與教育、軍事和經濟的關係，蔣作了如下的解釋：

> 我們要改造百年來次殖民地破碎偏枯的經濟，而為獨立自由的經濟，且期於適合國防之所需，則必以政治的力量轉移經濟發展的趨勢。我們要政治建設健全而有效，則必須社會建設，能為政治設施作切實的基礎。至於社會建設的成功，又必須改變國民過去消極和被動的心理，與提高國民對國家和民族的道德。故心理建設與倫理建設，實為各項建設的起點。五項建設有效，方能使教育、軍事與經濟合一的建國工作成功。

有關五項建設的構想，最早出現於 1939 年 5 月 7 日蔣介石在中央訓練團所做的演講〈三民主義之體系及其實行程式〉。[16] 蔣在《中國之命運》裏重新解釋五項建設。

關於心理建設，蔣指出「應以獨立自主的思想運動為基礎。而其最重要的條目，則為發揚民族固有的精神，講求科學真實的智識」。所謂民族固有的精神是指「智、仁、勇」三達德，和「誠」。蔣認為這些「實為我民族德性的結晶」。蔣指出孫中山所著心理建設——《孫文學說》是心理建設最寶貴的指標，獨立自主的思想運動必須以此為準則。

關於倫理建設，蔣指出今後「應以培養救國的道德為基礎」。最主要的是「發揚我國民重禮尚義，明廉知恥的德性。這種德性，即四維八德之所由表現。而四維八德又以『忠孝』為根本」。

---

16. 蔣介石：〈三民主義之體系及其實行程式〉，《言論總集》卷 3，頁 135–155。

關於社會建設，蔣指出「新生活運動是社會建設的基本運動，[17]其目的在求中國國民之『現代化』。國民惟有現代化，才配做獨立自由的國民。國民能做獨立自由的國民，國家才能成為獨立自由的國家」。基於此，蔣認為「新生活運動可以說是五項建設的總運動，應為今後社會建設的基礎。而其最重要的條目，則為地方自治的訓練，與公共之『樂』與『育』的設施」。

關於政治建設，蔣指出今後「應以國民奮發自主自動的精神為基礎，而最基本的項目為培植民主制度與健全國防體制」。關於民主制度，蔣指出「決不以歐美 19 世紀個人主義與階級觀念的民主制度為模型。我國政治的建設必須樹立五權憲法與全民政治的基礎」。我們從蔣的這一觀點，可以看出 20 世紀中國領導人對西方民主制度認識的連續性。那就是無論國民黨還是共產黨，都拒絕全盤引進西方的民主制度。

關於經濟建設，蔣指出今後「應以發達工業經濟為基礎。其最重要的條目，為準備實業計劃的實施，由此以完成我們平均地權與節制資本的基本政策」。蔣認為孫中山的〈實業計劃〉為經濟建設的惟一寶典。為了實現實業計劃所定的業務，蔣認為「首先要有實行實業計劃的人才和完成實業計劃的物資」。蔣在《中國之命運》裏列舉了實行實業計劃最初 10 年內所需要的人才與物資。具體有土木、機械、電機、空運、水利、建築、衣服、衛生、礦冶等領域。蔣認為「實業計劃的全部完成，要積三十至五十年之久」。

讀《蔣介石日記》，隨處都可以看到他對人才不足的慨嘆。因此，蔣十分重視戰後人才的培養。1943 年 6 月 6 日，國民黨中央宣傳部長王世杰約組織部長陳果夫、熊式輝商議培植戰後建設人才辦法。商議結果為應該利用英、美借款，大規模派遣員生赴英、美留學或實習。[18] 王世杰計劃向蔣介石建議 1943、1944 年派 3,000 人赴

---

17. 參見段瑞聰：《蔣介石と新生活運動》。

18. 王世杰：《王世杰日記》第 4 冊（台北：中央研究院近代史研究所，1990），頁 85。

英、美留學,注重實科。此後,國民政府遂決定 1943 年派遣 1,200 人赴英、美、加拿大研習實科。[19]

1943 年 8 月 1 日,蔣在日記中寫到:「戰後各種急務人才之準備;甲、接收東北敵寇工廠,與礦場鐵路之人才;乙、接收敵寇海軍人才;丙、接收租界人才,丁、司法與外事員警之準備;戊、西藏新疆外蒙東北軍政人才之準備。」

當時,戰後經濟建設政策之制訂主要由中央設計局擔任。[20] 截止 1943 年 7 月下旬,中央設計局擬定之復員時期計劃有「法幣整頓計劃」、「吸收外資計劃」、「國營民營範圍劃分計劃」、「銀行制度改革計劃」、「退伍士兵屯墾計劃」、「水利復員計劃」等。[21] 由於篇幅所限,本章不對這些計劃之內容與特徵進行詳細分析。在此,僅以蔣介石對憲政與國防的認識為例,探討其戰後構想的主要內容及其特徵。

2. 憲政實施之準備

1939 年 9 月 9 日,在重慶召開的第一屆國民參政會第四次會議通過了《召集國民大會實行憲政決議案》。12 日,蔣在日記中寫到:「憲政應提早實施。本黨新老黨員落伍,而老黨員尤為腐朽。若不還政於民,誠誤國而又誤黨矣。」由此可知,蔣對憲政問題的關注與其對國民黨的失望有關,希望借實施憲政之機,以「還政於民」的姿態來擺脫來自「腐朽」的老黨員的掣肘。

---

19. 《王世杰日記》第 4 冊,頁 135。

20. 參見:張希哲:〈記抗戰時期中央設計局的人與事〉,《傳記文學》第 27 卷 4 期(1975 年 10 月),頁 39–44;周開慶:〈記中央設計局物質建設五年計劃草案〉,《傳記文學》第 27 卷 5 期(1975 年 11 月),頁 71–72。劉維開:〈國防最高委員會的組織與人事初探〉,胡春惠主編:《紀念抗日戰爭勝利五十周年學術討論會論文集》(香港:珠海書院亞洲研究中心,1996 年)頁 286–289;劉維開:〈國防最高委員會的組織與運作〉,《國立政治大學歷史學報》第 21 期(2004 年 5 月),頁 152–155。

21. 《王世杰日記》第 4 冊,頁 114–115。

太平洋戰爭爆發後，蔣在考慮憲政問題時最為憂慮的是共產黨問題。1943 年 3 月 27 日，貴州省主席吳忠信建議蔣介石在戰時頒佈憲法，一俟戰事完結，即開始實行憲政，蔣介石認為「當重加研討」。[22] 但是，7 月 13 日，蔣介石約國民參政會駐會委員商討訪英團組織，席間蔣突然提出憲政可提前實施，但是要以軍令政令之統一為條件。[23] 8 月 1 日，國民政府主席林森去世。蔣介石決定自己繼任國民政府主席。對於其理由，蔣在日記中寫到：「林主席逝世以後，國府主席不得不自兼此職，否則，內部又生意見。以不能互讓與互尊是為今日社會與國風最大之惡習。如何使之改正，以期共同救國也？決心明年雙十節召集國民大會，頒佈憲法，結束訓政時期。」[24]

關於行憲時期，國民黨內意見並不統一。王世杰認為，如果定為戰事結束六個月內召集制憲大會，亦不為晚。[25] 而國民黨高層則多數主張明定於戰後一年內制憲並實施。9 月 3 日，蔣介石在重慶黃山官邸與王世杰商討憲法及共產黨問題。王世杰主張憲法之公佈與國民大會之召集在戰時不能草率舉行，必須於戰後六個月至一年之內進行。[26]

9 月 6 日，國民黨五屆十一中全會在重慶開幕。這是一次很重要的會議。以往的研究，多關注國民黨在這次會議前後對共產黨的對策。[27] 但是，筆者認為，這次會議還有兩點值得注意。第一，這是一次團結性會議。新疆省主席盛世才、雲南省主席龍雲第一次參加全會。蔣介石對此頗為滿意，他在日記中寫到：「新盛滇龍應召到會，此為民國以來未有之盛事，可知國家與中央之威聲比之十二年

22. 《蔣介石日記》，1943 年 3 月 27 日。

23. 《王世杰日記》第 4 冊，頁 108。

24. 《蔣介石日記》，1943 年 8 月 1 日後「上星期反省錄」。

25. 《王世杰日記》第 4 冊，頁 125–126、頁 132。

26. 同上，頁 141。

27. 楊奎松：《國民黨的「聯共」與「反共」》（北京：社會科學文獻出版社，2008），頁 483；鄧野：《民國政治的邏輯》（北京：社會科學文獻出版社，2010），頁 161–165。

前不啻提高倍蓰矣。」[28] 蔣認為「此實使內政與人心皆為之一振，表示我內政已完全統一之象徵，封建勢力之消失，亦可知矣」。[29]

第二，蔣介石正式宣佈要實施憲政，還政於民。蔣在開幕詞裏首先指出抗戰最後勝利的時期，[30]「快則就在一年之內，遲則或要在一年之後。」因此，「一面加強抗戰的力量，一面積極準備建國的工作，這是此次全會最重要的任務。」蔣指出建國工作「第一要緊的就是要先確立我們的政治建設，而政治建設的基礎，就在憲政的實施」，「所以此次全會對於國民大會應如何召集，以及憲法的制定與頒佈應如何進行各問題，必須根據國家實際環境與需要，作成一個確切的決議。」蔣強調實施憲政以後，國民黨還政於民，「在法律上本黨應該與一般國民和普通政黨處於同等的地位，在法定的集會、結社、言論、出版、自由的原則之下享同等的權利，盡同等的義務，受國家同等的待遇。」可以説，這是蔣介石對放棄一黨專政的重大表示。

9月8日，11 中全會通過《關於實施憲政總報告之決議案》，[31] 決定「於戰爭結束後一年內，召集國民大會，制訂憲法而頒佈之，並由國民大會決定施行日期」。9月17日，張君勱、左舜生向王世杰建議由國民政府與國民參政會共同成立憲政籌備機關，吸收黨外人員，共同討論推進關於言論、結社自由之開放、民選機關等問題。[32] 王世杰徵求蔣介石意見，蔣表示原則上可以接受此意。

9月18日，第三屆國民參政會第二次大會開幕。蔣介石親自出席參政會，提出將組織「憲政實施籌備會」，以推動憲法籌備工

---

28. 《蔣介石日記》，1943 年 9 月 5 日後「上星期反省錄」。但是，閻錫山沒有赴會。關於抗戰後期之新疆，參見王建朗：〈試論抗戰後期的新疆內向：基於《蔣介石日記》的再探討〉，《晉陽學刊》第 1 期（2011）。

29. 《蔣介石日記》，1943 年 9 月「本月反省錄」。

30. 《言論總集》卷 20，頁 259–264。

31. 榮孟源主編：《中國國民黨歷次代表大會及中央全會資料》（下冊）（北京：光明日報出版社，1985），頁 844。

32. 《王世杰日記》第 4 冊，頁 153–154。

作。[33] 10 月 10 日，蔣介石就任國民政府主席，發表了〈告全國軍民同胞書〉。[34] 蔣在告書中明確提出了今後的奮鬥目標。即「對內要促進全國的地方自治，鞏固國家的統一，確立法治規模，完成民主政治；對外則敦睦同盟友邦，爭取反侵略戰爭光榮的勝利，共策戰後世界永久的和平。更以自力更生與國際合作，開發我廣大豐厚的資源，實現經濟建設，增進人類的幸福，期成世界大同之治」。

10 月 25 日，國防最高委員會第 122 次常務會議決定成立憲政實施協進會。[35] 11 月 12 日，憲政實施協進會正式成立。蔣介石在開會詞中就該會的工作要旨，提出三點指示。第一，「宣揚憲法草案的精義與徵集對於憲政問題的意見」；第二，「考察各級尤其是縣級民意機關設置情形，隨時提出報告」；第三，「研究如何增進法治與自由的精神，以期發揚民意，奠定民治的基礎，早作由戰時而進於戰後的準備」。[36] 1944 年元旦，憲政實施協進會開展全國人民研討中華民國憲法草案（五五憲草）等活動，為新憲法之制訂奠定了基礎。[37]

3.　守勢國防構想與定都西安

1942 年 9 月 13 日，蔣介石研究國防計劃，在日記中寫到：「中國應以天山與崑崙山為西部國防之鎖鑰，而以阿爾泰山與希馬拉耶山為其屏藩（外衛），東部以鴨綠江與黑龍江為國界，而以長白山與內外興安為鎖鑰。即東以山海關外東三省為東花園，西以玉門關猩猩峽外新疆、西藏為西花園。即以新疆為我國前門之廣場，而嘉峪關實為中華東西緯線之中心也。」從這則日記可以看到蔣對戰後國防構想的大致輪廓。

---

33. 《王世杰日記》第 4 冊，頁 161。

34. 《言論總集》卷 32，頁 42-46。

35. 秦孝儀主編：《中華民國重要史料初編 —— 對日抗戰時期第 4 編戰時建設（以下簡稱《戰時建設》）（二）》（台北：中國國民黨中央委員會黨史委員會，1988），頁 1781-1782。

36. 《戰時建設（二）》，頁 1787-1790。

37. 〈憲政實施協進會工作報告〉，同上，頁 1791-1793。

　　至 1943 年 8 月，蔣介石之國防建設構想逐漸明朗。8 月 10 日，他在日記中寫到：「建設政策，先完成內地，對邊疆應在最後之五年一氣呵成，故建設內地即為籌備邊疆之準備，況是以後守勢國防之宗旨亦重在內地為軸心。只要內地之軸心強健，則俄國即不敢在邊疆侵佔挑釁，以空間與交通皆不能直攻我腹心，此次倭寇侵華之教訓，彼必能深刻領受乎。」此可知，蔣所設計的國防建設是以蘇聯為假想敵的。

　　具體來說，蔣介石的國防建設程式如下：「戰後五年至十年以內，應注全力於本部內地之工農業與交通水利之建設，先將西南與東南國際通海路線完成，不患後方與本部交通之阻絕，而後再從事於西北之建設，且於第三之五年計劃中，將新疆與青海全部鐵路一氣呵成，使俄國猝不及防。故戰後最初五年至十年之中，一面不使俄國對我防備，一面充實本部建設，即為西北國防建設之準備也。蓋戰後二十年之內，如有外患，則我必取守勢，仍欲引敵至我內地決戰為唯一戰略，而且只要我內地本部建設與防務堅強，則各方外患，即不敢對我輕啟戰端也。至於東北收回後，則維持其原有之工業與國防，總不使俄國戒懼為第一要義。戰後必以我東北工業之餘力，以充實我本部之建設，自為第一之設計也。」[38]

　　1943 年開羅會議前夕，蔣介石分析今後國防之重點，在日記中寫到：「1、以大陸為國防之基礎；2、西北為國防之重心，故對海防與海軍應取守勢，並與美國共同合作，且避免與美有軍備競爭之趨向。以我為大陸國，發展方向不在海上，而且亦不能與之競爭，亦無競爭之必要也。此在我立國大計基本之方針，應首先決定。故今後國防方針與國際政策，必須與美積極合作及互助，萬不可與美作海洋競爭。余在開羅會議以後，更證明此旨為正確而不謬也。如果國際武力不能獲得和平之保障，余意在太平洋方面，中國負陸空軍之責，而美負海空軍之責。如美國能同意於此，則東方和平或可無慮乎。」[39]

38.《蔣介石日記》，1943 年「雜錄」，8 月 15 日。

39. 同上，12 月 7 日。

由於蔣介石主張守勢國防建設，所以戰後首都之所在也受到影響。1943 年 8 月 1 日，蔣在日記中寫到：「首都地點問題，應以將來國防目的敵與武器兵種性類為主旨，其他經濟與地理、氣候、人口亦為要素。以兵種而論，我國海岸線之長與幅員之大，陸海空三軍仍不可缺一，然應有先後之分。自以陸空為先也，故南京與北平皆近海，最初卅年必不能建立強健之海軍為之掩護，則首都地點不能不在西安。以其地適中於東北與西北之間，控置全國，而且為中國最盛時代之舊都也。」

9 月 3 日，蔣介石再次從國防的角度，考慮將首都定於西安的必要性。蔣在日記中寫到：「國防中心必在四川，先使東北與四川之水陸交通發展為第一義。首都當在西安，以其對東北至同江，對西北之伊犁之距離相等，而且其北至庫倫與南至瓊州之距離亦相差無幾，況是關中沃野千里，有高峻之南山與直通大河之渭水，其緯度則在三十五度，無論氣候、地理與經濟之條件無不具備。將來黃河修浚以後，當使輪船直入渭水或至潼關，則水陸交通更完備矣。此中華民族發祥之古都，實為我民族復興天然之基地。又以天府四川為其後方，是欲另覓一首都，如西安者，現在再無如此適宜之地矣。」此時，蔣似乎忘卻了西安事變曾經帶給他的創傷。

三、《太平洋憲章》之構想與扶持亞洲被壓迫民族之獨立

1941 年 8 月，英、美首腦會晤，發表《大西洋憲章》，其第 3 條強調指出「尊重各民族自由，決定其所賴以生存之政府形式之權利，各民族中此項權利有橫遭剝奪者，俱欲使其恢復原有主權與自主政府」。[40] 但是，同年 9 月 9 日，邱吉爾在議會演說中表示，《大西洋憲章》之主要目的在恢復歐洲被納粹征服各國之主權，同時邱吉

---

40. 秦孝儀主編：《中華民國重要史料初編——對日抗戰時期第 3 編戰時外交（以下簡稱《戰時外交》）（三）》（台北：中國國民黨中央委員會黨史委員會，1981），頁 793-794。

爾還表示該憲章並不影響英帝國對於印度及緬甸之政策。[41] 蔣介石則希望《大西洋憲章》能適用於全世界，特別是希望戰後亞洲被壓迫國家能夠獨立。

太平洋戰爭爆發後，蔣介石首先考慮的是要收回領土，廢除不平等條約。蔣介石積極主張收復領土，恢復民族固有地位，不僅僅是為了中國本身的獨立與自由，他希望以此為「解決亞洲各民族之張本，使之皆得平等自由」。[42] 由此可以看出蔣介石的亞洲情結。

蔣介石以幫助亞洲各民族獨立為己任。1942 年 2 月出訪印度，希望英國同意印度戰後獨立。[43] 同年 3 月 21 日，他在日記中寫到：「力求解放亞洲各民族為我今後惟一之責任，亦惟有此，方能在和會中得優勢耳。」由此可知，蔣介石幫助亞洲各民族獨立，是希望獲得這些國家的支持，以便在戰後和會中獲得優勢。

1942 年 2 月，蔣介石訪問印度以後，援助亞洲被壓迫民族獲得解放的使命感更加強烈。3 月 18 日，蔣在日記裏寫到：「太平洋大憲章，凡亞洲各民族應予獨立平等之宣言。」4 月 23 日，日記中寫到：「太平洋憲章與大東亞新秩序之對策研究。」5 月 30 日，日記裏寫到：「太平洋大憲章之研討」。6 月日記「本月大事預定表」裏寫到：「太平洋大憲章之擬議」。從以上日記可知，這段時期蔣介石在考慮制訂《太平洋憲章》，以推動亞洲各民族獨立。

蔣介石令國防最高委員會秘書長王寵惠研究太平洋憲章問題。[44] 1942 年 7 月 7 日，王寵惠將研究報告呈送蔣介石，王在報告中指出《大西洋憲章》適用於太平洋有兩個缺點。第一，《大西洋憲章》第 2 條規定：「凡未經有關民族自由意志所同意之領土改變，兩國（筆者註：英、美）不願其實現。」王寵惠認為「此僅為一種消極的民族

---

41. 《戰時外交（三）》，頁 796。

42. 《蔣介石日記》，1942 年 3 月 14 日後「上星期反省錄」。

43. 參見段瑞聰：〈1942 年蔣介石訪問印度之分析〉，《民國研究》總第 16 輯，2009 年冬季號（2009 年 12 月），頁 125–145。

44. 《戰時外交（三）》，頁 796–798。

自決，今日太平洋沿岸殖民地甚多，吾人切望於大戰以後，根據民族自決原則，作積極之調整」。第二，《大西洋憲章》第 6 條規定：「待納粹之專制宣告最後之毀滅後，希望可以重建和平。」這裏的「納粹」是指德國和意大利。當時日本尚未對英、美宣戰，所以沒有提出以日本為對象。1942 年 1 月簽署的《聯合國共同宣言》裏，由於蘇聯沒有對日宣戰，所以僅提出「戰勝希特勒主義」，也沒有提及日本。基於以上理由，王寵惠建議「不採取《太平洋憲章》方式」，而是擬具了《補充大西洋憲章聯合宣言》，作為《大西洋憲章》補充條款，建議在適當時期向英、美提議。宣言共由以下三條組成：一、《大西洋憲章》尤其是關於各侵略國武裝解除及各國與民族自決等原則，一律適用於全世界；二、日本之領土應以其 1894 年發動侵略政策以前之範圍為準；三、各民族及各種族一律平等，為世界和平與進化之要素。

關於第 1 條，王寵惠指出「英、蘇態度雖不可知，但美國之贊助當不成問題。解除各侵略國武裝一點，雖未明指日本，但既適用於全世界，日本當然在內」。關於第 2 條，「意在使日本退還甲午以後所有侵佔各國（包括蘇聯在內）之土地」。但是，由於蘇聯與日本尚保持和平關係，王寵惠擔心蘇聯也許會不同意，所以他建議「必要時亦可刪除」。關於第 3 條，王指出：「種族平等原則，為《大西洋憲章》所無，能否成功，當視英、美兩國之態度為轉移。」

此後，在蔣的日記中沒有再出現過「太平洋憲章」的字樣。但是，蔣幫助亞洲國家獨立的理想始終沒有放棄。1942 年 11 月 9 日，蔣介石在日記中記載對美商討事項，其中就有「安南共扶」、「泰國仍予獨立」、「印度戰後獨立」、「緬甸與南洋各國共扶」等內容。[45]蔣介石希望在美國的支持下，使其得以實現。

---

45. 1942 年 11 月 17 日，即宋美齡赴美前日，蔣在日記中寫到：「下午與妻到聽江亭廊前，談對美總統談話要領十項。」基於此，筆者認為 11 月 9 日日記所記十項內容乃蔣當時為宋美齡起草的與羅斯福的談話要點。

　　蔣介石之所以如此熱衷於強調亞洲國家獨立，與他的反帝意識有密切關係。[46]另外，羅斯福的支持也是一個不可忽略的因素。1942年6月1日，宋子文拜見羅斯福。羅斯福告知其與莫洛托夫（Vyacheslav Molotov，1890-1986）談話的內容。[47]羅斯福「主張各弱小民族應自決自主，如有某國如越南、緬甸等民族不能即刻自主，也當有集團trustee，不能再有殖民地」。羅斯福建議「蔣委員長有便可發表此主張，以獲亞洲人民同情」。在反對殖民統治方面，羅斯福與蔣介石的意見是一致的。羅斯福希望借助蔣介石的力量，給英國施加壓力。

　　但是，由於蔣介石高度重視戰後亞洲國家的獨立，引起一部分美國人反感。1942年8月4日，蔣介石接見居里（Lauchlin B. Currie, 1902－1993），居里指出：「美國今有一部分人感覺戰後之中國將為軍國主義而排除白種人之國家，故彼等持養虎貽患之戒心。」[48]居里建議「中國欲消除美國此種心理，最妥辦法，應逐漸向民主主義推進，勿作排外之表示，應用『中國為亞洲之領導』等字句，尤應小心」。

　　得到居里之建議後，蔣介石多次表示不以亞洲領導自居。1942年10月29日，蔣介石出席第三屆國民參政會第一次大會時講到：「因為我們中國國民革命，最終目的，是在求世界民族一律平等，不是和現在軸心國家一樣，有了武力就以領導者自居，壓迫其他的弱小民族，作他的奴隸，這種侵略主義的思想，必須打破。」[49]10月31日，蔣在參政會閉幕式上再次強調指出：「對於戰後世界秩序的再造，我們應站在求進步爭自由的正義立場之上，與聯盟各國共同負起解放全世界人類的大責任。我們中國為亞洲最大最古之國，但

---

46. 蔣介石重視亞洲國家獨立，與中國傳統對外關係中的「濟弱扶傾」、「以大事小」等觀念有關。此點感謝匿名審查人惠賜卓見。

47. 吳景平、郭岱君編：《宋子文駐美時期電報選（1940-1943）》（上海：復旦大學出版社，2008），頁161。

48.《戰時外交（一）》，頁703。

49.《言論總集》卷19，頁347。

我們決不要侈言什麼『領導亞洲』。」[50] 11 月 17 日，蔣介石在《紐約先驅論壇報》發表專文，表示中國「對亞洲沉淪的國家自表無限的同情，但對此種國家的自由與平等，我輩只有責任，並無權利，我輩否認將為領導者」。[51] 11 月 25 日，蔣介石在國民黨中央五屆十中全會上，再次重申中國不擬以東亞領導者自居，並反對任何帝國主義。[52]

　　蔣介石之所以三番五次表示無意作亞洲的領導，是為了消除英、美對中國的不信任。這一點，從他下面的日記裏也可以看出：「自余否認領導亞洲之政策在美報發表以後，英、美對我之心理與觀念全變，皆一致表示好意。而《紐約時報》則自認其美英對華有在戰後建立平衡力量，不使中國在亞洲獨自強大，成為世界新威脅之意念，可知美國對我之防範顧忌不亞於英國，而子文昔以為美國無此顧忌，是其太不懂美國對（我國與）太平洋獨霸之政策矣，而其來華之軍官對中國之輕視與把持之狀態，更可知矣。後之來者，應知今日忍辱含垢之情景，不可不加奮勉，力求自立與自強。」[53] 1943 年開羅會議時，蔣介石放棄收回琉球，拒絕羅斯福讓中國負責佔領日本的要求，都是為了不引起美國的懷疑。

四、重整戰後世界秩序之謀劃

1.　籌劃世界和平會議

　　蔣介石從 1941 年 5 月底開始考慮籌備戰後和會問題。5 月 30 日，蔣在日記「預定」欄裏提及「將來世界和平會議之籌備」。次

---

50. 同上，頁 353。
51. 秦孝儀總編纂：《總統蔣公大事長編初稿》卷 5（上）（台北：中央文物供應社，1978），頁 237。
52. 《王世杰日記》第 3 冊，頁 396。
53. 《蔣介石日記》，1942 年 11 月「本月反省錄」。

日，蔣又在「本星期預定工作課目」裏面提醒自己要注意：「國際和平會議之籌備主任人選」。6月7日、10日後所附的「本星期預定工作課目」和「預定」欄裏都提到「和平會議之準備」。

蔣關於戰後和平會議的構想，主要基於他對當時國際形勢的判斷。7月17日，蔣在日記中寫到：「時至今日，倭寇已非單獨解決中國問題，或僅征服中國所能達成獨霸遠東之目的。美英蘇俄在遠東實力，對倭已完成包圍之勢。故其此後作戰目標，必轉移於俄美，而不在中國。四年抗戰險阻艱辛，堅持至此，已使敵國戰爭目標不能不完全改變，而我國危險亦可說脫出大半。」基於這樣的判斷，蔣介石開始考慮要促成中美英蘇軍事合作，以「使我國在世界戰爭中與和平會議中皆列於戰鬥員正式之列」，「而不被遺棄」。[54] 具體來說，蔣介石希望以美國為中心，促成中美英蘇之間的軍事合作。

蔣介石之所以如此器重美國，是因為他認為「只有美國對華無侵略之野心」。[55] 正因為如此，蔣介石早在1939年就對美明白表示，如果美國能協助中國抗戰勝利，則中國以後建立海空軍及海港，皆可與美國訂立20年共同使用之協約。因為蔣介石認為，「我國如欲建立海空軍，論人才、物力與技術，皆非此不可。」

但是，蔣介石並非完全信任英、美。1941年4月以後，日美官方談判開始。蔣介石得知後，一直關注事態的發展。5月20日，他在日記中寫到：「美國始終想與倭寇妥協，白人皆視黃人為玩具，可痛。以美國對英之熱情與其對華之比較，豈啻血濃於水而已哉。」當時，中國希望美國提供飛機，但是美國遲遲不肯明確表態。對此，蔣深表不滿，他在日記中寫到：「美國對我之不注重，其較對法國猶不如也。此血濃於水之理，白人任何政治家之心內皆同乎。」[56] 由此可見蔣介石的黃白人種鬥爭意識。

---

54. 《蔣介石日記》，1941年7月9日。1941年7月12日後「本星期預定工作課目」。

55. 同上，1941年10月「本月反省錄」。

56. 同上，1941年6月16日。

　　蔣介石的黃白人種鬥爭意識從他對《大西洋憲章》的評價也可以看到。1941 年 8 月，羅斯福與邱吉爾在大西洋北部紐芬蘭會晤，14 日正式發表了《大西洋憲章》。這是第二次世界大戰爆發後兩國首腦首次會晤，而《大西洋憲章》可以說是英、美兩國最初的戰後構想。蔣介石得知後，在日記中寫到：「英、美聯合宣言不單提歐戰而包括世界及遠東，此固進一步之形勢。然獨對援俄提及而並未及華，此乃白人傳統之觀念，總以黃人為不能與之平等也，可痛。」[57] 此後，蔣介石的黃白人種鬥爭意識一直縈繞在他的心頭，對他的外交政策產生很大影響。[58]

　　蔣對英、美的不滿還有來自現實的因素，即英、美的對日綏靖政策。1941 年 8 月 20 日，蔣在日記中寫到：「英、美政府心理與其處置，最近可謂卑陋已極。其對倭日之姿勢，不使倭南進攻泰國，亦不許倭北進攻西伯利亞，而僅希望其維持現狀，就是使倭不南侵北略，而專打中國，使黃種人自相殘殺。揆其用心，就是聞倭進攻中國則喜，不攻中國則憂。因為倭攻中國才無力南進與北略，以免太平洋上生事。彼以為倭打中國就是維持現狀，維持現狀即等於和平。無論英、美、俄，對倭對華，其心理與政策根本皆無二致。彼等不僅以華為壑，而且賤視有色人種，必使之自相殘殺，以達其白人永久稱霸世界之政策，乃並無差異。何怪日爾曼民族之不安耶。民族未有不自強而能被人重視或能不被人犧牲者也。亦惟求其在我，何足為憾。」[59]

　　從以上記述可以看出，為了打敗日本，在戰後和會獲得一席之位，蔣介石很想與美英蘇打成一片。但是，其內心對英、美、蘇卻充滿不信任，因而一直強調要自強。可以說，蔣介石處於一種兩難的境地。而這種情況直到戰後也沒有改變。[60]

---

57. 《蔣介石日記》，1941 年 8 月 17 日。

58. 參見段瑞聰：〈1942 年蔣介石訪問印度之分析〉。

59. 《蔣介石日記》，1941 年「雜錄」。

60. 段瑞聰：〈蔣介石の第三期國民革命中心理論〉，慶應義塾大学日吉紀要《中国研究》第 4 號（2011 年 3 月），頁 139–168。

2. 拒絕與英國單獨結盟

1942 年 1 月 1 日，美英蘇中等 26 國簽署《聯合國家宣言》（Declaration by the United Nations），中國成為四強之一。但是，蔣介石卻覺得「甚恐名不符實，故更戒懼不勝」。[61] 因為，蔣介石認為「聯合國中之四國，以我為最弱。甚以弱者遇拐子、流氓與土霸為可危也」。[62] 這裏的「拐子」無疑是指羅斯福，「流氓」應是指邱吉爾，而「土霸」則是指史太林。蔣對羅斯福等人的戲稱，從人性的角度來說，確為不妥。但是，如果從四國的實力來看，蔣的話不無道理。蔣對「四強」實力的認識，影響了他的外交政策和戰後構想。

1942 年 5 月下旬，蘇聯外交部長莫洛托夫應邀訪英，簽訂了有效期為 20 年的《英蘇同盟合作互助條約》。蔣介石得知後，在日記中寫到：「英俄同盟條約正式發表，其中注重之點：甲、不擴張領土；乙、不干涉其他國家內政；丙、承認《大西洋憲章》，此皆於我有利也。」[63] 但是，英國外相艾登（Robert A. Eden, 1897–1977）在英蘇同盟成立時發表演說，強調「世界人類各民族生命之前途皆決之於美俄英三國之合作」。蔣認為這是艾登「視中國與其他各國為無物。世界人類如依過去英帝國主義侵略之陰謀與其自私自利、拔一毛而利天下不為之劣性，若再任其稱霸世界，則人類將無焦類矣。若非美國主持公道者參加此次同盟聯合在內，則中國實羞與為伍」。[64] 由此可知蔣不信任英國及信任美國的原因之所在。

6 月下旬，邱吉爾訪問美國。蔣介石認為「此其必有非常之事發生，其或邀加入英俄同盟乎，應特加注意」。[65] 6 月 21 日，蔣介石致電宋子文，令其「探詢美國有否參加英俄同盟之意，並表明我中國之態度」。[66] 蔣在這裏所説的中國的態度，就是向美國説明「中

---

61. 《蔣介石日記》，1942 年 1 月 3 日後「上星期反省錄」。

62. 同上，1943 年 2 月 28 日。

63. 同上，1942 年 6 月 13 日後「上星期反省錄」。

64. 同上，1942 年 6 月 15 日。

65. 同上，1942 年 6 月 20 日後「上星期反省錄」。

66. 同上，1942 年 6 月 21 日。

國對國際政策，無論軍事、政治皆惟美馬首是瞻，凡美國不參加之事，則中國亦決不願單獨參加，如美國參加之事，則中國亦必須共同參加」。[67]

7 月 20 日，居里抵達重慶，開始了為期半個多月的訪問。在此期間，居里與蔣介石進行了 14 次會談。以往研究，主要關注史迪威問題、美國援華物資問題、中國戰區的地位問題及緬甸反攻計劃。[68] 其時，當時居里為了改善中英關係，曾建議中國與英國之間簽訂類似「英蘇同盟合作互助條約」那樣的協定，卻遭到蔣介石拒絕。[69]

蔣介石之所以拒絕與英國單獨結盟，自有其本身的考量。1942 年 7 月 22 日，蔣在日記中寫到：「英國引誘我與之同盟者，其目的在要求我保持其印度、緬甸之地位，且使印度嫁怨於我也。此為其惟一之陰謀；其次希望我戰後仍承認其在南洋之權利，而與我取消不平等條約作交換條件，乃又其次也。此時中英同盟有害無利，應以美國不參加國際性之集團或盟約時，則中國亦不便參加之意，婉詞以拒之為宜。」基於以上考慮，8 月 4 日，蔣介石接見居里時，正式向居里表示「中國決不參加美國不願簽字之任何國際協定，惟美國參加之協定，中國始願為簽字國」。[70]

但是，有關中英同盟的醞釀並沒有結束。1942 年 10 月 14 日，駐英大使顧維鈞回國述職，抵達重慶。[71] 11 月初，顧維鈞與從美國回來的宋子文就外交政策進行了廣泛的交談，他向宋子文力陳中英結盟的必要性。[72] 其理由主要有以下三點。第一，顧維鈞認為由於英國的海、空軍力量，以及英國駐世界各國使館所採取的總的政治和

---

67. 《戰時外交（一）》，頁 156。

68. 陶文釗主編：《戰時美國對華政策》（武漢：武漢大學出版社，2010），頁 261-267。

69. 《戰時外交（一）》，631 頁。1942 年 7 月 21 日，蔣介石在日記中寫到：「見居里作寒暄語。晚與之詳談美國對印政策後，悉彼此來乃含羅總統之命，調解中英誤解，並試談中英與英俄同盟同性質協定之意，來探余意也。」

70. 《戰時外交（一）》，頁 699。當時，王世杰、王寵惠等曾建議蔣介石向羅斯福表示同意成立中英同盟。參見《王世杰日記》第 3 冊，頁 335。

71. 顧維鈞：《顧維鈞回憶錄》第 5 分冊（北京：中華書局，1987），頁 74、頁 91。

72. 同上，頁 104-106。

外交策略，英國戰後仍然會具有相當大的影響和實力。而且，英國有一些重要的親日分子，顧維鈞擔心英國戰後會倒向日本。第二，英、美合作和團結符合整個世界的總利益，應該力爭結成中美英三國同盟，在戰後的世界中起主導作用。第三，中英結盟將有助於鞏固中國在世界上作為大國的地位。但是，宋子文認為美國不願意看到中國和英國結為盟友，而且中英結盟會破壞中國在亞洲小國中的影響。顧維鈞在重慶期間，先後與王寵惠、孫科、白崇禧、張群等國民黨要人探討了中英同盟問題。其中，只有孫科、白崇禧等人與顧維鈞的觀點一致，其他領導人對中英結盟並不積極。[73] 基於此，顧維鈞認為「推行中英結盟這一主張為時尚早」。[74]

但是，顧維鈞並沒有放棄中英結盟的主張。11 月 23 日，蔣介石與顧維鈞討論中英關係，顧再次向蔣提出中美英結盟的必要。[75] 顧認為如果不實現這個目標，中國在戰後就會有陷入孤立的危險。因為「日本的親英、親美分子和英國的親日分子有可能協同一致來利用英、美之間的自然紐帶」。另外，顧維鈞指出與美國「結成一個一直延續到和平時期的聯盟是根本不可能的」。因為，美國四年一期總統大選，使其對外政策缺乏連續性。蔣介石同意中美英結盟。但是，他認為中國外交方針的基本在於幫助亞洲被壓迫民族獲得解放，如果與英國結盟，會使印度民眾失望。基於這樣的背景，顧維鈞的主張遂不了了之。

1943 年 1 月 9 日，蔣在日記中寫到：「中英同盟提案之婉謝：甲、要求美國參加；乙、要求美國允我中英同盟與中美同盟同時或先後成立了；丙、預防俄國妒忌；丁、戰後不能自由行動；戊、美英防制我戰後與德倭之聯繫，故決謝絕。」從這則日記可以看出，蔣介石希望與英、美同時結盟，但是蔣又擔心會受到蘇聯的嫉妒。最重要的是蔣擔心戰後不能自由地與日本和德國聯繫。1943 年 3 月 7 日，蔣介石致電時在歐洲的桂永清，令其告訴德國情報人員「吾

73. 《顧維鈞回憶錄》第 5 分冊，頁 102。

74. 同上，頁 106。

75. 《蔣介石日記》，1942 年 11 月 23 日。《顧維鈞回憶錄》第 5 分冊，頁 120–121。

人無力助人，亦無意害人」。蔣希望以此「破除德倭對我之疑懼」。[76]
由此可知，即使在太平洋戰爭時期，中國對德國正式宣戰以後，蔣
仍然與德國保持聯絡。這些無疑都是蔣介石獨立自主外交的具體
表現。

3.　設想戰後國際組織

蔣介石早在 1941 年 5 月底就開始考慮籌備戰後和會問題。太平
洋戰爭爆發以後，中國國內很快開始關注戰後和會及建立國際組織
等問題。[77] 王世杰認為 1942 年 1 月簽訂的《聯合國家宣言》之重要
性在「使二十餘國一致正式接受了一個和平計劃」。[78] 1 月 9 日，王
世杰在留英同學會發表題為〈如何重建世界和平〉的公開演講，主
張為了保障未來世界和平，應該成立「一個普遍性之世界組織，代
替舊有之國際聯盟。」[79]

1942 年 7 月 4 日，國防最高委員會國際問題討論會主任王寵惠
提出了一份〈國際集團會公約草案〉。[80] 該草案可以説是國民政府對
戰後國際組織的初步構想。有關該草案的討論起於何時、蔣介石做
過哪些指示，目前尚不清楚。但是，蔣在日記中多次提到審核該草
案，[81] 可見蔣對該草案的重視。

〈國際集團會公約草案〉分析了國際聯盟的弊端，建議廢棄原有
盟章，另訂國際集團會公約。關於國際集團會組織之定位，草案指
出係「介於國際聯合會與世界聯邦國家或世界統一國家之間，較之
國際聯盟，其地位已大見增強」。

---

76. 《蔣介石日記》，1943 年 3 月 7 日。

77. 參見王建朗：〈大國意識與大國作為〉，《歷史研究》，第 6 期（2008），頁 128–130。

78. 《王世杰日記》第 3 冊，頁 227。

79. 同上，頁 228。

80. 葉惠芬編：《中華民國與聯合國史料彙編：籌設篇》（台北：國史館，2001），頁 66–88。另
外，國際問題討論會成立於 1941 年，旨在研究國際政治、國際經濟、中日問題及國際自由
平等等等，參見，劉曉莉：〈國民政府與敦巴頓橡園會議〉，《民國檔案》，3 期（2009），頁
117。

81. 《蔣介石日記》，1942 年 7 月 17 日、7 月 18 日後「上星期反省錄」、7 月「本月反省錄」。

　　該草案就國際聯盟組織之變更及制度之更革提出了詳細建議。
關於如何實行集體安全，建立和平機構，草案提出應該分三步走。
第一，大戰結束後，召開和會時，先討論和約，而不及於國際集團
會公約。第二，「和約成立後，應由中、英、美、蘇及其他盟國共同
擔任和約之執行及戰後和平之保障」。草案特別指出中、英、美、蘇
為反侵略之主要國家，對於戰後執行和約、保障和平，責無旁貸。
第三，和約成立一兩年後，世界秩序大體恢復，可由中、美英、蘇
發起召集永久和平會議，邀請全世界各國參加，討論集團會公約。

　　另外，該草案提出國際集團會理事會「由人口最多之八會員國
及其他七會員國之代表組織之」。這種以人口因素決定理事會成員的
設想，以及中、英、美、蘇為反侵略之主要國家的事實，為日後中
國成為聯合國安理會常任理事國奠定了基礎。

　　1943 年 10 月 30 日，中國與美英蘇一起簽署莫斯科《四國關於
普遍安全之宣言》（以下簡稱《四國宣言》）。[82]《四國宣言》是太平
洋戰爭爆發後，中美英蘇四國首次發表的共同宣言。駐蘇大使傅秉
常在致蔣介石的電報中指出：「我國自加入此次宣言後，已與英、
美、蘇三強平等，而居於領導世界政治之地位，對於擊潰敵人及重
建世界和平均有莫大關係。」[83] 可以說，至此中國真正獲得了對英、
美、蘇的發言權。《四國宣言》可以說為 1945 年 10 月聯合國成立提
供了理論根據。

4. 擬訂處置日本方針

　　戰後如何處置日本，也是蔣介石戰後構想的一個重要組成部
分。1943 年 1 月 13 日，蔣思考外交政策應準備之要件，在日記中寫
到：「甲、對日本處分之方案與要求條件及方針制定方案，與英、
美、俄分別接洽；乙、對日方案之宣傳計劃，領導英、美輿論使不

---

82. 有關莫斯科《四國宣言》之研究，參見西村成雄：《中国外交と国連の成立》（京都：法律
　　文化社，2004），第 2 章。

83.《戰時外交（三）》，頁 812。

超越我國方案之外」等。由此可知，在處置日本方面，蔣介石一方面要與英、美、蘇洽商，但是另一方面又要領導英、美輿論。這是蔣介石對日處理的基本方針。

具體來說，對日處置包括領土問題、賠償問題及日本佔領問題。關於領土問題，主要是如何收復東北、台灣和琉球的問題。關於收復台灣和東北領土，蔣介石毫無猶豫。但是，對於琉球，蔣的政策有些搖擺不定。[84]

早在 1942 年 11 月，蔣介石曾考慮讓宋美齡與羅斯福商量戰後收復琉球。[85] 但是，1943 年 11 月，蔣介石準備開羅會議與羅斯福、邱吉爾會談時，關於遠東政治提案，蔣提出了以下三點：「（1）東北四省與台灣、澎湖、應歸還我國；（2）保證朝鮮戰後獨立；（3）保證泰國獨立及中南半島各國與華僑之地位。」[86] 至此，蔣介石不再提收復琉球。關於其理由，蔣的解釋是「琉球與台灣在我國歷史地位不同，以琉球為一王國，其地位與朝鮮相等，故此次提案對於琉球問題決定不提。」[87]

11 月 23 日，蔣介石與羅斯福會談時，談到領土問題。蔣介石提出「東北四省與台灣、澎湖群島應皆歸還中國，惟琉球可由國際機構委託中、美共管」。[88] 蔣之所以作出這樣的決定，是因為他認為這樣做，「一以安美國之心，二以琉球在甲午以前已屬日本，三以此區由美國共管，比歸我專有為妥也。」由此可知，蔣不想在領土方面引起美國的懷疑，以免影響中美關係。這與前文所述蔣多次表明不以亞洲領袖自居有密切的關係。

這一點，在對日處置問題方面也可以看出來。11 月 17 日，蔣在日記中寫到：「對日處置提案與賠償損失等事，當待英、美先

---

84. 相關最新研究參見，前引王建朗：〈大國意識與大國作為〉，頁 134–137；汪暉：〈冷戰的預兆：蔣介石與開羅會議中的琉球問題〉，《開放時代》，第 5 期（2009），頁 24–32。

85. 《蔣介石日記》，1942 年 11 月 9 日。

86. 秦孝儀總編纂：《總統蔣公大事長編初稿》卷 5 上冊，1978，頁 431。

87. 《蔣介石日記》，1943 年 11 月 15 日。

88. 同上，1943 年 11 月 23 日。

提，切勿由我主動自提。此不僅使英、美無所顧忌，而且使之畏敬，以我乃毫無私心於世界大戰也。」

　　開羅會議前夕，為了與美英首腦商談戰後計劃，國民政府擬定了政治方案。[89]該方案由四部分組成，分別為：一、關於設立四國機構或聯合國機構問題；二、關於過渡期間國際安全問題；三、關於德國投降問題；四、關於遠東之問題。其中，戰後對日政策主要集中在第四部分。而第四部分又包括以下四個問題。分別為：（1）遠東委員會問題；（2）統一作戰問題；（3）日本領土暨聯合國領土被佔領克服時之臨時管理問題；（4）日本潰敗時對日處置問題。

　　11 月 23 日，國防最高委員會秘書長王寵惠與郭斌佳將政治方案提交蔣介石。蔣介石認為方案中所提全部建議，難以在開羅會議一一得到落實。因此，蔣決定就「具體問題作直截了當之提議」，[90]具體包括：「凡為清算日本侵略行為，及足以明顯表現我國六年來之作戰目的者，決在此次會議中與英、美成立確切之諒解，並昭示於天下。」經過與羅斯福會商，中美雙方一致同意下列各點：[91]（1）日本攫取中國之土地應歸還中國；（2）太平洋上日本所強佔之島嶼應永久予以剝奪；（3）日本潰敗後，應使朝鮮獲得自由與獨立；（4）關於戰後日本在華公私產業應完全由中國政府接收一點，羅斯福表示贊成。12 月 1 日，中美英三國首腦發表聯合公報（《開羅宣言》），明確指出：「日本所竊取於中國之領土，例如東北四省、台灣、澎湖群島等，歸還中華民國。」[92]蔣介石收復失地的夙願終於獲得保障。

　　除了上述問題以外，11 月 23 日，蔣介石與羅斯福還討論了與日本有關的幾個問題：[93]一、日本未來之國體問題。當羅斯福就戰後

89.《戰時外交（三）》，頁 525–527。

90. 同上，頁 527。

91. 同上，頁 527–528。

92. 同上，頁 546。

93.《蔣介石日記》，1943 年 11 月 23 日。梁敬錞：《開羅會議》（台北：台灣商務印書館，1978年 10 月 4 版），頁 111–112。

天皇制之存廢問題徵求蔣介石意見時，蔣介石回答說：「此次日本戰爭禍首，實只幾個軍閥，應先將軍閥打倒。至於國體問題，宜由日本人民自己解決，以免構成民族間永久之錯誤。」二、日本對華賠償問題。蔣介石建議由日本以工業機器、軍艦、商船、鐵路、車頭等實物抵償，羅斯福表示同意。三、關於日本投降後對其三島駐軍監視問題。羅斯福希望中國居於領導之地位，但是蔣介石以中國尚乏擔當此任務之力量，主張「應由美國主持，如需要中國派兵協助亦可」。蔣介石認為羅斯福讓中國負責對日本軍事佔領，「有深意存也」，所以「亦未便明白表示可否」。蔣在這裏所說的「深意」具體指什麼，蔣在日記裏沒有明確記述。筆者認為，蔣懷疑羅斯福是在試探蔣對日本是否有領土野心，因此，拒絕當佔領日本的急先鋒。

開羅會議結束後，蔣介石對開羅之行作出如下總結：「本周在開羅逗留共為七日，乃余登外交舞台之第一幕也。其間以政治之收穫為第一，軍事次之，經濟又次之，然皆能獲得相當成就，自信日後更有優美之效果也。……東三省與台灣澎湖島為已經失去五十年或十二年以上之領土，而能獲得美英共同聲明歸還我國，而且承認朝鮮於戰後獨立自由。此何等大事，此何等提案，何等希望，而今竟能發表於三國共同聲明之中，實為中外古今所未曾有之外交成功也。……以將來和平會議中關於我國最艱難之問題、最重大之基礎，皆於此開羅會議之數日中，一舉而解決矣。」[94]《開羅宣言》發表以後，蔣介石認為「此乃為國家百年來外交上最大之成功，又為勝利重要之保障，是三十年苦鬥之初效也」。[95]

1943 年年底，蔣介石回顧一年來外交方面所發生的大事，發出了以下的感慨。「本年自一月英、美平等新約訂立，乃至美國會對華限制移民律撤銷案之通過，以及開羅公報東三省與台灣歸還中國，加之戰後朝鮮獨立之聲明以後，我國次殖民地之地位與百年來所受之國恥與污辱已一筆勾銷，掃除盡淨。然而，欲求得真正平等與獨立自由之地位，非在此後二十年內加倍努力與奮鬥，則尚難取得

---

94. 同上，1943 年 11 月 28 日後「上星期反省錄」。

95. 同上，1943 年 12 月「本月反省錄」。

也。」[96] 蔣當時的心情，也許可以表述為「革命尚未成功，建國仍須努力」。

五、結語

本章主要分析了 1941 年太平洋戰爭爆發前夕至 1943 年開羅會議結束這一段時期蔣介石的戰後構想。蔣的戰後構想分為內政和外交兩個方面。內政方面，蔣首先考慮的是收復失去的領土，具體來說，有東北、台灣和澎湖列島。關於外蒙、西藏和新疆，由於涉及與蘇聯和英國的關係，這一時期除了新疆外，沒有取得實質的進展。蔣本來打算收復琉球，但是由於琉球的性質，以及為了不讓美國懷疑中國有擴張領土的野心，蔣介石決定放棄收復琉球。蔣介石關於國家建設的構想具體表現在《中國之命運》裏面。政治方面，蔣介石決定於戰後一年之內，召集國民大會，頒佈憲法，實行憲政。為國民政府政治發展定下了時間表。關於國防方面，此時蔣所考慮的是守勢國防，其假想敵就是蘇聯。出於這樣的考慮，蔣介石希望戰後定都西安。

蔣介石關於外交方面的戰後構想主要包括四個方面。第一，擬定《太平洋憲章》，積極支援亞洲被壓迫的國家獨立。蔣介石之所以積極支持亞洲被壓迫的國家獨立，與他的反帝意識及其黃白人種鬥爭意識有密切關係。同時，也是為了實現孫中山提倡的國民革命理念。第二，拒絕與英國單獨同盟，惟美國馬首是瞻。蔣介石反對英國殖民主義，這一點與羅斯福的理念是相同的。同時也是蔣介石相信羅斯福的最大理由。第三，提出戰後國際集團會構想。該構想主張中美英蘇應該負責戰後處理問題，還提出國際集團會理事會應該由人口最多的八個成員國組成。這些主張為日後中國成為聯合國安理會常任理事國提供了有利的條件。第四，如何處置日本的問題。開羅會議確定日本戰後將東北、台灣和澎湖列島歸還中國，獲得了

96.《蔣介石日記》，「三十二年感想與反省錄」。

收復領土的保證。關於天皇制的存廢，蔣介石建議由日本人民自己決定，避免了日本國體發生重大變化。在此，還有一點值得注意，即蔣介石認為中日戰爭是由軍閥引起的。這一觀點，與共產黨的「戰爭責任二分法」是相同的。

綜觀這段時期蔣介石的戰後構想，筆者認為主要有以下三點特徵。第一，守勢國防與「自強」之夢。蔣介石在日記裏經常流露出對英、美、蘇的不滿，發誓要自強。1943 年 3 月 28 日，蔣在日記中寫到：「我中國一日不能自強，則任何帝國主義亦一日不能消滅。如此，人類永無自由解放之日。惟有中國自強，則任何帝國主義皆不能存在。」蔣介石積極主張收復失土與恢復主權，但是卻三番五次表示不以亞洲領導自居。這令人想起 20 世紀 80 年代末鄧小平所提倡的「韜光養晦」外交戰略。由此可以看到 20 世紀中國外交戰略的連續性。

第二，蔣介石有着濃厚的亞洲情結。蔣積極支持亞洲弱小國家獨立，甚至對於戰時加入軸心陣營的泰國，也希望幫助其戰後獨立。對於給中國帶來巨大損失的日本，也主張寬大處理。由此可以看到蔣作為中國領導人的博大情懷。

第三，蔣介石在摸索一種獨立自主的全方位外交戰略。1942 年 9 月 12 日，蔣在日記中寫到：「此時我國應有獨立自主之道。只要我能自強奮鬥，則美國之態度善惡，皆無足輕重。國際道德至今，可謂喪失殆盡，殊為人類正義寒心也。」蔣介石拒絕與英國單獨結盟，一方面因為蔣不信任英國，另一方面，他擔心會引起蘇聯嫉妒，也怕影響戰後與德國和日本發展關係。這些無疑都是蔣介石獨立自主外交的具體表現。從這個意義上來說，蔣介石的外交戰略具有前瞻性。

第四部

中外文化互動與社會變遷

第十六章

張君勱的《國憲議》
求個人、社群和國家的有機發展

麥勁生
香港浸會大學歷史系

一、引言

　　從辛亥革命到中華人民共和國建立這段時期，中國歷史波濤起伏，改革、革命、外力入侵和國內的種種鬥爭，交織出動盪、苦難和充滿轉變的年代。求治不得，平亂無從，多少人縱有雄才大略，亦只能望世局而興嘆。當然，擇善固執，雖千萬人而吾往矣者亦眾。甲午戰敗和百日維新無成，掀動革命風潮，晚清改革不但無法挽狂瀾於既倒，反而催化舊體制的崩潰，辛亥革命最終結束歷史上最長久的一個帝制。大廈既倒，人人各尋出路，造成民國初年時軍閥擁兵、資本家和地主乘勢擴張的一片亂象。無論南北大小政權均無法建立一個被各方面認受、達致全國的公權力。然而，努力為民族建設籌謀者仍然努力為事，有人致力重建文化，亦有人思考新政府形式。在五四時期，國家命運危如累卵之際，洶湧的思潮激動人心。

　　傳統的五四研究，簡單將傳統和現代性、急進改革和保守主義二分起來。美國著名漢學家格里德（Jerome B. Grieder）在三十多年前的作品這樣描述五四的激進分子：「我們可以這樣看他們──他

們大概也想這樣看自己 —— 面對崩塌於他們面前的文明，道德基礎
早已蕩然無存，社會和政治的支柱亦搖搖欲墜，他們這一群建築學
徒，打算先把這些不堪再造的舊結構去除，再謀另建新廈之圖。」[1]
他們與捍衛舊有文化和制度者壁壘分明。先進青年和保守主義者的
持續對抗、和解與相互影響，成為了研究五四時代的一條主線。當
然，更多的研究，讓我們了解這個所謂的「五四典範」（May Fourth
Paradigm）並不足以展示這時期的複雜文化光譜。年來對民國時期現
代性的種種研究，顯示在商業、[2] 醫療、[3] 文學[4]、日常生活和物質文
化各方面，[5] 都已暗地發展出傳統與西方混雜的新形式。周啟榮、葉
紅玉和韓子奇合編的作品更明言要超越「五四典範」的框框，讓大
家用更開放的眼光去看待這個新時代的文化。[6]

　　事實上，五四這一代的知識青年，經歷了帝制的覆沒和民國的
新生，既受過舊學訓練，也擁有新的知識和視野。他們不少曾經留
學，甚至到過多國遊歷。同時，他們對於民族的前途憂心如焚，時
刻思考如何解決面前中國分裂、積弱、受外力蠶食的問題。傳統、
新知識和個人的經驗是他們解難的資源。這些資源，每個人的領受

1. Jerome B. Grieder, *Intellectuals and the State in Modern China* (New York: Free Press, 1981), 204.

2. Peter Zarrow, *Creating Chinese Modernity: Knowledge and Everyday Life, 1900–1940* (New York: Peter Lang, 2006); Susan Mann, *Local Merchants and the Chinese Bureaucracy 1750–1950* (Stanford: Stanford University Press, 1987), and Richard John Lufrano, *Honorable Merchants: Commerce and Self Cultivation in Late Imperial China* (Honolulu: University Press of Hawaii, 1997).

3. Ka-che Yip, *Health and National Reconstruction in Nationalist Culture: The Development of Modern Health Services, 1928 –1937* (Ann Arbor, Mich.: Association of Asian Studies, 1995); Ruth Rogaski, *Hygienic Modernity: Meanings of Health and Disease in Treaty-Port China* (Berkeley: University of California Press, 2004), and Angela Leung and Charlotte Furth eds., *Health and Hygiene in Chinese East Asia: Policies and Publics in the Long 20th Century* (Durham: Duke University Press, 2010).

4. David Der-wei Wang, *Fin-de-siècle Splendor: Repressed Modernities of Late Qing Fiction, 1849–1911* (Stanford: Stanford University Press, 1997); Lydia Liu, *Translingual Practice: Literature, National Culture, and Translated Modernity-China, 1900–1937* (Stanford: Stanford University Press, 1995)

5. Leo Ou-fan Lee, *Shanghai Modern: The Flowering of a New Urban Culture in China, 1930–1945* (Cambridge, MA: Harvard University Press, 1999), and Frank Dikötter, *Things Modern: Material Culture and Everyday Life in China* (London: Hurst and Co., 2007).

6. Kai-wing Chow et al, *Beyond the May Fourth Paradigm: In Search of Chinese Modernity* (Lanham MD: Lexington Books/ Rowman and Littlefield, 2008).

程度和使用方法不一，所以他們提出的答案也可以大相徑庭，非一
個典範可以盡數解釋。

　　本章的對象張君勱（1887-1969）正是這一時代、這一文化氛圍
之下的一個典型中國知識分子。他生於江蘇寶山的富裕家庭，年幼
時受私塾教育，12 歲入讀以教授西學為主的廣方言館，後來亦考得
翰林院庶起士的名位。1906 年赴日本早稻田大學進修，1910 年取得
政治學士學位，1913 至 1922 年間兩度赴德國深造，期間活躍於新興
政治團體，為「政聞社」成員，頗得梁啟超賞識。他在德國的學術
經歷十分特別。統一前德意志地區的政治環境，令知識階層發展出
獨有的內斂性（inwardness/ innerlichkeit）。事實上，在 17、18 世紀諸
侯爭逐天下的大環境中，除了少數法律、醫學、神學人才獲得較佳
的發展外，德意志的知識階層，憑着一點財富，過着沉迷知識的質
樸生活。即使在轟轟烈烈的啟蒙運動期間，柏林的知識分子也沒如
巴黎的哲士般衝鋒陷陣，與教會及專制政府對抗。[7] 相反，個人修養
（Bildung）是他們的文化和教育使命。在浪漫主義時代，他們進而
強調發展個人的靈性生活，以抗衡氾濫的唯理性、唯科學和物質主
義。這種文化氣候產生出別具一格的詩、音樂、美術和歷史作品。[8]
「修養」這種理想，也影響到晚清至民初的留德知識分子。我們可以
在蔡元培（1868-1940）、宗白華（1897-1986）、馮至（1905-1993）一眾
的作品看到這種濃烈氣息。1923 年前後的張君勱，多談政治，少談
哲學，但個人與社群的意義，在他的早年作品中有相當的分量。

　　他的豐富學術見識和政治閱歷，讓他能遊走於政治與學術之
間，早年和國民黨要員頗有往還，1930 年代卻批評蔣介石的獨裁
統治，轉而倡議「第三種政治」。因為親歷德國的學術氣候、一次

---

7. 要理解德意志地區的啟蒙特質，可參考 Hans J. Hahn, *Germany Thought and Culture: From the Holy Roman Empire to the Present Day* (Manchester: Manchester University Press, 1995); Terry Pinkard, *German Philosophy 1760–1860: The Legacy of Idealism* (Cambridge: Cambridge University Press, 2002); Richard Van Dülmen, *The Society of the Enlightenment: The Rise of the Middle Class and Enlightenment Culture in Germany,* trans. Anthony William (Cambridge: Polity Press, 1992).

8. Frederick C. Beiser, *The Romantic Imperative: The Concept of Early German Romanticism* (Cambridge, Mass.: Harvard University Press, 2003).

大戰、俄國大革命和魏瑪政權誕生，他對西方憲政和社會主義，亦有獨到的觀察。那時候的張君勱年紀尚輕，還說不上是憲法專家。1922 年，他被章太炎委託起草中華民國憲法，他自己後來憶述：

> 1922 年回國，我個人興趣又不在憲法方面，而轉入哲學問題。其時上海七個職業團體發起之國是會議，議決起草憲法，他們以為中國成立了好幾年，憲法還沒有成功，何妨擬定一個憲法草案，以供國人參考。議定之後，由我和章太炎先生任起草之責，當時我主張採用內閣制，太炎先生主張採用瑞士的委員制，我先擬了一份內閣制的憲法，後來太炎先生強迫我再擬一份委員制的憲法，我礙於情面，又起草了一份，我一個人在兩周間起草了兩份憲法，我自己也覺得好笑。[9]

該草案之後以《國憲議》之名出版，附有更詳細的解釋。事實上，當時舉國兵馬倥傯，武人當政，少有人專心籌憲。張君勱，以其所見所聞，憑其所識所知，為國體立綱，顯見其道德勇氣。近代研究張君勱的學者，對《國憲議》討論甚多，但探究德國學術傳統對張君勱早年立憲精神的影響卻未見深入。[10] 重讀《國憲議》不但可以看到張君勱勉力為之，為中國新共和國謀遠景的努力，也能明白他對當時中國及國際形勢的了解，以至中國學術傳統和德國文化資源的混成。

---

9. 張君勱：《憲政之道》（北京：清華大學出版社，2006），頁 6。

10. 1990 年代開始，薛化元就專心研究張君勱的憲政思想，著有：《民主憲政與民族主義的辯證發展 —— 張君勱思想研究》（台北：稻禾出版社，1993），頗能道出張君勱的憲政思想在 20 世紀中國政治改革的軌跡中的重要地位。書中有篇章扼要說明張君勱對德國唯心主義的認知，但德國古典文化與張君勱早年憲政思想的關係卻非該書所重。鄭大華：《張君勱學術思想評傳》（北京：北京圖書館，1999），許紀霖：《無窮的困惑：黃炎培、張君勱與近代中國》（上海：三聯書店，1998）和呂希晨：《張君勱思想研究》（天津：人民出版社，1996）都未深探《國憲議》一書。王若本：《憲政與德性：張君勱憲政思想研究》（北京：中國政法大學出版社，2011）對張君勱的憲政思想討論非常完整，但較少談及《國憲議》在 1920 年代初的環境中的醞釀與形成。

二、中國的形勢和張君勱的《國憲議》思想資源

　　在 1880 年代出生的中國讀書人，無可避免地面對改革和革命的抉擇。滿清頹勢已成，體制以內的改革社會成本較低，但成敗未可料；革命可以帶來光明的遠景，也可造成長久的災難。每人的經歷、背景和利益不一，選擇自然也不盡相同。張君勱同樣感受過改革和革命兩股力量。他自小受傳統教育，但 12 歲投身的廣方言館卻是由士大夫領導的自強運動的產物。在廣方言館，他首次認識到改革先鋒梁啟超，之後 20 載，兩人結下不解之緣，而張君勱的憲政和改革思想，亦可以從這裏說起。1903 年春，張君勱入上海震旦學院，該校的宗旨也是要為中國培育學貫中西的人才，引導他進入震旦學院的，亦是梁啟超主理的《新民叢報》刊登的招生啟示。之後他為求學、為生計，輾轉從南京到湖南，又從湖南到日本求學，在日本學習到了憲法的理論，也接觸過革命分子，但他一直追隨康、梁，支持立憲，反對革命。[11] 不過 1926 年的一篇〈革命與反革命〉多少道出他的心聲：

> 鄙以為革命至少含二意。推翻與建設是也。社會制度不良，而思推翻，然一方推翻其不良制度，一方必建設其良好制度。若專言推翻，而不思建設。非革命也。[12]

　　晚清之時，他對清廷未感完全絕望，所以言立憲，求改良。至清廷倒台，他亦堅持言立憲，求改良，希望在廢墟之中重建新政權。

　　可惜袁世凱正正代表了反革命的力量：

> 何謂反革命？當法之一八一五至一八四八年時，彼時國已共和，而一般人仍主專制。學校已知注重科學，而仍主張讀希

---

11. 參看 Roger B. Jeans, *Democracy and Socialism in Republic China: The Politics of Zhang Junmai (Carsun Chang), 1906–1941* (Lanham: Rowman & Littlefield, 1997), Chapter 1。翁賀凱：〈張君勱民主社會主義思想的起源〉(《二十一世紀》，總 108 期〔2008〕，頁 60–69) 認為張君勱留德期間經歷了德國的變革與俄國的革命，因此選擇了前者的溫和改良。實際上，他的改良傾向還可以在他更早年的思想找到痕跡。

12. 張君勱：〈革命與反革命〉，《政治家》，第一卷第十號 (1926)，頁 3。

臘古詩。宗教已失其信仰,而仍主張非信宗教者,不可為大學
教授。一乎反常,此所謂反革命也。[13]

時不與我,張君勱匆匆去國,到嚮往已久的德國柏林進修。因
語言隔膜和學制不同,張君勱自言所知不多,之後曾於 1915 年到英
國遊歷,亦曾於 1916 年春應梁啟超之請,回國協助討袁,1918 年大
戰結束,他陪同梁啟超赴巴黎觀察和會進程,之後留德未返,隨名
師倭伊鏗(Rudolf Christoph Eucken, 1846–1926)學哲學,至 1922 年始
返國。[14]倭伊鏗的思想複雜細緻,本章不能深入討論,但觀張君勱對
其思想的解釋,處處再現德國的傳統文化理想。

張君勱隨倭伊鏗學習多年,並曾意圖邀他來華演講,但實際
上張只在幾篇文章扼要訴說其思想。修養、精神生活、反唯理性主
義、反機械論一再展示在張君勱的詮釋中。1920 年,張君勱身處
巴黎,就以〈倭伊鏗精神生活哲學大概〉一文,推介其師之文化理
想。[15]綜合而言,倭伊鏗的生活哲學,以人的生活為主體。生活是
一個延續和創造的過程,現代的唯理性主義,以科學定理解釋萬事
萬物,最終走進機械論的死胡同。倭伊鏗正要指出:「世人弊精勞
神於概念之搜求,反將生活拋棄」和「非求生活之根據於思想中,
乃求思想之根據於生活中」。[16]借用柏格森(Henri Bergson)對倭伊鏗
《生活意義及價值》一書的序文所言,張君勱指出,在生活中「⋯⋯
精神與物質相遇,實為創造能力之大源」。[17]人固然不能隨心所欲地
改變物質條件和自然環境,但卻能憑其精神和意志創造出合乎個人
和社群生活所需的文化生活、制度、知識和價值。[18]人為生物,受
生理和心理本能之驅動,但人亦有精神的能量,在滿足物質慾望之

13. 同上。
14. 鄭大華:《張君勱學術思想評傳》,頁 7–10。
15. 收入張君勱,程文熙編:《中西印哲學文集(下冊)》(台北:學生書局,1981),頁 1095–
    1115。
16. 同上,頁 1097。
17. 同上,頁 1101。
18. 同上,頁 1103。

外，能向「文學、宗教、美術、學問」等理想邁進。[19] 智性產生智
識系統，固然為精神活動重要部分，但從衣、食、住、行，到宗教
道德，無一不是精神活動的成果。人類的歷史，就是精神奮進的歷
程；人得以逐步脫離自然的主宰，得到真正的自由。

要達至精神生活之圓滿，除了要摒棄唯智、唯理性和機械論
外，張君勱受倭伊鏗啟發，要求大家開放心靈，不受任何學派之束
縛，[20] 並且要建立起獨立之性格，避免盲目跟風，[21] 並且能在現實之
中求學識，以知識改變環境。[22] 某次探訪倭伊鏗時，張君勱感受到這
種個人修養，若能推展到大群，就是文化進步的最大能量。[23]

1914 至 1922 年間，張君勱或未達學術之目的，但他此時近距離
感受一次大戰和巴黎和會，俄國大革命和首個社會主義政權降臨，
德國革命和魏瑪政權誕生。上述經歷，都成為他的憲政思想資源。
張君勱留歐至久，對德國文化與政治變遷感受極深，德國戰敗至威
瑪憲法建成之時：

> 是時作歐洲再度之遊，始以俄之蘇維埃憲法譯佈國中，繼
> 日讀德國造法會議記錄；乃於德國革命始末，新憲精神有所論
> 到，曾利於改造雜誌，今已彙為一書，名曰新德國社會民主政
> 象記。[24]

該書於 1922 年由商務印書館出版，全長 417 頁，論德國共和主
義和社會民主主義、革命始末、憲制過程均甚詳細。張君勱最後推
崇德國共和而非蘇聯式社會主義，究其原因：

---

19. 同上，頁 1113。

20. 張君勱：〈學術方法上之管見〉，《改造》四卷，五號（1921），頁 2。

21. 同上，頁 5。

22. 同上，頁 7。

23. 宰平：〈倭伊鏗談話記〉，《改造》四卷，5 期（1921），頁 6。

24. 張君勱：〈粵中張君等四人譯蒲呂楠氏德國新憲法序〉，《政治家》，第一卷第六號（1926），
頁 3。

> ……德國社會黨預備垂及五十年之久，而俄則事起倉卒之
> 間也。竊以為誠遵德之軌道以行，有真正之民為後盾，則一成
> 後，不可推翻。如俄國者，政府日以嚴刑峻法防異己之反側，
> 雖暫時成功，而他日人民自由恢復則共產黨能否久執政權，尚
> 不可知……[25]

同時，社會主義謀去除社會不平等的宏大理想，張君勱也能領
會，稍後融會於他的憲政思想。

張君勱同時經歷了德國和俄羅斯在一次大戰末段的巨變，亦看
見了兩個強國走上了完全不同的發展之路。一直苦思中國進路的張
君勱，在德國的憲政新發展得到新的思想資源，卻視列寧領導的無
產階級革命為畏途，他對德國的樂觀想像溢於言表。例如在〈德國
革命論〉中，他說：

> 革專制而共和，此國人之所望也，共和成而國基安，此
> 尤國人之所望也。今有國焉，其革命大業之成，優於吾者六七
> 載，而國家機關之改造與其根本大法，半載之間已驟然具備。
> 吾於是默念曰，吾中國其尚有此一日乎？其竟無此一日乎？此
> 吾讀德之新憲法而感不絕於餘心者也。[26]

他更認定德國之變革，是國民長時期共同努力之成果，不會再
掉進革命和反革命的漩渦：「德國之革命則異乎事，建築於五十年
訓練之上，醞釀於四年戰事之中，有國民之為後盾，無一革再革之
反覆。」[27] 相反，俄國的無產階級革命，既無民意基礎，亦欠缺社會
條件，全賴領導列寧和少數人的策動，只會變成專制統治。[28] 七年之
後，蔣介石威權管治醞釀之際，張君勱更清楚蘇俄管治造成權利寡

---

25. 同上。
26. 張君勱（君勱）：〈德國革命論〉，《解放與改造》2卷，3期（1920），頁6。
27. 張君勱（君勱）：〈中國至前途：德國乎？俄國乎？〉，《解放與改造》2卷，14期（1920），
    頁1。
28. 同上，頁3–4。

頭、立法權與行政權不分，一黨專政和禁止人民自由發言和結社等
嚴重後果。[29]

　　相反，德國魏瑪時代的新憲法，不但是德國民族累世紀奮鬥的
成果，更是平衡各種社會利益的大成，很多部分都切合當時中國的
需要。例如德國由帝制走向共和，須要將各邦轉成州（Länder），並
要求它們放棄部分權利予中央政府，過程複雜。新建的中央政府既
要主理全國軍事、外交和經濟事務，亦要尊重地方自治的權利。以
此為鑒，張君勱強調：「吾國民當知世界大共和國無不植基於地方
自治之上。惟地方事業條理井然，舉其犖犖大者以歸於中央，故全
國之相使，若身之使臂，臂之使指。」[30]另一方面，從前德皇臨天
下，權傾朝野，德國新憲法讓魏瑪總統保持崇高地位，又不與在國
會中有多數支持的首相衝突，同時在關鍵時刻發揮政治作用，實在
有精要之處。[31]此外，革俄共社會主義之弊，德政府苦心平衡資本主
義與勞動保護。[32]以上種種都啟迪了張君勱的憲法精神。

　　觀張君勱日後之思路發展，既重視建立憲制以確保共和能順
利發展，也同時考慮了中國的政治現實，國民的自治能力和政治素
養、政治領導等種種因素。而《國憲議》雖說是於 1922 年倉卒寫
成，卻包含了他的智慧。1930 年代，他面對日漸膨脹的專權政府和
實力漸成的社會主義，他求發展中間力量作為中和。大戰過後，他
着重重興儒家思想作為中國再發展的支柱，前後思想一貫，分別只
在側重點不一。

29. 張君勱（立齋）：〈一黨專政與吾國〉，《新路》1 卷，2 期（1928），頁 25。
30. 張君勱（君勱）：〈德國新共和憲法評〉，《解放與改造》2 卷，9 期（1920），頁 10。
31. 同上，頁 15。
32. 張君勱（君勱）：〈德國新共和憲法評（一續）〉，《解放與改造》2 卷，11 期（1920），頁 10。

三、中國立憲條件和難題

在 1922 年張君勱著《國憲議》時,中國面對一個無法逆轉的現實,就是帝制或者所謂「單一國」之政體已經如大江東去;繼之而起的,卻是分裂國土的軍閥政治。人民對此無能為力,亦茫然不知對應:

> 軍人倡狂,各據一省,而全國成分崩離析之局,舉國之眾,無不疾首痛心於軍閥,然而如軍閥何也。我見雲南政局之翻雲覆雨,則唐繼堯之出焉入焉,而省民寂然也。我見川滇之爭,以為滇人既去,川人當能自保,而不圖四五軍長之自相殘殺,而省民寂然也。我見盧永祥之忽督軍、忽督辦,而省民寂然也。我又見張作霖之忽督軍、忽總司令,而省民寂然也。嗚呼!在此基礎之上,而求美國之所謂邦。由邦而進為聯邦國。豈為蒸沙為飯,緣木求魚乎。[33]

回看晚清改革虛言立憲,中華民國《臨時約法》無法推行,袁世凱將《臨時約法》棄之如敝履,到各省割據而治的局面,[34] 當前中國建立共和的難題有二,其一是如何將各據一方的地方勢力收歸一個共和架構之下,其二是如何叫廣大民眾重視和參與政治?

關於政體問題,張君勱考察美、加、德三國的憲法之後,得知聯邦國的建構,一大關鍵是到底各邦或州是成於國之前或之後。以美國為例,各邦成於聯邦政府之前,各邦的既有實力已存,聯邦國若強行奪取其權利,只會導致紛擾不休。若國先於邦成立,國憲凌駕邦憲自然較有可能。[35] 張君勱清楚了解,中國分裂之局已成,唯有寄望各省自謀制憲之力,各省之憲制可以各有其特色,亦保存其高度自治的能力,餘下的是中央和各省權利的分配問題,何者歸

---

33. 張君勱:《憲政之道》,頁 5。

34. 雷震,薛化元編:《中華民國制憲史:制憲的歷史軌跡 1912–1945》(台北:稻鄉出版社,2010)對這個歷程論述得非常透徹。

35. 同上,頁 18。

中央，何者歸省。這方面的討論，進一步延伸出張君勱的聯邦法律構想。

　　所謂「剩餘權」為張君勱的重要考慮。所謂「剩餘權」，即介乎中央政府和省／邦政府，而憲法沒有明言的權限，到底誰屬的問題。一般聯邦國，如美國和德國會在憲法標明中央政權所掌，沒標明的歸省／邦。中央所掌如鑄幣、郵政、宣戰等，爭議較少。但遇有灰色地帶，容易爭論不休。「反是者，將省之權列舉，而剩餘權屬中央。」[36] 此舉最大弊端，是政事種類繁多，未必能一一盡數列清，若省／邦憲未有列明之權限，一切盡歸中央，中央權力可以無邊無際。更重要的是，「而日後新發生之事項，劃為中央所獨佔，此亦非所以鞏固省權之道也。」[37] 張君勱忌憚中央過分集權，寧取聯邦政體，同時認知省權既立的事實，在湖南、浙江諸省，既有省憲，亦為自治之實體。強行擴大中央之「剩餘權力」，不但難以執行，亦容易引起地方反彈，最終難成大業。為此，他轉而倡議加拿大的聯邦形式，聯邦政府和邦／州政府同時列舉其權限，遇有爭端，由法院作最終仲裁。所謂「剩餘權力」，當為「法之合憲與否」。[38] 如是，張君勱過渡到一個更嚴正的問題，即法律和法院的權利。

　　中國分裂已久，須建立統一法制和統一政權，統一法制兼涉處理中央和地方權利的問題，意義尤為重大。張君勱參考美、加、德國、瑞士之法制後，倡議一種近似德國的法制，認為可消融地方中央之矛盾，同時令法治上下有序。他相信各地法制均有獨特之處，美國設聯邦政府和各州法院，聯邦法院審理憲法、法律、條約、公使領事、陸海軍、各州之間糾紛，或私人與某州之間爭議，其他民刑事項歸地方法院審理，[39] 終審之權、法官委任亦歸州管轄。而瑞士有統一之民商諸法典，但法院編制仿美，僅重大事項如州與州之間

36. 同上。
37. 同上，頁 23。
38. 同上，頁 26。
39. 同上，頁 64。

訴法、叛國、國際犯罪等始歸聯邦法院審理。[40] 德國制度深得張君勱之心，在於全國法院有統一編制，無論區、地方、高等或宗國法院（即聯邦法院），均按中央法律設置，因屬同一系統，上下有序可依。張君勱因此得出一結論：

> 必法典不統一而後為聯邦者，謬論也；必全國法院，不出於同一系統，終審權屬之各省，而後為聯邦者，亦謬論也。[41]

以中國為例，各省法例編制不一，憲法不同，互不統涉為大害，因此：

> 故我以為今後即為聯邦國，而司法權之統一，立國之根本之方針也。其所以統一之道則有五：全國法院編制法，由中央政府編成，而推行於全國一也；全國以大理院為最高法庭二也；各省各級審判廳之權限，按級規定，而最終之解釋，屬諸大理院三也；各等審判廳以下，至初級審判廳，得由各省自設四也；法官資格及其任用方法，亦由中央之法院編制法規定之，庶幾可望全國法官立於同等程度五也。[42]

很明顯，在統一和自立之間，張君勱希望能得到一個平衡點，而全國法制的統一性，在他而言有莫大的重要性。因為沒有一個獨立和有凌駕性的聯邦法院，若面對重大議題，如中央和地方權利配置、選舉和修憲等，均難有最終裁決。由於中國分裂已久，而各省已發展出權力運作方式，倘無統一法官編制，各省各主法制事宜，遇各省發生衝突，亦難有最終判決。張君勱的思量，可算全面。

經濟發展如何平衡社會公義，是張君勱另一個關心的議題。他明白中國傳統立國之道：「在靜不在動，在精神之自足，不在物質的逸樂，在自給的農業，不在謀利之工商，在德化之大同，不在種

---

40. 雷震，薛化元編：《中華民國制憲史：制憲的歷史軌跡 1912–1945》，頁 65。

41. 同上，頁 66。

42. 同上，頁 67。

族的分立。」[43] 只是，中國要在 20 世紀存活富強，不能不發展工商業，開放門戶，進入國際經濟舞台。問題在，工業國家中工人和婦孺生活之苦，壟斷集團的跋扈，張君勱也都看在的眼內。如俄共般行公有制，剝奪人民經濟和人身自由並非他所想，因為：「一切政制上之社會公道與個人自由，如鳥之兩翼，車之兩輪，缺一不可者也。」[44] 德國的新憲法在這方面做到了很好的平衡，以統一保險制度保護勞工，並賦予他們結社和集體爭取權益的權利，同時在堅持自由經濟和私有產權的原則上，限制大企業的過度發展和壟斷。[45]

四、「公」心、公民品質和憲政

　　張君勱從來不是單純「以法治國」的倡議者，他的作品充分顯示他的人本思想，和他後來重弘儒家學說的熱誠同出一徹。對於人的完整性格，張君勱在 1930 年代以後研究黑格爾的哲學時有極精闢的發揮。黑格爾所說的公民社會（*Bürgerliche Gesellschaft*）正是個人達致自由的一個極佳場地。受到制度的保障，人發展出自覺、自決和理性，擺脫自然力量的牽制，並且在群居生活中安享倫理生活（*Sittlichkeit*）。[46] 1920 年代初期的張君勱沒有全面闡釋黑格爾的理論，也沒有從中找到重回儒學的路徑，但他已發覺到人格發展和自治的群居生活是憲政的基礎。1920 年代初，他慨嘆中國的國民素質遠遠落後於政治的需要，究其原因，也是傳統政治的惡果：

> 聞之較數千年東洋政治與近百年西洋政治之異同者，必曰吾專制而彼則民治，吾無憲法而彼有之，彼有個人自由之保障而吾無之，彼教育其民惟恐其不智，而吾則行愚民之術。[47]

---

43. 同上，頁 87。

44. 同上，頁 91。

45. 同上，頁 89–91。

46. Peter G. Stillman, "Hegel's Civil Society: A Locus of Freedom," *Polity*, 12, no. 4 (1980), 624.

47. 張君勱（君勱）：〈國民政治品格之提高〉，《改造》4 卷 2 期（1921），頁 3。

必先有自由的社會、獨立之人格，才能建立理想的理性政治：
「而所謂真正的理性政治，必起於個人良心上之自由。本此自由以凝
成公意」。[48] 當然，這種發展需時完成，非一蹴而就，一次大戰後的
德國，雖有完備的憲法，但還需等民意成熟，才能水到渠成，[49] 中國
的長遠發展更不可不兩者並重。[50]

在他眼裏，1920 年代的中國民眾呈現一種老態，「鄭重，多思
慮，安於保守，重現實，怕權勢，計較成敗，顧身家。」[51] 反映於
民初政局是爭名奪利和附勢趨炎。被排於政治之外的大眾或人云亦
云，或聞整治而迴避。[52] 因此，「真正之民眾活動，起於人民的自
覺」，「夫真理存於特立獨行之內，不在隨聲附和之中，證之學術思
想之變遷而益明。」[53]

聯邦之所以得成，不獨靠一法制，更依賴民眾和領袖的「公」
心和自治能力，兩者缺一不可。無「公」心而有自治能力，則有自
我，而無社群，更無國。要求人因公忘私，亦屬不切實際，歸根究
底，「公」心與自治能力，不能即時養成，需漫長日子浸淫發展而
得。張君勱在〈學生自治〉一文就指出歐洲人於歐戰前後：「除一
國之美文外，兼及天文、地理、理化、博物之類，故學生只見聞大
廣。書本之外，有體育，有遊戲，故身心二者平均發展。……歐洲
人藉以現在之教育為不足盡學生之天才，於是歐洲前後有一種流行
之學生，名曰『學生自治』。」[54] 以他的理解，歐式的教育重視學
童的全面發展，從個人達至群性。學生自治，由每班之班長、副班
長和管理員之選舉以至執行職務，各班班長組成聯合會，進而組織
全校學生大會。其精神和德皇時的專制統治格格不入，故未有被提

---

48. 張君勱（君勱）：〈國民政治品格之提高〉，《解放與改造》2 卷，11 期（1920），頁 4。

49. 張君勱（君勱）：〈中國之前途：德國乎？俄國乎？〉，《解放與改造》2 卷，11 期（1920），頁 2。

50. 張君勱（君勱）：〈國民政治品格之提高〉，《解放與改造》2 卷，11 期（1920），頁 3。

51. 張君勱（立齋）：〈吾民族之返老還童〉，《新路》1 卷 4 期（1928），頁 10。

52. 張君勱（立齋）：〈現時政潮中國民之努力方向〉，《新路》1 卷 3 期（1928），頁 1–2。

53. 同上，頁 6。

54. 張君勱：〈學生自治〉，《教育雜誌》，15 卷 9 期（1923），頁 2。

倡，至 1918 年後大盛。觀學生自治內容，非以學生為主人，以教師為公僕，[55] 最重要的反而是：「然所以必行自由之制者，曰所以完成人格之自由發展。如是，則更於養成獨立自治之國民；否則，所以阻遏其天機，而日後國家必受大損耳。」[56] 學生若能在學習階段掌握自治的精神和原則，於將來成為國民，必然大有好處。

除學校外，西方國家培養公民意識的場所比比皆是。就以城市為例，國家管一國之事，地方管一地之事。政費亦然：「全國之政費，則全國人民負擔之，地方之政費，則地方人民負擔之。以人民之財，治人民之事⋯⋯」[57] 國家掌握全國事物，以民主為綱領，地方管教育路政衞生，亦貫徹民主原則，「決無有中央政治良而地方政治惡者，良則俱良，惡則俱惡。」[58] 張君勱眼中，可足借鑒的城市體制，為英美德也。倫敦、紐約和柏林，形式相異，然而公民參與、選賢與能、興辦地方事務的精神則一。

學校為培養公民之地，城市亦然，若能積極奮進，雖身處海外，同樣能建立出治理的能力。張君勱批評海外華人常以西方強國軍事科技精良，知識教育先進，故能管治七大洲大小民族，其實「所謂政治能力者，吾以為其表現處有四：自治組織一也。財源由本地籌劃由本地用之二也。愛其所在之地三也。善管理異民族四也。」[59] 中國人的生計能力尤勝外國人，無奈於自身事情之外，少關注公益，所以錯失種種自我修養成公民的機會。

因此，張君勱講立憲，同時講國民的精神力量。面對軍閥割據，他謂：「此又何以故？吾嘗思之，嘗深思之。而知中國政治積病之所在，蓋在徒講外的政治，而不講內的政治。在徒講表的政治而不講裏的政治。」[60] 然而所謂外的、表的政治，例如《臨時約

55. 同上，頁 5。
56. 同上，頁 6。
57. 張君勱：〈英德美三國市制及廣州市制上之觀察〉，《蘇社特刊》，2 期（1922），頁 2。
58. 同上，頁三。
59. 張君勱：〈華僑與政治能力〉，《政治家》，第一卷八號（1926），頁 6。
60. 張君勱：〈內的政治與外的政治〉，《浙江公立法政專門學校季刊》，第 8 期（1923），頁 1。

法》、責任內閣制、監督自治的法律等，全屬空文，[61] 既無執行之力度，亦受舊的習俗惡行所束縛，所以法制推廣要有成效，更需要全國公民共同推動一個「光明正大之政治運動」。[62] 今天「唯心主義」也許是個帶負面的形容詞，但受黑格爾哲學影響的張君勱卻相信，法與精神二者為一。「法者，全社會共同生活之條規；社會尤進步，則自由發表意思者亦尤眾。故法律之是非，即以是否合於自由意志之人之團體為標準。」[63] 亦靠着這些在不同場域之中，文化與公民意識逐漸成長的民眾，願意肩負民政、賦稅、軍事等責任，使省政以至全國憲政方有可為。[64] 若人民不知爭取，不願參與，怎能讓地方領袖了解到以預算慎管地方財產、置軍隊於政府之管理、將軍政隸民政之下、以法例保障人民之自由權？[65]

從憲法和公民品質的討論，張君勱推展出對政治領袖素質的要求。因為「國非一人之國，而眾人之國也。政事不止兵刑錢穀，民生之榮枯，民智之啟迪，皆國家之所有事也」，[66] 非當時中國政壇常見的「名流」、「官僚」、「策士」和「縉紳先生」所能勝任，[67] 必有完整之人格、廣泛之胸襟、堅強之意志方能為之。在〈政治家必需之要素〉一文，張君勱明列他心目中政治家的六種品質：即體健心全、恢宏懷抱、操守堅貞、虛心誠意、洞察寰宇和負責力行。如此，有憲法界定政府各機構之權限，有公民之積極參與，有政治家之熱誠領導，新政體方能有成。

---

61. 同上，頁3。
62. 同上，頁6。
63. 張君勱：〈政治上的唯心主義〉，《法學季刊（上海）》，1卷5期（1923），頁10。
64. 單以軍政為例，張君勱倡議仿效瑞士，以全民為義務兵，避免軍人擁兵自重，見《國憲議》，頁75。
65. 張君勱：〈省憲運動之目標〉，《浙江公立法政專門學校季刊》8期（1923），頁1。
66. 張君勱：〈政治教育四論〉，《教育與人生》，10期（1923），頁1。
67. 同上。

五、結語

　　要研究一個思想家，必須以動態的眼光看他所處的歷史環境和其學術關懷。張君勱既有傳統儒者的文化關懷，也受德國教育理想的洗禮，所以兼重人的群性與內在均衡發展。在辛亥革命後的十多年，中國呈現分裂的局面，有理想的領導缺乏實力統一全國，也沒有憲政的藍圖。張君勱以個人的學識和理想，知不可為而為之，匆忙中寫成《國憲議》。雖然文人制憲，效果不彰，但書中流露他對各國聯邦制的理解和中國聯邦發展的方向。人的德行與群性，在他的憲政思想中保持了一個關鍵的作用。之後超過兩個年代，他投入了政治的變革活動，傳統儒者和德國知識分子的文化關懷和教育理想，隱藏卻沒有徹底離開他。1940 年代以後，空嘆時不與我的張君勱離開中國，在美國、香港開展文化救國的工作，重建儒學的工作重新成為他的思想核心。

第十七章

以香港為觀察的跨地域表述
1950年代《自由陣線》批評國共及歐美政策的言論*

區志堅
香港樹仁大學歷史學系

一、引言

　　談及傳播近代知識的媒介，不可不注意報章及雜誌，報章為每天出版，主要刊載談及時事的文章，而副刊每因篇幅所限，作者未能詳述自己的觀點。雜誌或屬於周刊，或屬於月刊，篇幅不多，方便攜帶；或以較輕鬆的筆觸書寫時事問題，較容易為群眾接受；其主要記錄一個星期或一個月內時人的評論。由於這些言論往往篇幅太長，未能在報章上刊載，而雜誌方便閱讀，又能讓讀者在短時間及有限空間內閱讀時人的評論；加上雜誌為專題的刊物，若對某一課題有興趣者，自然會有固定的讀者群，故在電子網絡未廣泛發展的時代，雜誌成為另一種重要的知識傳播媒介。雜誌涉獵的範圍十分廣泛，如政論、時尚、時裝、娛樂、經濟、體育等，其中以政論的雜誌，甚值得注意。不少知識分子藉刊在政論雜誌的文章，以

* 本研究獲得香港樹仁大學學術研究委員會撥款資助，編號：Ref. No. 10034A，特此致意。誠蒙陳正茂教授提供寶貴資料及意見，及感謝曾參加五六十年代政論報刊出版的吳達明先生、吳兆華先生、謝炳堅先生接受訪問。

批評時政。而雜誌也有自己的政治取向，並因此作為去取文章的標準。雜誌漸漸聚合了一群認同此雜誌宗旨的知識群體，也有自己的讀者群，這樣回過頭來，推動雜誌的發展。雜誌成為了作者、出版社及讀者溝通的橋樑。

尤可以注意者，雜誌在特殊的時間及空間下，扮演了知識交流的角色。在處於一個控制知識傳播及不能自由發表言論的地域，一些國外出版物往往為不同政府意見的人士，提供發表自由言論的空間。這些刊物在特別的時空下，負上了一個時代的任務。從事研究香港文化及文學創作的學者兼作家也斯（梁秉鈞），已指出「在冷戰的模式底下，香港主流的政治經濟模式似是偏近美國一方，但不可忽略的是，傳統的生活方式、五四以來中國文人的社會關懷，甚至若干程度的左派思維，在文藝作品仍然顯著」；又說「1950 年代的香港文藝，在國共內戰之後，韓戰之初，最顯著是在美蘇兩大陣營造成的冷戰背景，左右對立是顯著的模式。但冷戰模式在本地發展，存在着不同其他地方的歷史因素和實際運行的變異」，表述了冷戰模式使香港風氣「偏近美國一方」，但不可忽視仍有不少親共、左傾及五四以來的新文化觀點，促成此時的言論呈現多元化的面貌。[1]

談及 1950 年代的言論，除了文藝作品外，也要多注意五六十年代在香港出版的政論雜誌。這些政論雜誌扮演了發表自由言論空間的角色，研究這些雜誌刊載的文章，可見一些作者在「反共」的主調下，也發表批評遷居台灣後國民政府的言論；又在批評共產國際的主調下，也刊載批評所謂「自由」的英、美、法國等國施政的言論。其中一份在香港出版的《自由陣線》，其刊載的言論值得多加研究。「沒有自由，絕無生路」——每期《自由陣線》的封面都刊有這八個字，而《自由陣線》由自由出版社編輯及出版，創辦者包括後來曾任另一所影響香港政論文化甚深的友聯出版社之總經理何振亞。何氏也認為「1950 年初，之前『友聯』還沒有成立，那時候帶

---

1. 也斯：〈一九五〇年代香港文藝中的一種亞洲想像 —— 以桑簡流的《香妃》為例〉、〈電影空間的政治 —— 兩齣五〇年代香港電影中的理想空間〉，載黃淑嫻等編：《也斯的五〇年代 —— 香港文學與文化論集》（香港：中華書局，2013），頁 117、128。

頭的不是我們『友聯』，是自由出版社。他們是很重要的，青年黨背景」。由此可知，自由出版社在 1950 年代已為香港重要的出版機構，[2] 而《自由陣線》又是它的一份重要刊物。《自由陣線》的編輯也認同香港於 1950 年代在亞洲地區扮演的角色，他認為「香港在英國管領之下，由於言論行動享有自由，二百多萬的自由人民得以充分表達出他們厭惡中共暴惡專政、盼望打倒共黨宰割，建立和平安全的新社會的心意，這是居留在海外的一千二百多萬自由人民的意志之典型」。此言雖未必準確，也未有充分統計數據引證不滿中共的居港人士之數量，但已可見 1950 年代的香港是「言論行動享有自由」的地方，此相較於中國大陸知識分子的情況，甚為可貴。[3] 同時，1950 年代不少台灣知識分子也在《自由陣線》發表文章，以言論抗衡及批評中共施政，也發文批評國民政府。由此可見，1950 年代的香港，在海峽兩岸國民黨及共產黨政權以外，為不滿中共及國民政府施政的知識分子提供了發表言論的平台，香港也成為中共及台灣的國民政府以外，海外華人「第三勢力」發展的地方。[4] 雖然民間言論未必可以影響政府施政，發表論文的作者也可能在「反共」的觀念下，未能準確地評估中國、共產國際及國際形勢，但這些言論不失為具有一時一地的精神面貌。還有，《自由陣線》自 1949 年 12 月

2. 盧瑋鑾、熊志琴訪問：〈訪問記錄：何振亞〉，載盧瑋鑾、熊志琴編著：《香港文化眾聲道》（香港：三聯書店，2014），頁 10。

3. 缺作者：〈社論：中國自由人民歡迎艾德先生一行〉，《自由陣線》，19 卷 11 期（1954），頁 3。

4. 參區志堅、侯勵英：〈香港浸會大學圖書館友聯資料介紹〉，《近代中國史研究通訊》，31 期（2001），頁 92–101；有關研究香港第三勢力的成果，以陳正茂先生的研究最為豐碩，見氏著：〈「第三勢力運動」史料述評 —— 以《自由陣線》周刊為例〉，《中國青年黨研究論集》（台北：秀威資訊科技股份有限公司，2008），頁 13–40；《五〇年代香港第三勢力運動史料搜秘》（台北：秀威資訊科技股份有限公司，2011）；參菊池貴晴：《中國第三勢力史論》（東京：汲古書院，1978）；周淑真：《中國青年黨在大陸和台灣》（北京：中國人民大學出版社，1993）；為中國第三勢力定名的，見張君勱：《中國第三勢力》（台北：稻鄉出版社，2005）；林博文：〈一九四九年的香港第三勢力〉，《亞洲周刊》，24 卷 2 期（2010），見 www.yzzk.com/cfm/Content_Archive.cfm?Channel=ae&Path=4472350941/02ae2.cfm；〈五〇年代香港「第三勢力」運動興亡始末〉，《歷史的暗泡：近代中美關係秘辛》（台北：遠流出版社，1999），頁 107–119；許行：〈香港政論雜誌回顧 —— 五六十年代至七十年代政論刊物簡史〉，《開放雜志》，1998 年 5 月號，頁 44–50；萬麗鵑：〈一九五〇年代的中國第三勢力運動〉（台北：國立政治大學歷史研究所博士論文，2001〔未刊稿〕）；研究有關美國政府扶植「第三勢力」，以便在中國大陸及香港宣傳「反共」訊息，又欲以「第三勢力」接替國民黨管治台灣和中共管治中國之論，見林孝庭：《台海冷戰解密檔案》（香港：三聯，2015），頁 73–106；〈從中、英文檔案看冷戰初期「敵後反攻」的實與虛（1950–1954）〉，載黃克武主編：《同舟共濟：蔣中正與一九五〇年代的台灣》（台北：中正紀念堂，2015），頁 393–431。

刊行至 1959 年 6 月停刊，已有學者認為《自由陣線》在香港「第三勢力」出版眾多政論刊物中，立場最堅定、內容最明確、出版最長久。《自由陣線》以香港為搜集及編輯文稿的地方，他們雖受國民政府資助資金，但又刊載批評國民政府及中共，以及批評蘇俄及美國對外政策的文章。其出版社為於香港牛池灣成立的自由出版社。

本章以《自由陣線》為研究對象，以見此刊物刊載的有關言論，以及這群居港知識分子，怎樣以香港為中心建構他們「反共」、批評國民政府及歐美政府施政的言論。此外，今天有不少群眾親身經歷了中共的統治，故發文批評中共的施政；也有不少人士未曾經歷中共建國至文化大革命的情景，卻又發表反共及恐共的言論。他們的言論實與這些 50、60 年代出版的政論雜誌表述之「恐共」圖像，甚有關係；由是研究今天香港及台灣二地知識分子和民間的「恐共」思維，也可以多注意 50 年代在香港刊行的政論雜誌。[5] 此外，研究《自由陣線》刊載的言論，除了可見作者討論「自由」的觀念外，更可以在他們的文章中得知作者未必一定了解「自由」的定義。不過，他們的言論，多是批評中共、國民黨、歐美政府的施政，反映其時部分知識分子簡化了「自由」的內涵，他們心中「自由」的觀念，就是發表批評中共、國民黨、歐美及蘇俄的觀點。

不少中外學者，如 Paul Cohen 已指出，1949 年為整個中華民族發展的「分水嶺」；王汎森以為「1950 年代以後的台灣與整個中國的思想歷史，目前仍是一片相當荒蕪的園地」，呼籲學者多注意此關鍵的年代；王德威也認為 1949 年是「從大歷史角度看，卻成為因緣際會，卻成為華族文化最近一次『南渡』的終點」；楊儒賓也認為「有了 1949 年，我們的世界觀完全不一樣了」、「1949 年以後有了新台灣與新香港，而且新台灣與新香港是新中國逼出來的」、「如

---

5. 有關五六十年代，中國大陸境外，宣傳及建構「反共」及「恐共」的圖像，見林果顯：〈兩次台海危機的戰爭宣傳佈置〉，載沈志華、唐啟華主編：《金門：內戰與冷戰：美、蘇、中檔案解密與研究》（北京：九州出版社，2010），頁 78–103；林果顯：〈台灣反攻大陸論述的塑造與轉變（1949–1975）〉（政治大學歷史研究所博士論文，2007〔未刊稿〕）；何宜絹：〈國民黨政府與反共抗俄教育之研究〉（中壢：國立中央大學歷史研究所碩士，2007〔未刊稿〕）；參余敏玲：〈「偉大領袖」vs.「人民公敵」：從蔣介石形象塑造看國共宣傳戰 1945–1949〉（未刊稿）。

果沒有 1949 年，港台兩地的人民誠然可以減少不少的痛苦，香港不必容忍一波波的逃亡潮，台灣不必忍受一個流亡政權的白色恐怖統治。」[6] 由以上表述可知，1949 年既為中華民族發展的重要年份，亦是中華人民共和國政權在中國建立之年。1949 年前已建立的國民政府遷都台灣，延續中華民國命脈，而離開中國大陸的知識分子，不是隨國府遷台，就是在香港暫居，或待時往海歐美諸國，或等候往台灣，或選擇永遠留居香港，1949 年成為了離開中國大陸學者的生命史重要的分水嶺。此外，1949 年也促使海峽兩岸政權兩立，香港也成為人才及資金的「集散地」，故楊儒賓等學者認為 1949 年後的五六十年代，是中華民族自永嘉之亂、五胡亂華、靖康之難、南明政權後，中華民族的「大逃難」年代。然而，南下的知識分子為什麼選擇一塊港英殖民地政府管治下、又不重視中國傳統文化的香港作為暫居或久居的地方？似乎研究香港五六十年代出版的政論刊物，自可以見香港的可貴之處。正如余英時曾闡述台灣及香港的發展：「這兩個地區變成殖民地，當然是中國人的一種恥辱，是很遺憾的事情，但是這裏面有一種意想不到的發展，反而使它僥倖脫過中國一次比一次激烈的暴力革命的摧殘，所以社會變遷是自主的，和平的。」[7] 香港因港英管治成為自由言論的地方，從研究《自由陣線》的內容便可以引證此說法。[8]

---

6. 王德威：〈序：納中華入台灣〉；楊儒賓：〈1949 年與新儒家〉、〈1949 年大分裂與新漢華人文知識的再編成〉，載楊儒賓：《1949 年禮讚》（台北：聯經，2015），頁 3–5、57–64、93–120；參 Paul A. Cohen, "Reflections on A Watershed Date: The 1949 Divide in Chinese History, " in *Twentieth Century China New Approach*, Jeffrey N. Wasserstrom ed. (London and N. Y.: Routledge, 2003), 27–36；王汎森：〈思想史研究方法論〉（原文刊於《新史學》14 卷 4 期，2003），載許紀霖、宋宏編：《現代中國思想的核心觀念》（上海：上海人民出版社，2011），頁 731。

7. 余英時：《中國與民主》（台北：天窗出版社，2015），頁 28。

8. 有關香港於 1967 年爆發「六七暴動」前，香港成為左、右兩派發表言論之平台，見張詠梅：《論香港左翼小說中的「香港（1950–1967）」》（香港：天地圖書有限公司，2003），頁 66–86；另一方面，曾參與五六十年代推動香港文化活動的人物古兆申認為：「港英政府，一向宣稱自己沒有固定的文化政策，以示對文化的開放態度。實際的情況卻不是如此」，見盧瑋鑾、熊志琴訪問：《雙程路：中西文化的體驗與思考 1963–2003，古兆申訪談錄》（香港：牛津大學出版社，2010），頁 317。

二、創刊的原因及宗旨

1949 年 10 月，中共領袖毛澤東在北京天安門城樓上宣佈中華人民共和國成立，不少堅持民主思想的知識分子，不欲居於新成立的中國，也不欲隨國民政府遷台，於是在美國及李宗仁的資助下，移居到英國殖民地政府管治的香港，並在香港組織出版社及出版刊物，刊登反對國民黨及共產黨的言論，這些團體或組織，時人稱為「第三勢力」。當時的第三勢力以張發奎、張國燾、許崇智、伍憲子等人為首，他們組織了「自由民主同盟」及「自由民主戰鬥同盟」兩個重要組織；青年黨的程思遠及羅夢冊等人亦組織了「民主中國座談會」。這些「第三勢力」一時之間推動了香港政治團體的活動，又將香港營造成一個政論活躍的地方。他們與 1950 年代居港的親共和左派勢力展開論戰，又批評國共兩黨的施政，由是促使 1950 年代的香港政論報刊氣象十分繁華，也使香港政論十分熱鬧。[9]

《自由陣線》周刊在 1950 年代乘時而起，自 1949 年 12 月出版至 1959 年 6 月停刊，發行至 40 卷 6 期。熟知此刊物的人士郭士談及此刊物出版的原因為：

> 遠在一九四九年李宗仁代總統時代，當時國民政府大勢已去，李宗仁在離國以前，紛紛對有關的政治人物和政治團體，大放交情，拼命拉攏，有的送錢，有的送官，有的送護照，自己則希望去美國取得美援後東山再起。青年黨也就透過總統府丘昌渭的關係（丘早年為青年黨黨員），分到了四萬銀元券，這一筆錢即由謝澄平經手，以團體名義領到，分了一部分給台灣青年黨總部，其餘的便在九龍牛池灣的一個村落，租了一塊地皮，修了一些房屋，作為香港青年黨人的落腳地，也就成為後來「自由出版社」的大本營所在。一方面由於錢的數目太少，粥少僧多，無法分配；一方面也由於青年黨人參政的時間較

---

9. 參陳正茂：〈「第三勢力運動」史料述評 ── 以《自由陣線》週刊為例〉，《中國青年黨研究論集》，頁 13-16；〈五〇年代香港第三勢力的主要團體 ──「中國自由民主戰鬥同盟」始末〉（未刊稿）；陳運periodic連周：〈從香港看「第三勢力」〉，《新聞天地週刊》，40 號（1950 年 10 月 7 日），頁 4；參陸恭蕙：《地下陣線 ── 中共在香港的歷史》（香港：香港大學出版社，2011），頁 91-100；周奕：《香港左派鬥爭史》（香港：利文出版社，2002），頁 31-39。

短，鬥爭意志尚未完全淘汰貪污，所以便將這一筆錢創辦了《自由陣線》周刊。[10]

　　結合《自由陣線》的封面標示：「沒有自由，絕無生路；聯合起來，才有力量」，可見 1949 年後，李宗仁在離開中國大陸之前，已希望邀請相關的政治人物和政治團體一起合作。而青年黨人士因藉總統府丘昌渭的關係，得到了四萬銀元券，便以團體名義，在九龍牛池灣的一個村落租了地方，成立「自由出版社」及編刊《自由陣線》，而出版社的成員以居港的青年黨人為主。

　　《自由陣線》的創刊宗旨，在〈我們的傾向〉中表述出來：「現在儘管有人興高采烈，也許有人垂頭喪氣，但我們所不能忘懷的，卻是國家的前途，人民的死活，人類的禍福。我們眼見我們的國家，已經陷入了一個可能喪失獨立自主的危機；我們的人民，已經有不能生存和被剝奪一切自由的危險，死神又經伸出了他血腥還未洗淨的魔掌，正面對着全世界的人類，也是我們所不忍袖手的。……有心有力的人們，趕快團結起來，爭取中華民國獨立自主，維護人民的生存與自由，把中國推進一條民主改革的康莊大道，共同來實現一個繁榮康樂的現代國家，為人類和平的保障」，內容主要針對「專制」的中國大陸政權，倡導「反對一黨專政」及「反共復國」，[11] 摧毀專制的統治，建立國家獨立、政治民主、經濟平等、生活自由的新中國。而刊載文章者、讀者及編者均是「自由的結合，他們不代表任何一個舊有黨派發言」之人士。依刊物的宗旨，只有第三勢力才是推動中國發展的力量。

　　在〈本刊的動向〉一文，也述及：「檢討過去言論，第一卷提出『第三勢力』這一名詞，肯定中國第三勢力的存在，而展望其前途的發展，這一階段可以說是醞釀時期。第二卷，各方人士響應第三勢力運動，熱烈討論第三勢力的使命、任務乃至組織與領導等等問題，這一階段可以說是廣泛討論時期。今後，第三勢力運動必然

---

10. 郭士：〈「自由出版社」滄桑史〉，《醒獅月刊》，1 卷 1 期（1963），頁 8。
11. 〈我們的傾向〉，《自由陣線》，1 卷 1 期（1949 年 12 月 3 日），頁 1。

進展到理論建立時期和組織時期。」[12]《自由陣線》就是「倡導第三勢力的革命運動,這種運動的基本目標,在於『政治民主』、『經濟民主』、『文化自由』,根據此三種目標,為樹立『理論的體系』,及訂定『政治的綱領』、『經濟的政策』之準繩,而作建設新中國的藍圖」。由於出版社社員積極徵集及努力整理文稿,故時人盛稱自由出版社及《自由陣線》為「首先燃起自由反共的火炬,這不能不說是非常難能可貴的事情」。[13]

《自由陣線》在 1950 年的 3 卷 3 期中刊有〈我們的基本信念〉一文,[14]再次強調:獨裁和極權的政治是扼殺民主、消滅自由的「屠刀」。少數人獨佔的私有經濟制度或由少數人分配的集體經濟制度,都是社會生活不均不安的原因。統制文化思想的政策,「是抹煞創造,杜絕進步,拉人類面向黑暗的開倒車政策」,故「凡是愛好民主自由的人士不能忍受的。我們針對現實,提出民主政治、公平經濟、自由文化三個概念,歸結到建立民主中國,組織民主世界的目標」;而「民主政治、公平經濟、自由文化,三個基本原則,是每一個國家內部應有的合理安排,這樣的國家我們稱它為真正的民主國家」。由此可見籌辦《自由陣線》之最終目的,是建立一個「真正的民主國家」。若以五六十年代海峽兩岸國共兩黨建立政權的情況而言,建立民主國家的理想尤為可貴。因為 1949 年前,不少知識分子已見國民黨控制言論,打壓批評國民黨違憲的言論;乃至 1950 年初,又不滿共產黨的專權,由是發出建立「民主國家與民主世界」的言論,此乃切合其時代的要求。[15]

據現時資料所見,《自由陣線》的編輯先有謝澄平,後有盧衍明,而張國燾、顧孟餘、張君勱、童貫賢、李微塵、伍憲子、任國

---

12. 〈本刊的動向〉,《自由陣線》,3 卷 1 期(1950),頁 2。

13. 〈「自由出版社」滄桑史〉,《醒獅月刊》,頁 8。

14. 〈我們的基本信念〉,《自由陣線》,第 3 卷 3 期(1950),頁 5。

15. 有關 1945 至 1949 年中國國內知識分子批判國民黨違憲的言論,見區志堅:〈「在非常環境非常心情下做了」——試析錢穆先生在香港興學的原因〉,載黃兆強主編:《錢穆研究暨當代人文思想國際學術研討會論文集》(台北:錢穆故居,2011),頁 30–36;參區志堅:〈錢穆對孫中山的評價〉,載李金強等編:《共和維新:辛亥革命百年紀念論文集》(香港:香港城市大學出版社,2013),頁 105–122。

榮、周天賢、黃如今及張發奎，其中伍憲子、顧孟餘及張發奎三人
組成了常務委員會。[16]

1954 年 6 月為《自由陣線》出版五周年紀念，故於此年出版的
第 21 卷第 1 期特列為「本刊五周年紀念號」，其中有多篇文章都談
及《自由陣線》的編輯宗旨，由此可見《自由陣線》在創刊時的宗
旨為日後所繼承。此期首篇文章為〈社論：自由陣線肩負起未來艱
巨的使命〉，文中既批評國民黨未能「反攻復國」，也肯定《自由
陣線》的各位編輯仍要堅守「反攻復國、推翻極權、建立民主的責
任」；「我們這一群，不敢自詡為志士仁人，卻徹底了解中共的真正
面目和本質，不幻想，不頹喪，也不消極。懷着悲天憫人的情緒，
抱定反共復國的決心，為國家，為民族，有一分力量盡一分力量，
一息尚存，決不放棄責任」。期刊出版之初雖經困難，但「樹起了爭
取自由民主反對獨裁專制的纛，本此意念一貫地奮鬥到底」。文中
再說創辦《自由陣線》的宗旨，就是「爭取自由民主」及「反對獨
裁專制」，由是「我們本着愛護中華民國之忱，服膺民主政治的真
諦，因之我們對於同此志趣而努力者，在精神上都是誠心的贊助，
反之，我們不堅決的反對，關於台灣的政治措施」。編輯認為 1950
年代初遷台的國民政府，施政不民主，國民政府「未能因喪失大陸
的失敗而覺悟，我們屢經諍諫，希望能夠革面洗心，激底改革政
治，團結國人一切力量，藉此反攻復國的使命，可是他們非僅置若
罔聞，反而變本加厲」。同時，國民政府與美國政府於 1950 年代初
所簽的合約，卻是「使我各沿海島嶼畢露弱點，同屬中華民國的領
土，自甘被擯棄於條約之外，其地位須待雙方協議而後定，我們是
無法諒解的，只充分證明了當局的失敗、苟安、依賴的誤國心理」。
因為美國只希望維持海峽兩岸的兩個政權，而台灣的國民政府又是
消極不反攻中共，編輯認為此是國民政府「自私欲念而禍延民族國
家」，故希望藉出版《自由陣線》，以喚醒「在台灣的明達之士暨立
委、國代以及青民兩黨要體念國家民族的前途」，糾正國民政府專制
獨裁、貪圖苟安及受美國推行不利於台灣的政策所影響。故四年後

---

16. 張發奎口述，夏蓮英訪談及記錄，鄭義翻譯及校注：《蔣介石與我 —— 張發奎上將回憶錄》
（香港：文化藝術出版社，2008），頁 489。

出版的《自由陣線》仍延續創刊以「建立在反共復國，民主政治的基礎上」的宗旨，提倡「反共」及建立「民主政治」的理念。《自由陣線》也刊載多篇批判 1949 年後中共及國民政府「專制獨裁」的文章，也因為英、美、法等所謂「自由」國家，未能以強大軍事力量「阻止」中共及共產政權在歐亞地區擴張，更未能「反攻」中共，故刊載多篇文章批評美國、英國、法國的外交及軍事政策。[17]

刊於同期、由謝澄平撰寫的〈展開搶救中華民國運動 —— 中華民國四十三年十二月三日為《自由陣線》五周年紀念而作〉，認為《自由陣線》倡導「反攻復國」，並希望華僑能協助「反攻復國」，但作者看到 50 年代中葉的國民政府「不自振作且無反攻復國的決心」，「祖國」已到了存亡絕續的關頭，而大陸同胞生活在最悲慘的境界，故藉辦《自由陣線》「向海外僑胞呼籲即須團結奮起，展開愛國自救運動，設若不再把握時間，祖國必至萬劫不復」。祖國處在危亡關鍵，可惜其時「台灣國民黨小朝庭的做法更感絕望，在台灣的民主自由鬥士必更深刻的認識了國民黨今日政權的本質，是有心保守，企圖偏安，所講反攻，不過是欺人之談而已」。故《自由陣線》除了刊載批判中共及共產政權的言論外，也刊載批評國民黨的文章，以便「一面結束失敗的苟安的局面，一面展開新的政治政治形勢。同心一德，共赴國難。…… 為反共復國精神而戰，藉以挽救中華民國的厄運，延續具有五千年歷史的中華民族的生命」。[18]

再看張葆恩〈本刊五年來的工作總結〉一文，他總結了《自由陣線》自 1949 年 12 月 3 日創刊至 1954 年的發展歷程。[19] 張氏指出「本刊創刊之始，香港文化界正陷於反共低潮中。當時由於人們對於共黨的認識不夠清楚，於是心存幻想，抱觀望猶疑的態度」，而編輯委員會開始「抱着孤臣孽子的心情，出諸明目張膽的態度，大聲疾呼，指出共黨禍國殃民的暴政，竊位賣國的醜行，並進一步剖析

---

17. 缺作者：〈社論：《自由陣線》肩負起未來艱巨的使命 —— 紀代本刊步上第六年〉，《自由陣線》，21 期 1 期（1954），頁 3。

18. 謝澄平：〈展開搶救中華民國運動 —— 中華民國四十三年十二月三日為《自由陣線》五周年紀念而作〉，《自由陣線》，21 卷 1 期（1954），頁 6。

19. 張葆恩：〈本刊五年來的工作總結〉，《自由陣線》，21 卷 1 期（1954），頁 7-8。

國、共鬥爭之由來以及中國問題的癥結所在」。張氏認為「嚴正的
立場和明朗的態度」,「能夠博得讀者的同情,引起社會的注意」,
終能「激起海外文化界的反共高潮」。又「感於『沒有自由,絕無
生路』,也警覺到『結成陣線,才有力量』,我們更體會到共黨暴政
不僅剝奪了我們的自由,而且更出賣祖國,陷黃炎子孫於萬劫不復
的絕境。因此我們認識到國共政權之隆替,與歷代王朝之興亡遞嬗」
之別,為近代中國受到共產主義的影響;而「中共的本質,就是俄
共的工具,一切唯『老大哥』之命是從,必至斷送整個國家而後
已」。中國不是中共管理,而是受俄共管理,流居海外的僑胞,已成
為「無國之民」。海外華僑「早於 1950 年春間,號召復國運動」,並
認為過去國民黨及共產黨的「人物」均不能解決問題,必須另闢蹊
徑,展望「中國第三勢力」在海外得以「反共復國」,並在香港出版
的刊物標舉「國家獨立,政治民主,經濟公平,文化自由」的基本
信念。及後,因韓戰爆發,中共「抗美援朝」,中共發生大饑荒及工
商界人士被大屠殺,由是《自由陣線》也發行專刊「控訴中共此種
慘絕人寰的暴政和暴行,特別指出共黨宰割人民的若干事實」,希望
藉刊物「呼喚被宰割的人們起來:向共黨實行反宰割」。其後,韓戰
停火,中國與美國協議,這種情況使到自由出版社員不獨感到「台
灣的地位搖搖欲墜」,更感到「台灣當局之不爭氣,時表深長的惋
惜,同時於對中華民國的招牌,認為必須把握,不可以輕自放棄,
所以從去年(1953)雙十節日起,就不斷大聲疾呼:搶救中華民
國」。自此可見《自由陣線》創辦的宗旨主要是「反共」,而於 1953
年後,則更多關注遷居台灣的國民政府的內政和外交課題。

　　另一位署名島士的作者在〈我們要有更大的成就 —— 寫在「自
陣」五周年紀念刊〉中,指出回想五年以前,身為「一群從大陸出
來的朋友們,聚居在鑽石山的一椽石屋裏」,他們「慶幸」「逃出魔
掌」,也「為國家的命運和個人的生活而煩惱」,由是創辦《自由陣
線》,寄託各位創辦人「不能忘懷國家與人民之被暴徒宰割與出賣,
淪於赤化」,「不能忘記在大陸的同胞手足,隨意地被人殺害」,「更
不願見中國文化之被摧毀,子孫永遠被人奴役」,藉辦刊物以「大聲
疾呼,喚起世界愛好自由民主的人民,喚起海外數千萬華僑,正視
這國際性的共產主義者的侵略行動」。作者認為「我們五年來的重

大收穫」為「隨刊物在香港流佈」，漸漸「在香港文化界豎立反共大旗」，也「使他們（按：青年）每一個人都能獨立發展，作為堅強的反共文化鬥士」，而今後更應：「（一）喚起僑胞愛國熱忱，有錢出錢，有力出力，共同認真努力反共；（二）注意青年的思想，不要叫他們受共產的騙；（三）促成反共人士的團結，推動反共大運動」。經此表述，可見作者認為《自由陣線》刊載的言論應是以「反共」為主題的。[20]

李誠在〈寫在「自陣」五周年〉一文，補充出版《自由陣線》的作用。[21] 李氏認為：「五年前，當中共席捲大陸的時候，《自由陣線》周刊問世了。那是歷史上使人難以忘懷的日子，古老的中國，命運竟背負她走上了毀滅的道路。連她那五千年悠久的文化都瀕死亡了。」經此表述，可見作者認為中華人民共和國的成立，代表了「毀滅」五千年中國文化的道路，而《自由陣線》的創刊，正好「拯救文化」，為了瀕於「被消滅了的文化遺產，延續出一條生路，而努力，而奮鬥，而創刊的」。在作者看來，《自由陣線》是「人人都知道《自由陣線》是一本反共的雜誌，但是人們沒有注意，它是延續文化遺產的一本雜誌。《自由陣線》反共是不假的，沒有人看不出來」。中共建國後，平素以反共稱著的人士，也「靠」、「攏」中共，不少海外政權也「憐憫」中共，《自由陣線》就是「以鮮明的標幟，打出反共的號召。《自由陣線》選擇這個人心最慘淡，也可以說是最黑暗的時候出刊」，在這特殊時代給予《自由陣線》「領導反共」，「更重要的還是承繼文化遺產」。因為中共已破壞中國故有的優良的文化，「逼害知識分子，不准自由教學，不准自由研究、自由學習，焚書坑儒，以至挖掘古墓，盜賣國寶等不勝枚舉，使中國故有文化的優良傳統為之一掃而空，使中國幾千年來聖人學者，窮畢生之努力所研得的一點精華，為之蕩盡。中共卻搬來了一套馬列主義、毛澤東思想，從三歲五歲的小孩子就灌輸起，蓄意使中國走回野蠻、原始、奴役的途徑」，故創刊《自由陣線》是為保存中國文化而「戰

---

20. 島士：〈我們要有更大的成就 —— 寫在「自陣」五周年紀念刊〉，《自由陣線》，21 卷 1 期（1954），頁 9。

21. 李誠：〈寫在「自陣」五周年〉，《自由陣線》，21 卷 1 期（1954），頁 15–16。

鬥」。此外,《自由陣線》也「在自由文化的領域裏,它並不斷地鼓勵着繼續的研究與探討」,刊載文章也有討論自由文化、公平經濟、民主政治。在作者看來,因為在自由的社會內,才容許作家及研究人員自由創作和自由研究;推行公平經濟及民主政治,這樣才可以容許保存中國傳統優良文化。由是《自由陣線》藉刊載有關創作及研究,才可以「承先起後」,傳承中國的傳統優良文化。

究竟《自由陣線》為作者們提供自由創作的空間,與保存中國傳統文化有何關係?毛澤東早在 1942 年 5 月〈在延安文藝座談會上的講話〉中,已把中國傳統文化視為「舊文化」及「封建文化」,要求文藝工作者在革命文藝的建設工作上,打擊「舊文化」和「封建文化」。[22] 而〈寫在「自陣」五周年〉的作者,認為《自由陣線》可以刊載自由言論,為社會建立自由言論的空間;作家及研究人員有了言論自由空間,才可以發表新文化或保存文化的言論,不像居於中國大陸的作家及學者般,只可以發表官方允許的言論,又或只可以發表批評中國傳統文化的言論。由此可見,李誠肯定了《自由陣線》為作者們提供言論自由的平台之重要;另一方面,李氏也批評國民政府「軟弱無能」,「五年間休養生息,加上國際間的援助,結果還只落得自身難保。遑談什麼反攻大陸,豈非徒然惹人笑話!人民對它(按:國民政府)由希望而失望終至絕望,這便是五年來台灣政府的成績,想起來令人悲哀嘆息。」由此亦可見作者不獨反共,也批評國民政府施政只求「休養生息」,不求「反共復國」。這也是《自由陣線》既批判中共,又批評國民政府或國民黨;既批評共產黨,也批評美、英施政的言論特色。

總結以上《自由陣線》創刊及五周年紀念特刊的言論,可見創刊之初的《自由陣線》以「反共復國」、「反專制」及提倡「自由民主」為創刊的宗旨,其中刊載研究成果或創作均以「反共」為主題。此外,也不能忽視 1953 年有多篇文章批評國民政府壓制台灣知識分子發表自由的言論及黨國的施政之弊。

---

22. 毛澤東:〈在延安文藝座談會上的講話〉,《毛澤東選集》(北京:人民出版社,2008),頁847–851。

至於編刊文章的內容範圍，以各期的〈本刊徵稿簡約〉所説：此為綜合性的刊物，凡學術論著、政治批判、通信報道、文藝小品、書報評介、譯述稿作，均可投稿。在第三卷〈合訂本目錄索引〉中更分類羅列第一至七期的題目範圍，計有：短評、時論、專論、第三勢力有關論著、中共批判、人物介紹、天下縱橫談、通訊報道、鐵幕萬象、中共屠殺記者的暴行特輯、自由青年、翻譯、轉載、文藝、讀者投書、漫畫、圖表。收稿的地址為九龍鑽石山上元嶺石堪村 456 號，並由灣仔駱克道 57 號的香港啟明印刷公司承印。[23]

1950 年 10 月，自由出版社又出版以下著作：任重《「偽」員的苦難》、于平凡（許冠三）《中國民主運動史話》、張仁正《光復大陸戰略戰術》、何自求《無法好轉的中共財政經濟》、胡越（司馬長風）《辯證法的新發展》、李微塵《中國局勢的必然發展》、陳世民《迫害》、王祥雲《血債》、謝方《華北「革命文學」的一角》等，多是發表「文化反共」言論，提倡創作「自由」文學作品，也有研究中共政治、經濟、社會、文化情況的成果。編輯尤認為這些由自由出版社出版的書、刊，是「先揭出文化自由的旗子，站在反共的最前線」，「在反共文化鬥爭上，顯然這是一支主力軍」，「本着文化自由的信念，對於一切專制獨裁政權都嚴正批判，表現為強有力的民主武器」，又成為「文化自由的鐵軍」。[24]

三、批評國共的政策

《自由陣線》既以「政治民主」、「經濟民主」、「文化自由」為搜集文章的指導方向，同時，自由出版社也反對任何專制政權及專制政體，此不獨針對 1950 年代中國大陸的共產政權，也反對國民黨的施政，但主要的編輯方向，仍是以「反共」為主調。

---

23. 〈本刊徵稿簡約〉，《自由陣線》，1 卷 1 期，缺頁。
24. 辛木：〈自由叢書發刊五年〉，《自由陣線》，21 卷 1 期（1954），頁 13–14。

　　1950 年代,《自由陣線》的作者十分關心國民政府失掉大陸的原因。冷生〈國民黨失敗的基本因素〉一文,不獨指出國民黨失去大陸政權的原因,也批評國民黨「拋棄了知識分子,便失去了整個的民心,走上沒路」。文中指出北伐後的國民黨雖曾與知識分子緊密合作,但成為執政黨後,不少文人成為黨官,各省主席幾乎為軍人當政,知識分子「不為當局所注意」,政府又視知識分子「為異端,看知識分子為眼中釘,懷疑文化人都是共產黨,枉殺了若干青年,也把多少文化人逼上梁山」。二次大戰後國民黨更與全國知識分子「絕緣」,擁有權力的人物與知識分子完全脫節,更有不少國民黨官員之「太太小姐可以抱着哈巴狗帶着馬桶逃難,可以利用機會與職權,套取外匯,走私營商,過着驕奢淫逸的生活,卻不理社會中堅地位知識分子的死活」。國民黨宣傳部只是發佈黨八股,宣傳「一個主義」的教條,均為「沒有真正打動民眾心弦的東西」。抗戰後國民黨官員更「以主子的姿態到各地去『劫收』,給淪陷區民眾以極壞的印象。復以通貨一再膨脹,國家財政崩潰,國民經濟破產」,政制上的改革卻是「明眼人都看得這是『假民主』。在國代、立委的選舉中,國民黨包辦、把持、壟斷、分配,鬥得烏煙瘴氣。這些事實,更足以加速知識分子的離心運動」,國民黨的弊政更維繫於蔣介石,「國民黨的大權集於蔣氏一人;蔣氏一生戎馬倥傯,身經百戰,有點剛愎自用的性格,是不容易接受別人的意見」;反之,中共千方百計把知識分子「參加進去」,又埋頭苦幹編了許多小冊子,加強文化宣傳工作,故多受知識分子及社會下層群眾所歡迎。[25]

　　冷生又在〈民主政治的逆流〉中指出民主政治的基礎,[26] 是注意人民的要求,民主政治是國家建立的真諦,「在以人民的意志為意志」,可惜國民黨黨員學習西洋民主政治,只是「偷偷摸摸的模仿德、意,走上法西斯的路線,於是民國誤為黨國,人民都是阿斗。在訓政時期的一黨專政之下,視相反的意見是反動,及抗戰以後到勝利復員時期,國民黨始終沒有實行民主政治的誠意,在偽裝的『民主』下,好話說盡,壞事做完,自身既不長進,又不肯接納別

25. 冷生:〈國民黨失敗的基本因素〉,《自由陣線》,1 卷 4 期(1950),頁 7–9。
26. 冷生:〈民主政治的逆流〉,《自由陣線》,1 卷 5 期,頁 4–5。

人的意見，終使中共坐大，而釀成巨禍。」及至遷台的國民政府也是「在一黨專政之下，一切均為異端，所有反對的意見都是反動，甚至使反對者無法存在，而竟變為反叛」。中共毛澤東的「新民主主義」只是「民主其名獨裁其實的新極權主義。所謂人民民主專政，便是工人階級專政，而工人階級的組織，又必須透過共產黨，實際說來，就是共產黨專政。毛澤東曾謂『人民民主專政，就是人民民主獨裁』，質言之，也就是共產黨獨裁」，列寧主張以暴力鎮壓，實是以暴易暴，終會使「人民在自由被剝奪，求生無路，求死不得的情況下，勢必官逼民反，叛亂相循，永無寧日」。

陳振軍在〈台灣問題面面觀〉中，[27] 指出遷台後的蔣介石不理眾議，以一位「最不適宜做行政院長的人」閻錫山為行政院長，使「黨內外的知識分子，望而卻步」；又指「在反共軍事負有嚴重責任的人，一年以來，他在台灣集黨政軍大權於一手，且隨時表現許多反民主的行動與言論，黨內黨外固已非常不滿，台灣人尤其疾首痛心」。文章認為陳誠為台灣國民政府主席，此實不了解台灣黨內外人士的意願。國民黨要「革命與民主的作風出之」，以整飭軍事為首要務，次為安定民生，再次為革新行政，也要嚴懲貪污，「凡一過去一切犯有貪污嫌疑的人物，應該不顧情面，把他們驅逐離台，要使留在台灣的每一個人，都是真能苦幹的人」。若國民黨不改已有政策，「可以見得他們（按：中共）一定就能飛渡台灣海峽」，攻佔台灣。最後，文章一再提出國民黨失去大陸的原因，除了政治及經濟的因素外，主要乃是黨國不重視知識分子，遠離群眾。

第 20 卷第 5 期有一篇社論〈重新掀起辛亥革命的怒潮 —— 紀念中華民國四十三年度國慶〉，既批評「中共盤據大陸以後，在毛澤東『一面倒』的外交政策之下，驅使祖國淪為俄帝國的附庸，自然不敢正視這個紀念民族解放的節日」，也批評已遷往台灣的國民政府，指斥「它（按：國民黨政權）除了效法共黨，做些華而不實的表面工作以外，國人看不出它有什麼改進，而僅表現了比之大陸時代更加自私、腐敗、專制、暴虐而已」。國民黨政要「為了自私，就忽略了

---

27. 陳振軍：〈台灣問題面面觀〉，《自由陣線》，1 卷 13 期，頁 2-3。

所以發生辛亥革命的成因與後果，背棄人民對於民主自由的要求，並與時代背道而馳，實施另一種形式的獨裁專制制度，促成新的政治階級和少數操縱經濟的官僚資本家，把國家當成私產，利用政權盡迫剝削之能事，於是他們（按：國民黨及國民政府官員）直接引起了人民的痛恨和唾棄，間接就培育了共黨的滋長」。文中也指出50年代的國民政府國防部未經立法院批准，便擅自改制，終導致近半數參加國防小組的立法委員退出。作者認為1954年10月中華民國的情況，為「表示了人民處在暴力之下，對於當道蔑視民權，非法胡為的沉默抗議，立委們這一消極行動，是具有無限意義」，表述了作者批評國民政府屬下的國防部已出現違憲法的不當行為。[28]

　　再看第20卷第12期內莊嚴的〈反共的領袖問題〉，文中質疑蔣介石是否適合為「反共的領袖」。作者指出「反共」一面是要拯救中國及一切鐵幕中被宰割奴役的人民，一面在未來建立民主、自由、光明而幸福的中國及世界，「如果僅僅為了要打倒共產黨，那我們儘可擁護一個希特勒第二或慕索里尼第二的人物來領導反共，豈不覺得更把握嗎？」進而，作者認為國家「領袖」應為道德、文化、學術等知識範圍的民眾導師，「領袖」也要提倡自由民主的政策及身體力行，實行的政制要「符合憲法的規定與人民的願望」及「法定與民心所擁護」，「守法重道，有功則歸於人民，有過則由己承擔，地位崇高而一切卻歸於百姓平等的」。作者依此標準評說蔣介石的行事，認為蔣介石已任多年總統，並常壓制反對的言論，此實已違憲法，「在大陸時代的蔣先生（按：蔣介石），還被捧得不夠『惟一』『偉大』而『最高』嗎？可惜，領袖愈『惟一』，則愈『獨裁』；愈『偉大』，則愈『肆無忌憚』；愈『最高』則『離民眾愈遙遠』」，最終，領袖的地位愈鞏固，「而反共則失敗愈慘」。作者在文中直接指出遷往台灣的蔣介石，仍然不理自由民主的時代風尚，行事甚多違反憲法。[29]

---

28. 缺作者：〈社論重新掀起辛亥革命的怒潮——紀念中華民國四十三年度國慶〉，《自由陣線》，20卷5期（1954），頁3。

29. 莊嚴：〈反共的領袖問題〉，20卷12期（1954），頁5-7。

　　胡萍在〈反對徒有其表的政黨政治〉文中，批評「現在整個大陸淪於共產國際徹底控制的中共之手，中國政黨政治在大陸上已懼空前的浩劫；而且人民已成為『革命』的對象，生命自由財產甚至祖宗廬墓均無日不在危迫之下，還談什麼民主」。文中除了批評中共專制外，更說「被迫偏處台灣的國民政府，名雖實行憲政，但在政黨的態度上仍乏足資令人興奮的改進，也未能示人以有實行政黨政治的誠意。事實上，一部憲法早已被弄得焦頭爛額，在反共的藉口之下，許多措施，更不惜毀法以逞；多黨其名，專政其實，一切仍彈在時代早已落伍的以黨治國的老調，而且特務橫行，人民基本權利剝奪殆盡，所謂反共的寶島，只不過是一家天下而已」，指出台灣的國民政府仍行專制，未能團結人民力量。作者建議國民政府應行民主法治，以武力捍衛國家保障人民的力量，政府官員也要負上「政治道德」的責任，去黨化軍隊，而政黨經費必須由黨員負擔，絕不可取於國庫。作者更寄望「現在不可否認的自由中國還沒有健全的政黨，而健全的政黨又為實現民主對抗極權制度的先決條件，所以在自由中國的人們，無論有黨的或無黨的，均應本諸世界民主國家政黨的通例和精神，掃除徒有其表的政黨政治的怪現象，來從根本上作健全政黨的運動」。[30]

　　《自由陣線》以反共為主要論述的內容，其刊載的文章，如慕容慧〈抗議中共的餓殺人政策〉一文，批評中共的糧食政策及救災不力，使江南及兩湖等地在「春夏間青黃不接的時期，飢餓而死的將達一萬萬人」；而中共養兵，減少了地方從事農耕的人力，或威迫「清算」，迫使青年遠離鄉土，終致逃往異鄉，不少農民也因田地被軍隊分完，糧食徵完而致轉徙他方。中共的遷地政策，把甲地的人遷到乙地，乙地的人遷到丙地，終致人民流離失所。此外，中共行「支前徵借」，徵借到連種子都搜刮乾淨，老百姓「穀粒俱盡，只有吃青草樹皮的份兒，在將來田地荒盡，青草樹皮吃完，除了活活餓死外，還有生路嗎？」中共把南方的糧食運往北方，北方的糧食送給蘇俄，換取一些機器，作者反問「中共同胞的饑荒不是中共造成

---

30. 胡萍：〈反對徒有其表的政黨政治〉，《自由陣線》，19卷6期（1954），頁6–7。

的嗎？」中共施政的結果，只是帶給民窮及「把軍隊和共產黨員養得胖胖的」。[31]

　　張元秋在〈中共出賣了新疆〉一文，[32] 表述於 1950 年，中共駐俄使者王稼祥與蘇俄維辛斯基簽訂了〈開發中國新疆重要資源協議〉，准許蘇俄在新疆「進行尋覓、探測、開採及提煉石油、煤氣和有色金屬」，此代表了蘇俄可以合法地掠取新疆的資源；加之中共控制的中國大陸，已投入共產主義的鐵幕陣形，成為蘇俄的附庸，蘇俄使中共「徹底『附庸化』，『一邊倒』；為嚴防中共民族派勢力的醞釀與抬頭，必須迫使中共在經濟上與軍事上與其建立依存的關係，然後始能將中國國防整個納入蘇俄的國防體系之中，始能將中國人民全部編配成為蘇俄的集體化的農工生產軍，而奠定其東方戰線所需要的軍需基礎」。新疆為歐亞大陸的中心，東至太平洋，西往大西洋，北至北冰洋，南往印度洋，既為軍事航空的重要基地，也是大陸戰爭的樞紐所在，又可以直達中國腹地，更可往印度，「一旦有事，則新德里及其他印度境內的中心地帶，都在其轟炸圈的範圍以內」，故此合約「不僅能是中共賣國行為的公開招認，更說明了蘇俄對中共中國的更進一步的控制，而暗示中共今後向外發展的動向，反映出克姆林宮為準備侵略亞洲及發動三次大戰而預為的積極措施。」[33]

　　歐陽愷〈農工商學兵在武漢〉一文，批評中共對農工商的施政甚為不當。[34] 因為在武漢徵糧是用累進法的，農民繳糧後，農民是否有足夠食物，中共是不理的；農民在徵稅以外，還有借，借多少更沒有標準，一徵再借，農民被「搾枯」。而工人被迫增加工作，情緒惡劣；商人的貨物賣不出，又要買政府的「公債」，商人最終交不出現款，限期又短，終迫死不少武漢商人；軍人又只注意教導有關「防止反攻」的訊息。武漢大學教授被迫減薪，「天啊！才吃得家人

31. 慕容慧：〈抗議中共的餓殺人政策〉，《自由陣線》，1 卷 9 期，頁 10–11。
32. 張元秋：〈中共出賣了新疆〉，《自由陣線》，2 卷 1 期（1950），頁 5–8。
33. 缺作者：〈社論重新掀起辛亥革命的怒潮 —— 紀念中華民國四十三年度國慶 〉，《自由陣線》，20 卷 5 期（1954），頁 3。
34. 張元秋：〈農工商學兵在武漢〉，《自由陣線》，1 卷 1 期（1950），頁 10–12。

半飽的薪，又『自動』減薪」，教師的生活根本不足以維持個人及家庭的生活。

1950 年的 3 卷 2 期，羅夢冊的〈主流社・中國民主自由社會主義學會為社員馬槐隆，楊文彬，會員黃以鏞，魏元珪，鄧世謀諸先生被迫害事件向北京台灣兩政權嚴重抗議書〉，[35] 更見自由出版社批評國共兩黨言論的特色。文中指出 1950 年 7 月，主流社員及中國民主自由社會主義學會社員馬槐隆、楊文彬等先生，在重慶被中共監禁；同時，黃以鏞、魏元珪等人在台灣又被國民黨逮捕，被起訴為「背叛政府的第三黨組織」的罪名，判處十年徒刑。此就是代表了「這是你們，一個號為新民民主主義之人民政府，和另一個以自由中國為號召之國民政府，對中國人民，中國的國民，及對一個以非武裝的和平方式，循民主的常規，為中國民主自由而努力之民間的民主自由團體，所加之無掩蓋的反民主自由的迫害」，捕捉主流社等人物的行動，就是「你們自號為民主的，自由的政府，竟何以會如此的懼怕民主和自由，竟何以會對人民或國民之民主自由的力量如此下毒手，你們居所謂政府的地位，如果對我們的目標和路線全然不知，盲目的如此，這是你們的昏瞶糊塗；如果他們明白知之，而復如此，則你們是反民主，反自由之反動」。故希望北京、台灣的政府立即恢復社員的自由，保證以後不再發生類似事件，又希望政府能與「一些非武裝之人民的或國民的民主自由力量作和平的政治競賽，讓全國人民或國民作最後的抉擇」，更希望兩地政府不要與人民或國民為敵。

1954 年第 20 卷第 2 期刊載了陳權的〈「國民經濟發展公報」的謊言〉，文中主要針對中共國家統計局於 1954 年 9 月發佈的〈關於一九五三年度國民經濟發展和國家計劃執行結果公報〉，指出中共的統計數據不準確，「這真是離奇的謊言，恐怕中共自己幹部也不能相信。由此可見其他作物的產量報告，也都無一可靠」，因中共「為了

---

35. 羅夢冊：〈主流社・中國民主自由社會主義學會為社員馬槐隆，楊文彬，會員黃以鏞，魏元珪，鄧世謀諸先生被迫害事件向北京台灣兩政權嚴重抗議書〉，《自由陣線》，3 卷 3 期（1950），頁 27。

要向世界誇耀其建設工作之努力與成就，自擠於工業強國之列，不
管實際情況如何，總須盡張聲勢地展開有力的宣傳」，也因「分裂自
由世界團結之反禁運工作上，中共也必須製造出假數字來表示其生
產之提高，以迷惑自由世界對其貿易潛力發生錯誤之估計，墮入誘
惑迷惘之中。那末，這些假數字又換得經濟上無比的真收穫」。由此
可知中共未能完成 1953 年的計劃。[36]

　　同一卷第 3 期刊有鄭竹園〈正視中共的國際統戰策略〉一文。
作者認為 1954 年中共推行國際統戰策略，主要源自周恩來對英法資
本主義國家的「和平攻勢」及對東南亞外交策略的「五項原則」，周
氏尤重視對東南亞國家的統戰工作。因東南亞國家曾為西方的殖民
地，「反西方的意識一向極為濃烈，中共針對這一點，同時提出『亞
洲人管理亞洲』的口號，藉此作為驅逐美國勢力的利器」。不過，
因越戰影響，東南亞各國對中共南進的陰謀各有戒心，分割越南局
勢，故周恩來用「互相尊重領土主權，互不侵犯，互不干涉內政，平
等互利」為統戰的方向，中共更進一步「運用滲透方式，將資本主
義國家的勞工大眾，殖民地與附屬國的左翼政團，逐漸結成一聯合
陣線，利用民間力量來影響各國政府」，中共又以滲透及分化「來壯
大自己擊敗敵人」。作者因之提出「目前中共正向赤化亞洲的道路邁
進，這一套國際統戰策略，同樣亦大行其道，這一情形實值得反共
陣營深切的警惕和反省」。作者更號召「自由世界欲擊潰中共」，除
了增長軍事上的實力外，也必須有一套反統戰的戰略和戰術。[37]

四、批評歐美政策

　　1945 年後，歐洲出現了兩大陣形，一為共產國際之東歐集團國
的鐵幕國家；一為以英、美為首的「自由民主」國家，他們大多標
榜自由民主概念，與被建構非「自由」的共產國際互相對立。同時，

---

36. 陳權：〈「國民經濟發展公報」的謊言〉，《自由陣線》，20 卷 2 期（1954），頁 4。

37. 鄭竹園：〈正視中共的國際統戰策略〉，《自由陣線》，20 卷 3 期（1954），頁 6–8。

50 年代，亞洲相繼爆發韓戰及越戰，共產黨在亞洲東南亞地區，如印尼多次引起動亂，共產黨在東南亞等地，往往被建構為「反自由」的代表。在這個歷史情景下，《自由陣線》在發表「反共」的言論外，也刊載時人批評蘇俄及歐美諸國內政及對亞洲政策。

一位署名德謨的作者在〈英鎊貶值的後果若何〉一文中指出，[38]英國政府於 50 年代初將英鎊貶值，未必恰當。他認為貶值後英鎊對美元匯率較低，英貨輸入美元區之數量雖增，但仍不多於美元，何況日用糧食及工業所需原料多取於海外，以外幣結算則價貴；原料較貴，製品成本提高；日用品價貴，以致生活費增，令英貨售價上升，雖以抑低而償付幣值折算，貨價也不能低廉，難增進貨物輸出；而且，英國負債甚巨，因幣值降低而償付本息額大增，此於英國無益有損，更重要的是「英當局貶值之舉，實由美國施其壓力，不得已而屈服；美國不論在政治上或經濟上稱霸世界，迫使英鎊貶值，毀壞其信用，解散其集團，則金元勢力，可獨佔優越地位矣」。對美國經濟發展而言，英鎊區內諸國，因感美元短絀之痛苦，亦於美國有損無益，他國美元缺乏，即對美購買力薄弱，銷路滯則輸出減，輸出減則失業人數增，故影響了美國經濟的發展。

程彬如在〈美國在中東的兩着冷棋〉一文，[39]指出五六十年代世界處在「冷戰」氛圍之中，一方面伊朗王訪美，一方面美國與土耳其聯盟，加強美國在中東的影響力，也防止了蘇俄在中東下「冷棋」，但美國加強對中東的影響力，實是加強對當地石油的控制，最終會引致「阿剌伯、土耳其、伊朗諸國人民起來反抗帝國主義者的剝削」，美國與土耳其同盟，也加強美國控制地中海的力量。此時正值英國在戰後失去了對中東國家的控制，而蘇俄卻希望控制中東，「自一九四三年意國（按：意大利）失敗後，蘇聯的勢力伸展，幾奄有巴爾幹半島，黑海艦隊在大活躍，伊朗中東諸國在赤色恐怖中，土耳其又轉向英國了，可是今日的英國自顧不暇，於是代替英國而起的美國自然成了土國的援助者」，美國與土耳其的聯盟雖然擴張了

---

38. 德謨：〈英鎊貶值的後果若何〉，《自由陣線》，1 卷 1 期（1950），頁 14–15。
39. 程彬如：〈美國在中東的兩着冷棋〉，《自由陣線》，1 卷 1 期（1950），頁 4–6。

美國的影響力，但若沒有美國在此地擴張力量，便未能阻礙蘇俄在土耳其地區的影響力。

德謨在〈西歐復興與馬歇爾計劃〉一文指出，[40] 二次大戰後美國援助西歐國家是不可避免的。西歐國家經濟雖為美國商富所控制，但諸國不可不依賴美方的資助，而西歐於五十年代經濟發展仍未改善，因為：（一）大戰結束，生產尚未復興，美國未能全面資助；（二）歐洲諸國雖以合作為名，但多畛域分歧，因而引起不少紛爭。故作者認為西歐應與美國及以所謂結合成為「自由陣線」的諸國，通力合作，如可以「減低關稅」，「以便外貨輸入」，歐洲諸國及美國也可以「投資落後地區以廣利源」。[41]

華聲於〈在蘇俄半島體系爭奪戰中的越南〉一文指出，[42] 1945年後，越南共產黨已「承赤帝衣鉢」，在越北、越中及越南各地，造成城市、農村的普遍不安，尤以 1950 年「由於中共在大陸得意，更增加了越盟的盛大氣焰，正規的戰鬥，不斷在越北山林地帶進行着」，農村經濟在越盟的破壞下「損失了百分之七十以上，良田千頃變成無奈的草萊，衣食無慮的農民，盡成流亡的災黎」。蘇俄更派一位受莫斯科訓練的少壯共黨理論家張政，擔任越盟副主席，加強國際情報局對越共的控制力。美國也自韓戰後，即宣佈加緊援越，以大量軍事力量參加對抗越共的戰爭。但西歐盟國之一的法國，卻「承認中共，俾得勸止毛澤東政府勿對越南直接干預，法國這種飲鴆止渴的行動，竟忘了中共太上政府對蘇俄的一貫陰謀，控制整個越南是半島體系爭奪戰中的一部分，絕對不是獻媚式的『承認』所可改變的，法人此舉，不是慌張失措，便是短視與荒唐」。

40. 德謨：〈西歐復興與馬歇爾計劃〉，《自由陣線》，1 卷 1 期（1950），頁 11–13。

41. 另一位作者陳權也提出近於德謨的觀點，參見陳權：〈「國民經濟發展公報」的謊言〉，《自由陣線》，20 卷 2 期（1954），頁 4。陳氏一文雖針對共產國際的經濟政策，也討論了西歐經濟的得失。

42. 華聲：〈在蘇俄半島體系爭奪戰中的越南〉，《自由陣線》，3 卷 3 期（1950），頁 14–15。

　　一篇翻譯自曾任美國駐法及蘇俄大使 Bullit 撰寫的〈為什麼美國要阻止史大林征服亞洲〉的文章，作者署名為作梅譯。[43] 此文談及 50 年代初，美國杜魯門總統下令美國第七艦隊阻止任何武力攻擊台灣；下令美國支援南韓後，已改變美國以往對亞洲政策，並使史太林「把四億五千萬中國人民增加在他的戰爭潛力之內，並威脅那由朝鮮日本起伸張到台灣、菲律賓、越南、馬來亞、暹羅、緬甸以至印度這一大半圓形的一片地方」，若美國不改變昔日對亞洲的政策，必會增加史太林控制亞洲樹膠、錫、白米等資源。加上，印度支那的共產黨在史太林之「信徒」胡志明領導下，已公開與「自由」國家宣戰。蘇俄又重新組織了胡志明和他的「同黨」，組成越南的一個合法政府，而英美則承認保大皇帝的政府，故越南情況也如朝鮮一樣，美國和蘇俄各站在一方對戰，若美國戰勝了，越南不會落在共產黨手中。另外，英國人雖控制馬來亞，卻「對於共黨的遊擊隊簡直沒法消滅」。馬來亞是世界錫產量最高的地方，若落入共產黨手上，英國將受到經濟的打擊。此外，美國也從馬來亞輸入天然樹膠，其以樹膠為資源的生產也受影響。故作者建議不獨英、美要加強資助亞洲國家抗共的戰爭，在亞洲國家也要「得到人力的擁護，更重要的是人心」，「一種廣大和有效的心理作戰同時也要展開」，把胡志明手下那些「愛國志士」爭取過來，那些受過胡志明恐嚇不得幫助的人，應重新組織起來。文中一再指出中共的武器在蘇俄軍官監督下，已加速運入越南，中國有一條鐵路正在蘇俄協助下建築，「如果越南之戰勝利要歸我們這方面的話，則應該在中共有機會大規模援助胡志明之前獲得戰果，否則沒有希望」。作者也認為共黨取得亞洲諸國政權後，是不會滿足的，「史大林最後會征服全世界」，美國應採取有效行動阻止史太林擴張。作者藉批評美國對亞洲的政策，勸告美國政府：「從美國可恥的遠東政策中，我們可獲得一教訓，這教訓美國政府應牢牢記住，如果美國要在這個共產主義威脅下的世界生存，就不要忘記：『要統治就要有眼光』」。此文既批評美國於 1949 年前先支持國民黨，卻未能在之後大量資助國民黨

---

43. 作梅譯（Bullit）：〈為什麼美國要阻止史大林征服亞洲〉，《自由陣線》，3 卷 3 期（1950），頁 18–19。

軍事上抗共。作者又貶斥美國不少議員發表支持印支半島共黨及中
共的言論，認為這些支持共黨的言論，是不切亞洲的現實情況。

　　任重在 1954 年時發表〈越南降必亡，戰有效〉一文，指出英、
美、法三國對派兵攻打越南共產政權一事，沒有統一的看法和沒有
統一的行動，並預言整個越南會為共黨政權所控制。作者認為美國
原欲參戰以保衛越南，但因英國的「延宕」，法國的「阻礙」，故出
現了美國允許保存越南的一部分為原則，任由英法與共黨妥協，這
樣「割地求和，兼且失地包括河內海防，富庶的紅河三角洲，及拋
棄數百萬反共人民，都是自由世界重大的損失。高棉寮國，原僅小
部分被越共侵略，卻因此而要受『中立』的束縛，不能有獨立謀共
同防衛的主權，成為『準被侵略』地區。共黨的贓物，被承認合法
化，共黨侵略者，被保證不受懲罰」。「再就休戰的後果説，越南人
民雖然反對分割，但在法國強行出賣之下，無從防止，恐所餘的越
南自由選舉，自由越南南部，以至高寮，終不能保。亦因為這次的
打擊，所謂越南自由選舉，自由越南無把握，必至拖延選舉。」[44] 作
者力斥部分英、法及美國人士倡議與越南「光榮休戰」的不當，日
後歷史發展也證明了越共真的全面控制整個越南國境，也可見其時
評論頗能洞悉時局的發展。

五、結語

　　1949 年為中國現代史發展的重要時刻，自此年開始，中國共
產黨在中國大陸建立起中華人民共和國，國民黨隨國民政府遷往台
灣，海峽兩岸隔江而治，兩地意識形態也有不同的發展。期間一些
不滿中共的知識分子，當然不留居中國大陸，但又不欲遷居台灣，
於是選擇居於香港。要注意的是，1960 年 9 月台灣的雷震案事件

44. 任重：〈越南降必亡，戰有效〉，《自由陣線》，19 卷 6 期（1954 年），頁 4。

發生之前，[45] 台灣的國民政府仍未嚴重打壓知識分子的自由言論。
50 年代部分居於台灣、歐美及香港的知識分子，多以香港為反共的
「前哨區」，他們的報刊言論多批評中共及共產國家的施政，又與中
共展開文化論戰；另一方面中共又資助在香港的文化宣傳事業，[46]
由是形成五六十年代香港報刊及文教事業蓬勃的現象，無論親共或
親國民黨，又或左傾、或右傾思想的人士，也多集中在香港，並在
香港發表言論。梁秉均認為「1949 年前後，從中國大陸移居香港的
人數不少，令香港人數在一年之間增加了約 100 萬人。在這些移民
中，如作家、編輯、哲學家、電影工作者、繪畫及音樂工作者，他
們在香港從事教育和文化工作，編輯報刊、寫作，形成了 50 年來香
港文化的獨特面貌，發展了香港文化的不同方向」。[47] 國學大師饒宗
頤也言「1945 年至 1949 年的香港，就是三國時的荊州」，[48] 二人均
表述了香港獨特的地位，尤在 50 年代的香港，更成為國、共兩黨以
外，第三勢力發表言論的重要地方。乃至 60 年代，台灣的《自由中
國》與《文星》受到官方壓力而停刊後，[49] 香港出版的政論刊物，
更成為台灣國民政府「異見人士」發表言論的重要平台。此也促成
香港於 1967 年發生「六七暴動」前，[50] 香港政論雜誌較 50 年代更為
興盛之面貌。促成 60 年代香港政論雜誌興盛之風，實有賴 50 年代
一群在香港出版政論刊物的編輯及發表文章的作者之努力。第三勢
力在香港出版的政論刊物，不獨是批判中共，也批評海外諸國的內
政，以及英、法、美對亞洲的政策，較為明顯的，是香港在「六七
暴動」前曾一度成為左派、右派及第三勢力發表言論、思想交鋒的

45. 有關雷震案的情況，見謝漢儒：《早期台灣民主運動與雷震紀事 —— 為歷史留見證》（台北：
杜冠圖書股份有限公司，2002），頁 335–406；參潘光哲：《遙想 —— 德先生》（台北：南方
家園文化事業有限公司，2011），頁 310–369。

46. 《地下陣線》，頁 91–112；參《香港左派鬥爭史》，頁 74–94。

47. 梁秉均：〈一九五○年代香港文化的意義〉，梁秉均等：《痛苦中有歡樂的時代 —— 五○年
代香港文化》（香港：中華書局，2013），頁 3。

48. 見區志堅訪問：〈饒宗頤教授訪問稿（2001 年）〉（未刊稿）。誠蒙香港城市大學鄭培凱教授
答允運用「中國文化教育在香港研究計劃」內資料。

49. 有關《自由中國》與《文星》停刊的原因有很多，有其編輯委員會的內部因素等，而台灣國
民政府的打壓是不能忽視的因素，見任育德：《雷震與台灣民主憲政的發展》（台北：國立政
治大學歷史系，1999），頁 275–288。有關研究《自由中國》的成果，見薛化元：《自由中
國》與民主憲政 —— 1950 年代台灣思想史的一個考察》（台北：稻鄉出版社，1996）一書。

50. 張家偉：《六七暴動》（香港：香港大學出版社，2012），頁 207–254。

集散地，由是 50 年代的香港，甚具研究的魅力。從研究 50 年代的
出版物，也可見香港在一個特殊時空下，扮演了海峽兩岸文化及言
論溝通及對話的橋樑；[51] 在此特別的時、空交錯下，給在香港從事
人文及社會科學領域研究的華人學者一個新任務，他們無論受到哪
方面的政治理念影響，也積極使香港成為「大陸通向世界的一個學
術和思想的港口」，[52] 也成為「中國人在海外——也只有在海外才能
夠發展，香港能夠提供園地讓關心文化的人發表意見」。[53] 前人在五
六十年代遺留的創作、政論及研究成果，縱使為政治宣傳服務，實
也具有一個時代的精神面貌，更何況有部分言論甚為切中當時現實
的國際情況，具有國際視野。尤值得注意者，今後若能多研究五六
十年代，國共以外的華人地區中，新聞報刊及傳媒網絡建構的「反
共」、「抗俄」、「共產國際」、「拯救被壓迫的群眾」、「打倒美國帝
國主義」等論述，結合社會史、政治史與思想史互動的角度，進行
分析，自可見國際華文報刊的言論，與海內外華人思想文化界的關
係；又可以在「冷戰前期」國際政治史及軍事史以外，開拓研究思
想文化互動的課題；更可以注意五六十年代，受全球及國際政治影
響下建構的「自由民主國家」與「共產國際」對立論述，以及各地
區建立的傳播媒體，如報刊及政論雜誌，他們對時代之回應又是怎
樣的；特別是亞洲國家國內政情及文化言論，在亞洲諸國漸漸建立
主體性時，怎樣受到二次大戰後冷戰時代圖像之影響；亞洲國家怎
樣欲拒還迎地受到美國對亞洲宣傳政策之影響；[54] 怎樣先從國際視
野的角度研究香港政論刊物，藉研究個案擴展至整個亞洲地區的政
論刊物，由是得知五六十年代，剛脫離殖民地的亞洲諸國或受全球

51.　區志堅：〈中外文化交融下香港文化之新運：羅香林教授中外文化交流的觀點〉，載趙令
　　揚、馬楚堅編：《羅香林教授逝世二十周年紀念論文集》（香港：薈真文化事業出版社，
　　2006），頁 36–52；〈香港成為國際漢學交往的橋樑——從乙堂問學書信看戰後羅香林與
　　海外學人之交往〉，載林慶彰編：《國際漢學論叢》（台灣：學生書局，2005），2 期，頁
　　251–290。

52.　余英時語，見氏撰：〈香港與中國學術研究——從理雅各和王韜的漢學合作說起〉，《歷史人
　　物與文化危機》（台北：東大圖書股份有限公司，1995），頁 145。

53.　胡菊人語，見盧瑋鑾、熊志琴訪問：〈訪問記錄：胡菊人〉，《香港文化眾聲道》，頁 223。

54.　Michael E. Latham, *Modernization as Ideology: American Social Science and "Nation Building" in
　　Kennedy Era* (Chapel Hill: The University of North Carolina Press, 2000), 21–68; 參黃克武：〈「現
　　代」觀念之源起與歷史研究的本土反思〉，《當代》，223 期（2006），頁 76–95。

反殖民思潮之影響，列國主體性確立期間，卻同時又再次受到西方建構冷戰思維所影響，究竟此時的亞洲諸國多元而複雜的精神面貌又是怎樣；而在被美國或西方建構下的「自由」和「民主」觀念又怎樣影響亞洲人們的生活。此將是一個甚值得研究的課題。[55]

55. 有關國際傳媒網絡的研究，見 Peter O'Connor, *The English-Language Press Networks of East Asia, 1918–1945* (Folkstone: Global Oriental, 2010)；有關近年研究冷戰對中國及其他亞洲地區影響的成果，見徐天新、沈志華：《冷戰前期的大國關係》（北京：世界知識出版社，2011）；沈志華、李濱（Douglas Stiffler）主編：《冷戰與中蘇關係》（北京：社會科學出版社，2010）及沈志華、唐啟華主編：《金門：內戰與冷戰》（北京：九州出版社，2010），後二書為論文集。而有關東亞諸國面對全球化的主體性之研究，見白永瑞：《思想東亞：韓半島視角的歷史與實踐》（台北：台灣社會研究雜志社，2009），頁 39–60；孫歌：〈歷史中的亞洲論述與當下的思想課題〉，《把握進入歷史的瞬間》（台北：人間出版社，2010），頁 49–150；參黃世澤：〈英國與恐怖分子鬥爭的經驗和六七暴動〉，載沈旭暉主編：《1967：國際視野的反思》（香港：天地圖書有限公司，2015），頁 133–137。

第十八章

兩種國家意識
反思中印邊界爭議

真水康樹

國立新潟大學法學部

一、引言

　　從 1962 年 10 月到 11 月，中印之間發生了大規模的軍事衝突，這是毫無疑問的。中國軍隊以破竹之勢展開進攻，後來單方面停戰撤退，也是周知之事。但是雙方的糾紛緣何而起，又如何引發了軍事衝突，其原因相當模糊。造成我們討論中印邊界問題之困難的重要原因，在於事實關係的含糊。除了中國軍隊相較印方實力明顯佔上風外，其他的事實都很不清楚，可是筆者認為僅以中方軍事實力強來斷定中國具有膨脹主義這一觀點過於草率。從 1954 年周恩來與尼赫魯的歷史性會談到 1962 年的軍事衝突是令人有點疑惑的，雖然我們知道 1959 年發生了一些小規模的軍事衝突，但是仍然很難理解從 1954 年到 1962 年雙方關係嚴重惡化的過程。其實在此期間，中印關係的變化也不大清楚。再者，有人認為中印關係跟西藏叛亂多少有些關聯，但二者的聯繫並不那麼清楚。由於對西藏叛亂的描述趨於兩個極端，因此為了保持客觀，我們只能停留在模糊的認識上。因此，關於中印邊界糾紛，我們不能脫離「談得難」的枷鎖。

這場爭端，如果從更大的場面來看的話，像劉學成所說，可以看作是英國統治「歷史遺留下來的問題」。[1] 或者，像鍾建平（Chien-Peng Chung）所說，中印兩個國家間的問題被捲入冷戰與中蘇對立之中。[2] 這的確是歷史遺留下來的問題，但是為什麼發展成為衝突，這一點非常值得分析。而且，國際環境僅僅是外部因素。另外，中印邊界爭議與西藏問題是不能割裂開的，這方面的著述有很多。筆者也同意上述的看法，但是同時也不可能用西藏問題解釋中印邊境的爭端。本章試圖從中印雙邊關係的視角來分析中印邊界問題。馬克斯韋爾（Neville Maxwell）很早提出兩國的邊界問題的看法，即「20世紀的中葉印度獨立的時候，在喜馬拉雅山的兩端依然有着無人地帶隔離中印兩國。有必要把邊境區域（zones）變成邊界線（lines），但是關於採取何種辦法沒有達成協議，才發生的中印雙方的爭端」。[3] 近代以前存在只不過是「邊界地帶（frontier）」，將地帶變成作為線的「邊界（border）」確實是近代以後的現象。但是為什麼沒有達成協議？協議破裂又如何導致軍事衝突？這些確實是中印邊界問題的核心所在。為了進一步弄清問題，我們須要分析沒有達成協議的原因，以及未達成協議為什麼會引起武力糾紛等。本稿沒有分析引起爭端的過程，但是在分析導致交涉破裂的原因方面作出了一個小嘗試，同時探討中印雙方的歷史觀念、國家意識與戰略觀點的差距。

本章的對象不是中印軍事衝突本身，而是衝突之前的交涉與對話的過程，並在此基礎上探討發生衝突的原因。在此討論兩個背景：第一是，1954 年《中華人民共和國、印度共和國關於中國西藏地方和印度之間的通商和交通協定》（以下簡稱為《1954 年協定》）。此協定在世界廣為傳播，但是對於保障穩定的兩國關係，其基礎是

---

1. 筆者於 2005 年 1 月 8 日在中國國際問題研究所對劉學成教授的採訪。還參考 Xue-cheng Liu, *The Sino-Indian Border Dispute and Sino-Indian Relations* (Lanham, Md.: University Press of America, 1994), 12.

2. Chien-peng Chung, *Domestic Politics, International Bargaining and China's Territorial Dispute* (London, New York: Routledge Curzon, 2004), 106.

3. Neville Maxwell, *India's China War* (London: Jonathan Cape, 1970), 6.

很脆弱的。第二是，1960 年 4 月中印總理會談時，關於西部邊界的阿克賽欽地區沒有達成妥協。本章利用 20 世紀 90 年代以後新的研究、回憶與採訪，重新分析上述兩個背景的重要性，尤其是弄清西部邊界沒有達成妥協並引起武力衝突的原因，以及雙方的戰略關心與歷史意識，以便更加清晰地分析中印爭議的整體情況。

下面，首先弄清中印雙方從友好到對立、直至決裂的過程與國際環境變化的關係。第二，探討關於西藏的《1954 年協定》。簽署包括「和平共處五項原則」在內的這個協議是中印友好的象徵，但是同時也種下了中印關係惡化的種子。第三，弄清楚關於中印西部邊界糾紛的焦點及其過程。第四，分析對立後的印度與中國的各自制約情況、戰略上的關心、歷史意識的差距。通過分析兩國的意識差距有助了解上述問題，這也成為第五部分的標題。

二、國際環境與中印關係的結構（1954–1962）

談到中印邊界糾紛的時候，一般會先說到「麥克馬洪線」與 1914 年的《西姆拉協議》的關係。這是因為麥克馬洪線是印度極力主張的邊界線，也是中國本能容忍的帝國主義侵略的遺產。麥克馬洪線的合法性與否是雙方對立的象徵，它代表着資格與權限、簽署文件與形式、附屬地圖的價值等的國際法上的合法性，它也涉及這些有關的各種問題。因此麥克馬洪線問題一直處於議論的中心。加上，1962 年的主要戰場是麥克馬洪線所在的東部邊界。可是，中印間實質上的爭論要點不是麥克馬洪線，而是西部的阿克賽欽地區。

為了進一步理解中印關係的變遷，在此提出兩個問題。簡單而言，有關中印邊界的糾紛發生過兩次，即 1959 年 8 月和 1962 年的糾紛。（準確地說，1959 年的糾紛包括 8 月份的朗久事件與 10 月份的空喀山口事件共兩次。前者是東部邊界，後者是西部邊界）。當然 1962 年糾紛的規模比 1959 年大得多。第一個問題是：普遍認為中印於 1954 年是兄弟關係，到 1959 年兩國發生大規模衝突，關係不可逆轉，制約中印關係的國際與國內環境有什麼特別的變化？第二個

問題是：1959 年與 1962 年中印關係在國際、國內環境有什麼特別的變化？

以下會首先以兩國於 1954 年因和平共處五項原則而高興狂熱及 1959 年 8 月以前作比較，到底會發現什麼樣的問題呢？

第一，1957 年 9 月，中國興建了新藏公路，並且被印度發現了。1958 年 8 月起，雙方開始進行相關交涉。到 12 月，尼赫魯給周恩來寫信，兩位總理間開始書簡的來往。尼赫魯認為：兩國間的重要問題，包括邊界的問題，是通過《1954 年協定》簽署而全部得到解決；可是周恩來表示：中印從沒正式劃定邊界。因此，關於模糊的西部邊界阿克賽欽地區的討論開始加劇了。

第二，1959 年發生了西藏叛亂和達賴逃亡事件。這個事件以後，雙方的軍隊抵達邊界線，雙方軍事接觸的機會增加了，結果發生摩擦的可能性也提高了。印度社會對西藏與達賴喇嘛的同情也普遍擴散了。隨着這個事件的國際化，對中國敵對的氣氛也醞釀了。[4] 而在中國則普遍存在這樣一種認知：印度參與了這場叛亂，叛亂失敗後，由於沒有希望讓西藏獨立，於是便改變了對中國的政策。我們不太容易判斷這種看法在多少程度上是準確的，其難度與判斷美國是否參與西藏叛亂的問題一樣難。可是，可以肯定的是，這件事件對中印關係具有破壞性的影響。

第三，有關西部邊界的對立報道出現在印度媒體上，加上西藏叛亂和達賴喇嘛逃亡在印度國民中形成反中情緒，使尼赫魯的對華政策受到了議會和輿論的制約。但是，在沒有西方式功能的議會的

---

4. 劉學成很明確地視西藏叛亂為破壞性因素（見 Xue-cheng Liu, *The Sino-Indian Border Dispute and Sino-Indian Relations*, 25–26），賈特麗（Nancy Jetly）使用更穩當的表達，他把西藏叛亂看成轉折點：1959 年初的西藏叛亂，從結果來看表示着中印友好結束的開始（見 Nancy Jetly, *India-China Relations, 1947–1977: A Study of Parliament's Role in the Making of Foreign Policy* [Atlantic Highlands, N. J.: Humanities Press, 1979], 79）。可是弗拉維爾（M. Taylor Fravel）指出：像 1959 年 9 月 8 日的政治局決定，由於西藏叛亂的不穩定使中國領導人面對妥協與交涉（見 M. Taylor Fravel, "The Long March to Peace: Explaining China's Settlement of Territorial Disputes," PhD. Dissertation, Stanford University, 2004, 90–91,117）。

中國，並沒有注意到這一變化。在印度第一次白皮書公開之際，相關過程被曝光，國民普遍了解了具體情況。[5]

第四，與此同時，中蘇間的矛盾也在逐步擴大。1957 年 11 月，毛澤東訪問莫斯科，參加社會主義陣營的各國首腦會議，在莫斯科發表了他的「東風壓倒西風」的論斷。1958 年 7 月，赫魯曉夫提出了兩個讓毛澤東非常生氣的提案：中蘇聯合艦隊和設置長波電台。1958 年 8 月發生了第二次台海危機。1959 年 6 月，蘇聯撕毀中蘇國防新技術協議。1959 年 9 月到 10 月，赫魯曉夫訪問中國，雙方沒有發表任何聯合聲明。以上的事件標誌着中蘇關係惡化，這對中印關係產生了影響。儘管不能説是完全負面的影響，至少可以判斷沒有對惡化的中印關係產生任何修復性影響。

第五，中國的國內政治出現問題。1958 年 5 月，政府開始推行大躍進，8 月推進人民公社化進程。1959 年 4 月劉少奇出任國家主席，在某種程度上説，毛澤東退居二線。1959 年 7 至 8 月召開了廬山會議，共產黨的黨風也明顯發生了變化。雖然不能説中國自 1957 年 5 月開始的反右派鬥爭所帶來的一系列動態與印度對華政策的變化之間有緊密聯繫，但是至少大躍進之後，中國國內的混亂狀態令印度對華強硬政策產生了相當大的影響。[6]

在考察 1959 年與 1962 年的差距，也包括如下幾個論點。

第一，印度從 1961 年 12 月，在西部邊界進行了大規模的前進政策。儘管 1959 年也出現過前進政策，但是其規模及挑戰不像 1961 年那麼大。而 1962 年武裝糾紛的主要原因之一，正是印度採取的前進政策。

---

5. 其白皮書給予印度議會與輿論的影響及在議會的政府答辯，參見 Nancy Jetly, *India-China Relations, 1947–1977: A Study of Parliament's Role in the Making of Foreign Policy*, 85–127。

6. 霍夫曼（Steven A. Hoffmann）指出由於大躍進的失敗、1959 年到 1962 年的自然乾旱、要讓西藏服從自己的不斷的努力，中國採取的政策選擇是有限的，因此中國不能反擊印度的前進政策，尼赫魯總理、梅濃國防部長、馬里克情報局長官等做出了如上判斷，參見 Steven A. Hoffmann, *India and the China Crisis* (Berkeley: University of California Press, 1990), 120–121.

中國與世界之多元歷史探論

第二，1960 年 4 月，中印首腦會談破裂。這次會談破裂後，雙方已經不可能交換意見了。原因是，中國提出放棄東部邊界，事實上是東部與西部交換的政策；與之相反，印度主張所有邊界都已經劃定，沒有任何交涉的餘地。

第三，中印首腦會談破裂後，1961 年中國接受了巴基斯坦提出的邊界交涉提案，並於 1962 年開始雙邊交涉。印度開始懷疑中國與巴基斯坦合作。[7]

第四，1959 年發生中印邊界糾紛時，由於蘇聯支持印度，中蘇關係進一步惡化。而美國也採取了接近印度的政策。中國很容易懷疑良好的印蘇關係和印美關係是針對中國的。[8]

第五，尼赫魯的對華姿態發生了變化。不管當時的事件與動態有何種解釋，但尼赫魯確實放棄了對華友好政策。[9]

第六，1962 年是中國國內政治是非常敏感的一年。在 1962 年 1 月的 7,000 人大會上，毛澤東對大躍進政策進行了自我批評。9 月八屆十中全會期間，毛澤東開始反擊了。儘管在此期間的具體情況還不是很明朗，但是，中印邊界糾紛發展到武力衝突的時候恰恰是中國內政的進行抉擇的時期。

再加上，中印兩國《1954 年協定》本身也存在着很大問題，關於這一點，以下會繼續探討。

---

7. 中國與巴基斯坦在軍事上的聯繫，對印度來說，這意味着有兩個正面的敵人，非常危險。參見 John W. Garver, *Protracted Contest: Sino-Indian Rivalry in the Twentieth Century* (Seattle: University of Washington Press, 2001), 18.

8. 高龍江（John W. Garver）指出：中國認為 1960 年 4 月的綜合性提案被拒絕的時候，是印度與美國為了對付中國與蘇聯所搞的陰謀。參見 John W. Garver, *Protracted Contest: Sino-Indian Rivalry in the Twentieth Century*, 57.

9. 霍夫曼認為 1959 年貢嘎事件以後，尼赫魯改變了對中國的態度，參見 Steven A. Hoffmann, *India and the China Crisis*, 59, 62, 83.

三、關於西藏的《1954年協定》之陷阱

　　長期任印度外交部副部長的迪克西特（J. N. Dexit），將尼赫魯外交中理想主義的一面稱為「感性的積極性」（emotional positivism），並對《1954年協定》做了如下回顧：「作為中印雙方的交易，我們本可以，而且也應當要求，中國方面不再對英國統治時期被劃輪廓的邊界提出疑義，並且要求中國不再重提對印度領土的空洞要求。作為我們接受其在西藏回復權威的回報，我們應該保護自己領土的利益，可是我們沒有好好利用這個機會。」[10] 這句話應該可以歸納為「印度當時應該要求中國承認邊界，但是卻未做這樣的努力，放棄了西藏」。最後引起中印對立，發生大規模軍事衝突，是因為雙方意見不一致，印度認為根據中印間的各種協議，邊界是已經劃好了；相反，中國認為中印之間的邊界從來沒有劃定過。迪克西特的這一段回顧表明，1954年兩國之間確實沒有劃定過邊界。邊界確實是沒有劃定好的。[11] 上述迪克西特的言論包含着反省的語氣，但這是對於外交策略的反省，絲毫沒有動搖其對領土的要求。總之，一般認為當時存在着印度的「既劃定論」與中國的「未劃定論」的理解模式。由於印度「既劃定論」的根據尚有存疑之處，有必要從其出發點重新研究。1953年12月31日，在北京開始了關於西藏的中印協定交涉，至1954年4月29日正式簽署。在此期間共召開了12次全體會

---

10. J. N. Dixit, *Across Borders: Fifty Years of India's Foreign Policy* (New Delhi: Picus Books, 1998), 354.

11. 印度毫不動搖地認為邊界「已經劃定了」，因此最準確的表達是「未解決」。但是，未解決實際上是「未劃定」。事實上，由於1954年沒有劃定邊界，尼赫魯曾於1959年在國會被追究責任。參見 Nancy Jetly, *India-China Relations, 1947–1977: A Study of Parliament's Role in the Making of Foreign Policy*, 90, 91, 95。從迪克西特的回顧，以及帕特爾（S. V. Patel）與瓦傑帕伊（G. B. Bajpai）等當時評論尼赫魯的言論也可以判斷，1954年協議簽署之際，尼赫魯處理這個問題時有所失誤。在引用查克拉瓦蒂（P. C. Chakravarti）所說，落合淳隆也表示過同樣的觀點。就是說，1959年印度人才想起了，當時甚至連邊界也沒有確認就把緩衝地帶西藏給了中國。參見 Chien-peng Chung, *Domestic Politics, International Bargaining and China's Territorial Dispute*, 100。巴塔恰爾傑（Mira Sinha Bhattacharjea）也認為邊界問題應當是1954年解決的。參見 Mira Sinha Bhattacharjea, "1962 Revisited," in *50 Years of India and China*, eds. G. P. Deshpande and Alka Acharya (New Delhi: Tulika, 2002), 436。總而言之，中印兩國邊界只能說是未劃定，沒有別的說法。批評尼赫魯的多種言論都證明了這一點。

議。[12] 在此過程中，雙方從未討論過邊界問題。對此雙方應該有各種各樣的考量。雙方為了交涉順利而避談邊界問題，但是之前採納的和平共處五項原則所象徵的兩國友好關係，也因此而被破壞。

尼赫魯在 1958 年 12 月給周恩來信件說：他認為該協定「解決了兩國間的所有的重要的問題」。[13] 但是如前所述，在交涉過程當中沒有涉及到邊界問題。馬克斯韋爾指出：「出席交涉的印度代表團完全沒有涉及邊界問題，其實是積極避免這一問題。」[14] 印度的立場是：不交涉領土問題，萬一對方提出的話，就拒絕。這個方針可從情報局長官穆立克（B. N. Mullik）的回顧中得道。[15] 就是說，印度打算通過避免交涉的做法來表明這一問題已經解決了。[16] 同樣，中國對於討論邊界問題也不很積極。這次交涉一周之後，中國的「中印交涉委員會」於 1 月 7 日召開第一次全體會議時，周恩來做了發言，其大意是這次談判是解決已成熟並準備好的問題，不成熟的比如邊界問題，將來選擇時機解決。[17] 中國代表的方針是不急着解決邊界問題，因此印度未將這一問題提上日程，中國也是很樂意看到的。當然對中國來說，不提就意味着將來適當的時候再談。於是，「雙方慎重地保留了這一問題的模糊性。」[18]

---

12. 1953 年 12 月 31 日是交涉的第一天，周恩來提出了和平共處五項原則。參見楊，1999：215。但是在印度，尼赫魯被認為其首倡者，如考爾（T. N. Kaul）認為共處五項原則是尼赫魯首先提出的。參見 T. N. Kaul, *A Diplomat's Diary (1947–99): China, India and USA* (Delhi: Macmillan India Limited, 2000), 96。楊是這次交涉中的中方成員，並且是中共中央西藏外事辦幫，考爾是印度代表團的副團長。

13. Ministry of External Affairs, Government of India, *Notes, Memoranda and Letters Exchanged and Agreements Signed Between the Government of India and China 1954–1959 (White Paper I)* (New Delhi: Ministry of External Affairs, 1959), 48.

14. Neville Maxwell, *India's China War*, 77.

15. B. N. Mullik, *My Years with Nehru: The Chinese Betrayal* (Bombay; New York: Allied Publishers, 1971), 150–151; Neville Maxwell, "Sino-Indian Border Dispute Reconsidered," *Economic and Political Weekly*, April 10, 1999, 908.

16. 印度方面的賴嘉文駐中國大使於 1 月 2 日的第一次全體會議時作了長達大約兩個小時的發言，「提出需要商談的問題很多，但是未提邊界問題」。參見楊公素：《滄桑九十年：一個外交特使的回憶》（海口：海南出版社，1999），頁 216。

17. 楊公素：《當代中國外交理論與實踐（1949–2001）》（香港：勵志出版社，2002），頁 87。

18. T. N. Kaul, *A Diplomat's Diary (1947–99): China, India and USA*, 63.

　　雙方怎樣對待和平共處五項原則，可證明印度的立場。從參加交涉的兩國外交官的回憶可以知道：印度原來將和平共處五項原則作為協定中的一項條款，相反中國則希望將其作為一個獨立的聯合聲明。後來按照周恩來的意見，將其寫入前言中。將和平共處五項原則寫入協定中，顯然是在印度的主導下實現的。[19]從楊公素的回憶可以看出，因為首倡者是周恩來，中國最初很客氣地不把它寫入協定裏。總之，將如此抽象的、保有很高理念的表述作為通商、交通協定的一項獨立條款是不自然的。如果印度想要將其作為一項條款的話，給這抽象的表述賦予具體含義，我們就可以推測印度試圖通過強調「互相尊重主權與領土完整」，表示兩國邊界問題已經解決了。[20]

　　一般理解為，《1954年協定》同時確定了西藏是中國的領土，並意味着國際上承認北京與拉薩之間於1951年簽署了17條協議。在印度也有同樣的共識，就是《1954年協定》承認中國對西藏的主權。[21]但是從此後印度對西藏的態度來看，印度承認的僅僅是宗主權（suzerainty）。印度表面承認中國的主權，但同時強調西藏的自治，將西藏看作是中國宗主權之下的附庸國而已，並且一直謀求與西藏之間直接的關係。迪克西特曾對尼赫魯的想法做了如下的整理：

19. T. N. Kaul, *Diplomacy in Peace and War: Recollections and Reflections* (Delhi: Vikas Publications, 1979), 101–104；廣瀨崇子：〈中印国境問題をめぐるネ一ル一外交の論理〉，《アジア》，第22卷第2號，1981年2月，頁58–59；楊公素：《滄桑九十年：一個外交特使的回憶》，頁214–221；楊，2002: 85–88；楊公素／真水康樹，諸橋邦 譯：〈中印関係とチベット問題〉，《環日本海研究年報》，第12號，2005年3月，頁81–83。另外，關於和平共處五項原則提出的背景，有較新的分析與第一手材料的發現。參見 Niu Jun, " 'Turn to the Left' in Chinese Foreign Policy from the Late 1950s to 1962," Serbia, *ТОКОВИ ИСТОРИЈЕ* (March 2014).

20. 關於印度強調「互相尊重主權與領土完整」，馬克斯韋爾也表示過同樣的看法。參見 Neville Maxwell, "Sino-Indian Border Dispute Reconsidered," *Economic and Political Weekly* (April 10, 1999), 909.

21. 請參考 Tieh-Tseng Li, "The Legal Position of Tibet," *The American Journal of International Law* 50, no.2 (1956): 403–404。另外，連不滿意《1954年協定》的情報局長官穆立克也明確承認中國對西藏的主權。參見 B. N. Mullik, *My Years with Nehru: The Chinese Betrayal*, 152, 154。的確，在協定正文中好幾次出現「中國的西藏地方」（Tibet Region of China）的表述，但是沒有「中國的主權」，或「中國的領土」等的表達。與此相反，2003年6月瓦傑帕伊總理訪華時簽署的《中印關係原則和全面合作宣言》中，稱西藏自治區是中華人民共和國的「領土的一部分（part of the territory）」，變為不容置疑的表述了。關於《中印關係原則和全面合作宣言》，請參考印度外交部網頁 http://meaindia.nic.in/jdhome.htm（最後瀏覽日期：2006年4月26日）。

「印度承認（acknowledge）中國對西藏的宗主權，這並不意味着中國可以抹殺西藏自身的政治認同而侵蝕西藏的自治。」[22] 迪克西特本人在這段回顧裏沒有使用「主權」一詞，而使用宗主權。印度主張西藏是「中國的自治性部分」時，其實也暗含着宗主權的含義。另外，印度對達賴喇嘛的亡命政府的活動一直很寬容。然而，印度政府從來沒有正式支持過西藏獨立，並且沒有這個目的。西藏獨立對印度是相當麻煩的，但是中國認為相對獨立、自立的西藏作為緩衝地帶是符合印度的政治利益的。

然而從印度的角度來看，在當時的日本外交部文件裏有如下的記載：「幾乎所有的國外電報也都說『這協定是由於印度的單方面讓步才成立的，印度為什麼須要如此對中共做出讓步』。」[23] 由此看來，印度的讓步是當時國際社會公認的、眾所周知的巨大讓步。[24] 此後印度也一直在國際社會中支持中國（比如聯合國代表權等），可以看出印度的確是忠實於對華友好的政策。然而，中國最終未能理解到尼赫魯的對華友好政策的誠意，對這一點，在印度存在廣泛的不滿。[25]

《1954 年協定》將和平共處五項原則廣為傳播，已成為當時前中印友好的基石；但是，由於雙方完全相反地理解邊界問題的解決與否，《1954 年協定》只是表面成功，其實包含着致命的問題。印度對中國友好的政策，隨着西部邊界爭端的爆發而開始動搖，並在西藏叛亂發生後受到致命的打擊。下一節將進一步的研究其後的發展。

---

22. J. N. Dixit, *Across Borders: Fifty Years of India's Foreign Policy*, 62.

23. 外務省アジア局第二課：〈はしがき〉,《西藏に関する中印協定（仮訳）》亞二資料，第 18 號，1954 年 5 月。

24. 印度政府同意撤退出印政府在西藏的武裝警備隊，並將宿站與郵編、電報、電話的企業與設備交給中國。接着，印度所作出的承諾是不可能改變的，而中國的承諾卻是可以改變的，高龍江指出的這一點是很重要的。參見 John W. Garver, *Protracted Contest: Sino-Indian Rivalry in the Twentieth Century*, 52.

25. 請參考 J. N. Dixit, *Across Borders: Fifty Years of India's Foreign Policy*, 353–354; T. N. Kaul, *A Diplomat's Diary (1947–99): China, India and USA*, 72。後來印度僅僅關注巴基斯坦，沒有意識到中國的威脅，對這一點有反省。請參考 J. N. Dixit, *Across Borders: Fifty Years of India's Foreign Policy*, 354–355; T. N. Kaul, *A Diplomat's Diary (1947–99): China, India and USA*, 64–65。科亨認為 1954 年以前巴基斯坦並不構成威脅。

四、西部邊界的焦點化

《1954 年協定》中，由於中印雙方不願意提及邊界問題，所以中印邊界問題處於一種曖昧的狀態。當這種曖昧狀態不能保持時，衝突就不能避免了。[26] 最終使中印雙方陷入軍事衝突的主要原因不是東段邊界的麥克馬洪線，而是西段的邊界。溯及到《西姆拉協議》有效性的麥克馬洪線問題，在國際法上的爭論很有意義，但是它不是決定性的。中印對立的核心問題是阿克賽欽問題。以下將集中討論尼赫魯對華態度的變化（即放棄對華友好政策）。

首先是印度對邊界的認識。尼赫魯對東段邊界的態度是一貫的，但是對西段邊界的態度則表現得有點曖昧。

關於西段邊界，1947 年印度的基本判斷是把喀喇崑崙山脈作為印度的北限，從 1947 年到 1954 年期間，印度的官方地圖把阿克賽欽一帶（崑崙山脈與喀喇崑崙山脈之間的地區）標識為「未劃定」。1950 年 11 月尼赫魯在國會回答質詢時說：「東段邊界是麥克馬洪線，西段是傳統習慣線。」[27] 到《1954 年協定》簽署之後，按照尼赫魯的表述，崑崙山脈以南就已經成為印度的領土了。[28] 印度所認為的邊界線不但吞併阿克賽欽地區，而且大幅度向北推進。馬克斯韋爾說，尼赫魯於 1954 年 7 月公佈了邊界問題已經劃定的備忘錄，並下發給政府各有關部門。[29] 霍夫曼（Steven A. Hoffmann）認為：1953 年放棄了馬繼業－竇納樂線（McCartney-MacDonald Line），在尼赫魯的主導之下，阿克賽欽地區被劃為印度領土。[30] 印度的地圖也是在 1953 年到 1954 年之間進行修訂，因此可以判斷印度對西部邊界主張的變

---

26. 之所以不能保持這種曖昧的狀態，是因為涉及實際控制權的問題。如果不涉及任何實際控制（權力）問題的區域，不可能發生糾紛。邊界衝突就是對無主地逐漸涉及實際控制的結果。參見 Neville Maxwell, *India's China War*, 89-90; T. N. Kaul, *A Diplomat's Diary (1947–99): China, India and USA*, 63; M. Taylor Fravel, "The Long March to Peace: Explaining China's Settlement of Territorial Disputes," PhD. Dissertation, Stanford University, 2004, 92。

27. Neville Maxwell, *India's China War*, 85.

28. Xue-cheng Liu, *The Sino-Indian Border Dispute and Sino-Indian Relations*, 66–67.

29. Neville Maxwell, *India's China War*, 79–80.

30. Steven A. Hoffmann, *India and the China Crisis*, 25.

更是從 1953 年到 1954 年之間的事情。但是，此後尼赫魯的主張還是有曖昧的地方。比如説，1959 年 8 月 30 日在國會回答質詢時，他表明：中印邊界的西段尚未明確，領土歸屬也不明確，也沒有劃定過任何邊界。[31] 從此看來，印度還有妥協、談判的餘地。霍夫曼也認為，尼赫魯在 1959 年秋天還比較樂觀，但此後對中國的態度則出現了矛盾。因此，對於中印西段邊界，可以説尼赫魯的主張到 1959 年秋天為止還是不確定的，直到 1958 年印度發現中國建設了新藏公路（中國於 1956 至 1957 年建設新藏公路）以後，尼赫魯的態度才逐漸變得強硬。按照馬克斯韋爾的觀點，尼赫魯的態度是在 1959 年 11 月的戈帕爾報告之後變得沒有任何妥協的餘地的。[32] 霍夫曼也認為，尼赫魯根據戈帕爾報告確信，印度對阿克賽欽地區擁有主權、具有歷史根據是 1960 年 2 月的事情。[33] 尼赫魯的態度特別冷淡，表現得一點也不願意再理這個問題。[34]

1960 年 4 月首相會談時，中國向印度表示：對於東段邊界，可作大幅讓步的準備。[35] 事實上，中國的提案是東西交換論，但印度卻拒絕了這個提案。既然不承認麥克馬洪線的中國對東部邊界表示妥協，首相會談的破綻就是西段邊界。高龍江（John. W. Garver）也

---

31. Neville Maxwell, *India's China War*, 118–119; Xue-cheng Liu, *The Sino-Indian Border Dispute and Sino-Indian Relations*, 66–67.

32. 由於尼赫魯的態度強硬到沒有任何妥協的餘地，這可能導致中印雙方錯過了最好的談判時機。如前所述，1959 年 8 至 10 月，關於阿克賽欽地區，尼赫魯認為尚未劃定邊界，他也許會接受中國提出的在互諒互讓的基礎上解決領土爭議地區的主張。參見 Neville Maxwell, *India's China War*, 119–120。

33. Steven A. Hoffmann, *India and the China Crisis*, 83.

34. 可是蘭姆（A. Lamb）認為，因為英屬印度的領土認識是把 1898 至 1899 年的馬繼業—寶納樂線看做邊界，印度的領土要求是由不準確的引用所導致的（參見 Alastair Lamb, *The China-India Border: The Origin of Disputed Boundaries* [London: Oxford University Press, 1964], 173–174）。也可以參考馬克斯韋爾，1972: 162–163。1960 年，尼赫魯的輔佐官們忽視了馬繼業—寶納樂線，如果考爾的回顧是準確的話，這個忽視有可能是故意的，參見 T. N. Kaul, *A Diplomat's Diary (1947–99): China, India and USA*, 69）。也有印度學者主張印度對阿克賽欽的領土要求是沒有根據的（Karunakar Gupta, *The Hidden History of the Sino-Indian Frontier* (Calcutta: Minerva Associates Publications, 1974), 52–53; Neville Maxwell, "Sino-Indian Border Dispute Reconsidered," *Economic and Political Weekly*, April 10, 1999, 909）。當然，這只是意味着印度的要求根據不足，不直接證明中國的主張是對的。

35. 馬克斯韋爾認為，印度勉強地接受 1960 年 4 月份中印總理會談是因為怕丟了莫斯科的歡心。參見 Maxwell, *India's China War*, 146。對於中印的對話，當時的蘇聯應該是歡迎的，參見 Sudarshan Bhutani, *A Clash of Political Cultures* (New Delhi: Roli Books, 2004), 163.

指出「印度對於阿克塞欽地區強硬的領土要求是領土爭論的最大難題」。[36]

下面要分析尼赫魯態度變化的原因，即：為什麼放棄對中國友好的政策。這個問題與 1960 年 4 月的首相會談出現決裂是分不開的。

下面順着時間順序做分析。首先，中國建設新藏公路（1956 年 3 月 – 1957 年 9 月）與阿克塞欽的領有成為很重要的對立因素。由於這個因素，西部邊界成為焦點了。對於阿克塞欽，印度實際上一直控制不到其土地，連中國新藏公路的建設也是通過中國的報道才知道的。由於印度的地圖視阿克塞欽為印度的領域，於是印度拘泥其領有權。而對中國來説，阿克塞欽與新藏公路在西藏方面是不可缺少的戰略位置。[37]

1959 年的西藏叛亂與達賴喇嘛逃亡也是個破壞性的因素。賈特麗（Nancy Jetly）説，這次叛亂是「中印友好關係結束的開始」。[38] 它破壞了印度國民對中國的感情，而雙方把兵力擴展到邊界，就提高了糾紛的可能性。[39] 同年 8 月發生的朗久事件也好，10 月的空喀事件也好，都可以從雙方兵力的展開、接觸可能性的增加與軍事偶發性的提高的角度來説明。尤其是印度，中國的軍隊擴展到邊界，印度國會不斷指其是軍事威脅。[40] 另一方面，中國在叛亂中看到了美國

---

36. John W. Garver, *Protracted Contest: Sino-Indian Rivalry in the Twentieth Century*, 88. 關於中印對立擴大的過程，有關印度角度的描述參見 Subimal Dutt, *With Nehru in the Foreign Office* (Calcutta: South Asia Books, 1977), 114–130。達特（Subimal Dutt）於 1955 年 10 月到 1961 年 4 月擔任印度外交部副部長，此後做過駐莫斯科大使。該論著的立場是接近印度的公式立場，但是沒發現敵意的記載，也沒有故意的描述，可説是理性的論述。當然其論述離不開印度的視角，但是閱讀有點偏在中國的馬克斯韋爾的著作，有助保持平衡。

37. Mahnaz Z. Ispahani, *Roads and Rivals: The Political uses of Access in the Borderlands of Asia* (Ithaca, N. Y.: Cornell University Press, 1989), 166.

38. Nancy Jetly, *India-China Relations, 1947–1977: A Study of Parliament's Role in the Making of Foreign Policy*, 79.

39. 在此之前，保衛中國對印邊界的不是解放軍，而是藏軍，見 M. Taylor Fravel, "The Long March to Peace: Explaining China's Settlement of Territorial Disputes," PhD. Dissertation, Stanford University, 2004, 111.

40. Nancy Jetly, *India-China Relations, 1947–1977: A Study of Parliament's Role in the Making of Foreign Policy*, 79–127.

與台灣的陰謀。[41] 中印糾紛基本上是兩國的領土糾紛,而西藏叛亂為中印帶來了破壞性的影響,這是肯定的。

1959 年 9 月 7 日,印度國會公開了《中國白皮書》,當中披露了中印間的爭論與現狀。賈特麗認為,這對中印邊界問題產生了「爆炸性影響」。國會又公開了周恩來 1959 年 9 月 8 日寫給尼赫魯的信件,並就此在 12 日進行了討論,[42] 反對派的聲音跟輿論連在一起,形成了不能忽視的壓力,[43] 制約了尼赫魯政權。雖然對國會與輿論工作的失敗是統治者的責任,但是,沒有具有西方式功能國會的中國也未能重視這個因素。

關於尼赫魯對中國態度的變化,馬克斯韋爾舉出 1959 年 8 月的朗久事件與 1959 年 9 月周恩來給尼赫魯的信件來說明。在該信件中,周恩來確認中印邊界是未劃定的,並表明中國擁有東部與西部的領土主權。印度認為中國重新把早就同意的麥克馬洪線作為交換條件,由此,印度更加不信任中國。[44] 當然那是尼赫魯固執己見的結果而已。馬克斯韋爾認為,尼赫魯覺得被出賣了。[45] 霍夫曼認為 1959 年 3 月到初秋西藏叛亂時,尼赫魯的態度是矛盾的,到 9 月初接到周恩來的信件後便開始動搖,10 月底發生空喀事件後變成強硬的態度。[46]

發現中國建設新藏公路,看來是尼赫魯改變態度的轉捩點。高龍江認為:建設新藏公路導致印度不能忽視中國在阿克賽欽的軍事

---

41. 如高龍江所説,不能證明美國在西藏叛亂上有多大程度的干預,也不能證明尼赫魯自己了解多少,以及印度的對叛亂的干預程度(參見 John W. Garver, *Protracted Contest: Sino-Indian Rivalry in the Twentieth Century*, 58)。但是這只是意味着不能證明而已,不能證明一點干預也沒有。

42. Nancy Jetly, *India-China Relations, 1947–1977: A Study of Parliament's role in the Making of Foreign Policy*, 85–91.

43. Subimal Dutt, *With Nehru in the Foreign Office*, 191–192.

44. 印度的理解是周恩來訪印的時候,在事實上是承認麥克洪馬線的。但是 1959 年周恩來的信件則表示「中印邊界沒有正式劃定過」。因此印度人開始對中國產生懷疑。然而,指 1956 年周恩來承認麥克洪馬線的文件根據僅僅是尼赫魯的筆記,對其約束力,需要重新探討。

45. Maxwell, 1972: 154–155, 151–154.

46. Steven A. Hoffmann, *India and the China Crisis*, 59–62.

存在，於是不能繼續對華採取友好政策。中國強化在西藏的軍事設備超出了尼赫魯的預想，尼赫魯將此理解為西藏自治的退步，因此建設新藏公路的消息使尼赫魯改變了態度。[47]

王宏緯認為：尼赫魯一直被政治對手批評他的親華政策，發生朗久事件和發現新藏公路後，他受到了更強烈的批評，這打擊了尼赫魯的目標，影響了其威信，更降低了他的政治地位。由此，他改變了態度。[48] 楊公素更直接指出尼赫魯的西藏政策是失敗的。就是說，1959 年 3 月的西藏叛亂失敗與達賴喇嘛逃亡的結果，使尼赫魯放棄了以自治為名控制西藏的政策，也放棄了對華友好政策。[49]

考爾（T. N. Kaul）回顧說，尼赫魯打算以喀喇崑崙山脈作為邊界線來達成妥協，但他的同事與高級官員堅持不妥協。[50] 如果這個回顧沒有錯的話，尼赫魯的態度可以說沒有改變，是整個政權的立場變得較為強硬了。

筆者認為，放棄對華友好政策的轉捩點是中國建設新藏公路，換句話說，就是涉及到實際控制問題，使西部邊界成為爭議的焦點。當然上面所說的一些因素也起了複合性作用，但是引起中印之間對立的是《1954 年協定》，那時中印雙方已開始同牀異夢了，而且其採取的修正措施也沒有達成妥協。可以認為，從印度來說，尼赫魯政權可能後來發現不涉及邊界問題，卻強辯說已經解決的、1954年的辦法是錯誤的。1954 年時印度還有西藏牌，它可以用來試圖交易，可是到了 50 年代末，這張牌已經不存在了。可是還是按照現實的交涉是可能的，但尼赫魯不願意面對這個錯誤，並打算掩飾，結果脫離穩當的西部邊界的主張，態度變為強硬。其延後的最後結果是前進政策。

47. John W. Garver, *Protracted Contest: Sino-Indian Rivalry in the Twentieth Century*, 89–90 .

48. 王宏緯：《喜馬拉雅山情結：中印關係研究》（北京：中國藏學出版社，1998），頁 181。

49. 楊公素：《滄桑九十年：一個外交特使的回憶》，頁 259。

50. T. N. Kaul, *A Diplomat's Diary (1947–99): China, India and USA*, 69.

那麼印度在 1960 年 4 月選擇跟中國的會談時，是如何考慮的
呢？為什麼印度沒有接受中國提出的東西交換論呢？對此高龍江認
為有兩個理由：第一，印度認為中國對阿克賽欽地區擁有主權是錯
誤的；第二，印度認為如果讓步的話，會給主張邊界未劃定的中國
以更多的正當性，結果會使中國的要求進一步升級。[51] 可是，邊界線
確實是沒有劃定好的。

中國對於邊界的態度，優先考慮戰略價值。強調歷史正當性的
因素是按照不同的情況而有時候強，有時候弱，很具韌性的。1960
年 1 月的政治局常委擴大會議以後，中方以決策環境與其他周邊國
家的邊界劃定的狀況來考慮，[52] 在中印總理會談中，中國追求妥協的
意願是很清楚的。實際上，在 1960 年 4 月的中印總理會談之前，中
國與尼泊爾、緬甸簽署了邊界協定。但是，霍夫曼認為，印度把中
國的這一行動視為中國向其施加壓力。[53] 迪克西特也證實，尼赫魯把
中國強化與尼泊爾、緬甸的關係，理解為戰略性封鎖印度的徵兆。[54]
外交上的意思溝通是如此複雜的。另外，弗拉維爾（M. Tayler Fravel）
認為，中國對尼泊爾、緬甸採取妥協態度使尼赫魯要求擴大，態度
更頑固。[55] 中國在中印邊界交涉中的立場是希望將來能通過雙邊交
涉來劃定邊界，但印度政府認為所有邊界已經被劃定，因此拒絕了
交涉。

最後，即使是在 1962 年，邊界糾紛上還是存在妥協的可能性。
在通過老撾中立宣言的日內瓦國際會議之際（1962 年 7 月），外交
部長兼副總理陳毅、外交部副部長章漢夫、外交部長助理喬冠華等

51. John W. Garver, *Protracted Contest: Sino-Indian Rivalry in the Twentieth Century*, 102.

52. 吳冷西：《十年論戰：1956–1966 中蘇關係回憶錄（上、下）》（北京：中央文獻出版社，1999），頁 236–250；參見牛軍：〈1962：中國對外政策「左」轉的前夜〉，《歷史研究》，2003 年第 3 期。

53. Steven A. Hoffmann, *India and the China Crisis*, 86.

54. J. N. Dixit, *Across Borders: Fifty Years of India's Foreign Policy*, 62. 弗拉維爾（M. Taylor Fravel）認為中國對尼泊爾或緬甸表示的妥協態度，令尼赫魯擴大要求，態度更頑固（參見 M. Taylor Fravel, "The Long March to Peace: Explaining China's Settlement of Territorial Disputes," PhD. Dissertation, Stanford University, 2004, 130–134）。

55. M. Taylor Fravel, "The Long March to Peace: Explaining China's Settlement of Territorial Disputes," PhD. Dissertation, Stanford University, 2004, 130–134.

中國代表團，與印度國防部長梅農（Krishna Menon）、印度聯合國代表拉爾（Arthur Lall）交換過三次意見。拉爾如此回顧：陳毅曾試探性地向印度提出，在新藏公路留在中國領土的條件下來分割阿克賽欽的方案。印方向中央政府詢問了這個方案，但是因為尼赫魯不在新德里，所以對這個方案遲遲沒有回覆，結果就沒有進一步會談。接着，印度媒體發現了這次接觸，並在議會上追問相關的情況，尼赫魯不得不否定有接觸的事實。拉爾認為，尼赫魯在議會上的這個回答，中方可能認為是拒絕的意思。[56] 如果這次探聽是事實的話，這證明中國有進行和平談判的想法和意志，不過目前沒有其他根據。還有納亞爾（K. Nayar）作為傳聞消息的前提之下，也說過：印度國防部長梅農在前往日內瓦之前，印度也提出了同樣內容的方案，而中國也接受了。按照納亞爾的言論，結果是印方自己撤回了這個方案。[57] 有人說這是中國的提案，也有人說是印度的提案，說法並不一致。但是中方的接受，與最終印方的沒有接受，這個結果是相同的。可以推測，在日內瓦會議召開前後，暫且不論正式提案的具體內容進展到哪種程度，類似於分割阿克賽欽妥協的探聽方案是可能存在的。另外，印度在另外一個場合上提過，在沒有任何前提條件下，印度部長級的代表團前往北京，這表示印度的立場發生了重大變化。因為印度原來的立場是：如果中國不撤退到印度地圖上劃定的邊界線以外，就不與中國進行任何談判。不過這個提案被陳毅外交部長拒絕了。[58] 印度的這個建議，是在 8 月 6 日到 8 月下旬北戴河中央工作會議之前的事情。

56. Arthur S. Lall, *The Emergence of Modern India* (New York: Columbia University Press, 1981), 156–157.

57. Kuldip Nayar, *Between the Lines* (New Delhi: Allied Publishers, 1969), 136.

58. Purnendu Kumar Banerjee, *My Peking Memoirs of the Chinese Invasion of India* (Boston: Clarion Books, 1990), 51–52.

五、兩種戰略關心與歷史觀念

霍夫曼在其著作《印度與中國危機》（*India and the China Crisis*）中認為：「1959 年以後，中國試圖通過外交與軍事兩方面的手段，在地圖上劃定**戰略性的**新邊界的決定，與印度 1947 年後要保護**歷史上的**邊界的決定，形成了尖銳的衝突。地圖上要劃定邊界的兩種概念最終沒有和解。」[59] 霍夫曼的這個表述，是從中國的戰略考慮與印度的拘泥於歷史觀點所產生的嚴重分歧來理解中印的邊界爭議。中國領有阿克賽欽的行為是立足於維持領有西藏的戰略判斷。此外，中方放棄東部邊界，也可以說是為了在交涉中取得成功，確保阿克賽欽的戰略判斷。另外，印度對東部麥克馬洪線與阿克賽欽的領土主張，是來源於歷史上領土的國家意識。不過印度對於阿克賽欽的領土要求在戰略上有很大的缺陷。這些地方到了冬天連交通也被隔斷，因此戰略意義上並不重要。[60] 由此可見，霍夫曼中印對立的特性描述得很準確。

但是可以說，中印雙方在戰略與歷史兩個層面都存在對峙。中國領有阿克賽欽是基於戰略性的判斷，但是它還是要追溯歷史上的根據。中國從不懷疑自己擁有阿克賽欽的領有權。對中國人來說，強調歷史的根據是文化傳統。另一方面，印度的領土主張中也有強烈的歷史意識，雖然如此，印度佔有麥克馬洪線南坡是依照戰略判斷的，而其對阿克賽欽的執着則好像缺乏戰略性。不過，考察蘭姆（A. Lamb）提出一個假設，就是印度認為阿克賽欽是喀什米爾的一部分，這樣，印度對阿克賽欽的態度就是戰略性的判斷了。[61]

---

59. Steven A. Hoffmann, *India and the China Crisis*, 30.

60. 印度軍方如前陸軍司令官也認為阿克賽欽在戰略上沒有意義。儘管印度前情報局長穆立克質疑此觀點，但是印度外交部也認為阿克賽欽沒有任何作用。參照 B. N. Mullik, *My Years with Nehru: The Chinese Betrayal*, 204–205。

61. 蘭姆說：「如果印度領導人認為阿克賽欽是喀什米爾的一部分的話，那麼印度在這一領土問題上當然不能有任何退讓。」參見 Alastair Lamb, "Reviews: War in the Himalayas (India's China War. by Neville Maxwell, 1970)," *Modern Asian Studies* 5, no.4 (1971): 394–395。考爾回憶說，在 1954 年中印交涉之前，中方曾非正式表示，西部邊境問題要談，但是不希望將西部邊境問題與喀什米爾問題與混為一談，因為中國和喀什米爾問題無關，然而這些僅僅是印方的記錄。T. N. Kaul, *A Diplomat's Diary (1947–99): China, India and USA*, 63.

　　筆者認為，中國與印度都基於國家利益而形成了戰略上和歷史上的對峙。但是制約雙方接近的狀況、由這種狀況產生的戰略關注、歷史意識，及作為形成這些的基礎國家意識，是不同的。這裏將重點分析其不同之處。

　　一般認為中印雙方是「亞洲同時成立的兩大新興國家」。但是，對於繼承「強大的英屬印度」的新生印度來說，維持現狀就是國家的利益。而繼承「衰弱的中華民國」的新中國來說，恢復失掉的疆土是重要課題，其外交必須改變這種狀況。至於印度在獨立前便已參與了地方管治，雖然不完全，但是還是構成了體制的一部分，因此印度已經做好了繼承英屬印度的心理準備。與此相比，中國共產黨打敗了國民黨，雖然在國際法上，它繼承了政府，但對中華人民共和國來說，在意識上，中華民國是以另外一種方式存在。因此，中國要變更現狀便沒有那麼多束縛。

　　雖然印度打着不結盟的幌子，但其對外政策乃受到大英帝國的影響。最典型的例子是對於西姆拉協議與麥克馬洪線的執着。在國際法上，中國主張西姆拉協議與麥克馬洪線是無效是準確的，因此可以說，印度對麥克馬洪線的執着不是尊重國際法的精神，而是繼承了大英帝國的某些立場。

　　此外，對於被印度總督寇松（George Nathaniel Curzon）稱為「保護國的鎖鏈」的尼泊爾、錫金與不丹等喜馬拉雅山國家（Himalayan state），印度希望與這些國家維持傳統關係。後來則採取經濟封鎖某國、吞併某國、在外交上束縛某國等做法。印度非常在意這些國家與中國加強聯繫的舉動。另外，印度雖然承認中國對西藏的領土權，但對於西藏強調其自治，印度仍要求保持直接的、不經過中國政府的聯繫。

　　有關中印雙方的戰略，還存在着問題。印度對於軍事安全保障方面，首要考慮的對象是巴基斯坦與中國。自從喀什米爾問題導致的第一次印巴戰爭之後，巴基斯坦在安全保障上就成為印度的威脅。接着，以前以西藏做緩衝地帶、且遙遠、弱小的中國，現在變成領有西藏的、統一的國家，直接威脅着印度北方。接着，中國軍

隊進駐西藏更是實際的威脅。[62] 中國不僅僅是直接的威脅，更可能與
其他南亞國家發展外交關係而封鎖印度。[63] 因此，印度認為中國在南
亞對抗其霸權的能力比巴基斯坦還要高。[64] 而中國正在不斷加深與巴
基斯坦的關係。另一方面，剛剛成立的新中國雖然不信任印度，但
卻沒有視印度為直接的威脅。[65] 儘管如此，中國不能容忍印度在承認
中國對西藏主權的同時，以西藏自治的名義對西藏發揮影響力，因
印度曾干預中國解放軍進駐西藏。對中國來說，最大的威脅是美國
與台灣的國民黨而印度北部與西藏可為他們提供暗中活動的空間，[66]
從這個意義來看，印度則成為了對中國的威脅。[67] 有見及此，為了減
少互相的威脅雙方採取了友好政策，又簽署包括和平共處五項原則
的《1954 年協定》，這意味着雙方都追求低成本的安全保障戰略。可
是，這個戰略未能夠長期保持，原因是阿克賽欽的焦點化。

在此從另外一個角度提出一個論點。印度共和國繼承了英屬印
度後，巴基斯坦獨立導致印度領土分裂留有精神創傷。領土分裂導
致的心理痛苦和國家規模縮小令印度受壓，亦使其對領土統合有更
強的意識。巴基斯坦的成立也意味着戰略威脅的誕生。而巴基斯坦
與中國的合作，蘊藏着產生最惡劣情況的可能性。[68] 對印度來說，巴
基斯坦是精神創傷。[69] 事實上印度外交部認為，從某種程度上來說，

---

62. Nancy Jetly, *India-China Relations, 1947–1977: A Study of Parliament's Role in the Making of Foreign Policy*, 79.

63. John W. Garver, *Protracted Contest: Sino-Indian Rivalry in the Twentieth Century*, 21.

64. Ibid, 78.

65. 廣瀨崇子：〈印中接近の要因と限界〉，拓殖大学《海外事情》，第 53 卷第 10 號，2005 年 10 月，頁 42。

66. 從印度往這些地區，其交通很便利。Neville Maxwell, *India's China War*, 41; 楊公素：《滄桑九十年：一個外交特使的回憶》，頁 227；John W. Garver, *Protracted Contest: Sino-Indian Rivalry in the Twentieth Century*, 83.

67. 廣瀨崇子：〈印中接近の要因と限界〉，拓殖大学《海外事情》，第 53 卷第 10 號，2005 年 10 月，頁 47。

68. 考爾説，鑒於《1954 年協定》，印度相信在喀什米爾等問題上，中國儘管不一定支持印度，但至少不會站在巴基斯坦一邊，起碼保持中立態度。參見 T. N. Kaul, *A Diplomat's Diary (1947–99): China, India and USA*, 60. 但是後來，中國與巴基斯坦的關係緊密了。考爾、迪克西特都帶着被出賣的口氣回顧了當時的情況。參見 T. N. Kaul, *A Diplomat's Diary (1947–99): China, India and USA*, 73; J. N. Dixit, *Across Borders: Fifty Years of India's Foreign Policy*, 54, 64.

69. Steven A. Hoffmann, *India and the China Crisis*, 23–24, 273, chap 2, note 32.

1959 年 5 月潘大使的信件意味着中國利用巴基斯坦問題向印度施加壓力。[70]

中國也有被分裂的例子。其一是，國民政府時期，蒙古獨立（1946 年），其二是台灣問題。台灣在聯合國有代表權，跟美國勾結構成了東部地區的威脅。蒙古沒有構成威脅，僅僅在心理上留下精神創傷。中國主要擔心美國與國民黨可能以印度為基地來干預西藏，這就是所謂的「西藏牌綜合症」。除了朝鮮與台灣等東部地區之外，西藏等西部地區可能成為與美國鬥爭的第二條戰線。在此意義上，印度對西藏特別關心，中國對此是絕對不能容忍的。高龍江也曾表示，「中國在西藏的脆弱性，與印度對於巴基斯坦的脆弱性具有相同的意義。」[71] 如果中國可以利用巴基斯坦的話，印度也應該可以同樣利用西藏。印度是如此考慮的。許多中國專家認為 1959 年西藏叛亂是印度干預的結果，而印度的專家則認為這只是中國為了掩飾自己對西藏政策的失敗而找的藉口。由此，在西藏問題上，中國對於印度的不信任明顯地展現出來。

六、兩種國家意識

印度從英國的殖民地統治下取得了獨立，新生印度認為繼承英屬印度是理所當然的。英屬印度留下的邊界對印度非常有利。從 1935 年印度統治法以來，印度人一定程度上享受地方參政權並組織地方政權，印度人在相當的程度上對英屬印度有認同感，他們認為英屬印度的版圖與邊界線是他們通過非常艱苦的獨立運動才取得的收穫，因此擁有其既得權。

對於中國，其外交策略是變更現狀。如前所述，印度在獨立以前已參加地方政權，雖然是不完全的，但已是既存體制的一部分，

---

70. Steven A. Hoffmann, *India and the China Crisis*, 61; T. N. Kaul, *A Diplomat's Diary (1947–99): China, India and USA*, 73.

71. John W. Garver, *Protracted Contest: Sino-Indian Rivalry in the Twentieth Century*, 75.

同時亦準備好繼承英屬印度。中國則不然，共產黨跟國民黨全面內戰，雖然國際法上中華人民共和國是中華民國的繼承國，但是其意識上根本不可能認同國民政府。總括而言，印度希望維持現狀，而中國則希望變更現狀。中國與印度有如上的差異。

在權力轉移之際，通過交涉實現獨立的印度很自然站在繼承過去的立場；相反，通過內戰的方式建立起來的中國，便不是百分之一百的繼承過去了。通過中印糾紛的分析，我們可看到兩國成立的歷史背景的差異。

除了這些差異以外，還有下面的問題。清末以來，中國人經歷了被列強侵略與割讓領土的痛苦，他們對於處理邊界問題有了現實的認識；相反，印度成為了殖民地，可是，這是一個逆邏輯，由於成為大國的殖民地，印度人沒有經歷割讓版圖的痛苦。在被殖民前印度是否有過國家意識以至於是否存在統一的政治實體，是值得懷疑的。反觀中國，無論是北洋軍閥政府、南京國民政府，還是中華人民共和國政府，邊界外都有侵略的力量，邊界在觀念上、現實上、任何時候都是有對外攻防的場所。對於中國人，邊界就是交涉的對象。而印度國大黨雖然辛苦地抗爭英國的帝國主義，可是他們的鬥爭對手是共有一樣領土的英印政府，國大黨的領導者不需要與邊界交涉。對他們來說，邊界是自然繼承的東西，不是鬥爭、交涉的對象。在國境線劃分問題上，印度領導人不具備像中國領導人那種捍衛領土主權和邊境安全的認識與現實經驗。巴基斯坦的分離獨立是一件痛苦的事情，但並不是領土的侵害。將這種認識與 S. A. 霍夫曼所說的印度人國家意識的歷史主義聯繫起來考慮的話，或許可以成為印度「不妥協強硬論」的有力支持。[72] 對於中印雙方來說，對方所提出的邊界是難以接受的，不過交涉的餘地是應該存在的。雖然沒有交涉，但是印度單方面認定邊界已經劃好的做法，對中國來說更是不可接受的。沒劃定的兩國邊界是應該通過交涉來劃定的。

---

72. 霍夫曼指出，當時尼赫魯政府裏的「印度國家意識」的存在，其意識超過了英屬印度的範圍。霍夫曼認為中國認定的是具有戰略性質的邊界線，而印度是按照國家意識認定的歷史性質邊界 (Steven A. Hoffmann, *India and the China Crisis*, 30)。

　　由於 1960 年 4 月總理會談破裂，雙方的關係已經無法挽回了，霍夫曼認為，印度的國家意識已經超過繼承英屬印度的繼承意識。這個實際上從未存在過的幻想共同體，發揮了強而有力的意識形態力量。按照霍夫曼的理解，印度把麥克馬洪線看作是有歷史根據的，尼赫魯也相信阿克賽欽北部是英屬印度以前的傳統邊界線。[73] 印度政府的領土主權主張，在國際法上，以往是依據 1842 年的西藏《克什米爾條約》與 1914 年的《西姆拉協議》。就是說尼赫魯他們的主張超過了印度官方的根據。過去印度從來沒有存在過那麼大規模的、統一的政治實體。而把最繁榮時的莫卧兒帝國看作領土主權主張的根據也有點勉強。英屬印度以前的任何政治實體並不是近代意義國際法上的主體。[74] 與此相比，中國在領土主權方面是以清朝的版圖為根據的。《南京條約》以後，清朝已經具有條約體制的國際法主體的性格。[75] 恢復版圖成為中國的意識形態，但是這個意識並不是單方面的幻想。[76] 中印兩國的國家意識起了兩種完全相反的作用。中國的國家意識允許在價值不高的東部地區採取戰略上的讓步，實現妥協的可能（事實上，20 世紀 60 年代的前半期，中國與其他國家的邊界線劃定陸續完成）。與此相反，印度的國家意識抱有濃厚的意識形態，無論是東部邊界還是西部邊界，都不允許妥協。霍夫曼把這兩種國家意識劃分為兩種，一方稱為「戰略性」，另一方稱為「歷史性」。但是，中國並不是沒有歷史主義，國家意識也存在。那麼，霍夫曼能否這樣解釋上述的命題？以清朝版圖為現實根據的中國，其國家意識最終採納了適應戰略判斷的現實方法。與此相反，有意識形態因素的印度國家意識則忽視了戰略性，結果採納了非妥協的立場。

---

73. Steven A. Hoffmann, *India and the China Crisis*, 27, 89; Neville Maxwell, *India's China War*, 126–129, 95.

74. 巴塔恰爾傑認為英屬印度的成立，意味着作為國家的印度出現。參見 Mira Sinha Bhattacharjea, "1962 Revisited," in *50 Years of India and China*, eds. G. P. Deshpande and Alka Acharya, 428.

75. 王正毅：《世界體系論與中國》（北京：商務印書館，2000），頁 337。

76. 中國人從未完全丟失主權。巴塔恰爾傑認為，印度與中國對於領土問題的認識與自覺存在着根本的差距。參見 Mira Sinha Bhattacharjea, "1962 Revisited," in *50 Years of India and China*, eds. G. P. Deshpande and Alka Acharya, 432, 437.

更進一步說，印度有一種弊病，就是把單方面的認知看成相互了解。這個弊病使印度的非妥協方法進一步地僵化。也就是說，尼赫魯政權傾向於把沒有通過對話確認過的認識當做互相理解。最典型的例子就是認為 1954 年已經完成邊界劃定的觀點。在交涉的時候，雙方沒有談過邊界問題，並且所交涉的協定僅僅是通商和交通協定，並不是邊界協定。而且，《1954 年協定》中根本沒有「西藏是中國的自治部分」的相關內容，也不存在什麼聯合聲明之類的協議文件，這僅僅是印度自我認知而已。另外，該協議第四條所列出的六個貿易開放山口，印度卻單方面視之為邊界。這不是雙方討論後形成的共識，而是印度單方面的理解而已。[77] 最後印度與喜馬拉雅國家間也發生了不少爭議。其中最典型的例子是，印度與不丹對於保護權問題的解釋也是不一致的。這也是印度單方面理解所引起的。

關於國民國家的性格，中國更接近於理念型。目前人口超過十億的中國和印度已經遠遠超出了所謂的國民國家（Nation States）的內涵。但有一點須要注意：中國自清末或者說辛亥革命以來，儘管有某種程度的限制，但中國政府都在行使國家主權，自國民革命以來，中國確實是以統一、平等的國民國家為目標發展的。近代之前的中國王朝，不是分權的封建制，而是集權的家長制，這一點對國民國家的形成產生了很大影響。中國對於邊界、領土的主張不是宗主權，而是主權，冊封體制已不復存在，附庸國在觀念和現實中也不存在了，保護國的概念變得淡薄，邊境從某種意思上來說，已經是國民國家的具備強烈邊界意識的地方。就是說「邊界地帶」這個曖昧的概念已經不存在了，只存在「邊界」與其內外。有一個地方或地域處於兩個國家之間的地方或地域，應該是一個國家的領土還是領土外，沒有其他曖昧的存在形式。在中國人的內心存在着強烈的國民國家的邊界意識。與此相反，印度國大黨的領導人一直到

---

77. Alfred P. Rubin, "The Sino-Indian Border Disputes," *International and Comparative Quarterly* 9 (1960): 101.

1947 年才獨立，首次取得主權，而之前僅僅是參與地方政權。[78] 獨立後的印度實質上是英屬印度的正統繼承國。但是，這個「英屬印度＝印度帝國」可以視為一個帝國，但並不是國民國家。如吞併土邦州（Indian States）並設置 NEFA（North East Frontier Agency），可以確認新生的印度的目標可能是國民國家。然而繼承原來帝國的英屬印度的這個事實，還是直接或間接地影響到國家的性格與領導的意識。在邊界問題上，英屬印度的邊界意識是期望的線與實際控制線不一定一致，並且有一個很隨便的傳統，就是把主權與宗主權按照自己的方便，非常靈活地使用。印度的領導人也不可避免地繼承了這種帝國的國家意識傳統。

印度堅持不被中國承認的《西姆拉協議》和麥克馬洪線的正當性，從此可以看出其繼承了大英帝國的立場與野心（確保大英帝國的構想但不能實現的邊界線＝假裝維持現狀的擴張主義）。對於西部邊界，當初尼赫魯的態度有點曖昧，可是他逐漸放棄這種曖昧態度，最後選擇了主張強硬邊界的立場。[79] 從印度對於喜馬拉雅國家的態度來看，對尼泊爾和不丹維持作為保護者的立場；接著，印度對錫金的態度是吞併，這些不是國民國家的行為，而是帝國的行徑。[80] 然後，印度承認中國對西藏的主權的同時，又追求跟西藏有直接的關係。由此可以看出其帝國的意識。[81] 如本章開頭所介紹的，中印邊

---

78. 巴塔恰爾傑認為：「1947 年時，找到對邊界地帶、邊界問題有知識與經驗的印度人是有困難的。因為沒有印度人參與過相關決策與政策決定。相反中國從沒完全丟掉過其主權，有長久的經驗處理邊界地帶和邊界問題。」（參見 Mira Sinha Bhattacharjea, "1962 Revisited," in 50 Years of India and China, eds. G. P. Deshpande and Alka Acharya , 428）

79. J. N. Dixit, Across Borders: Fifty Years of India's Foreign Policy, 356; Karunakar Gupta, The Hidden History of the Sino-Indian Frontier, 52.

80. 根據 1949 年 8 月的印度・不丹條約，1950 年 12 月的印度・錫金條約，不丹和錫金作為印度的保護國，印度繼承英國的權限，開始代表兩國的外交權。1950 年 7 月簽署的印度・尼帕爾和平友好條約，附帶了與安全保障與武器進口有關的秘密交換條款。高龍江認為印度代替西藏把尼泊爾看成與中國的緩衝地帶（John W. Garver, Protracted Contest: Sino-Indian Rivalry in the Twentieth Century, 140）。

81. 印度維持現狀的主張，仍繼承了英屬印度，對其自身也有利。另一方面，「中國擴張主義」的說法，表面看是具有一定說服力的。廣瀨指出，尼赫魯也有同樣的看法（廣瀨崇子：〈中印国境問題をめぐるネルー外交の論理〉，《アジア經濟》，第 22 卷第 2 號，1981 年 2 月，頁 56–57）。可是，印度單方面變更了西藏達旺地區的現狀，作為擴張主義的活動，這樣的看法也可以成立。

界問題是原來無人地帶的「邊界地帶」變成「邊界」的過程出現的現象，這是問題的一個重要環節。同時，面對邊界問題，領導人的意識與國家的性格也正在改變，對於其改變的程度與從這個過程發生的邊界認知，中國與印度之間在質量上存在相當大的差距。

七、結語

本章關注的不是中印邊界衝突本身，而是關注發生衝突之前雙方的認識與主張的差距，並分析了兩個國家的性質上與國家意識方面的差距。差距不一定直接引起衝突，沒有差距也可能爆發衝突。如果研究武力衝突本身與發生衝突之前的過程的話，還需要其他的途徑。從 1960 年 4 月兩國總理會談破裂，到 1962 年 10 月中國採取軍事行動，其間還有一段複雜的過程。中巴開始交涉、中巴確立合作關係，以及前進政策等，都是不可忽略的因素。

關於 1962 年 10 月的中印軍事衝突，科亨認為：「在梅農與多個不稱職的將軍的錯誤地引導下，尼赫魯犯了很大的錯誤，引發了中國跨越分開中印軍隊的、處於曖昧的、有爭議的邊界線的軍事攻擊。」[82] 他認為中印軍事衝突的原因是印度採取前進政策。馬克斯韋爾的《中印對華戰爭》一直佔據了正統學說的位置。把中印邊界糾紛的原因歸納於印度前進政策的這觀點，在中方的第一手檔案至今還未完全解密的今天，排除反證可能性，可視為合理的。當然，由於現在還不太清楚中國方面的決策過程，對於什麼原因引起中國的軍事行動，答案還是有所保留。

早在 70 年代，艾倫・惠廷（Allen S. Whiting）在解釋中國放棄對印度的友好政策並採取軍事行動的理由時，認為不只因為前進

---

82. 斯蒂芬・科亨（Stephen P. Cohen），劉滿貴等譯：《大象和孔雀：解讀印度大戰略》（北京：新華出版社，2002），頁 137。

政策，還提到西藏的情況與經濟的崩潰，以及崩潰引發的的政治危機。[83]

不管怎麼樣，正如馬克斯韋爾所説的那樣，如果沒有前進政策的話，很難想像會發生軍事衝突。[84] 如果印度認為前進政策僅僅是警察的行為的話，這只是印度的單方面理解而已。楊公素先生在回顧這事件時認為「首先我們有必要做防備」，這很有説服力。[85] 可以推斷，這種一邊拒絕所有交涉，一邊採用軍事手段超越麥克馬洪線的前進政策，是具有很強的挑釁性的，也容易引發反擊。

在 1954 年中印交涉的時候，雙方有意把邊界問題保留曖昧，這引發後來爭議，中印雙方都有責任。但是，在沒有簽署邊界協議的情況下，印度單方面認為已經劃定邊界，並把此觀點強加於中國，要求中國理解的做法已經進入了不可修正的狹路。尼赫魯政權愈來愈堅持邊界已經劃定的立場，把阿克賽欽地區劃在領土內，其強硬的邊界主張已不可顛覆。所謂前進政策，就是為了顯示印度主張已經劃定邊界線的政策。對於無法放棄強硬立場的尼赫魯政權來説，這一政策是有濃厚的意識形態、國家意識、非妥協性的結果。這也意味着《1954 年協定》中和平共處體制的崩潰，以及印度對華採取友好的封鎖政策的瓦解。

---

83. Allen S. Whiting, *The Chinese Calculus of Deterrence: India and Indochina* (Ann Arbor: University of Michigan Press, 1975), 11.

84. 迪克西特也認為，由於領導層次的判斷可避開軍事衝突的發生。參見 J. N. Dixit, *Across Borders: Fifty Years of India's Foreign Policy*, 356。有的專家認為尼赫魯被引導錯了。請參考 Karunakar Gupta, *The Hidden History of the Sino-Indian Frontier*, 52。

85. 楊公素先生語（2004 年 11 月 10 日）。筆者提問中國採取軍事行動的理由時候的回答。

中文參考文獻

王正毅：《世界體系論與中國》（北京：商務印書館，2000）。

王宏緯：《喜馬拉雅山情結：中印關係研究》（北京：中國藏學出版社，1998）。

牛軍：〈1962：中國對外政策「左」轉的前夜〉，《歷史研究》，2003 年第 3 期。

吳冷西：《十年論戰：1956–1966 中蘇關係回憶錄（上、下）》（北京：中央文獻出版社，1999）。

斯蒂芬・科亨（Stephen P. Cohen），劉滿貴等譯：《大象和孔雀：解讀印度大戰略》（北京：新華出版社，2002）。

楊公素：《滄桑九十年：一個外交特使的回憶》（海口：海南出版社，1999）。

楊公素：《當代中國外交理論與實踐（1949–2001）》（香港：勵志出版社，2002）。

日文參考文獻

外交出版社編：《中印境界問題文獻集》（北京：外文出版社，1960）。

外務省アジア局第二課：《西蔵に関する中印協定（仮訳）》亞二資料，第 18 號，1954 年 5 月。

廣瀬崇子：〈印中接近の要因と限界〉，拓殖大学《海外事情》，第 53 卷第 10 號，2005 年 10 月。

廣瀬崇子：〈中印国境問題をめぐるネルー外交の論理〉，《アジア経済》，第 22 卷第 2 號，1981 年 2 月。

楊公素／真水康樹，諸橋邦彦譯：〈中印関係とチベット問題〉，《環日本海研究年報》，第 12 號，2005 年 3 月。

落合淳隆：《チベットと中国・インド・国連》（東京：敬文堂，1994）。

英文參考文獻

Banerjee, Purnendu Kumar, *My Peking Memoirs of the Chinese Invasion of India*. New Delhi: Clarion Books, 1990.

Bhattacharjea, Mira Sinha, "1962 Revisited." In *50 Years India and China*, edited by G. P. Deshapande and Alka Acharya. New Delhi: Tulika, 2002.

Bhutani Sudarshan, *A Clash of Political Cultures*. New Delhi: Roli Books, 2004.

Chakravarti, P. C., *India-China Relations*. Calcutta: Mukhopadhyay, 1961.

Chung, Chien-peng, *Domestic Politics, International Bargaining and China's Territorial Dispute*. London, New York: Routledge Curzon, 2004.

Dixit, J. N., *Across Borders: Fifty Years of India's Foreign Policy*. New Delhi: Picus Books, 1998.

Dutt, Subimal, *With Nehru in the Foreign Office*. Calcutta: South Asia Books, 1977.

Fravel, M. Taylor, "The Long March to Peace: Explaining China's Settlement of Territorial Disputes," PhD. Diss, Stanford University, 2004.

Garver, John W., *Protracted Contest: Sino-Indian Rivalry in the Twentieth Century*. Seattle: University of Washington Press, 2001.

Green, L. C., "Legal Aspects of the Sino-Indian Border Dispute," *The China Quarterly*, July-September, no. 3 (1960).

Gupta, Karunakar, *The Hidden History of the Sino-Indian Frontier*. Calcutta: Minerva Associates Publications, 1974.

Hoffmann, Steven A., *India and the China Crisis*. Berkeley: University of California Press, 1990.

Ispahani, Mahnaz Z., *Roads and Rivals: The Political Uses of Access in the Borderlands of Asia*. Ithaca, N. Y.: Cornell University Press, 1989.

Jetly, Nancy, *India-China Relations, 1947–1977: A Study of Parliament's Role in the Making of Foreign Policy*. Atlantic Highlands, N. J.: Humanities Press, 1979.

Kaul, T. N., *A Diplomat's Diary (1947–99): China, India and USA*. Delhi: Macmillan India Limited, 2000.

Kaul, T. N., *Diplomacy in Peace and War: Recollection and Reflections*. Delhi: Vikas Publications, 1979.

Lall, S. Arthur, *The Emergence of Modern India*. New York: Columbia University Press, 1981.

Lamb, Alastair, "Reviews: War in the Himalayas (India's China War. by Neville Maxwell, 1970)," *Modern Asian Studies* 5, no.4 (1971).

Lamb, Alastair, *The China-India Border: The Origin of Disputed Boundaries*. London: Oxford University Press, 1964.

Li, Tieh-Tseng, "The Legal Position of Tibet," *The American Journal of International Law* 50, no.2 (1956).

Liu, Xue-cheng, *The Sino-Indian Border Dispute and Sino-Indian Relations*. Lanham, Md.: University Press of America, 1994.

Maxwell, Neville, "Sino-Indian Border Dispute Reconsidered," *Economic and Political Weekly*, April 10, 1999.

Maxwell, Neville, *India's China War*. London: Jonathan Cape, 1970, 1971.

Ministry of External Affairs, *Government of India, Notes, Memoranda and Letters Exchanged and Agreements Signed Between the Government of India and China 1954–1959* (White Paper I). India: Ministry of External Affairs, 1959.

Mullik, B. N., *My Years with Nehru: The Chinese Betrayal*. Bombay; New York: Allied Publishers, 1971.

Nayar, Kuldip, *Between the Lines*. New Delhi: Allied Publishers, 1969.

Rubin, Alfred P., "The Sino-Indian Border Disputes," *International and Comparative Quarterly* 9 (1960).

Varma, Shanti Prasad, *Struggle for the Himalayas: A Study in Sino-India Relations*. New Delhi: Sterling Publishers Ltd., 1971 (2nd edn.).

Whiting, Allen S., *The Chinese Calculus of Deterrence*. Ann Arbor: University of Michigan Press, 1975.

第十九章

聯合國與中日兩國的
性別平等政策

胡澎

中國社會科學院日本研究所

在美國加州舊金山簽定的《聯合國憲章》於 1945 年 10 月 24 日生效，標誌着聯合國正式成立。作為一個由主權國家組成的國際組織，聯合國積極維護世界和平、緩和國際緊張局勢、解決地區衝突、協調國際經濟關係，並促進世界各國經濟、科學、文化的合作與交流等。同時，性別平等、婦女權益和發展問題都一直是聯合國關注的重點。聯合國亦積極提高婦女地位、督促各國政府制訂男女平等的政策和法律、提高婦女權益等。

中國是聯合國的創始國之一，早在 1945 年 4 月就派代表團參加舊金山會議，並在《聯合國憲章》上簽字。1949 年中華人民共和國成立後，由於美國政府的阻撓，台灣當局持續非法佔據中國在聯合國的席位，直到 1971 年 10 月 25 日，聯合國大會通過決議才恢復中國的合法席位。日本在 1945 年戰敗之後復興，於 1956 年 12 月 18 日加入聯合國，重新回歸國際社會。二戰結束後，中日兩國走上了不同的社會發展道路，兩國婦女在經濟、政治、社會生活、文化等方面均取得了不小的進步，尤其是性別平等的狀況。這些進步和改善與聯合國有着密不可分的關係。在聯合國婦女機構的推動，以及聯合國召開的四次世界婦女大會和相關會議上通過的方針、綱領、宣言等督促下，中日兩國政府都將提高婦女地位和實現男女平等納入本國的政策和決策之中。本章通過梳理聯合國成立六十多年來在提

高婦女地位上的舉措，來研究聯合國在中日兩國制訂性別平等政策和法律、提高婦女地位、保護婦女權益等方面的貢獻。

一、聯合國婦女機構的成立及婦女權益保護 (1945 年 10 月–1975 年 5 月)

聯合國自 1945 年成立以來，致力提高婦女兒童的地位和督促各國貫徹男女平等。1945 年簽訂並生效的《聯合國憲章》在序言中明確寫道：「我聯合國人民同茲決心⋯⋯重申基本人權，人格尊嚴與價值，以及男女與大小各國平等權利之信念」，憲章多處都出現性別平等的內容。《聯合國憲章》是聯合國提高婦女地位工作的法律和思想基礎。1946 年 6 月成立了聯合國婦女地位委員會（Commission on the Status of Women），簡稱地婦會，[1] 並於同年設立了聯合國提高婦女地位司。[2] 之後，聯合國婦女機構制訂了一系列針對婦女人權保護的公約或宣言。婦女的人權包括以下幾部分：一是婦女的公民權利和政治權利（生命權、自由權、法律平等保護權、選舉權和被選舉權）；二是婦女在經濟、社會和文化上的權利，主要有工作權、財產權、勞動保護權、同工同酬權、教育權、發展權等；三是婦女的生育權、健康權等。1948 年 12 月，聯合國大會通過並頒佈《世界人權宣言》，成為聯合國早期支持並捍衛婦女權利的基石。《婦女政治權利公約》（1949 年開始制訂，1952 年聯合國大會通過）是國際社會首次在法律上承認女性與男性享有平等的政治權利，包括選舉權。

---

1. 該機構是聯合國經濟社會理事會下設職司委員會之一，成員由聯合國會員國的代表組成。成員國政府委派一名熟悉婦女工作並享有威望的女公民任委員，任期四年。地婦會的職責是研究婦女在經濟和社會發展中的作用；在全球範圍內保障婦女在政治、經濟、社會、教育和法律等方面的權利的進展情況，向經社理事會提交報告，並對在婦女權益方面需立即引起注意的事項向經社理事會提出建議；制訂有關婦女地位的公約、宣言；監督重要國際文件的執行；就有關婦女問題籌備和召開會議；制訂提高婦女地位的計劃和預算；協調聯合國系統的婦女活動等。

2. 作為聯合國系統內負責婦女活動的職能機構，該機構旨在與其他部門密切合作，保證婦女問題在聯合國的各項活動中得到反映，促進有關婦女問題的宣傳和信息交流。在提高婦女地位問題上與有關國際組織合作；組織和籌備關於婦女參與發展、婦女工作國際標準等問題的研討會和專家會議等。提高婦女地位司的任務之一，是努力促使社會性別觀點成為聯合國系統內外的社會主流。

1967 年聯合國大會一致通過了《消除對婦女歧視宣言》，成為確保男女兩性權力平等的一部重要文獻。1970 年，聯合國通過了《提高婦女地位的國際協調行動綱領》，指出要在教育、培訓與就業、婦幼保健及公共生活四個方面促進婦女發展。1972 年在聯合國婦女地位委員會 24 屆會議上，將 1975 年定為「國際婦女年」，並確定該年的重要活動是召開一次專門討論婦女問題的世界性政府間會議，即第一次世界婦女大會。1975 年聯合國婦女國際論壇成立，成員主要來自聯合國機構、各國使團、非政府組織以及紐約當地婦女社團的人士。論壇定期邀請各國政要和外交界人士就國際和地區熱點問題發表演講。

　　新中國成立後，中國政府視男女平等為一項重要內容，婦女解放、男女平等政策的制訂和推行較早，貫徹得比較徹底。建國之初成立了中華全國婦女聯合會，在《婚姻法》（1950 年）、《選舉法》（1953 年）、《中華人民共和國憲法》（1954 年）、《女工保護條例》（1956 年）等法律中明確地列出保護婦女權益的條款，保證女性與男性擁有平等的政治權利和就業權利。新中國的成立帶給中國婦女翻天覆地的變化，婦女的人權、受教育權、就業權、同工同酬權利均得到一定程度的保障。婦女解放、男女平等的思想觀念深入人心，男女共擔家務、共同決策家庭事務成為城市夫妻關係的主流。中國婦女參與政治、經濟和社會生活的比例在國際社會處於較高水平。中國自加入聯合國之後，與聯合國的關係也日益密切。中國政府承認和尊重《聯合國憲章》中關於男女平等的原則，支持聯合國有關提高婦女地位、實現男女平等的工作，並積極參與聯合國系統婦女領域的各項活動。1974 年，中國首次當選為聯合國婦女地位委員會成員國，積極參與在相關的機構中。

　　日本婦女在二戰後的 1945 年 12 月獲得了選舉權與被選舉權，在 1946 年 4 月的第 22 屆眾議院大選（即戰後第一屆眾議院大選）中，日本婦女首次行使了選舉權和被選舉權。1947 年實施的《日本國憲法》規定了日本國民在法律面前一律平等，不因性別不同受到差別對待。「婚姻係以兩性之自願結合為基礎而成立，以夫婦平權為根本，必須在協力之下予以維持。關於配偶之選擇及其財產權、繼

承、選擇居所、離婚以及婚姻和家族等其他有關事項的法律，必須以尊重個人尊嚴與兩性本質上平等為基礎制訂之。」之後，民法及相關的《戶籍法》又做了全面修改，宣佈了個人尊嚴和男女平等的原則。《勞動基準法》（1947 年）、《賣春防止法》（1956 年）、《家內勞動法》（1970 年）、《勤勞婦人福祉法》（1972 年）等保障婦女權益的法律相繼出台。這些法律的制訂和修改提高了日本婦女的地位，體現了對婦女權利的尊重，張揚了兩性平等意識。

從戰後經濟復興到經濟高速增長期，日本社會在「男主外、女主內」這一傳統的性別分工模式之上，構築了「男子在家庭外工作，婦女在家庭內承擔家務、養育子女、兼在家庭外做臨時工」的性別分工模式，這一性別分工模式逐漸被固定下來並深深地植根於日本社會，其結果是專職主婦階層的出現與 M 型就業模式的產生。[3] 因此，從戰敗後到 20 世紀 60、70 年代，日本婦女不是通過直接參與經濟活動來推動社會發展，而是作為專職主婦承擔家務勞動和養育孩子的責任、支持丈夫的工作，間接地參與經濟建設和發展。這一時期，國際社會關於各國婦女地位的調查和相關數據均顯示，日本婦女的政治地位、經濟地位、社會地位都遠遠落後於一些西方發達國家，甚至是一些發展中國家。值得一提的是，日本自 1956 年加入聯合國後重視與聯合國的關係。1957 年由「聯合國 NGO 國內婦人委員會」推薦的民間女性代表日本政府參加了聯合國大會第三委員會。

---

3. M 型就業模式指的是女性從學校畢業後參加社會勞動，結婚、育兒期退出勞動力市場，待孩子入小學後再進入勞動力市場的就業模式。20 至 40 歲之間有配偶女性的勞動力率比未婚女性勞動力率低很多，未婚女性在 30 歲以前就業率最高，之後走下坡。因此，日本女性在 25 至 29 歲和 45 至 49 歲是兩個就業高峰期，而 30 至 39 歲期間則為低谷。婦女在婚後或懷孕後選擇放棄工作成為專職主婦，但當最小的孩子入學後，會重新進入勞動力市場，形成婦女婚前就業的第一個高峰和育兒期後再就業的第二個高峰，即婦女勞動力率變化的 M 型就業模式。

二、世界婦女大會與中日兩國政府的舉措
（1975 年 6 月–1995 年 8 月）

1. 世界婦女大會與「聯合國婦女十年」

聯合國世界婦女大會是推動世界婦女事業發展的重要平台，也是維護社會公正、推進各國社會事業發展的重要舉措。第一次世界婦女大會於 1975 年 6 月 19 日至 7 月 2 日在墨西哥首都墨西哥城召開，133 個國家的 1,800 多名代表與會，與大會同期舉行的非政府組織論壇與會者約 5,000 人。會議通過了《墨西哥城宣言》和《實現國際婦女年目標世界行動計劃》（簡稱《世界行動計劃》），將 1976–1985 年定為「聯合國婦女十年：平等、發展與和平」。該計劃提供出了一整套綜合性提高婦女地位的十年指導方針，列出了到 1980 年「聯合國婦女十年」中期應實現的最低目標，包括：婦女應獲得各級教育和培訓的平等機會；建立保證婦女參與政治的法律；增加就業機會；改進保健、環境衛生、住房、營養和計劃生育服務；關注傳媒對女性公眾人物在社會中的作用等方面的影響；要求各國政府設立專門處理婦女事務的國家機構；在擬訂國家戰略和發展計劃時保證既定的目標和優先次序，充分顧及婦女的利益和需要，改善其狀況；督促各國政府尤其要注意改善處於弱勢地位的婦女的狀況，特別是農村婦女的狀況。為執行「國際婦女十年」的方案，尤其是支持婦女參與發展的活動，聯合國於 1976 年創建了「聯合國婦女十年志願基金」，1984 年該基金改名為「聯合國婦女發展基金會」。[4]「聯合國婦女十年」中幾乎所有的國家、地區都將提高婦女地位的工作融入這一國際進程中。

1980 年 7 月 14 至 31 日，聯合國在哥本哈根召開第二次世界婦女大會。聯合國 145 個會員國、聯合國系統有關組織和機構的代表 2,000 多人與會。參加非政府組織論壇的共 8,000 人。會議通過了《聯

---

4. 該機構是聯合國的一個自治機構，在行政上受聯合國開發計劃署的領導。

合國婦女十年後半期行動綱領》，並舉行了《消除對婦女一切形式歧
視公約》的簽字儀式。

1985 年 7 月 13 至 26 日，第三次世界婦女大會在肯尼亞首都內
羅畢召開 157 個聯合國會員國及聯合國、有關政府間和非政府組織
的代表約 6,000 人與會。參加非政府組織論壇的約 15,000 人。康克清
代表中國政府簽署了公約。會議審查和評價了「聯合國婦女十年」
的成就和存在的問題，通過了《到 2000 年提高婦女地位內羅畢前瞻
性戰略》（簡稱《內羅畢戰略》）。

中日兩國政府都派代表出席了這三次世界婦女大會，並在《消
除對婦女一切形式歧視公約》上簽了字。中國代表還參與審議和制
訂了《到 2000 年提高婦女地位內羅畢前瞻性戰略》，並結合本國的
具體情況，制訂了一系列法律、法規，採取了切實可行的措施，以
實現《內羅畢戰略》所規定的目標。中日兩國代表在參加世界婦女
大會後，不僅將會議的精神帶了回去，還積極督促政府對照「聯合
國婦女十年」計劃，制訂符合本國的婦女發展計劃，出台切實可行
的政策和措施以改善政治、經濟和社會文化生活中存在的男女不平
等狀況。

2. 聯合國推出《消除對婦女一切形式歧視公約》

男女不平等現象以及對婦女的歧視是一個存在於世界各國的普
遍現象，針對這一現象，聯合國大會於 1979 年通過了《消除對婦女
一切形式歧視公約》（1981 年生效）。該公約以綜合的、具有法律約
束力的形式匯集了國際上公認的關於婦女權利的原則，並明確規定
這些原則適用於一切社會中的一切婦女。公約把對婦女的歧視定義
為「基於性別而做的任何區別、排斥或限制，其影響或其目的均足
以妨礙或破壞對在政治、經濟、社會、文化、公民或任何其他方面
的人權和基本自由的承認以及婦女不論已婚未婚在平等的基礎上享

有或行使這些人權的基本自由」，[5] 明確反對並積極干預基於性別的種種歧視。

1982 年，聯合國成立了消除對婦女歧視委員會。該委員會的主要任務是監督和審查《消除對婦女一切形式歧視公約》在各國的執行情況，審議各締約國就本國在立法、司法、行政及其他方面執行該《公約》的情況，向聯合國秘書長提交報告，並通過經社理事會向聯合國大會提出建議。1983 年聯合國提高婦女地位國際研究訓練所（簡稱研訓所）總部在多米尼加共和國首都聖多明各落成。[6] 該研訓所的宗旨是通過研究、人員培訓及交流和信息傳播，促進和協助各政府間組織、政府組織和非政府組織為提高婦女地位所做出的努力，從而保障婦女在發展中既是參與者，又是受益者。

1983 年在維也納召開的第二次人權大會通過了《維也納宣言和行動綱領》，明確指出「婦女和女童的人權是普遍性人權當中不可剝奪和不可分割的一個整體部分。婦女在國家、區域和國際各級充分和平等參與政治、公民、經濟和文化生活，消除基於性別的一切形式的歧視是國際社會的首要目標」。[7] 20 世紀 80 年代後半期，聯合國框架下的相關機構以及國際、區域和各國相關非政府組織開始日益關注基於性別的暴力問題。1985 年第三次世界婦女大會通過的《內羅畢戰略》特別強調了針對婦女的暴力問題，呼籲各國政府應促進婦女人權、優先解決對婦女的暴力；督促各國政府出台防止對婦女施暴政策、對遭受各種形式暴力的女性受害者實施援助並使這一援助體系制度化；同時，還建議各國設立一個旨在處理家庭暴力問題的國家機構。

自 20 世紀 90 年代初期開始，對婦女的暴力問題從人權領域突顯出來，對婦女施暴就是對婦女人權的侵犯這一觀念受到國際社會

5. 蔡磊編著：《平等・發展——當代國際婦女的目標與實踐》（太原：山西經濟出版社，1995），頁 6。

6. 該結構是根據 1975 年墨西哥國際婦女年世界會議的建議創辦的，是聯合國的一個附屬機構。研訓所在董事會的領導下工作。董事會的董事由聯合國成員國政府提名，通過經社理事會選舉產生，以個人身份工作，任期三年，只能連任兩屆。

7. 董雲虎編著：《人權基本文獻要覽》（沈陽：遼寧人民出版社，1994），頁 328。

的認可。1993 年世界人權大會在維也納召開，會議通過的《維也納宣言和行動綱領》承認婦女的權利是人權，亦是人權中不可剝奪、不可分割的部分。同年，第 48 次聯合國大會通過了《消除對婦女暴力的宣言》，該宣言指出對婦女的暴力是對婦女人權和基本自由的侵犯，是文化傳統上男女關係不平等造成的結果。該宣言是致力於消除對婦女暴力的一個里程碑式的文獻。宣言敦促聯合國成員國制訂對婦女免遭任何形式暴力的制度，措施其政策和制度，並且鼓勵在此領域與非政府組織的合作。宣言還通過了相關立法，引入對相關部門和組織的培訓，鼓勵研究和收集基於性別的暴力的數據和統計資料及採取措施幫助受暴力侵犯的婦女。

3. 中日兩國提高婦女地位的舉措

中國政府積極配合聯合國婦女機構的各項工作，作為 1980 年首批簽署《消除對婦女一切形式歧視公約》的國家之一，按規定及時提交了執行「公約」情況的報告。1982 年以來，中國專家連續四次被選為消除對婦女歧視委員會委員，並積極參與審議各國政府提交的報告，努力促進消除歧視婦女的現象。1985–1988 年，中國當選為提高婦女地位國際研究訓練所董事會董事，為積極開展婦女研究和培訓工作而努力。1985 年簽署《到 2000 年提高婦女地位內羅畢前瞻性戰略》。在 1988 年召開的聯合國婦女地位委員會第 32 屆會議上，中國代表當選為會議副主席，並多次當選《消除對婦女一切形式歧視公約》的監督執行機構——消除對婦女歧視委員會的委員。中國政府積極構建性別平等的國家機制，推進將性別平等的核心原則納入中國各項法律政策。1988 全國政協成立了婦女青年委員會，國務院發佈了《女職工勞動保護規定》，勞動部頒佈了《關於女職工生育待遇若干問題的通知》。1989 年全國人大內務司法委員會成立了婦女兒童工作專門小組。1990 年建立了國務院婦女兒童工作委員會。1990 年加入國際勞工組織審議和制訂的《男女工人同工同酬公約》。

20 世紀 90 年代以來，隨着市場經濟的初步建立，中國婦女的就業狀況與 80 年代有了一些變化。下崗女工、農村女性勞動力流動、用工中的性別歧視等現象引起關注。1992 年根據中國憲法和中

國的客觀實際情況制訂了《中華人民共和國婦女權益保障法》，這是一部專門性的、全面保障婦女合法權益的法律。1993 年，中國婦女第七次全國代表大會的工作報告提出了《九十年代中國婦女發展目標》，包括婦女參政、婦女教育、婦女就業、婦女衛生保健、婦女權益保護、消除婦女貧困等十個方面的內容。同年，國務院婦女兒童工作協調委員會更名為國務院婦女兒童工作委員會，並具體規定了女職工的勞動保護，特別是在經期、孕期、哺乳期的勞動保護。1994 年 6 月，《中國婦女的狀況》白皮書發佈，這是中國政府頒佈的第一個有關婦女生存與發展的政府報告。1995 年 8 月 7 日，為迎接第四次世界婦女大會的召開，中國政府頒佈了《中國婦女發展綱要》（1995–2000），這是中國政府第一部關於婦女發展的專門規劃。《綱要》明確定下了今後六年婦女發展的任務和主要目標，提出了相應政策及措施，規定了組織與實施、監測和評估，以進一步促進婦女地位的發展。與此同時，各地和各有關職能部門相應地制訂了地方婦女發展規劃和實施方案，形成了國家級、地方級與有關部門發展目標相結合；全國性目標與地方性目標相結合；整體行動計劃與部門、跨部門行動計劃相結合；終期目標與階段性目標相結合的目標體系。

　　20 世紀 70 年代中期以後，在國際社會的壓力下以及日本國內婦女運動的推動下，日本政府開始出台一系列具體措施，以改善在性別平等方面的落後狀態，提高日本在國際社會的地位和影響力。1975 年 6 月，眾議院社會勞動委員會為應對「國際婦女年」首次集中審議了婦女問題，通過了《國際婦女年提高婦女地位的決議》。9月在總理府設置了以內閣總理大臣為本部長的「婦人問題企劃推進本部」。「婦人問題企劃推進會議」作為內閣總理大臣在婦女工作方面的諮詢機構，開始展開工作。各都道府縣都相應建立了婦女工作機構，市、町設有「婦女對策窗口」負責婦女事務。1977 年，「婦人問題企劃推進本部」制訂了關於未來十年（1977–1986）婦女的行政課題及政策方向的《國內行動計劃》。「聯合國婦女十年」這項國際性的婦女活動受到日本政府的高度重視。1981 年婦人問題企劃推進本部制訂了《為推進有關女性政策實施的〈國內行動計劃〉後期重點目標》。1984 年，勞動省婦人少年局改為「婦人局」，顯示了對婦

女問題的重視。1985 年，國會批准了《消除對婦女一切形式歧視公約》，制訂了《男女僱用機會均等法》。均等法的目的和基本理念是在僱用人員上不分性別、尊重婦女兼顧家庭和職業的生活選擇，以及與男性平等工作的權利和選擇工作的權利。1986 年，婦人問題企劃推進有識者會議成立。同年，修改後的《勞動基準法》施行，廢止了部分對女子保護的規定，擴充了對母性保護的規定。1987 年，日本政府應內羅畢召開的第三次世界婦女大會的要求，制訂了《面向 2000 年的新國內行動計劃 —— 以實現男女共同參與社會為目標》（簡稱《新國內行動計劃》）。1991 年公佈了《育兒休假法》（1992 年 4 月 1 日施行），男女均可申請育兒休假。1994 年 6 月在總理府設立了「男女共同參與室」和「男女共同參與審議會」。1994 年 7 月的內閣會議決定廢除婦人問題企劃推進本部，之後改組「婦人問題推進本部」，設置了「男女共同參與推進本部」，同年制訂了《男女共同參與 2000 年計劃》。這一系列性別平等法律和措施的出台，保障了婦女權益，提高了婦女地位。

三、社會性別主流化與中日兩國的性別平等政策（1995 年 9 月至今）

1. 第四次世界婦女大會與社會性別主流化

聯合國第四次世界婦女大會於 1995 年 9 月 4 至 15 日在北京舉行。189 個國家的政府代表、聯合國系統各組織和專門機構、有關政府間和非政府組織的代表共 15,000 多人與會（其中政府代表近 6,000 人，非政府組織代表約 5,300 人，採訪大會的新聞記者約 4,000 人），參加非政府組織論壇的達 31,000 人。本屆會議的主題是「以行動謀求平等、發展與和平」；次主題是「教育、健康和就業」。第四次世界婦女大會是迄今參加人數最多的聯合國會議，也是中國承辦規模最大的國際會議。會議審查和評價了《內羅畢戰略》的執行情況，制訂和通過了旨在提高全球婦女地位的《北京宣言》和《行動綱領》。《行動綱領》提出將「社會性別納入主流，使性別觀點體現

在所有政策和方案中」的原則。性別主流化的原則是：在文化觀和組織機構上建立平等性；將就業者作為一個完整的人；對個人尊嚴的尊重，意味着對性歧視、性騷擾、性暴力的絕對不容忍；使女性及就業者能參與共同商討問題和對策；對就業、工資、晉升、培訓等以男性主導的制度追根溯源。[8]

2000 年 9 月，聯合國通過了各國首腦簽署的《千年宣言》和《千年發展目標》，[9] 這是聯合國 20 世紀 90 年代以來一系列重要會議和社會發展目標的集成。189 個聯合國成員國已承諾最遲在 2015 年實現上述目標。根據 2010 年 7 月聯合國大會決議，聯合國系統四個機構整合而成聯合國促進社會性別平等和增強婦女權能署（簡稱聯合國婦女署），[10] 並與 2011 年 1 月 1 日正式運行。該機構的宗旨是與聯合國各會員國共同制訂衡量性別平等的國際化標準和行動目標，主要活動包括：倡導性別平等，以及輔助一些國家制訂政策、設立項目並提供資源和專業技術支持。

中國與聯合國的關係愈來愈密切，成功承辦了第四次世界婦女大會，先後 17 次參加聯合國系統舉辦的旨在實現婦女十年目標的培訓班和研討會，同與會各國交流了經驗，增進了友誼。日本也不斷努力地與聯合國建立密切的關係，從第一次到第三次世界婦女大會並行的非政府論壇，日本均派出了數百人參加。在第四次世界婦女大會上，日本一方有多達 5,000 人參加了非政府論壇。

---

8. 參考［英］Terrsa Rees：〈平等機會模型：修補性政策、適應性政策及改造性政策〉，《婦女研究論叢》第 2 期（2000）。

9. 千年發展目標為：消除極端貧困和飢餓；普及初級教育；促進性別平等並賦予婦女權力；降低兒童死亡率；改善產婦健康；與愛滋病、瘧疾和其他疾病做鬥爭；確保環境的可持續能力；全球合作促進發展。

10. 這四個機構是：1946 年成立的經社事務部提高婦女地位司、1976 年成立的提高婦女地位國際研究訓練所、1997 年成立的秘書長兩性平等問題和提高婦女地位問題特別顧問辦公室、1976 年成立的聯合國婦女發展基金。

2. 中日兩國消除對婦女的暴力上的舉措

1995 年，第四次世界婦女大會把「對婦女的暴力」問題確定為國際社會優先關切的領域，並確定了消除對婦女暴力行為的三個戰略目標：一是採取綜合措施預防和消除對婦女的暴力；二是研究對婦女的暴力的原因和後果以及各種預防措施的效力；三是消除販賣婦女活動並援助賣淫和販賣婦女所造成的暴力受害者。第四次世界婦女大會後，在全世界消除對婦女的暴力運動蓬勃展開。聯合國大會於 1997 年通過了「預防犯罪和刑事司法領域消除對婦女暴力示範戰略和實際措施」，作為各國政府在刑事司法制度下致力解決各種對婦女暴力的指導模式，文件提出一系列詳盡的建議。1999 年 11 月 3 日，聯合國大會正式通過由多米尼加共和國提出，並得到 60 多個國家支持的建議，將每年的 11 月 25 日定為「國際消除對婦女暴力的國際日」，號召這一天，全世界都要為改變不合理的性別關係和對婦女施暴的陋習而努力。1999 年 12 月 10 日，聯合國大會《消除對婦女一切形式歧視公約》的任擇議定書供各成員國簽署。2000 年 6 月的聯合國第 23 次特別會議「婦女 2000 年：21 世紀的性別平等、發展與和平」大會召開，會上再次指出，對婦女與兒童的暴力，無論其發生在公共還是私人生活領域，都屬人權問題，特別是來自配偶和同居者的暴力。對婦女的暴力作為一個社會問題，日益受到國際社會和中日兩國的廣泛關注。

婦女遭受家庭暴力的現象普遍存在於各國，20 世紀 90 年代以來，中國社會輿論和媒體開始對家庭暴力顯示出極大關注。對家庭暴力、婚姻暴力的處罰散見於我國的《民法》、《刑法》、《婦女權益保障法》、《治安管理處罰條例》等法律中，遺憾的是至今尚未出台針對家庭暴力的法律。90 年代以來，在聯合國婦女機構消除對婦女暴力的倡議和影響下，一批專門針對家庭暴力、婚姻暴力的機構和民間團體紛紛成立，例如，北京紅楓婦女心理諮詢服務中心、北京大學法學院婦女法律研究與服務中心、中國反家庭暴力工作小組等。2000 年中國法學會成立了反對家庭暴力網絡，是個從事反對基於性別而產生暴力的網絡式民間組織。該組織擁有遍佈全國 26

個省、市、自治區共 55 個團體成員和眾多具有各種專業背景的志願者。

　　20 世紀 90 年代以前，日本的婚姻暴力呈現潛在化和長期化的特點。其主因是長期以來，婚姻暴力沒有被提升到人權和社會問題的高度，社會輿論對此表現出驚人的沉默。另外，有些遭受婚姻暴力的婦女認為「家醜不可外揚」，羞於向外界透露。近年來，日本政府認識到了婚姻暴力的危害性，積極推進干預、預防婚姻暴力的和對受害人的保護及支援制度。2001 年 4 月一部專門針對婚姻暴力的法律《防止配偶間的暴力及保護受害人的法律》出台，對於遏制婚姻暴力起到了很好的效果。日本政府和民間還在社會進行廣泛的輿論宣傳，提高了人們對婚姻暴力的認識。各都道府縣開設的「配偶間暴力諮詢援助中心」、民間庇護所等，不僅對遭受配偶暴力的受害人進行心理諮詢和情緒撫慰，還為她們在離婚等相關法律上提供幫助。援助中心還為受害人提供各種就業、培訓、住宅信息，以及如何利用保護命令制度等方面的信息等，緊急時能對受害人及子女進行臨時保護。不少律師、專家、心理諮詢師、志願者的身影都活躍於援助中心和民間庇護，幫助婚姻暴力受害人擺脫心理陰影、走向自立的生活，實在難能可貴。目前，日本政府相關機構、地方政府和民間婦女組織、非營利組織、企業、社區組織密切合作，在全國已建立起了一個包括諮詢援助中心、臨時庇護所、諮詢熱線、醫療中心、報警系統、家庭支持等在內的社會安全網絡。

3.　近年來中日兩國政府在提高本國婦女地位上的努力

　　中國政府將婦女工作納入政府管理社會事務的重要議程，分別於 1996、1999、2001、2005、2011 年召開了五次全國婦女兒童工作會議，基本上形成了三年召開一次高層會議的機制。全國各省、自治區、直轄市採取不同形式，層層召開婦女兒童工作會議。以國家干預推動婦女發展成為保障婦女事業發展的有效機制。中國政府為促進性別平等，履行千年發展目標等國際承諾，1995 年以來，先後制訂和修訂了《婚姻法》、《人口與計劃生育法》、《農村土地承包法》、

《計劃生育技術服務管理條例》、《母嬰保健法實施辦法》、《婚前保健工作規範》等涉及婦女權益保障的法律和法規。1997 年《刑法》修訂時專門修改和增設了關於拐賣、收買婦女等罪名，全國 22 個省制訂了反對家庭暴力的地方性法規。2004 年中國政府在修訂《婦女權益保障法》時，第一次將反對家庭暴力和反對性騷擾寫進了法律條款，將婦女發展納入國家經濟社會發展的總體規劃。政府還出台了一系列直接惠及婦女和女童的政策，包括制訂對婦女小額貸款全額貼息的優惠政策，幫助婦女運用小額貸款增收致富；保障女童享有與男童平等獲得教育權利的機會；不斷增加婦幼保健的資金，在農村婦女中開展免費健康普查工作；採取多種政策措施推進婦女參政議政等。

國際社會在研究婦女地位時通常有以下三種指標，一是人類發展指數 HDI（Human Development Index）即從人均壽命、教育水平、國民所得三方面來衡量人的基本能力；二是性別平等指數 GDI（Gender Development Index），即從社會性別的角度考察以上三方面中性別的差異；三是性別賦權尺度 GEM（Gender Empowerment Measure），即衡量女性是否積極參與經濟和政治生活，具體體現在女性的收入，女性在專業、技術、管理等職位上所佔的比例，以及在國會議員中所佔的比例。中國 GEM 排名一直還是比較高的，但進入 21 世紀後下降了不少，由 1994 年第 12 位下降到 2003 年的第 38 位。其原因比較複雜，主要由於當今中國社會正處於轉型期，婦女領域面臨諸多新課題。地區發展不平衡也導致性別平等程度體現出地域的不一致，性別平等意識在決策中尚未成為自覺意識，需要公共政策予以關注並在政策層面上予以解決。目前，在婦女參政、就業、受教育以及婚姻家庭中平等權利的完全實現等領域，還存在着各種困難和阻力，隨着市場經濟的推進，出現了諸如女農民工權益受侵害、女大學畢業生就業難、女性參政願望不高，人大代表中女性比例下降等問題。輕視、歧視甚至侵害婦女的現象時有發生，婦女的整體素質也有待於進一步提高。因此，要完成聯合國為推進婦女地位所確立的指標並非易事。

據 2008 年聯合國開發計劃署（UNDP）發表的《人類發展報告》顯示，日本的人類發展指數 HDI 在 179 個國家中排第 8 位，在國際

上處於優勢，而性別賦權尺度 GEM 在 108 個國家中排第 58 位，與日本發達國家的地位很不相符，甚至低於發展中國家的平均水平。在 20 世紀 90 年代中期，日本政府就提出把要 21 世紀的日本建成「男女共同參與社會」的目標，即建立一個不分性別、在相互尊重人權的基礎上，無論是工作崗位、學校還是在社區和家庭中男女都共同承擔責任、發揮個性和能力的「男女共同參與社會」。[11] 1996 年制訂了《男女共同參與 2000 年計劃》，1997 年出台了修改後的《男女僱用機會均等法》，1999 年修改了《男女就業機會均等法》和《育兒休假法》，1999 年 6 月頒佈並施行了《男女共同參與社會基本法》。該法是日本性別平等的基本大法，強調從社會制度和傳統習慣方面改善兩性機會不平等的狀況，確保男女作為平等的社會成員，根據自己的意願參與社會活動並平等地享有政治、經濟和文化利益。該基本法的制訂顯示了日本政府為提高日本婦女的地位、實現男女共同參與社會目標的積極態度和努力方向。2000 年在基本法的基礎上，內閣會議通過了包括促進招聘和錄用女性公務員的《男女共同參與基本計劃》。該計劃提出了 11 個重點目標，即：擴大政策方針制訂過程中的婦女參與；以男女共同參與的視角重新審視社會制度和習慣行為，進行思想意識改革；確保僱用領域的男女獲得均等的機會與待遇；確立農漁業男女共同參與；支援男女職業生活與家庭社區生活的兼顧；改善環境使老年人安心生活；根除對婦女的一切形式的暴力；對婦女一生的健康予以支援；在媒體上尊重婦女的人權；推進男女共同參與社會的實現、充實可多樣化選擇的教育與學習；為地球社會的「平等、開發、和平」做貢獻。2001 年 1 月 6 日內閣府設立了「男女共同參與推進本部」和「男女共同參與會議」[12] 男女共同參與會議下設四個調查會，[13] 負責檢查和討論有關性別平等的基本政策和其他重要事項，監督性別平等落實的進程，檢查政府

---

11. 由於不少人日本人認為過分強調「男女平等」會對家庭和諧造成負面影響，為此，相關部門採用了「男女共同參與」的説法，意為男女共同參與方針政策和規劃的制訂。由此，主管部門的名稱為「男女共同參與局」，相關法律、計劃、會議也分別使用「男女共同參與」。現在日本社會中「性別平等」一詞的使用頻率愈來愈高。

12. 其前身分別是成立於 1994 年「男女共同參與推進本部」和「男女共同參與審議會」。

13. 四個調查會為：基本問題調查會；對婦女的暴力專項調查會；解決女性苦惱、監督專項調查會；對女性構成影響的專項調查會。

決策對性別平等進程的影響。這一系列措施保障了日本婦女的權益和權利，給予了日本婦女和男子同樣的勞動機會，提高了日本婦女的地位。2005 年 12 月，日本政府又重新審視和修訂《男女共同參與基本計劃》，制訂了《第二次男女共同參與基本計劃》，在 12 個重點領域中，提出了到 2020 年末要達到的基本目標，以及到 2010 年末的具體措施，包括在政策方針決定過程擴大婦女參與；支持婦女就業，特別是對那些中斷就業而希望重新就業的婦女提供支援；推進兩性工作與生活兼顧；健全和充實男女平等的教育；杜絕對婦女的暴力，對遭受暴力的婦女予以保護和支援等。

綜上所述，聯合國自成立至今為全球範圍內推動性別平等進程發揮了重要作用。在聯合國婦女機構的倡議和督促，以及世界婦女運動蓬勃開展的國際環境影響下，各國政府都在積極制訂規劃、出台法律、實施相關措施，來改善性別不平等現狀，提高婦女地位。中日兩國政府一直以來非常重視與聯合國的關係，配合聯合國婦女機構的工作，貫徹和執行聯合國為提高婦女地位的宏觀戰略和具體計劃，在普及男女平等觀念、保護婦女權益、推進兩性平等立法、促進婦女發展等方面取得了很大進展。

餘論及觀察

「中國」、「亞洲」與「世界」
同時遊弋於三個領域中的中國

鮑紹霖

香港樹仁大學歷史系

約一個世紀前，梁啟超提出以「三階段」方式論說中國發展的歷史，[1]意思是說中華在文化、政治、經濟等方面如何由黃河萌生以來，不斷發展、成長的意義。他說第一階段的「上世史」時期，華夏是「中國之中國」，說的是華夏文化政、經等制度由黃河流域擴展成包涵各族、多元而以漢文化主導、幅員廣大的中國。在第二階段的「中世史」時期，它是「亞洲之中國」，是指中國文化、政、經滋潤亞洲周邊諸國，政、經上以「天朝制度」吸引及統領多國朝貢的盛況。而在第三階段的「近世史」時期，梁氏希望中國能為「世界之中國」，在全球文化、政經及其他方面佔有席位，作出貢獻。

踏入 21 世紀，中國經濟騰飛，似乎華夏中興已再來臨；在世界上，它的「存在」不但已不可再被漠視和忽略，而且對世界經濟、政治、軍事、資源等全方位的影響力急劇增加。梁氏夢想的「世界之中國」，似已展開序幕。為了見證中國步入前賢夢寐以求的「世界之中國」的階段，並幫助年青一代認識這進程的意義和對它帶來的挑戰作準備，樹仁和浸會大學的兩個歷史系就在北京政府與絕大部分國人正式進入世界 —— 即被納入於 11 月舉辦（2011 年），聯合國

---

1. 梁啟超：〈中國史敘論〉，1901。

40 周年的「中國與世界」國際學術研討會，邀請了學界同工們共同為學界和下一代分享這方面的研究成果。這亦是本書出版的動力。

不過，受種種原因影響，在近約三十多年，內地雖已在某些領域擠身於世界發展領導地位，但仍須在其他方面力追延誤已久的發展。在經濟、地緣政治、甚至軍事方面，它謹慎並不斷地於久已匿跡的邊緣地區捲土重來，「神龍再現」。可以説：在這段時間，中國同時遊弋於「中國」、「亞洲」與「世界」三個領域中。因此，為了向各位就中國與世界在不同階段和領域的互動提供豐富研究成果的學者們致謝，筆者願簡要地談談中國「同時遊弋」中國、亞洲及世界的三個領域的特殊情況，為諸篇鴻文狗尾續貂。

一、「中國之中國」

清末以來，國勢衰頹，民國政權興替至 1970 年代，初則被諸國不斷欺凌，如同國際共用的地毯（international doormat）般被踐踏；繼於 1949 年以來，因由於意識型態及其他原因，內地長期被漠視、孤立、圍堵於絕大部分地區之外，商貿、經濟、制度、文化、學術，尤其科學技術等各方面無從與先進國家交流分享，與時並進。值得注意的是：雖然北京於 1971 年 11 月終於進入聯合國，但卻遲至 1979 年 1 月才正式和嚴控世界政治、經濟、資源和技術的美國建交。其中的歷史和因由不在本章討論之內，但可見美國及其強國盟友們 —— 包括亞洲的日本 —— 對內地一直抱有極大戒心。雖然美國需要中國以共同應付當時正向阿富汗用兵的前蘇聯，但除非本身有需要或有大利可圖，似沒有多大興趣對中國國內建設、區域和世界交流互利方面提供便利、實在的幫助或支持。事實上，對四大古文明中唯一長期在土地、文化、政治、經濟等方面獨立自主和強大的中國，即使在其國勢最弱的 19 世紀，美國及西方強國對這頭「睡獅」

的戒備都沒鬆懈下來。[2] 在區域及世界方面，除經貿外，美國在軍政技術的孤立圍堵並未放鬆多少。

因此，在「開放改革」初期，除一些特區或較先進城市外，內地大部分地區仍非常落後和貧窮。可幸，在國人不斷奮鬥下，首先是經濟，繼而其他方面的發展已頗為可觀。以下，我們扼要地回顧一下在「中國之中國」再出發的路上，中國人的努力有幾點是我們應該注意的。

首先，雖然近代中國內地曾熱烈地從西方經驗探求可挽救國家民族命運、追趕近代文明和富國強兵之道的「民族國家典範」，[3] 也參考了前蘇聯的經驗，但嘗試演變近半世紀後，「摸着石頭過河」探索出來的，卻是強調「中國特色」的，社會主義如此，民主也如此。無論在經濟、政治、國家建設，其選擇目的、排列優先順序、推行策略都不受先進國家鋪天蓋地的建議、批評、甚至壓迫所左右，只沿用自己的判斷，走出了自己的路，而且取得了不可否定的成果。

在前蘇聯崩潰後，歐美各國一度樂觀地高調宣稱西方自由民主的制度和理念已達致人類社政發展的最高點，人類在政社方面發展的探索「歷史已終結」（the end of history）。[4] 可是中國作為碩果僅存的社會主義大國，卻在不斷抗拒外力「勸告」或壓迫下，尋覓到即使是社會主義「大阿哥」都走不出的路途。[5] 對此，西方政治、傳媒和學界都曾擔心他們所服膺的「華盛頓共識」會受到「北京共識」的挑戰，甚至取代。一位著名的法國學者贊同中國自訂國家近代化或現代的定義或內涵，提出「近代化」不必只有一種，它有「受爭

---

2. 提醒西方要警惕中國「睡獅」的話，據説德國威廉二世（Kaiser Wilhelm II）和法國拿破崙（Napoléon Bonaparte）都説過。較確實的是 1880 年代美國加州立法壓逼及驅走在美的華工，禁止回鄉探親的華工回美，恐怕這些外貌文化都和歐洲來的人相異、矮小單薄卻工作效率驚人、在惡劣僱用工作環境下仍能表現突出的「建造萬里長城」者的後人留下來。

3. 鮑紹霖：《文明的憧憬：近代中國對民族國家典範的追尋》（香港：中文大學出版社，1999）。

4. Francis Fukuyama, *The End of History and the Last Man* (New York: Penguin, 1992).

5. 見筆者 2014 年在新加坡第二屆當代文化研究國際研討會的主題演講稿：Danny Paau, "Negotiating Contemporaneity: China's Zigzag Path of Search for Its National Renaissance," Keynote Speech delivered at the 2nd Annual International Conference on Contemporary Cultural Studies, 24–25 November, 2014 in Singapore, 2。

議的餘地」（contested modernity）；中國作為亞洲國家一員，可以向西方學習不少東西，但仍可以發展自己或「本土的近代」（indigenous modernity）。[6] 一些認識中國的外籍人士甚至聲稱：外界難以改變中國，反過來，中國卻大有可能改變他們。[7]

其實，北京根本沒提出、當然也沒「輸出」什麼「共識」或模式、理念或口號，只堅持各國有權走自己的路。既不推行或謀求領導「共產國際」，也無意爭論東西風誰應壓倒誰。中國並未沿着近世所謂「意識型態時代」（Age of Ideologies）的爭辯路途，只默默地尋找實踐「中國之中國」的路向和實務。

其次，由中央策劃，以及各省份地區配合下，中國推行了一系列具全盤籌劃、富戰略性、有序施行、規模龐大、並不高調宣揚而結果令各國側目的工程，就是眾所周知、聲稱能增加國民生產總值10%的高鐵計劃。[8] 它的經濟作用（除促進沿線發展外，還能促進旅遊業）、[9] 軍事作用 [10] 和社會功能（為百萬都市民工回鄉時提供省時的交通選擇）等，在國際上已引起大量評論。

第三，中國沒向國際間多提及的，是一個極有野心的全國分區發展或復興計劃。該計劃詳細分析各區的條件、資源、需求、優點及弱點後，因應國家整體發展提出了每區的發展藍圖，目的是每區各自發展而又互相支援配合，由中央監察及調配。[11] 雖然本章不能深入介紹這些項目，但從它們的名稱已能讓我們有初步的了解，例

---

6. Martin Jacques, *When China Rules the World: The Rise of the Middle Kingdom and the End of the Western World* (London: Allen Lane, 2009), 137–145.

7. John van de Water, *You Can't Change China, China Changes You* (Rottendam: nai010 Publishers, 2011).

8. Brian Wang, "China Counting on High Speed Rail to Drive Domestic Tourism to about 10% of GDP," *Next Big Future* 2017.2.18. www.nextbigfuture.com/2017/02/china-counting-on-high-speed-rail-to.html

9. 例如，有觀察家認為內地差不多所有名勝和聯合國已登記的古跡都在高鐵路線網內。

10. 有軍事觀察家聲稱，中國缺少快捷大型的軍事運輸工具，而高鐵可讓中國在一夜之間調派十萬軍員及武器裝備，由國土一端抵達另一端。

11. 〈中國區域經濟發展格局〉，《新華網》，2009 年 7 月 2 日。http://news.xinhuanet.com/ziliao/2009-07/02/content_11639779.htm

如「中部崛起」、「西部大開發」、「振興東北地區老工業基地」、「沿海經濟區」等。另外，「重點流域規劃」、「海水入疆」、多地建設的「跨海大橋」等跨地區工程策劃，[12] 都能讓我們略為管窺一下它們如何針對個別地區而又配合全國發展。

第四，鑑於先進國家的「都市化」（urbanization）比率遠比中國高，而且把佔大部分人口的鄉村居民「城鎮化」或有助於中國的現代化，所以要建立 21 個「城市群」，把約二億農村居民變成城市人口，此計劃早在「十二五」計劃已提出來。[13] 外國都注意到內地都市化的計劃，但大多只留意高樓和基建配套方面。不過，這計劃的重要部分是「人的都市化」。數百萬來自農村的工人親身體驗或目睹都市的秩序、交通、衛生、教育、醫療和消費，回鄉後很可能就變成催生家鄉這些方面進步的動力。這也使「先讓部分人富起來」的暫時容忍資本家「剝蝕」農民工的政策增加一點說服力。

概括言之，因為 1949 年以來一直受外國的孤立圍堵，中國的內部發展受了不少延誤。過去三十多年，內地急起直追，把歷史上「中國之中國」的努力歷程延續起來。

二、「亞洲之中國」

中國是亞洲歷史上的「天朝」。也許因為這點，自二次大戰後，佔領了太平洋上差不多所有島嶼的美國在內地周邊的南韓、日本、台灣、菲律賓常駐重兵，在海、陸、空甚至太空都對內地設多層嚴密監視。因為和內地建交，美軍被迫撤出台灣，但以《美日安保條約》為據，支持二戰侵略者日本「保衛」釣魚台為名，在內地東南派駐最先進的戰機和戰艦；又以反對北韓核試為名，多次以龐大航空母艦戰鬥群在內地海軍最大基地黃海操演。另外，以支持東協國

---

12. 〈多座跨海大橋為中國區域經濟「增長極」帶來新支撐〉，《新華網》，2009 年 12 月 30 日。
　　http://news.xinhuanet.com/fortune/2009-12/30/content_12731703.htm
13. 〈《十二五藍圖》城市發展學 中小型並進〉，（美）《世界日報》，2011 年 6 月 30 日。

家在南海島礁上與內地的紛爭為名，把美軍重新派駐菲律賓，並把最先進的濱海戰鬥艦（littoral battleship）派駐星加坡，緊握「世界工廠」的石油、原料和市場海航路途的「咽喉」。

最刺激國人的「隔離」證據是前助理國務卿艾奇遜（Dean Acheson）倡建的以三條「島鏈」（island chains）圍堵前蘇聯和內地的政策。1949 年以來，在美國軍艦重壓、內地軍艦或海岸巡邏被敵視限制、漁民沒有保衛之下，常為南海小國魚肉。輕則被驅離漁場或略奪，重則被劫持監禁甚至殺害。內地的海上軍力在數十年來沒有多少發展，遠遠落後鄰國。為了阻嚇強國的進攻，它長期擁有世界上最大的潛艇群，雖然大多老舊落後，卻是中國免被攻打的「還擊能力」！

不過，自 2009 年 4 月內地邀請各國同賀解放軍海軍建立紀念後，於 10 月國慶又展示了海軍以外各種武器的新發展，中國一改以往退讓的姿態，安排海岸巡衛船高調及「恆常化」地在東海釣魚台及南海島礁巡行，還以「神龍吸水」的方式，從海底抽取土石，在有戰略性的島礁上大規模填海造島，並建立海空軍事基地。

美國以「保衛航海自由」為名，支援越南、菲律賓等對這些島礁有主權訴求的國家。由於對中國傳統天朝的地位和歷史存有戒心，鄰近諸國是西方圍堵中國的第一線，所以「亞洲之中國」已不存在超過半世紀。

除軍事外，美國在經濟上也挑撥內地與鄰國的關係。自內地成為「世界工廠」之始，西方言論界每每強調中國產品會奪去鄰國的市場。不過，內地對原料的需求極大，購買中國的產品除了以低廉代價提升生活素質外，還可以透過貿易而得利。因此，經濟上的「中國威脅」已被解除了。而且，作為最新和有力的世界經濟「火車頭」，鄰國已不能在經濟上脫離中國。

不過，由於商貿、地緣政治和內地所推出一系列跨國經濟基建計劃十分吸引，菲律賓與越南已分別和大陸商談處理這些糾紛的方法。最後，北京提出「亞投行」，這是中國「基建外交」的重要一

環，[14] 鄰國極須在基礎建設趕上世界，但又不堪西方創建的「世界銀行」等機構的苛索，「亞投行」便可為他它們提供資助來源。[15]「亞洲之中國」正漸漸重新浮現起來。

三、「世界之中國」

在 2008 年開始，中國經濟在美歐的金融風暴中屹立冒升，讓西方學者擔心內地會影響甚至重構世界現存的由西方強國主導的格局。[16] 當然，經濟是中國踏入「世界之中國」之路的第一步。首先，要留意的是中國言論及學術界態度的改變。部分學者認為，由美國樓宇過度借貸引發繼而廣披全球的金融風暴中，中國應乘此「百年危機，百年契機」採取「強國戰略」，在金融、人才，產業鏈等方面以行動「走向世界」前端。[17] 其他則主張中國應順應時勢，以大國戰略角度，「平衡」長久以來歐美日主控世界金融經濟的情況。[18]

首先，中國所嘗試的進取性的經濟態度，引起了恐懼。在招攬人才方面 —— 包括經貿人才 —— 內地頗為積極，在「千人計劃」及類似的招聘也有成果。可是，在效法七八十年代日本收購賺錢和擁有先進技術的企業方面，卻常常引起戒心和阻攔。例如，2008 年 6 月，美國經濟諾貝爾獎得主勸說美國政府反對中海油以非常優厚價錢收購美石油公司，就是以失敗告終。[19]

---

14. 見筆者 2014 年在新加坡第二屆當代文化研究國際研討會主題演講稿：Danny Paau, "Negotiating Contemporaneity: China's Zigzag Path of Search for Its National Renaissance," Keynote Speech delivered at the 2nd Annual International Conference on Contemporary Cultural Studies, November 24–25, 2014 in Singapore, 9.

15. 喻常森：《亞太國家對中國崛起到認知與反應》（北京：時事出版社，2013）。

16. See for example, David Shambaugh, "The Year China Showed its Jaws," *Financial Times* (February 16, 2010) . www.brookings.edu/opinions/2010/0216_china_shambaugh.aspx

17. 克里斯托夫・金（Christopher Jing）：《劍指華爾街　中國在行動》（北京：機械工業出版社，2009）。

18. 趙錫軍：《人民幣崛起 —— 匯率博弈與百姓的理財選擇》（北京：經濟日報出版社，2011），頁 202–205。

19. 周建明、王震：《中國大收購 —— 中國企業崛起的海外艱難征戰》（北京：石油工業出版社，2009），頁 243。

其次，自 2000 年初以來，中國經濟騰飛，為世界增加了「13 億生產者」和「同樣多的消費者」，對世界經濟提供了巨大的支持，「使全球避免了（因美歐崩潰引起的）大蕭條」。因此，中國已有了角色的換演，不再只是「世界工廠」，而且因為它巨大的消費人群，他們的需要重組了其他國家作為「供給者」的產品和服務策劃。人們認為中國的影響不會止步於經濟，還會推及其他方面。換言之，中國即將取代西方主導及改變世界。[20] 當然，負面地描畫中國對世界不少的影響，對他們來説，中國是「陰險」的，並且會謀求主控世界，它會如同西方殖民帝國主義般征服、控制、剝削及略奪其他地區的資源。例如，對於中國以非常優厚的條件甚至免費為非洲國家建造道路、工廠、運動場或學校，都被描述為「新殖民」的手法。[21] 獲《紐約時報》選為 2014 年該受注意的一本書，更把中國人描述為如同美國般霸道地抱持「天定命運」（manifest destiny）的態度在國外建立帝國。[22] 甚至對中國人投資或移民，也有極負面的批評。[23]

然而，「基建外交」在上文述及的「亞投行」和近日世界目光一同注視並且普遍積極看待的「一帶一路」[24] 計劃終於得到「正名」。西方言論界聲稱這計劃前無古人，比美國重建二次戰後歐洲的馬歇

---

20. Irik Izraelewica, *Quand La Chine Change Le Monde* (Paris: Editions Grasset & Fasquelle, 2005)；姚海星、斐曉亮漢譯：《當中國改變世界》（台北：高寶書版集團，2006），頁 304。

21. David Blair, "Why China is Colonizing Africa," *The Telegraph*, August 17, 2017; "Recolonizing Africa: A Modern Chinese Story?" *CNBC*, December 30, 2014. www.cnbc.com/2014/12/30/recolonizing-africa-a-modern-chinese-story.html. 也可參考較持平的言論，見賓夕凡尼亞大學經濟教授 Glenn Luk 在 QUORA 論壇的回答，以及 Fredereick Kuo, "What China Knows about Africa that the West Don't," *The National Interest*, May 22, 2016. http://nationalinterest.org/feature/what-china-knows-about-africa-the-west-doesnt-16295

22. Howard W. French, *China's Second Continent: How a Million Migrants are Building a New Empire in Africa* (New York: Knopf, 2014). 李奧森漢譯：《中國的第二個大陸——百萬中國移民如何在非洲投資新帝國》（台北：麥田出版社，2015）。

23. Heriberto Araujo, *China's Silent Army: The Pioneers, Traders, Fixers and Workers Who are Remaking the World in Beijing's Image* (London: Allen Lane, 2013). 譯家瑜漢譯：《中國悄悄佔領全世界》（台北：聯經出版事業公司，2013）。

24. 厲以寧、林毅夫、鄭永年：《讀懂一帶一路》（北京：中信出版社，2015）。可參考美國賓夕凡尼亞大學經濟及商業專家的分析，"Where Will China's 'One Belt, One Road' Initiative Lead?" *Knowledge@Wharton* (Philadelphia: University of Pennsylvania, 2017). http://knowledge.wharton.upenn.edu/article/can-chinas-one-belt-one-road-initiative-match-the-hype/。負面評論可參閱 Lucio Blanco Pitlo III, "China's 'One Belt, One Road', to Where?" *The Diplomat* (2015.2.17)。

爾計劃（Marshall Plan）龐大得多，有指「一帶一路」比它大 12 倍。[25]
亦有認為中國用這巨大計劃謀求主導「全球化第二波」的進程，[26] 會
造成一個由中國訂立規則和主導的巨大政經網絡。[27] 最有意義的是：
長期針對中國、且一度排除中國進入跨太平洋貿易聯盟的美國已經
改變態度，積極參與計劃。[28]

在其他方面，中國也希望能進入世界視野，例如龐大的「孔子
學院」，[29] 目的在增加中國的軟實力，但實效如何，仍待學界研究。

可以說，在近三十多年來，中國在同時進行「中國之中國」、
「亞洲之中國」和「世界之中國」的角色扮演，而這三方面都方興未
艾。學界應為學術和青年們繼續努力研究。

25. Brian Wang, "One Belt One Road will be 12 times America's Marshall Plan after Adjusting for Inflation," *Next Big Future*, May 16, 2016. www.nextbigfuture.com/2016/05/one-belt-one-road-will-be-12-times.html.

26. Michael Holtz, "Trumpeting 'One Belt One Road,' China Bids to Lead Globalization 2.0," *Christian Science Monitor,* May 17, 2017.

27. 同上。

28. Keith Bradsher, "U.S. Firms Want In on China's Global 'One Belt, One Road' Spending," *New York Times* (2017.5.14). www.nytimes.com/2017/05/14/business/china-one-belt-one-road-us-companies.html?_r=0

29. Michael Barr, *Who's Afraid of China? The Challenge of Chinese Soft Power* (New York, London: Zen Books, 2011)，石竹芳漢譯：《中國軟實力 —— 誰在害怕中國》（北京：中信出版社，2013），第四章。

編後記

　　任何一個國家的興起及發展，必然有賴於對外交往。早於先秦時期，居於黃河區域內的華夏群族，已與海外民族往來；歷經秦漢帝國建立，華夏民族不斷擴張；漢代通西域，促成中外文化交流，陸上絲路由是建立；歷經唐代聲威遠播，建立天可汗制度；再至元代四大汗國建立、明代鄭和下西洋後，中外交往及文化交流大為流行，又促成海上絲路的發展；乃至 1842 年鴉片戰後的近代中國，中國門戶洞開，又加速中華民族與近代西方民族國家交往，中外諸國在文化、經濟、社會、學術的交流，既豐富中國文化，又促成近現代中國的「巨變」。今天中國政府正積極推動「一帶一路」國策，必然與海外諸國有聯繫。華人商人遍佈全球，中國商品運往全球，外國官方及民間商貿組織與中國簽了很多國際商務條約，中外商貿大為開拓。中國經貿的長足發展成為時代討論的熱點，同時，也帶來不少中國與海外諸國在政治、軍事、經濟方面的糾紛。我們深信伴隨國家經貿及軍事的長足發展，與外國交涉的紛爭也會相繼不斷。當然，在不斷的紛爭中，不斷地調和及融合促成了中外交往多元化發展的面貌。

　　由是可見，中國與世界關係成為時代討論的熱點。回溯過去，中國與世界的交往，除了涉及中外政、經及外交的問題以外，更涉及文化交流、中外彼此誤解及和解。故香港樹仁大學歷史系、香港浸會大學歷史系及香港浸會大學林思齊東西文化研究中心於 2011 年 11 月 17 日及 18 日合辦了「中國與世界國際學術研討會」。是次研討會邀請了中國內地、香港、澳門、台灣、美國、日本等地的學者參加，發表研究自古至今中國與世界的關係，從歷史回溯，以展望未來中國與國際關係的發展。在研討會後，與會學者均感到是次研討會甚具意義，希望把是次發表的論文，編成論文集，予以出版，加強海內外學者學術交流。及後，陳明銶教授、麥勁生教授、鮑紹霖教授及區志堅博士組成了編輯委員會，積極從事論文集的編輯工

作，先後發信通知各參加研討會學者，把修改好的論文寄往籌委會，再由編輯委員會對各篇論文進行評審及給予修改建議。然而，因為文稿往還需時，至 2016 年初才收回所有已經審閱及修改的論文，並呈上給香港城市大學出版社副社長陳家揚先生進行全書審閱，更同意出版本書。加之，現時中國積極推行「一帶一路」政策，想到中國與「一帶一路」沿途諸國必然遇上不少外交及商務紛爭課題，本書內各位學者提出的觀點，相信可以作為未來中國與世界交往的參考。由是在各方的協助下，本書得以順利出版。

在此謹向提交論文的各位學者，致以衷心感謝，沒有各位學者的支持及按審閱意見進行修改，並寄回編輯委員會，本書一定不可以如期出版。此外，編輯委員會感謝香港城市大學出版社團隊信賴、協助及採用編輯委員會提出的建議，沒有香港城市大學出版社各位編輯的協助及支持，本書未必可以面世。編輯委員會也感謝郭泳希先生、陳諾婷小姐、林浩琛先生和潘俊恩先生，協助蒐集、編輯各篇論文及相關行政工作。最後，感謝中國外交學院外交學系各位教授組成團隊參加是次研討會，香港樹仁大學歷史系、香港浸會大學歷史系及香港浸會大學林思齊東西文化研究中心所有行政人員和學生助理，沒有各位勞心勞力的協助，不但未能於 2011 年 11 月 17 日及 18 日舉辦「中國與世界國際學術研討會」，更未能促使海內外學者在香港發表專題論文，更必然未能促使本書出版。我們深信本書的出版是一個新的開始，希望未來能夠在香港籌辦第二、第三屆及更多屆的「中國與世界國際學術研討會」，促成更多學者分享及交流有關中外交流的觀點。

編輯委員會　謹識